# 客户关系管理

## （第二版）

韩小芸　彭家敏　申文果　编著

南开大学出版社

天　津

**图书在版编目(CIP)数据**

客户关系管理 / 韩小芸，彭家敏，申文果编著. --
2 版. —天津 ：南开大学出版社，2017.8（2020.9 重印）
高等院校市场营销专业本科精品教材
ISBN 978-7-310-05387-2

Ⅰ.①客… Ⅱ.①韩… ②彭… ③申… Ⅲ.①企业管
理－供销管理－高等学校－教材 Ⅳ.①F274

中国版本图书馆 CIP 数据核字（2017）第 123452 号

客户关系管理(第 2 版)
KEHU GUANXI GUANLI (DI-ER BAN)

南开大学出版社出版发行
出版人：陈　敬
地址：天津市南开区卫津路 94 号　　邮政编码：300071
营销部电话：(022)23508339　营销部传真：(022)23508542
http://www.nkup.com.cn

三河市同力彩印有限公司印刷　全国各地新华书店经销
2017 年 8 月第 2 版　　2020 年 9 月第 3 次印刷
260×185 毫米　16 开本　17 印张　415 千字
定价：38.00 元

如遇图书印装质量问题,请与本社营销部联系调换,电话：(022)23507125

# 出版说明

市场营销起源于美国，在 20 世纪 50 年代形成现代意义上的市场营销学。1978 年我国改革开放后引入了市场营销，一些高校在 20 世纪 80 年代开始陆续讲授市场营销课程，但直到 90 年代才正式设置专门的市场营销专业。随着我国社会主义市场经济的发展，企业对营销人才的需求日益增长，市场营销专业也连续几年成为我国十大热门专业之一，大部分高校都设置了此专业。

我国现已成为"世界工厂"，发达国家的商品市场中很多消费品都是中国制造的，"Made in China"已震惊了世界，也极大地推动了我国经济的增长。同时，我们也知道，这种形式的中国制造处于国际产业价值链条上的低端环节，在我国外贸出口中，很多企业赚取的仅是产品中百分之二三的利润，而大部分利润则是被国外公司赚取了，这固然有技术、资金等多方面的因素制约，但不可否认，其中重要的因素之一，是我国大量企业的市场营销能力不足。市场营销能力薄弱、品牌形象不佳、营销渠道不畅等制约了我国企业的发展。因此，我国企业市场营销能力亟待提高，需要大量的、高水平的营销人才。

南开大学出版社近年来一直致力于市场营销类图书的出版，通过努力，我们联系了南京大学、中山大学、北京大学、华中科技大学、南京工业大学、华南理工大学、南京航空航天大学、深圳大学、北京航空航天大学、对外经济贸易大学、南开大学等十余所高校联合编写了这套"高等院校市场营销专业本科精品教材"，共 12 种，即现代营销管理、品牌管理、客户关系管理、公共关系学实用教程、网络营销与电子商务、零售业管理、市场调研、组织间营销管理、消费者行为学、营销渠道与物流管理、国际市场营销学、服务营销与管理等。

本丛书具有以下特点：

1. 吸收国外经典教材编写体例，如每章开头安排一个"引例"，在读者正式阅读之前先提供一个"真实营销环境"，以便于理解正文，可避免枯燥、乏味之感。

2. 注重理论的系统性。每本教材都尽可能地介绍国内外权威学者的管理思想，使读者能系统学习本门课程的理论知识。

3. 注重实际应用。每本教材都配备了大量国内外经典案例分析，尤其注重本土化案例分析。

4. 注重培养读者的独立思考能力。在引例、案例、复习思考题中均给出了问题，引导读者思考问题、解决问题。

5. 方便教学。每本教材均配备了教学课件，方便读者使用，读者可到南开大学出版社网站（www.nkup.com.cn）下载。应使用本丛书的广大师生要求，特在教材后以二维码的形式加入每章补充阅读和案例供选用本书的教师和学生使用，仅供参考，不能转发。

本丛书是上述十余所高校教师密切合作的成果，他们有的是本领域的知名学者，有的是年轻有为的一线教师，在本领域具有一定的代表性，我社对他（她）们的辛苦付出致以真诚的感谢，同时，也希望广大读者批评指正，以改进我们的工作。

南开大学出版社

# 前　言

"客户无价，忠诚可求"，越来越多的企业管理人员认识到客户的重要性，认识到客户忠诚的重要性，并逐步从过去以产品为中心向以客户为中心转变。围绕客户关系管理的著作也如雨后春笋般层出不穷。《客户关系管理》一书自 2009 年发行以来，深受广大读者的欢迎和认可，有上百所高校教师选用本书作为"客户关系管理"课程的教材。然而近十年来，客户关系管理（CRM）理论、应用和实施都有了很大的发展。CRM 理论体系在不断完善；CRM 应用软件也逐步融合到企业信息系统或企业资源计划（ERP）管理系统中，成为企业信息化的重要一环；企业对于 CRM 的实施也趋于成熟和理性。与快速增长的经济和日新月异的市场环境相比，企业 CRM 理念导入以及 CRM 应用的深入实施还有巨大的增长空间。特别是当企业积累了一定的客户、营销和服务数据后，将有大量关于商务智能和客户智能的需求。

经过多年教学的实践，我们在此基础上结合近年来客户关系管理在理论和实践上的最新发展，再次进行了修订。我们博采众长，在借鉴国内外有关客户关系管理的研究成果的基础上，结合客户关系管理的相关理论、实践和 CRM 系统，比较全面地介绍了客户关系管理的相关知识。与第一版相比，第二版在保持原书基本框架结构的基础上，重点对 CRM 的理论体系重新进行了梳理，更新了案例，特别是增加了第十章"社会媒体时代的客户关系管理"，融入了互联网环境和社会化媒体环境下如何进行客户关系管理的最新理论与实践。本书适合作为高等院校工商管理类本科生、研究生的教材，对企业各级管理人员也有极大的实践指导价值。

本书第一版由中山大学管理学院韩小芸、申文果，广东工业大学管理学院彭家敏，香港恒生管理学院黎冬梅等编写。第二版由韩小芸、彭家敏、申文果编著，负责全书的统筹策划和修订工作。黎冬梅博士负责本书第一章和第十一章的资料收集与写作。在本书的修订过程中，南开大学出版社的编辑们提出了许多严谨的修改建议，对第二版的编辑出版付出了辛勤的劳动。在本书付梓之际，对相关作者和编辑表示衷心的感谢。此外，本书修订过程中参阅了大量国内外学者的文献资料，书中所用案例均引自公开出版的书刊或是网站，对有些案例做了部分修改，在此对这些文献和案例的原作者表示衷心的感谢。

由于编者水平有限，书中难免有不妥之处，敬请广大读者和专家批评赐教。

编者

2017 年 3 月

# 目　录

# 第一章　客户关系管理概述_____

## 引　例

　　总部设在得克萨斯州奥斯汀的戴尔公司是全球领先的 IT 产品及服务提供商,其业务包括帮助客户建立自己的信息技术及互联网基础架构。戴尔公司成为市场领导者的根本原因是:通过直接向客户提供符合行业标准的产品和服务,不断致力于提供最佳的客户体验。戴尔的销售、生产、服务、采购等部门都要围绕着客户转,包括戴尔内部的资源、合作伙伴的资源、社会的资源,都要围绕着客户转起来,进而衍生出一套按单生产模式。其创始人迈克尔一再重申:"我们的目的不仅是要拿订单,重要的是要给戴尔拿回客户的信任,以争取客户对戴尔模式的认同。"这在后来已成为戴尔给员工做培训的主要内容。新员工进入戴尔,必须接受强化培训。从一名普通的电话销售员到销售主管,都要树立"一切为了客户"的观念。做销售不是简单的推销,而是一门艺术,精髓是客户至上。

　　**热身思考**:客户关系管理的魅力何在?

## 第一节　客户关系与客户关系管理

### 一、客户关系的重要性

　　平均来说,企业每年要流失 10%～30%的客户,但企业管理人员往往不知道失去的是哪些客户,这些客户是什么时候流失的,为什么流失,以及这些客户的流失会给企业的销售收入和利润造成多少损失。营销学中常常用"漏桶"理论来解释企业客户的流失。许多企业不关心正在流失的客户,只是想方设法赢得新客户。这些企业就像底上有漏洞的桶:企业的客户正在流失,而管理人员不去弥补桶底的漏洞,只是集中精力继续往桶里塞进越来越多的新客户。企业可能在一周内失去 100 个老客户,但同时又得到另外 100 个新客户,表面看起来企业的销售业绩似乎没有受到影响,而实际上,由于企业争取这些新客户的成本要比留住老客户的成本多得多,所以,企业的利润是下降了的。

　　《哈佛商业评论》的一项研究报告指出:再次光临的客户可带来 25%～85%的利润,而吸引他们的主要原因首先是服务质量,其次是产品,最后才是价格。另一项调查表明:1 个满意的客户会给企业带来 8 个潜在的客户,其中至少有 1 个客户会购买企业的产品或服务;1个不满意的客户会影响其他 25 个客户的购买意向;企业争取 1 个新客户的成本是留住 1 个老客户所需成本的 5 倍。竞争的加剧,加大了企业赢得新客户的难度和成本,越来越多的企业把目标转向保留现有老客户。现有老客户对产品和服务的购买量较大，而且他们对价格也不太敏感，他们还会为企业做免费的口碑宣传；而企业可根据老客户以往的购买历史预测他们今后的消费行为，为老客户服务的成本较低。企业维护好忠诚的客户，使得竞争对手无法争夺这部分市场。而根据服务利润链的观点，忠诚的客户有助于保证企业员工队伍的稳定性。把营销重点放在获利较为丰厚的客户群上，即使不再有新客户进来，企业也能够实现大部分的盈利目标。因此，客户关系管理的策略主要针对维系现有老客户，而不是一味地争取新客户。

## 二、客户关系的本质

客户关系管理的核心是"关系"，对关系的正确认识和理解是实施客户关系管理的重要前提。保持客户和理解客户的价值是客户关系的基本要素，客户的长期满意度是实施客户关系管理的真正目标。建立客户数据库有助于企业锁定客户，贮存重要的客户信息，但这并不能代替真正的客户关系，因此，对于要建立起真正有意义的客户关系的企业来说，必须真正理解关系的内涵是什么，是什么构成了关系。

客户关系是从客户的角度出发的正面关系，不是从企业的角度出发。如果客户没有体会到存在可以被接受的关系，或者体会到的是负面关系，那么客户就不会与企业继续交往。因此，很可能出现这样的情况，企业感觉到自己与客户存在着关系，但是客户的印象里却没有这样的关系。出现这样的情况是因为企业没有认识到与客户建立关系需要的是双方的互动。事实上，关系是在人际互动过程中建立起来的，这种互动包含相当程度的情感成分。企业和客户都必须有发展这种建立于情感基础上的关系的愿望，并且这种关系必须能够被双方感受到，客户与企业的关系才有可能存在。换言之，关系的存在必须得到双方的相互认同。

关系是一个连续的过程，客户与企业的每一次互动都有潜在的可能改变它，而关系也并不是自然而然地产生的，企业必须花费大量的精力对其进行维护和培育。事实上，关系绝不是某些特殊情况下的偶然接触，也不仅仅是重复的购买和客户保持，虽然这些能作为关系可能存在的指标，但真正的关系意味着客户对企业存在忠诚、情感或者归属感。通常，客户关系包含了信任、责任感、可靠性、友爱等一系列的要素，这些要素也被视为是人际关系中较为重要的内容（见表1-1）。

表1-1　客户关系的要素

| | |
|---|---|
| 信任 | 依赖感 |
| 责任感 | 对历史的了解 |
| 可靠性 | 双向的交流 |
| 友爱 | 温暖、亲密 |
| 理解、同情 | 对需求的关心 |
| 共同的目标 | 知识 |
| 互惠 | 回应 |
| 尊敬、忠诚 | 守诺 |
| 喜爱 | 社会支持、社区能力 |

资料来源：[加]杰姆·G. 巴诺斯. 客户关系管理成功奥秘——感知客户[M]. 刘祥亚，郭奔宇，王耿，译. 北京：机械工业出版社，2001：172。

这些要素在不同的关系中的重要性不同，因个体和环境的差异而有所区别。不同的客户期望的消费经历不尽相同，并且可能在一个行业内或者一种环境下希望接受某种方式的接待，而处于另外的环境时则希望获得不同形式的接待，因此，企业应该去了解其客户群体所看重的是什么，找出有助于建立和保持正面客户关系的要素。

企业与客户之间的关系可能存在四种不同的类型：①亲密关系，这种关系常被描述为私人的、友好的关系，通常与个人信息的披露有关，如美容师与客户、牙医和病人的关系等；②面对面的客户关系，这种关系包括了面对面的接触和交谈，但互动并不具有私人的特征，与个人信息的披露也无关，如客户与酒店的服务员、银行员工、售货员的关系等；③疏远的关系，这种关系主要是通过技术手段进行，较少涉及频繁的直接接触，如客户与互联网服务提供商的关系；④品牌关系，客户只有很少甚至完全没有机会直接与企业或员工接触，诸如可口可乐、宝洁等制造商与客户的接触主要是通过分销商和零售商，虽然客户与这些企业没有直接的接触，但他们之间存在着特殊的品牌关系。

不管企业和客户之间的关系是属于哪种类型，真正的客户关系是能从客户中激发出积极的情感，并且是长期的、持久的关系，而这种性质的关系正是客户关系管理的本质。

### 三、客户的本质——股东关系

企业是在复杂的市场环境中运行的，面对的客户并不仅仅是终端的客户，并且企业要完成对终端客户的各种责任还需要依靠其他的相关团体，牢固的客户关系还应该考虑到企业和其他相关团体的关系。终端客户是企业运作的核心，其他相关利益团体则是支持企业运作的关键，对满足终端客户的需要起到非常重要的作用。因此，企业必须认识到，客户关系管理的内涵是加强与各种各样利益团体的关系。不同的利益团体有着不同的需求，同每一个利益团体都保持良好的关系是保证客户关系管理成功的关键点。企业与相关的利益团体的关系可称为股东关系，包含员工关系、供应商关系、分销商关系（渠道关系）和社会公众的关系等（见图1-1）。

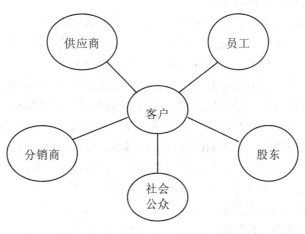

**图1-1 股东关系**

为了执行好客户关系管理，建立真诚的客户关系，企业应该关注利益共同体的相关团体，从各利益相关团体的角度看待和对待客户，并把客户置于交流互动的中心，促使各方的利益团体把注意力集中在客户的需求和满意度上。只有把这些相关的关系考虑到企业的运作中，客户关系管理才能顺利实施。

## 四、客户关系"金字塔"

1. 客户关系的三个阶段

著名心理学家马斯洛认为人的需要可以根据其满足的顺序而划分为不同的层次。处于最低层的是人的"生理"需要，比如食物、水、温暖等。如果这些需要没有得到充分的满足，那么人们就不会有其他的并不迫切的需要。第二个层次是人们寻求安全、自由和远离威胁的需要。如果他们一心想着保护自己，那么他们就不可能有更高层次的动机。第三个层次是人们对爱和尊敬的需要。如果这种需要得以满足，那么他们就会追求更高层次的需要，即自我实现需要。依据马斯洛的需要层次理论，我们可以把客户关系划分为三个阶段，即客户关系的基础阶段、合作阶段和相互依存阶段。

（1）客户关系的基础阶段

在最低层次上，与人们的"生理"需要相对应，客户关系要求对基本实物交易的最低程度的满足，即对交易事务的有效处理，如订单、运输、支付等。一个不能充分管理基本交易事务的企业，其成功发展客户的机会微乎其微。

（2）客户关系的合作阶段

此阶段相当于马斯洛层次中对安全需要的下一个阶段，客户关系已经发展到双方都不再常常担心失去关系的水平。双方相互合作，而不是相互怀疑或威胁。随着双方相互理解的深入，他们能够开始了解彼此的经营之道，并且能够预测短期的将来，讨论需求前景也就变成可能。

（3）客户关系的相互依存阶段

在这一阶段，企业与客户的关系不断加深，双方信任对方、尊重对方。没有一方企业希望终止关系，中止关系对双方来说都是一种损失。因而，双方都能够采取长期商业行为，以合作态度解决双方之间的矛盾冲突。

把客户关系分成这三个阶段，表明了客户关系是由低层次向更高层次发展的。但只有当客户较低层次的需要不断得到满足后，客户关系才会向更高的阶段发展。换句话说，满足客户较低层次的需要，是客户关系发展的基础。此外，客户关系并非总是从基础阶段开始而向上发展的。如果产品或者服务非常复杂，或者是完全定制化的产品和服务，那么客户关系从一开始就要求相当复杂，这样的关系需要在交易之前或者探寻阶段花费更长的时间。一般来说，企业与客户关系的层次越高，这一关系越牢固，关系双方所能获得的利益也越大。而对企业来说，与企业保持越高层次关系的客户数目越少。也就是说，与企业保持相互依存关系的客户数量要比与企业保持第一、第二阶段关系的客户数量少得多；而与企业保持第二阶段关系的客户数量要比与企业保持第一阶段关系的客户数量少。

2. 客户关系各发展阶段的特征

（1）基础阶段的客户关系特征

基础客户关系是一种强调等价交易的关系。在这一阶段，客户要求企业证明他们具有有效供给的能力。显而易见，客户会愿意同那些已经自己证明能够满足最低需求的企业发展关系。客户也会利用提供同样产品或服务的其他企业，继续对价格、价值进行"比较"。基础客户关系是有限制的，它或许可以传递商品和服务，但它是不健全的，也不可能通过流程的再设计促进双方的一体化。因此在这个阶段，关系双方中没有一方会感到特别局限于客户关系，退出的障碍很低，所以客户转换企业不会是个大问题。在基础阶段，价格是进行交易的主要的动力。对于客户而言，还要注意的是过度承诺。很多企业根据销售团队的短期销售目标实现程度决定他们的报酬。这种短期目标导致了销售团队的短期行为，他们不可能花费大量的时间与客户建立长期关系，而是倾向于向客户做出各种承诺，甚至承诺自己无法履行的诺言，以取得订单。基础客户关系中双方都非常强调交易，共享的信息较少，同时企业与客户之间还没有建立信任关系。一般而言，企业与客户在这一阶段的交换次数较少，交换质量很低。所以，基础的客户关系是一种相当肤浅的商业关系。

（2）合作阶段的客户关系特征

超越基础客户关系的合作客户关系具有一定的积极性，客户对企业的防御心理减弱，对对方更坦诚。但是，客户并没有真正信任企业，对企业还有所保留。或者说"门"虽然开了，但是还没有完全敞开。双方都可以从对方获得更多的有用信息，但不包括一些敏感的信息。在基础客户关系的基础上，客户在与企业的长期交往中如果对企业的能力和态度感到满意，就可能与企业建立合作关系。如果客户对企业各方面的表现都感到满意，那么客户就会与企业进行更紧密的合作，并发展这种合作关系。但是，在这一阶段，客户不会把所有的宝都押在一个企业身上。合作的客户关系已经发展到一种类似于网络的程度，只是这还是个相当疏松的网络。企业之间的联系所涉及的人员范围和相互作用的范围比以往更加广泛。尽管有更多的人员加入这种合作关系，并且投入更多的资源，但是它仍然不是高度"组织化"的阶段。

（3）相互依存阶段的客户关系特征

在相互依存阶段，客户和企业都认识到彼此对对方的重要性。企业已经成为客户唯一的，或至少也是第一选择的供应商，客户把企业看作是其外部的战略资源和竞争优势的组成部分，双方会积极地分享敏感信息，致力于解决共同面对的问题。企业与客户共同开发新产品、协同配送、联合营销，双方退出的壁垒很高。双方的关系逐渐趋于成熟，彼此更深入地理解对方，从双方的关系中获利。企业为客户提供的价格是长期的和稳定的，甚至可能是固定的或按一定的公式变化，避免了双方不断的争论或者谈判，降低了双方交往的成本。在相互依存的客户关系阶段，企业有更多的员工与客户沟通，双方相互交换信息的数量、质量和范围大大增加了，战略性和敏感性的资料都会加入到共享信息的行列中。

## 五、客户关系管理

不同的人对客户关系管理有不同的理解。目前对客户关系管理的理解可以划分为两种：一种认为客户关系管理是一种管理理念，另一种认为客户关系管理就是 CRM 软件系统。我们认为客户关系管理包括三个关键要素，即客户关系管理理念、CRM 软件系统和客户关系管理策略实施，这三个要素是成功的客户关系管理不可或缺的，构成了客户关系管理三角。

1. 客户关系管理理念

客户关系管理理念来源于传统的营销学、关系营销、数据库营销和其他管理学理论，其核心思想是企业发现、保留或提高客户价值，进而提高企业的盈利能力和竞争优势。理解客户关系管理理念，是企业向"以客户为核心、以市场为导向"的经营模式转变的第一步。企业管理人员必须据此制定本企业客户关系管理的战略目标，充分考虑各利益相关者的利益及要求，在合适的时间、合适的地点以合适的手段引入客户关系管理理念，并保证这种理念在整个企业的贯彻与实施。

2. 客户关系管理软件系统

客户关系管理软件系统是企业进行客户关系管理的技术支持系统。目前市场上有各种各样的 CRM 软件，如合作型、运营型和分析型，或是针对某个行业的 CRM 软件。由于各个企业所处的行业特征、市场环境、企业特征不同，各企业应自主开发或外包开发结合本企业实际情况、符合本企业需要的定制化的 CRM 软件系统，不要盲信大而全或名牌企业的 CRM 软件系统。在运用客户关系管理软件系统时应谨记软件是为企业客户关系管理策略的实施服务的，是一种技术支持手段，企业管理人员应根据本企业所处市场环境、所处发展阶段的需要，利用 CRM 软件系统的相应功能，有效管理企业与客户之间的关系。许多企业管理人员过于沉迷 CRM 软件系统，让软件功能指导企业的经营活动，结果反而产生了负面的影响。

3. 客户关系管理策略的实施

企业管理本企业与客户关系的过程，实际上就是企业客户关系管理策略的实施过程。客户关系管理策略是企业结合本企业实际状况和 CRM 软件系统，在市场调研基础上形成的解决方案。企业在实施客户关系管理策略时应确定实施的目标和范围，确保在有限的资源和时间内完成项目、规避风险或是将风险降到最低。客户关系管理策略的实施是一个渐进的过程，管理人员应制定本企业的客户关系管理战略，实施业务流程重组，设定各阶段实施的目标，以确保整个策略的成功实施。急功近利、拔苗助长的做法是非常危险和错误的。

# 第二节　客户关系管理的产生与发展

客户关系管理的产生源于营销理论的发展、信息技术的发展及市场竞争的促动。

客户关系管理理论的产生源于市场形态的演变，市场形态在经济发展的历程中不断演变，促使营销领域形成了从以交易为中心向以关系为中心的转变。从 20 世纪初以产品为主导到 100 多年后的以建立关系为主导，营销重点已经转移到顾客满意度、顾客关系以及企业和客户的长期利益的价值上面。客户关系管理的产生与发展就是营销概念在市场经济中演化的结果。

1. 传统的营销观念

20 世纪初，生产导向观念是指导企业营销实践的主要观念，是传统营销观念之一。生产观念是在卖方市场环境下产生的，由于市场上产品短缺，只要产品的价格合理，消费者都会购买，因此，企业不需要关注顾客的需求，而是应致力于提高生产效率，降低成本，扩大生产。

产品观念也是一种传统营销观念，这一观念的假设是消费者喜欢高质量、多功能或具有创新特色的产品，因此，企业应致力于生产优质的产品并持续改进产品。持有产品观念的企业过分地把注意力放在产品上，并盲目相信，只要生产出高附加值的产品，自然就能门庭若市。

产品观念一直持续到 20 世纪 20 年代，这一时期是西方国家由卖方市场向买方市场转变的过渡期，销售观念也随着市场环境的变化而悄然诞生。销售观念认为，消费者一般不会主动购买某一企业的产品，因此，企业应该努力推销和促销，刺激顾客购买本企业的产品，不管这些产品是否满足顾客的需求，企业所要做的就是把自己生产的产品尽量销售给消费者。销售观念的假设是被刺激购买了产品的消费者会喜欢这些产品，即使不喜欢，他们也不会退还给企业，也不会有坏口碑宣传，甚至不会向企业投诉和抱怨。

2. 市场营销观念

显然，传统的营销观念随着消费者需求的不断变化，市场环境的不断演进，逐渐变得不适用。20 世纪中期，许多企业逐渐有了顾客导向型的现代市场营销观念，也意识到应该生产消费者所要求和需要的东西。这种核心观念以营销观念著称，它以三个市场目标为基础：顾客导向，各类市场营销活动的一致和配合，以及关注企业的长期利润。

这个新的营销概念从其出现到随后的 40 多年中，越来越接近麦肯锡（McCarthy）提出的 4P 理论——产品（Product）、价格（Price）、促销（Promotion）、渠道（Place）。4P 理论认为，企业只要围绕 4P 制定灵活的营销组合，对这四个要素进行恰当地结合，就能取得营销的成功。

3. 以关系为核心的营销概念出现及发展

4P 的营销组合所反映的营销概念在营销实践中和营销理论上的卓越表现一直持续到 20 世纪 80 年代中期。随着经济的发展，市场营销环境发生了很大变化，消费个性化、人文化、多样化特征日益突出，4P 理论逐渐不适应新的市场形态。此时，关于什么是客户关系以及如何建立客户关系的论述开始逐渐出现在营销理论研究中，并逐渐在营销实践中得以应用。这种以关系为核心的营销概念出现的促动因素主要来自三方面。

（1）信息系统的出现使得许多管理人员第一次能够粗略估计顾客的价值以及顾客流失的代价，企业也开始意识到保留顾客的重要性，通过信息系统，管理人员能够把顾客作为企业的资产来进行管理。

（2）服务部门及服务业的迅速扩张，使得管理人员开始更注意企业与顾客交往的"软件"方面，管理者认识到，企业如何对待顾客以及顾客在与企业交往过程中的感受才是决定顾客是否愿意继续与企业打交道的重要因素，企业的整体营销如何使顾客满意才是更重要的。

（3）竞争本质的变化。在大部分行业，企业需要在与过去完全不同的层次上参与竞争，过去，企业只要在产品的质量上赢得优势就能超越其竞争对手，但现在，产品质量的优势只是意味着企业在技术上不太会失败，但要取得成功，还必须提高服务质量的标准，即确保服务能够准确无误地顺利传递给顾客，因此，企业努力营造与顾客的关系以提升自己的竞争力。

基于以上三方面主要因素，客户关系管理的理论得以出现并逐渐发展和成熟，这也是营销观念演进的结果，见表 1-2。

长期的顾客满意度成为所有营销活动的目标，企业必须了解顾客的需求，并把顾客视为企业长期的资产。当然，这并不意味着产品的质量和价格就不重要，而是仅仅在这些方面有优势是不够的，企业必须培育客户的忠诚感，与客户建立长期的合作关系，企业才能从中真正获利。营销的重点已经转移到了以获得客户和保持客户为核心的客户关系管理上。客户的保持是通过长期的客户满意度获得的，而客户满意度的实现基础是帮助客户创造价值，当客户感觉到自己获得了价值，就会以忠诚作为对企业的回报。

表1-2　营销演进的阶段

| 阶段 | 作为工具的营销 | 作为战略的营销 | 作为服务的营销 | 作为文化的营销 |
|---|---|---|---|---|
| 重点 | 营销组合 | 理解客户 | 服务行业和服务传递 | 客户关系 |
| 要素 | 产品<br>广告<br>促销<br>分销<br>价格 | 细分<br>差别化<br>竞争<br>优势<br>定位 | 与客户互动<br>服务经历<br>服务质量 | 客户保留<br>客户价值<br>推荐<br>股东价值 |

资料来源：[加]杰姆·G.巴诺斯.客户关系管理成功奥秘——感知客户[M].刘祥亚，郭奔宇，王耿，译.北京：机械工业出版社，2001：17。

# 第三节　客户关系管理基础理论

客户关系管理涉及众多理论和技术，本节概述关系营销理论、客户价值理论、数据库营销理论。

## 一、关系营销理论

### 1. 关系营销概述

客户关系管理的基础理论是关系营销，关系营销实质上是一种经营理念，它决定了服务提供者与顾客之间的关系，也决定了企业如何管理与顾客的关系。关系营销的理念是，顾客是企业的合作伙伴，企业应注重于保持和改善现有顾客，而不是获得新顾客。通过质量、服务和创新，企业与顾客及其他合作者（员工、投资者，甚至竞争者）保持长期关系、合作关系、信任关系和忠诚关系。从其定义来看，客户关系管理的核心概念是长期关系，企业履行其诺言，而客户也应履行自己的诺言。

关系营销的这些理念是基于顾客更愿意同一家企业保持现有的关系，而不是在寻求价值时在不同的企业中不断转换的假设，换言之，其基础假设是顾客更换新的企业的成本高于与现有企业保持关系的成本。同时，市场的事实也反映了关系营销的可行性：企业保留一位现有顾客往往比吸引一位新顾客的成本低得多。因此，市场竞争的激化、营销成本的上升、顾客需求的不断变化，使客户关系管理的实践具有深远的意义。

关系营销的基本目标是建立和维持对企业有益的有承诺的顾客基础。首先，企业通过市场细分，明确和开发那些可能保持长期关系的目标顾客。接着，企业会了解目标市场不断变化的需求，并通过满足最佳目标市场的需求来保留顾客。当顾客从企业获得高价值的服务时，顾客有可能会稳定和企业的关系，而企业对这种关系不断进行改进和投资，顾客与企业的关系得以增强，并且，随着这些关系数量的增长，现有的忠诚顾客也会通过口头宣传，吸引更多的类似的潜在顾客与企业建立长期的关系。从图1-2可以看到，关系营销的目标就是使越来越多的对企业有价值的顾客从新开发的顾客阶段向更有价值的强化的顾客阶段转移，从而使企业和顾客都可以从长期的关系中获得收益。

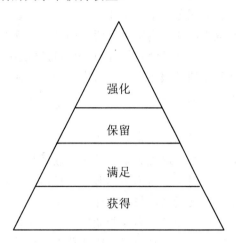

**图 1-2　目标：获得顾客，满足顾客，保留顾客，强化顾客**

总而言之，关系营销是一种理念，这种理念决定了企业与顾客之间的关系，也决定了企业如何管理与客户之间的关系。关系营销强调保留顾客的重要性，对顾客的定义不仅仅指产品和服务的最终使用者，还包括把产品或服务带到市场中的所有相关的群体，如供应商、员工、投资者等。企业需要与这些不同类型的客户群建立和保持稳定的长期关系。

2. 关系营销的三个层次

贝里（Lwonard L. Berry）和潘拉索拉曼（A. Parasuraman）认为关系营销包含三个层次。关系营销层次越高，企业的潜在收益越大。

（1）财务层次

财务层次是关系营销三个层次中最低的一个层次。不少营销学者把这个层次的关系营销称为"保持性"营销。企业通过各种形式的价格优惠，吸引顾客购买更多的产品和服务。然而，企业通过价格优惠，与顾客建立财务层次的关系，并不能取得长期竞争优势，也无法增加企业长期的经济收益。原因在于这类营销活动很容易被竞争对手模仿，即竞争对手可能以更低的价格优惠吸引顾客。另外，企业通过价格优惠吸引来的顾客往往是价格敏感者，一旦竞争对手提供更低的价格折扣，这部分顾客就可能改购竞争对手的产品和服务，可以说与企业保持财务层次关系的顾客是最不稳定的顾客。企业很难通过价格优惠措施培育真正的忠诚者。

（2）社交层次

在关系营销的三个层次中，社交层次是中间的一个层次。这一层次的关系营销并没有忽视价格的重要性，只是更重视企业与顾客之间的社交联系。企业强调个性化的产品和服务，并尽力将顾客转化为常客。美国学者唐纳利（James H. Donnelly）、贝里（Leonard L. Berry）及汤普森（Thomas W. Thompson）认为，顾客和常客在企业得到的服务应该是不同的。企业不知道顾客的姓名，通过统计分析了解顾客的需要，可由任何服务人员为所有顾客提供类似的服务。但是，企业知道常客的姓名，了解常客的个人情况、特殊要求、偏爱的服务，并安排专人为常客提供个性化的服务。

企业与常客的社交性联系，是指企业发现常客，主动与常客保持联系，不断研究常客的需要，向常客赠送礼品和贺卡，表示友谊和感谢；信任常客，并增强常客对企业的信任感；向常客表现出合作态度和敏感的服务态度。企业与常客之间的这类社交性联系往往不易被竞争对手模仿。如果常客没有重大的改购竞争对手服务的理由，那么社交性联系就可以鼓励常客与企业保持合作关系。但是，社交性联系无法防止价格过高或劣质产品和服务引起的问题。此外，企业与常客的社交联系是通过服务人员与常客之间的交往建立并保持的，一旦服务人员跳槽，有可能同时带走本企业的顾客。

（3）结构层次

在关系营销的三个层次中，结构层次是最高的一个层次。除财务层次和社交层次的联系外，企业还可通过结构性联系与顾客增强关系。结构性联系是指企业使用高科技成果，精心设计服务体系，为常客提供竞争对手不易模仿的服务，使常客得到更多的消费利益和更大的使用价值，而不是依赖员工的社交活动，与常客保持关系。

结构层次的客户关系极大地增加了常客改购竞争对手产品和服务所需付出的代价，极大地增加了竞争对手的顾客改购本企业产品和服务所能获得的利益。如果竞争对手采用廉价竞争策略，那么结构性联系可使企业通过非价格竞争，与常客加强合作关系。企业与顾客保持良好的社交性联系，顾客愿意支付略高的价格，但顾客决不会因此而同意支付比竞争对手高得多的价格。如果竞争对手无法提供顾客必需的技术性服务，那么顾客就不会购买竞争对手的廉价服务。因此，企业增加技术投资，采用高科技成果，及时收集顾客需求信息，按照顾客的特殊要求，以较高成本效果提供定制化服务，就能与顾客建立并保持结构性联系，牢牢地抓住顾客。

企业进行关系营销，必须把企业整合成服务企业，服务是竞争的核心要素；要进行流程管理，而不仅仅是传统的职能管理；要在整个服务过程中建立合作关系和合作网络。从具体实施来说，企业应与顾客和供应商建立直接的联系，应建立顾客数据库，应创建顾客导向的服务体系。

## 二、客户价值理论

企业管理人员进行客户关系管理，必须认识到企业为不同的顾客服务，获得的利润是不同的。换句话说，不同的顾客对企业的价值不同。企业进行客户关系管理，就是要选择那些价值高的客户，建立、保持和发展与高价值客户的关系，终止与损害企业利润的客户的关系。

衡量客户给企业带来的利润常用的指标是客户终身价值。所谓客户终身价值是指客户长期购买企业的产品和服务给企业带来的利润的净现值。根据客户终身价值的概念可以把客户带给企业的利润划分为两部分：一部分是企业到目前某个时间为止购买企业的产品和服务为企业创造的价值，称为客户已实现的价值；另一部分是企业未来持续购买企业的产品和服务将为企业创造的价值，称为客户的潜在价值。企业管理人员应根据客户的终身价值，即客户已实现价值和潜在价值之和来评估每个客户的价值。许多企业管理人员只根据客户已实现价值评估客户的价值，结果可能会低估那些已实现价值低但潜在价值很高的客户的价值，如大学生客户；同时也可能高估那些已实现价值高但潜在价值低的客户的价值，如老年客户。

企业在计算了客户的终身价值后，应根据客户的终身价值的大小决定企业为每个客户服务的成本。为不同终身价值的顾客提供不同标准的服务。企业不应为顾客提供高于其终身价值的产品和服务。如果企业只根据顾客的已实现价值决定企业的服务投入，则很可能为那些已实现价值高但潜在价值低的顾客提供了超值服务，也可能为那些已实现价值低但潜在价值高的顾客提供了低于他们价值的服务，甚至终止了与这部分客户的关系，损害了企业的长期利润。客户潜在价值的实现依赖于企业留住客户的能力。企业应了解客户不断变化的需求，为客户提供满意的个性化消费体验，培养客户对企业的信任感、归属感，最终留住客户，实现客户的潜在价值。

### 三、数据库营销理论

数据库营销是指企业搜集和积累消费者的大量信息，经过处理，准确掌握、确定目标客户群，使促销工作具有针对性的营销方法。数据库营销是在直接营销理念上发展起来的，应用数据库技术进行客户管理，是企业进行客户关系管理的技术基础，也是企业获取竞争优势的重要手段。

按照科特勒的观点，客户数据库是被用于有组织地全面收集关于目前客户和潜在客户的综合数据资料，这些数据是当前的、可接近的和为营销目的所应用的，它引导企业销售产品或服务，或维持客户关系。而数据库营销就是建立、维持、使用客户数据库和其他数据库（产品、供应商、零售商）进行营销活动的过程。

企业利用客户数据库，可以准确地分析、评估客户，选择有效的营销策略，强化客户的忠诚感。目前，越来越多的企业，尤其是服务型企业开始运用数据库营销，管理客户关系。

## 本章案例

**亚马逊客户关系管理**

亚马逊公司总部位于西雅图，成立于1995年7月，目前已成为全球商品种类最多的网上零售商。亚马逊致力于成为全球最"以客户为中心"的公司，使客户能在公司网站上找到和发现任何他们想在线购买的商品，并努力为客户提供最低的价格。亚马逊和其他卖家提供数百万种独特的全新、翻新及二手商品，类别包括图书、影视、音乐和游戏、数码下载、电子产品、家居和园艺用品、玩具、婴幼儿用品、杂货、服饰、鞋类、珠宝、健康和美容用品、体育、户外用品、工具，以及汽车和工业产品等。

如今，很少有人会否认亚马逊作为技术和技术性服务领头羊的地位。亚马逊公司总裁 Jeff Bezos 信奉顾客至上原则，认为顾客是第一位的。他与其他管理人员一直关注顾客、与顾客的关系、价值以及品牌本身。按照 Bezos 的话说："顾客第一，只要你关注顾客所需并与之建立联系，你就可以赚到钱。"

在亚马逊网站上买过东西的人都知道使用方便是亚马逊网站成功的秘密。自1995年7月创立以来，亚马逊可以提供的书目已经比任何实体书店储藏的图书还要多。因此，书目的可选择性和可获得性是亚马逊受到顾客欢迎的关键。如今，亚马逊的使命是帮助人们找到他们想通过网络购买的一切东西，包括1600万个产品类目，如书、CD 唱片、影视碟片、礼物、贺卡、药品和杂货。顾客不需要一家一家逛商店去寻找想要的商品，他们相信亚马逊公司有这些商品，或者亚马逊公司能帮助他们找到这些商品，并且亚马逊公司能迅速把商品送到他们手中。亚马逊公司的收费比传统的书店大约要便宜30%，这不仅是低价格策略而且也是便利性策略。

　　亚马逊公司的网站界面也非常友好，这得益于花费了无数时间对网站主页的调整，排除了影响购买的一切障碍。亚马逊发明了一次点击式订购，即顾客首次购买后网站会自动存下顾客的信用卡账号和地址，并为顾客安装一套软件，存储和评估顾客以往的购买情况，并向顾客建议其他的购买选择。因为顾客关心配送的速度，因此亚马逊在全球各地建设分销中心。在大多数地方，顾客隔夜就能收到货物，正常情况下两至三天即可。

　　亚马逊公司也利用因特网技术，发展成为客户服务专家。当顾客关系管理受到重视但没有完全付诸实践时，亚马逊网站就投入时间寻找每一位顾客的信息以迎合顾客。亚马逊公司建立了顾客数据库。顾客从亚马逊网站购物之后，该公司就立即在数据库中记录顾客的消费习惯和顾客的爱好。顾客到亚马逊网站订购图书时，该公司就能向顾客推荐同类图书和同一个作者的其他著作，并告诉他们更多可能感兴趣的书目。顾客多次购物之后，该公司就能在顾客登录之后立即向顾客推荐图书。这种一对一的营销系统还可通过定期发送指示性电子邮件的方式来实现，这些邮件中会展示与顾客上次购买的书形式和趣味明确相关的书，还提前告知他们要上市的新产品和传递价值增值服务。此外，亚马逊网站还培养了顾客的社区感，购买者自己通过公布他们的书评和对购买的评价来创造价值，任何人都能够阅读这些书评和评价。

**讨论：**

1. 亚马逊的成功之处在哪里？
2. 结合亚马逊的案例，你认为电子商务企业应如何进行客户关系管理。

**思考与练习：**

1. 如何理解客户关系和客户关系管理？
2. 什么是关系营销？简述关系营销的三个层次。
3. 简述客户关系管理产生的背景。

**补充阅读材料：**

1. Barnes, James G. Closeness, Strength, and Satisfaction: Examining the Nature of Relationships between Providers of Financial Services and Their Retail Customers[J]. Psychology & Marketing, 1997, 14(8): 765-790.

2. Khodakarami, Farnoosh, Yolande E. Chan. Exploring the Role of Customer Relationship Management (CRM) Systems in Customer Knowledge Creation Original[J]. Information & Management, 2014, 51(1): 27-42.

3. Landrigan, Marty. Customer Relationship Management: Concepts and Tools[J]. The Journal of Consumer Marketing, 2005, 22(4/5): 237-239.

4. Liljander, Veronica, Inger Roos. Customer-relationship Levels-from Spurious to True Relationships[J]. The Journal of Services Marketing, 2002, 16(7): 593-615.

5. Matis, Ciprian, Liviu Ilieş. Customer Relationship Management in the Insurance Industry[J]. Procedia Economics and Finance, 2014, 15: 1138-1145.

# 第二章 客户价值管理 _____

## 引 例

    联邦快递公司（Federal Express）是美国物流行业的领导者，其业务已经遍及全球 220 个国家，拥有超过 660 架货机和大约近 10 万辆货车，并且在全球聘用超过 30 万名员工和独立承包商，日均运送量超过 3900 万个包裹和 550 万千克的货件。联邦快递创始人弗雷德·史密斯总结出其成功之道："联邦快递成功的原因很简单，其实就是因为一件货物本身对发送人和收件人是极具时间价值的，是值得付出额外运费的，所以从逻辑上来说，我们可以说服客户将货物交给我们，我们保证这件货物在到达前不会离开我们的手，这是一种从'子宫到坟墓'的运输方式。"这也就是后来所谓的"门到门"服务，顾客不用再和航空公司打交道，不用去机场取货和送货，一切都由联邦快递负责。联邦快递的业务迅速发展与其一贯的以客户为中心、和客户保持伙伴关系的战略密不可分。在一般人看来，每个联邦快递的客户每月带来的收入并不可观，但在联邦快递眼里，他们看到的是每个客户的整个生命周期所带来的不菲收入，而能够实现占有每个客户的整个生命周期，靠的是有效的客户价值管理。

    热身思考：客户的价值体现在哪些方面？

## 第一节 客户关系价值

    企业进行客户关系管理的目的就是增加客户关系价值。管理人员应制定一套发现有价值的客户关系的方法，企业应根据各项活动对关系价值的影响评估该活动的效果。

    所谓客户关系价值是指企业与客户建立、保持、发展关系所能获得的价值。管理人员可以根据客户关系价值的大小，衡量本企业客户关系管理是否成功。

    一般来说，企业可以从以下方面衡量客户关系价值。

1. 客户关系的获利能力

    客户的获利能力和关系过程密切相连。无法获利的关系往往非常复杂，客户与企业进行了多次交往，企业也采取了许多营销措施，但是这些交往、营销措施没有给企业或客户创造任何价值。为此，增加客户关系价值常常也包括要重新设计企业与客户之间的关系。

    所谓客户关系的获利能力是指企业与客户的关系在一段时期内能够给企业带来利润的能力，是衡量客户关系价值最重要的一个指标。简单来说，客户关系的获利能力就等于企业从客户关系中获得的收入与为维持这一关系所付出的成本之差。衡量客户关系获利能力的"时间段"往往是指一个财政年度。以这种方式定义的获利能力是一个绝对量，而不是相对量。

获利能力较高的客户关系能够给企业创造更多的净现金流。在评估客户关系的获利能力时，企业应考虑为建立、保持、发展这一关系所投入的资源。企业可以通过增加关系收入和降低管理关系的成本，来提高关系的获利能力。

从长期来看，企业所有的客户关系都应该是可获利的。企业可通过两种不同的途径实现客户关系的长期获利能力。其一，企业应以年度为单位分析客户关系的获利能力，而不是以自客户消费开始时计算的一年为单位分析客户关系的获利能力。企业与某客户建立关系，可能在一开始几年内不能获利，但在将来，其可能是企业获利能力最高的客户之一。其二，为了让客户关系在其寿命范围内都能获利，企业必须计算该关系每年的获利能力，并计算其净现值。然而，由于不能准确确定客户关系的寿命，因此，这一净现值只能是在对将来的预期的基础上得出的。如果不了解客户关系的获利能力的发展情况，其净现值也就很难确定了。

### 2. 客户关系寿命

客户关系寿命的影响主要体现在以下三个方面：①关系寿命和关系获利能力是计算关系寿命价值的起点。②企业与客户在交往过程中可能建立各种纽带，因此，持续一定时间的关系往往具有更坚固的基础。而这种关系同时也可以作为企业优势的一种证明。③客户关系维系时间越长，则在关系管理工具的帮助下，企业越有更多的机会去发展这一关系。

许多企业管理人员认为，客户满意程度直接决定客户关系的寿命。然而，只有在某些环境下、对某些关系战略而言，客户是否满意、客户满意的程度决定企业与客户关系寿命的长短。实际上，客户关系寿命取决于客户忠诚感，而客户忠诚感除了受客户满意感的影响外，如消费价值、客户信任感、归属感等其他因素也会影响客户的忠诚感。

### 3. 能力价值

在某些行业，企业也根据客户的能力评估客户关系价值。由于能够增强企业本身不具备的能力，因此，客户需求和适时消费的客户是非常有价值的。此外，为满足客户不同时段的需求，企业必须培养新的能力。

对于那些健康发展的客户关系来说，客户非常有必要与企业分享他们的能力。由于客户的能力迫使企业去学习、去发展，甚至是那些无法获利的客户关系对企业也是有价值的。企业不可能比其最好的客户更强。因此，从关系价值的角度来说，企业与客户之间的相互学习是非常重要的。

### 4. 推荐价值

客户常常会向他人推荐企业及其产品和服务，因此，客户还具有推荐价值。与客户的接触也会影响关系价值。归属感很强的客户往往会向他人推荐企业，会表扬企业，由此导致企业与更多的新客户建立关系，因此，他们是非常有价值的。这类客户是某一行业客户网络的结点。随着经济和社会的网络化发展，客户的推荐价值将越来越突出。

在 B2B（Business to Business，企业对企业）营销中，许多企业管理人员公认客户作为推荐者的重要性。目前，在最终消费市场营销中，与企业的沟通活动相比较，客户更相信其他客户的宣传，客户推荐的作用也越来越突出。

### 5. 潜在价值

以上四个计量关系价值的指标既可从目前状态衡量关系价值，也可从期望的角度计量客户关系的潜在价值。事实上，衡量关系价值的关键问题不是为了识别目前的状态，而是通过关系价值促使企业实施关系驱动战略。企业可根据现有客户关系的潜在价值，合理分配企业投入到每一个项目中的资源。与建立新的客户关系相比较，企业应把更多的精力投入到发展现有客户关系中。

一个无法获利的客户关系，也可能具有较强的潜在的获利能力。要实现客户关系的潜在价值，企业应管理客户关系，增加客户关系的关系收入，减少关系成本。客户往往在多个企业购买产品或服务，企业如果能够劝服客户只购买本企业的产品和服务，那么企业就可以实现客户关系的潜在价值。

但是，衡量客户关系价值的指标因行业、因企业而异。在选择一项战略时，企业必须同时决定衡量关系价值的指标。

# 第二节　顾客获利能力与终身价值

## 一、顾客获利能力

企业的每个顾客给企业带来的利润是不同的。顾客获利能力是指顾客能够给企业带来利润的大小。能够给企业带来较大价值的顾客，我们称之为获利能力高的顾客；反之，则称为获利能力低的顾客。

数字革命使得企业的营销实践发生了很大的变化。强有力的数据库和电子数据网络，使企业能够比以前更有效地收集有关顾客和他们的购买模式的准确信息，特别是因特网，提高了企业跟踪顾客行为的能力，使企业可以在顾客访问网页时跟踪顾客的行为。虽然这些能力要求企业对大量的信息进行管理，但同时也为营销人员对顾客进行动态管理提供了新的机会。除了传统的大众广告外，企业能够更准确地识别和监督单个顾客，与他们进行沟通，为他们提供服务，营销活动变得更互动，营销效果更好。由于成本过高，此类精准营销对许多企业，特别是大企业或跨国公司在过去是不可能实现的。

为了充分利用顾客知识，企业需要系统地估计顾客获利能力。最终目标是培养那些不仅重复购买、能为企业创造连续收入流，而且维系成本很低的顾客。现实中经常会有这么一种现象：有些顾客最初的购买并不能为企业带来利润，但从长远来看，却能给企业带来很高的利润。因此，企业应跟踪顾客的获取成本，并将之与该顾客长期购买所可能给企业带来的利润进行比较。根据比较结果决定企业应追求哪些顾客，如何调整促销策略，甚至在必要时终止对哪些顾客的服务。许多管理人员和管理理论研究人员认为，营销很快将变成"寻找、保留和发展获利能力高的顾客的一门科学和艺术"。

分析顾客获利能力的第一步就是要清楚地了解顾客行为的相关特点。企业可通过对历史数据的分析，了解新老顾客的购买模式。根据这些信息进行市场细分。细分后的市场在一定促销水平下有类似的回应。通过计算顾客对产品和服务的反应、企业提供产品和服务的成本以及顾客保留率，企业就可以计算出顾客的获利能力和终身价值。

## 二、顾客获利能力的计算

我们以目录零售商为例来解释顾客获利能力的计算。

1. 第一步：计算顾客的获取成本

案例：一家装饰品目录零售商面临这样的选择：是利用从顾客信息经纪公司购买顾客信息的方式吸引新顾客还是随机邮寄产品目录获取新顾客？企业寄送一份产品目录的成本（包括产品目录制作和邮寄费用）是 0.5 美元。根据以往的经验，该公司预测随机邮寄的回应率是 1%。通过分析现有顾客的购买行为和人口统计特征，该公司估计可以向顾客信息经纪公司有选择地租赁顾客信息，这种方式的回应率为 4%。但每个顾客信息需要向经纪公司支付 0.2 美元的租赁费用。该零售商希望计算两种方式顾客的获取成本。

要计算顾客的获取成本，零售商需要知道顾客的回应率和企业为每位潜在顾客寄送目录的成本。顾客回应率 1%意味着企业寄出去 100 份目录，只有 1 个顾客会回应（购买）。类似地，若顾客回应率为 4%，则企业每送出去 25 份目录，就会有 1 个顾客购买。我们可以根据下面的公式计算顾客的获取成本。

顾客获取成本＝获得 1 个顾客需要发送的目录数量×每份目录的寄出成本
　　　　　　＝发出 1 份目录的成本/ 顾客回应率

根据这个公式，采用随机邮寄方法顾客的获取成本＝0.5/0.01＝50 美元，而用租赁顾客信息方法顾客的获取成本＝（0.5+0.2）/0.04＝17.5 美元。可见，即使使用租用的顾客名单使企业发送一份产品目录的成本提高了 40%，但高回应率也使得企业租用顾客名单是值得的。

但有以下几点需要补充。

（1）有时候，顾客回应率并没有直接给出，需要利用其他信息计算才能得到。例如，直销人员经常用 demand per book 指代顾客。demand per book 是指企业发出 1 份目录期望获得收入。如果知道企业顾客平均的订货规模（按销售收入计算），则回应率＝demand per customer/平均订货规模。

（2）由于租赁的名单中包含的符合一定条件的顾客数目有限，零售商必须考虑到有时候符合条件的顾客信息会用完。这时，为获取新顾客，零售商可用回应率较低（但仍能获利）的顾客名单，或寻找新的顾客信息来源。

（3）这种计算方法对其他行业也是适用的。只要知道企业吸引顾客所用的方法和获得每位顾客的可能性，就可以计算顾客的获取成本。

2. 第二步：顾客收支平衡分析

现在我们知道了吸引一个新顾客的成本，就可以利用这个信息分析该顾客要达到企业的利润需要购买多少次或需要多长时间。

在这个例子中，该零售商每年改变四次产品线。根据以前的经验，企业在一年后可以把现有顾客划分为"常客"（一年购买 2 次，每次平均购买额 50 美元）和"临时客"（一年只购买 1 次，平均购买额 80 美元）。常客的保留率是 75%，临时客的保留率是 50%。因此，今天获得的 1 个新顾客，若是常客的话其四年后还是本企业顾客的可能性是 30%，而若是临时客的话其四年后还是本企业顾客的可能性是 6%。销售毛利润是 20%（包括发出目录成本之外的所有花费）。第一年，零售商每个月对其所有获得的顾客发一份目录（其中 3 个月是一样的目录）。根据第一年的购买情况，常客每年继续收到 12 份产品目录，而临时客只收到 4 份目录。现在零售商想知道，采用租用的顾客信息吸引顾客的话，经过多少年企业能够收回最初的获取成本？计算结果如表 2-1 所示。

表 2-1 顾客收支平衡分析

| | 常客 | 第 1 年 | 第 2 年 |
|---|---|---|---|
| A | 每次购买的边际利润 | $ 10 | $ 10 |
| B | 顾客保留率 | 100% | 75% |
| C | 产品目录邮寄成本 | 0.5×12= $6 | $6 |
| D | 每个顾客预期利润 | 2×10-6= $14 | 0.75×（20-6）=$ 10.5 |
| E | 每个顾客累积净利润 | $ （3.5） | $7 |
| | 临时客 | 第 1 年 | 第 2 年 | 第 3 年 |
| A | 每次购买的边际利润 | $ 16 | $ 16 | $ 16 |
| B | 顾客保留率 | 100% | 50% | 25% |
| C | 产品目录邮寄成本 | 0.5×12= $6 | 0.5×4=$2 | $2 |
| D | 每个顾客预期利润 | 16-6= $10 | 0.5×（16-2）= $ 7 | 0.25×（16-2）= $ 3.5 |
| E | 每个顾客累积净利润 | $ （7.5） | $ （0.5） | $3 |

从表 2-1 可以看出，常客到第二年底就能给企业带来利润，而临时客到第三年底才对企业有利润回报，且利润额比常客第二年的利润还小。

补充说明：

（1）在上面的计算中，没有考虑折现率。如果考虑折现率的话，每个预期利润应除以 $(1+i)^a$。其中，i 为利率，a 是年份。

（2）为了简化，D 行假设零售商在顾客停止购买的那一年就停止向顾客邮寄产品目录。事实上，企业可能在从名单中划去该顾客前仍向其邮寄产品目录。如果真是这样，那么 D 行应为：邮寄目录成本×前一年的顾客保留率。

（3）有些情况下，毛利润并没有明确给出，必须考虑与顾客一次购买相关的所有成本，包括运输成本、付给生产商的花费、处理费等。有些情况下，若发生退货或取消订货，则应调整"净贡献"，用（1－退货率）乘以利润。若净利润中包括了分析中没有包含的促销成本和沟通成本，则也应该从净利润中减去这些成本。

3. 第三步：顾客终身价值分析

在知道了经过多少年企业可从顾客身上开始获利后，零售商会关心每个顾客的终身价值。在下面的计算中，我们假定：①利率为 10%；②企业与顾客的关系终止于顾客为企业带来的利润小于 1 美元的当年。计算结果如表 2-2 所示。

在上面的计算中，我们假定企业与顾客的关系终止于顾客的利润净现值小于 1 美元的当年。"常客"与企业的关系持续 8 年，给企业带来 20 美元的利润；"临时客"与企业的关系持续 5 年，给企业带来的利润不足 2 美元。这时，零售商可能决定向"临时客"派发更多的产品目录或采取其他促销，看能否激发这类顾客更多的购买行为，增加这类顾客的获利能力；或者可能终止与这类顾客的关系。

表 2-2　顾客终身价值分析

| 常客 | | 年 | | | | | | | |
|---|---|---|---|---|---|---|---|---|---|
| | | 1 | 2 | 3 | 4 | 5 | 6 | 7 | 8 |
| A | 每次购买的边际利润 | $10 | $10 | $10 | $10 | $10 | $10 | $10 | $10 |
| B | 顾客保留率 | 100% | 75% | 56% | 42% | 32% | 24% | 18% | 13% |
| C | 产品目录邮寄成本 | $6 | $6 | $6 | $6 | $6 | $6 | $6 | $6 |
| D | 每个顾客预期利润 | $14 | $10.5 | $7.9 | $5.9 | $4.4 | $3.3 | $2.5 | $1.9 |
| E | 每个顾客利润净现值 | $12.7 | $8.7 | $5.9 | $4 | $2.8 | $1.9 | $1.3 | $0.9 |
| F | 每个顾客累积利润 | $（4.8） | $3.9 | $9.8 | $13.8 | $16.6 | $18.5 | $19.8 | $20.7 |

| 临时客 | | 年 | | | | |
|---|---|---|---|---|---|---|
| | | 1 | 2 | 3 | 4 | 5 |
| A | 每次购买的边际利润 | $16 | $16 | $16 | $16 | $16 |
| B | 顾客保留率 | 100% | 50% | 25% | 12.5% | 6.25% |
| C | 产品目录邮寄成本 | $6 | $2 | $2 | $2 | $2 |
| D | 每个顾客预期利润 | $10 | $7 | $3.5 | $1.75 | $0.88 |
| E | 每个顾客利润净现值 | $9.1 | $5.8 | $2.6 | $1.2 | $0.5 |
| F | 每个顾客累积利润 | $（8.4） | $（2.6） | $0 | $1.2 | $1.7 |

要计算企业每个顾客带给企业的总利润，企业需要知道每个细分市场的规模。这可通过知道所有潜在顾客的数目以及获得的每位顾客成为常客或临时客的概率而计算得到。计算公式如下：

$$CLV = \sum_{t=0} (M_t - C_t) r^t / (1+i)^t - AC$$

其中，$M_t$：顾客在 t 时期创造的收入；

$C_t$：企业 t 时期对某顾客的营销沟通成本和促销成本；

r：顾客保留率；

i：每个时期的折现率；

AC：顾客获取成本。

当每一时期的 M 和 C 相对固定，且顾客保留率不是非常高的情况下，可以用以下公式近似计算顾客的终身价值。

$$CLV2 = (M-C) \times (1+i) / (1-r+i) - AC$$

其中，$(1+i)/(1-r+i)$ 称为利润乘数。在知道折现率、顾客保留率、顾客每年带来的收入的情况下，我们可以根据以上公式计算吸引该顾客可花费的最大费用。假设已知：折现率为 5%，顾客保留率为 70%，顾客每年带来的收入为 100 元，则企业为吸引该顾客最大的花费为 300 元。下面我们利用以上公式计算某网络服务公司顾客的终身价值。

假设：该网络服务商每月向其用户收取 30 元的使用费。每月花费到每个顾客身上的可变成本为 10 元，每年的营销费用为 30 元，顾客跳槽率为每月 2%，每月的折现率为 1%，试计算顾客的终身价值是多少？

计算：M-C＝30-10-30/12 =17.5 元

利润乘数＝(1＋0.01)/(1-0.98＋0.01)＝33.67

CLV＝（M-C）× 利润乘数

＝17.5 × 33.67=589.225 元

如果该网络服务商想把每年的营销费用从原来的 30 元降到 15 元。他们估计顾客的跳槽率会从原来的 2%增加到 4%。试问，该网络服务商是否应该缩减营销费用？

运用同样的计算方法，我们计算一下缩减营销费用后顾客的终身价值，可以得出此时顾客的终身价值为 378.75 元。可见，该网络服务商不应该缩减营销费用。

## 三、顾客终身价值概念

顾客关系是能够给企业在未来一段时间内带来回报的一种资产。从财务角度来说，对能够为企业带来未来经济利益的资产的正确评估是这一资产能为企业带来的所有净现金流的净资产价值。如果企业管理人员认识不到这一点，那么有可能关注于企业的短期利润而损害顾客资产。

此外，在计算顾客带给企业的收入时，除了要计算顾客自身购买企业的产品或服务给企业带来的销售收入，还应计算顾客的口碑推荐等行为给企业创造的利润收入。

有时候，顾客终身价值被定义为顾客未来获利能力的净现值，是顾客关系在某一特定时段创造的收入和成本的差。顾客利润可以说明与现金流无关的成本，如通货膨胀。如果未来的现金流不确定，那么顾客终身价值是一个随机变量。因此，期望的顾客终身价值就变得有意义了。所谓期望的顾客终身价值是以概率为权重的潜在现金流的净现值。

## 四、顾客终身价值的实际运用

1. 计算顾客终身价值的复杂性

在实际计算顾客终身价值时的难题在于确定未来利润流 $M_t$。企业一般可以根据现有顾客的历史数据模型预测未来的利润流，如支出模型。在计算顾客终身价值时，未来利润流的预测往往止于一个有限的时间。

折现率和顾客保留率暗示着在未来足够长时间之后客户利润的净现值趋近于零。

此外，在计算客户终身价值时，企业还应该做到以下几点。

（1）确定企业未来的顾客维系成本

未来的顾客维系成本往往是企业可控制的管理活动的成本。例如，企业针对某一顾客的促销频率应该是多少。

（2）建立、维护顾客数据库

没有完整的、及时更新的顾客数据库，企业无法计算顾客的终身价值，或是即使计算也会得到错误的信息。

（3）跟踪所有促销成本

企业的财务报告系统不要求企业把运营成本分摊到每个顾客。以行为为基础的成本及相关软件则把 CRM 系统中顾客交易数据与财务信息相联系，使得企业可以把促销费用分摊到每一个顾客。企业计算顾客的终身价值，必须跟踪与吸引、保留顾客有关的所有成本。

2. 顾客终身价值例子

以某零售商为例。该零售商向许多顾客销售商品。表 2-3 是一个典型顾客的购买记录。这里的利润基于过去一个典型时期的平均利润。在已知平均购买频率和可获得的历史数据的数量的条件下，一个"时期"被界定为一个季度。在其他情况下，一个"时期"可能是一个月或一年。

**表 2-3    一个典型顾客的购买记录**

| | 一位典型顾客的购买记录 | | | |
|---|---|---|---|---|
| 购买序号 | 周 | 销售额（美元） | 利润率 | 净利润（美元） |
| 1 | 1 | 21.41 | 0.33 | 7.07 |
| 2 | 4 | 18.32 | 0.31 | 5.68 |
| 3 | 13 | 16.11 | 0.34 | 5.48 |
| 4 | 16 | 14.31 | 0.32 | 4.58 |
| 5 | 21 | 31.33 | 0.29 | 9.09 |
| 6 | 23 | 2.44 | 0.41 | 1.00 |
| 7 | 29 | 8.77 | 0.40 | 3.51 |
| 8 | 32 | 16.71 | 0.31 | 5.18 |
| 9 | 41 | 21.49 | 0.35 | 7.52 |
| … | … | … | … | … |
| 每季度平均销售额 | | | $50.26 | |
| 每季度平均利润 | | | $16.35 | |

在这个例子中，一个典型顾客每季度平均的销售额是 50.26 美元，每季度的利润率为 32.5%。为了预测顾客终身价值，我们假定：顾客获取成本为零，每季度的顾客保留率为 95%，每季度的折现率为 4%，也就是说，下一季度的 100 美元相当于今天的 96.15 美元。

表 2-4 是一个典型顾客的季度利润和十年（40 个季度）的购买历史数据。理论上来说，应该计算顾客终身购买价值，我们计算时期到该顾客每一时期折现利润为负值停止。从表 2-4 可以看出，利用顾客终身价值计算公式 CLV2 得出的该顾客的终身价值与公式 CLV 累加的顾客终身价值非常相近。

**表 2-4    典型顾客的终身价值**

| 顾客预期的购买额和利润——按季度 | | | | | | | |
|---|---|---|---|---|---|---|---|
| 现在每季度的购买额 | $50.26 | | | 每季度的保留率 | | 0.95 | |
| 现在每季度的利润 | 33% | | | 1+每季度的折现率 | | 1.04 | |
| 季度 | 预期的购买额 | 预期利润 | 折现利润 | | 季度 | 预期的购买额 | 预期利润 | 折现利润 |
| 1 | $50.26 | $16.36 | $16.35 | | 21 | $18.02 | $5.86 | $2.67 |
| 2 | $47.75 | $15.53 | $14.93 | | 22 | $17.12 | $5.57 | $2.44 |
| 3 | $45.36 | $14.76 | $13.64 | | 23 | $16.26 | $5.29 | $2.23 |
| 4 | $43.09 | $14.02 | $12.46 | | 24 | $15.45 | $5.03 | $2.04 |
| 5 | $40.94 | $13.32 | $11.38 | | 25 | $14.68 | $4.77 | $1.65 |

续表

| 季度 | 预期的购买额 | 预期利润 | 折现利润 | | 季度 | 预期的购买额 | 预期利润 | 折现利润 |
|---|---|---|---|---|---|---|---|---|
| 顾客预期的购买额和利润——按季度 | | | | | | | | |
| 现在每季度的购买额 | $50.26 | | | | 每季度的保留率 | | 0.95 | |
| 现在每季度的利润 | 33% | | | | 1+每季度的折现率 | | 1.04 | |
| 6 | $38.89 | $12.65 | $10.40 | | 26 | $13.94 | $4.54 | $1.70 |
| 7 | $36.96 | $12.02 | $9.50 | | 27 | $13.24 | $4.31 | $1.55 |
| 8 | $35.10 | $11.42 | $8.68 | | 28 | $12.58 | $4.09 | $1.42 |
| 9 | $33.34 | $10.85 | $7.93 | | 29 | $11.95 | $3.89 | $1.30 |
| 10 | $31.68 | $10.30 | $7.24 | | 30 | $11.36 | $3.69 | $1.18 |
| 11 | $30.09 | $9.79 | $6.61 | | 31 | $10.79 | $3.51 | $1.08 |
| 12 | $28.59 | $9.30 | $6.04 | | 32 | $10.25 | $3.33 | $0.99 |
| 13 | $27.16 | $8.83 | $5.52 | | 33 | $9.74 | $3.17 | $0.90 |
| 14 | $25.80 | $8.39 | $5.04 | | 34 | $9.25 | $3.01 | $0.82 |
| 15 | $24.51 | $7.97 | $4.60 | | 35 | $8.79 | $2.85 | $0.75 |
| 16 | $23.29 | $7.57 | $4.21 | | 36 | $8.35 | $2.72 | $0.69 |
| 17 | $22.12 | $7.20 | $3.84 | | 37 | $7.93 | $2.58 | $0.63 |
| 18 | $21.01 | $6.84 | $3.51 | | 38 | $7.53 | $2.45 | $0.57 |
| 19 | $19.96 | $6.49 | $3.21 | | 39 | $7.16 | $2.33 | $0.52 |
| 20 | $18.97 | $6.17 | $2.93 | | 40 | $6.80 | $2.21 | $0.48 |
| | | | | | 共计 | | $284.97 | $183.87 |

计算大约得出顾客终身价值=$16.35×(1+0.04)/(1-0.95+0.04)=$188.93

由前面的计算可以看出，决定顾客终身价值的关键因素包括：每位顾客现在和未来的购买额、现在和估计的未来利润、顾客保留率和折现率。

计算出顾客的终身价值之后，企业管理人员就会希望了解影响顾客终身价值的各因素如何计量营销和其他企业的特定变量，如顾客保留率的影响因素有哪些、影响顾客购买水平的因素有哪些。

顾客终身价值还可以用来决定顾客获取和保留的投资回报率。

此外，企业还可以根据顾客终身价值进行顾客管理，包括"解聘"顾客、奖励顾客等。

企业也应该测量和监督顾客价值的其他测量指标，如顾客满意度。

## 五、顾客关系赢利能力

企业要实现顾客的终身价值必须增强与顾客关系的赢利性。图 2-1 是顾客关系赢利能力模型。

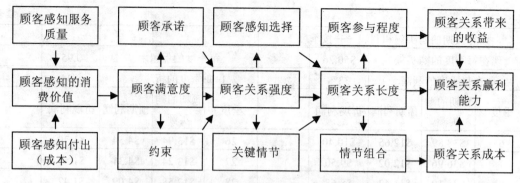

**图2-1　顾客关系赢利能力模型：赢利顾客机制**

资料来源：Storbacka, K., Strandvik, T. & Gronroos, C. Managing Customer Relationship for Profit: The Dynamics of Relationship Quality[J]. International Journal of Service Industry Management, 1994, 5(5): 23。

图 2-1 的总路线是从顾客感知的消费价值到顾客关系赢利能力，其中包括许多因素，对于这些因素我们必须进行详细的计划、管理和监督以保证它们能够促进顾客关系赢利能力的提高。这只是一个理论模型，其目的是帮助顾客了解影响关系赢利能力的复杂因素。有些因素，如顾客感知的付出、顾客与企业之间的约束、顾客忠诚度、顾客关系长度、关系收益和关系成本等，都可以利用可观的方法测量出来。另外一些因素，如顾客感知的服务质量和消费价值、顾客满意度、顾客承诺、企业与顾客之间的部分约束以及顾客关系的强度等，只能通过态度测试或定性的方法来加以确定。根据此模型，企业管理人员可以明确在研究顾客关系赢利能力时要考虑哪些因素，以及如何去考虑。

顾客关系赢利能力模型包含四个环节以及影响这些环节的要素。

1. 从顾客感知的消费价值到顾客满意度

顾客对自己购买企业的产品和服务所获得的利益和付出的代价的感知决定了顾客感知的消费价值，在连续的顾客关系发展过程中，它也决定了顾客关系的价值。顾客对感知的服务质量和为获得这种质量的成本（价格和关系成本）进行比较后，会产生满意或不满意的心理。所以，感知价值决定了顾客是否满意。顾客满意会影响顾客承诺和约束，而这两个因素又会对该模型的下一环节产生影响。满意的顾客会对服务提供者或供应商做出承诺，因为他们信任对方或是对顾客关系发展过程中的付出水平感到高兴。顾客满意也有利于顾客与服务提供者之间形成约束。约束可以是社会的、文化的、观念的、心理的、知识的、技术的、地理的、与时间相关的、法律的和经济的约束，这些约束将顾客与服务提供者牢牢地连接在一起，因为这些约束会使得顾客能够更轻松、更舒适地接受企业的服务，或者可以从接受同一个企业的服务中获取更多的经济利益。

2. 从顾客满意度到顾客关系强度

顾客与企业关系的强度决定了顾客的忠诚度，而顾客的满意度对顾客与企业的关系强度又有直接的影响，而且这种影响会直接波及顾客归属感和双方之间的约束。顾客对企业的归属感越强，双方之间的约束越强，则顾客与企业之间的关系就越牢固。但是，顾客满意度、约束与顾客关系强度之间的确定性联系，即要实现特定的顾客关系强度，顾客满意度应该多高、约束应当多强，则要具体情况具体分析。顾客满意度的高低和约束的强弱对顾客关系强度具有强烈的影响这一点是不容置疑的。例如，宣称对服务满意的顾客并不总是忠诚的，这些顾客的重购率只有 30%，甚至更低，但那些对企业服务非常满意的顾客的重购率则高达 80%，甚至更高。顾客与企业的关系是否牢固会影响顾客对产品和服务的选择范围，即顾客与企业的关系越稳固，则顾客重新选择的范围就越小，反之亦然。另外，稳固的关系有可能会减少服务过程中的服务差错，这是因为：第一，顾客对这种关系非常满意，对企业的归属感非常强，会减少不利于双方关系发展的事件；第二，顾客与企业的关系牢固，会减少顾客原来很看重的一些服务失误，只要这些事件不经常发生，顾客就会忽略它们的存在。

3. 从关系强度到关系长度

在第三个环节，关系强度对关系长度有直接和间接的影响。关系强度越大，关系长度也就越长。因为顾客对企业的服务非常满意，所以他就没有转换服务提供者的动力。同时，关系强度大也减少了顾客感知选择的数量，而感知选择数量的减少反过来又会增加顾客关系长度。关键时刻数量的减少也可以起到同样的作用。关系强度对顾客赢利能力有两种影响：①在持续的顾客关系发展过程中，顾客非常满意，双方也存在着维系关系的强有力纽带，这肯定将促使顾客从企业那里购买更多的产品和服务，顾客购买频率增加，同时顾客钱包份额也增加；②顾客和企业都从双方关系发展过程中学会了相互适应、相互合作，顾客对服务的消费更加有效，也更具个性化，服务失误将会减少，服务补救也显得不那么必要了，企业服务成本降低。更重要的是，由于顾客与企业之间存在着较为牢固的关系，所以企业推出新产品的过程可能会更加顺利，如利用费用较低的网上服务方式来为顾客提供信息或是进行财务结算。这样企业提供服务的成本下降，资源耗费减少，但顾客感知的服务质量和消费价值并不会因此下降。

4. 从关系长度到关系赢利能力

顾客关系长度本身对顾客关系赢利能力有正向影响。顾客忠诚于企业，企业不仅可以把吸引新顾客的成本降至最低，而且还可以充分利用忠诚顾客的溢价效应。对于任何特定的顾客，其购买频率越高，企业从中获得的利益也就越多。另外，顾客购买频率高还可以减少企业许多不必要的支出，如对顾客问题的解答、对服务事务的补救，这些环节都可以减少甚至省去，因此，可以降低企业提供服务的成本。由此可见，顾客关系长度会直接影响顾客关系赢利能力，并使得企业收入增加，服务成本和关系成本下降。

管理人员必须时刻跟踪顾客关系的发展状况，如果可能，应跟踪每一个顾客。通过这种跟踪，监控企业与顾客的关系机制是如何发挥作用的。若能用量化的数据来表示则更好。这就要求企业调整显性的财务制度，以顾客为单位来计算成本、收益等指标。对那些只能用态度测量的因素也应纳入监控的范畴。

# 第三节　顾客资产管理

在激烈的市场竞争中，企业应该采取哪些营销措施，增加哪些营销活动的投资，以便提高营销效果呢？企业应增加广告费用，增加品牌资产，还是应该建立新的顾客数据库，增强企业与顾客之间的关系，还是应该提高产品和服务的质量，降低产品和服务的价值，提高顾客感觉中的消费价值呢？许多企业管理人员往往不知道哪些营销措施会成功，哪些营销措施会失败，更不知道哪类营销措施能对顾客产生最大的影响。他们无法判断各类营销活动的投资收益，往往会做出错误的投资决策，浪费大量营销经费。

在信息经济时代里，企业应通过营销调研和顾客数据库，收集和储存顾客信息，深入了解顾客的购买行为，以及企业可从顾客那里获得的经济收益，以便管理人员根据各类营销活动的效果，做出正确的营销投资决策。

美国著名营销学家勒斯特（Roland T. Rust）、隋塞莫尔（Valarie A. Zeithaml）和莱蒙（Katherine N. Lemon）认为，要减少低效营销活动的经费、增加高效营销活动的投资，企业应采用有效的计量方法，评估所有营销投资的效果。他们认为管理人员应根据顾客终身价值评估各个顾客的价值，根据企业的顾客资产（企业所有顾客终身价值之和的折现值）比较各个战略营销方案的效果。管理人员根据各类营销投资的效果，选择最能增加顾客资产的营销方案，就能最有效地增加企业的价值。

## 一、市场份额是后视镜

企业管理人员往往根据产品或服务的市场份额衡量企业的业绩。勒斯特等人指出：市场份额是衡量企业业绩的后视镜，并不能充分计量企业的业绩。市场份额只能表明企业过去的业绩，却无法表明企业将来的业绩。

20 世纪 70 年代至 80 年代，美国凯迪拉克汽车公司拥有一批汽车业最忠诚的顾客。整整一代的美国人认为"凯迪拉克"是豪华的代名词，在美国豪华轿车市场里，凯迪拉克汽车的市场份额很高（1976 年，凯迪拉克汽车市场份额达 51%）。然而凯迪拉克的顾客主要是老年人（平均年龄为 60 岁），许多老年顾客以后再也不会买车。尽管凯迪拉克汽车的市场份额很高，该公司的顾客资产份额却很低。与凯迪拉克相反，宝马汽车洋溢着青春活力的市场形象虽然不能在短期内迅速赢得市场份额战，却吸引了一批终身价值较高的年轻顾客。最终，宝马汽车的市场份额超过了凯迪拉克。目前凯迪拉克的市场份额已降至 15%左右。宝马汽车公司不仅有较大的顾客群，而且有较高的顾客终身价值，该公司目前的顾客资产已远远超过凯迪拉克公司的顾客资产。

可见，市场份额并不能有效地衡量企业的营销投资收益。企业应根据营销投资对顾客资产的影响，衡量营销投资效果。换句话说，管理人员不仅应关心营销投资如何影响企业目前的销售量，而且应考虑营销投资对企业将来销售量的影响。顾客的终身价值和企业的顾客资产才是衡量营销投资收益的关键性指标。

## 二、顾客资产的驱动因素

价值资产、品牌资产和关系资产是影响顾客资产的三个主要因素。

1. 价值资产

价值是顾客与企业保持关系的必要条件。如果企业的产品和服务不能满足顾客的需要和期望，即使企业采取最好的品牌策略和关系营销策略，也无法有效地增加顾客资产。价值资产是指顾客根据自己的得失，对品牌效用的客观评估。质量、价格和方便性是影响价值资产的三个主要因素。其中，质量包括产品和服务整体组合的有形属性的客观质量和无形属性的主观质量。价格是指顾客付出的货币代价。方便性是指企业尽力减少顾客花费的时间和精力。

对大多数顾客来说，价值资产在大部分时间都是非常重要的。但在以下情况下，价值资产是影响顾客资产的最重要因素。

（1）相互竞争的产品存在明显的差异

在同质产品市场里，各个企业的产品可相互替代，企业就很难增加价值资产。但是，如果各个企业的产品有明显的差异，企业就可通过影响顾客感知的消费价值，提高价值资产。例如，IBM 公司长期享有技术创新、设计先进的市场声誉。因此，IBM 公司利用其现有的技术，推出快速、超薄、轻便的 ThinkPad 品牌笔记本电脑，明显地增加了该公司的价值资产。

（2）顾客的购买决策过程非常复杂

在这类购买决策过程中，顾客会权衡各个备选方案的利弊，非常慎重地做出购买决策。如果企业能增加顾客获得的利益或是降低顾客付出的代价，那么就能增加其价值资产。

（3）企业与企业之间的交易

对大多数生产资料购买者来说，价值资产非常重要。生产资料购买者不仅需要做出复杂的购买决策，而且往往需要与供应商签订交易金额比较大的长期购货合同。因此，生产资料购买者往往会比个人消费者更谨慎地考虑自己的购买决策。

（4）企业推出创新的产品或服务

购买"全新"的产品或服务时，顾客往往很难识别创新的产品或服务的某些关键性属性。他们会仔细观察新产品的各类属性，并经常会逐项比较新老产品的属性，以便决定自己是否值得冒险购买新产品。如果企业能表明新产品的质量，并降低顾客的购买风险，就可能在新产品市场里增加价值资产。

（5）激活成熟期产品

产品进入成熟期之后，大多数顾客认为各个企业的产品大同小异，产品销量不再增长。在产品寿命周期的成熟阶段，企业往往非常注重品牌的作用。然而，在这个阶段，价值资产也能增加企业的顾客资产。企业可为目前产品或服务增加某种新特色，或为顾客提供某种新利益，通过激活老产品，增加价值资产。例如，高露洁公司在成熟期牙刷市场里推出"可弯曲"的牙刷，提高了该公司的价值资产。

综上所述，价值资产的重要性受行业环境、企业成熟程度、顾客的购买决策过程等因素的影响。

2. 品牌资产

价值资产是由顾客感知的产品和服务的客观属性决定的，品牌资产是由顾客感觉中的品牌形象和品牌含义决定的。品牌的作用主要体现在以下三个方面：①吸引新顾客购买企业的产品和服务；②提醒老顾客记住企业的产品或服务；③增强顾客与企业之间的感情。国内外学者通常认为品牌资产包括一系列影响顾客选购行为的品牌属性。在本节中，我们采用勒斯特、隋塞莫尔和莱蒙提出的比较狭义的定义：品牌资产是指顾客对品牌的主观评价。

企业可以从品牌的知晓程度、顾客对品牌的态度、企业的商业伦理三个方面增加品牌资产。

①品牌的知晓程度。企业可使用一系列营销工具，特别是使用营销沟通工具，提高品牌的知晓程度。

②顾客对品牌的态度。企业可采用一系列营销沟通策略，影响顾客的品牌联想，增强顾客对品牌的情感，以便增加品牌资产。企业应特别重视信息内容、特殊事件、品牌延伸、品牌合作者、产品广告媒体、名人支持等因素对顾客态度的影响。

③企业的商业伦理。顾客与企业的价值观是否一致，是决定顾客是否愿意与企业保持长

期商业关系的一个重要因素。企业赞助社区活动、保障顾客隐私、重视环境保护工作、善待员工、保证产品和服务质量，都可增加品牌资产。

许多企业都非常重视品牌资产。在以下情况下，品牌资产极为重要。

①顾客投入程度低、购买决策过程简易。在许多产品购买决策过程中，顾客的投入程度很低，往往不必花费很多时间和精力收集信息，就可迅速做出常规性购买决策。在这种情况下，顾客对品牌的情感就极为重要。然而，如果产品和服务购买决策要求消费者高度投入，品牌资产就不如价值资产和关系资产那样重要。

②顾客在公开场合使用的产品。顾客在公开场合消费的产品和服务很容易引起他人的注意。他们更可能购买那些与他们自我形象相符的产品。对顾客在公众场合消费的、高度引人注目的产品和服务来说，企业可强化品牌形象和品牌含义，增加品牌资产。

③顾客可分享或传授产品消费经验。如果上一代消费者可向下一代消费者传授产品消费经验，品牌资产就非常重要。企业鼓励顾客与子孙分享产品消费经历（如旅游企业可组织多代家庭成员共同游览旅游景点），就可能会增加自己的品牌资产。

④信誉性属性为主的产品和服务。顾客可在购买之前试用许多产品和服务，也比较容易评估这些产品和服务的质量。然而，在购买信誉性属性为主的产品和服务之前，顾客很难评估这类产品和服务的质量。因此，他们往往会根据品牌声誉，做出购买决策。对律师事务所、投资银行、广告公司等专业服务性企业来说，品牌资产尤为重要。这类企业在客户心目中形成良好的品牌形象和品牌联想，可有效地吸引新客户购买其信誉性属性为主的专业服务。

综上所述，品牌资产的重要性是由顾客的投入程度、顾客消费经历的性质、顾客购买产品和服务之前质量评估难易程度等因素决定的。

3. 关系资产

关系资产是指顾客继续支持品牌的倾向。虽然企业可用强大的品牌吸引新顾客，可用优质产品和服务满足顾客的期望，留住老顾客，但在竞争越来越激烈、顾客越来越精明的新经济时代，企业只依靠品牌资产和价值资产，可能仍然无法"拴住"顾客。企业还需要利用关系资产，与顾客保持长期关系，防止顾客"跳槽"，改购竞争对手的产品和服务。

企业可采用以下一系列措施，增加关系资产。

①忠诚者奖励计划。企业给予常客某种物质奖励。在民航、旅馆、电信、银行、零售等行业，忠诚者（或常客）奖励计划是许多企业营销策略的一个重要组成成分。

②特殊礼遇规划。企业为重要的顾客提供无形的利益。例如，民航公司为重要的乘客提供优先登机服务。

③亲合规划。企业创造某个代表顾客生活方式的品牌，尽力增强顾客对这个品牌的情感联系，使这个品牌的产品变成顾客生活中不可或缺的消费品。

④社区建设规划。顾客社区是一个与亲合团体密切相关的概念。企业强化品牌个性，并通过营销活动，使顾客相信他们与企业的其他顾客加强联系，对他们是有利的。企业组织顾客社区或通过顾客自己组织的社区，既可增强顾客与企业之间的关系，又可增大顾客改购竞争对手产品的代价。

⑤知识积累规划。企业利用数据库技术，记录顾客与企业每次交往的信息，深入了解顾客的需要，并根据顾客的偏爱，为顾客提供定制化产品和服务。企业与顾客建立相互学习关系，增强双方之间的结构性关系，既可为顾客提供更多利益，降低企业的成本费用，又可增

大顾客与竞争对手重建学习关系的代价。

在以下情况下，关系资产对顾客资产的影响最大。

①顾客从忠诚者奖励计划获得的实际利益明显大于他们获得的"货币价值"。民航公司的常客奖励计划能够成功的一个重要原因是乘客渴望获得的价值（我又为免费旅行积累了几个奖分）明显超过了飞行路程奖分的价值。如果忠诚者奖励计划能提供顾客"渴望的价值"，那么就能激励顾客今后再次购买企业的产品或服务，进而增加企业的关系资产。如果忠诚者奖励规划不能提供顾客"渴望的价值"，那么这类奖励计划就只能是企业的一种降价促销方法。

②顾客社区与企业的产品或服务同样重要。有些企业可依靠鲜明的品牌个性与热情的顾客，组建顾客社区。如果企业广义的"产品"包括一批品牌忠诚者组成的顾客社区，那么顾客就可能与企业保持长期关系。这些企业的顾客往往会为了保持自己在社区中的成员资格而继续购买企业的产品和服务。顾客社区的热情支持者往往会对企业产生非常强烈的忠诚感。

③企业可与顾客建立相互学习关系。企业与顾客建立相互学习关系，深入了解顾客的偏好和购买习惯，就更可能提高顾客的消费价值。只要愿意投入时间和资源，任何企业都可利用数据库技术，收集、记录、使用顾客信息。例如，戴尔公司通过定制化戴尔网站，与主要客户建立学习关系。客户可利用这个定制化网站，做好电脑采购管理工作。顾客与企业建立学习关系之后，就不愿为了获得同样优质的个性化服务而再次花费大量的时间和精力培训其他企业。

④要求顾客主动决定终止消费的服务。对许多持续性消费的服务和某些持续性消费的产品来说，顾客要求企业终止服务之后，企业才不再为顾客服务。例如，书友俱乐部、保险服务、银行储蓄服务、因特网服务、顾客有拒购选择权的直销服务。对这类产品和服务来说，顾客保持现状的惰性为企业增强双方之间的关系，增加关系资产，提供了特殊的机会。

与价值资产和品牌资产一样，在不同的行业里，关系资产的重要性也不同。关系资产的重要性是由顾客对忠诚者奖励计划重要性的看法、顾客社区的作用、企业与顾客建立学习关系的能力、顾客改购竞争对手产品的代价等因素决定的。

### 三、4P 营销因素组合与顾客资产管理驱动因素之间的关系

传统的 4P 营销因素组合与顾客资产管理驱动因素之间有着密切的联系。顾客资产管理理论有助于企业管理人员进一步明确 4P 营销的目的。例如，促销的目的可以是为顾客提供质量、价格、方便性等信息，增加价值资产；可以是提高品牌的知晓程度，增强顾客对品牌的情感，增加品牌资产；也可以是向顾客介绍企业的忠诚者奖励规划，增加关系资产。价格是影响价值资产的一个重要因素。产品的客观属性（如产品规格）会影响价值资产，产品的主观属性（如品牌形象）会影响品牌资产。分销地点既会影响价值资产（方便程度），也会影响关系资产（渠道关系）。与企业和顾客之间的交易相比较，双方的关系更重要。此外，员工与顾客都会影响企业的关系资产。因此，人应该成为营销因素组合的第 5 个"P"。顾客资产管理理论有助于管理人员评估传统营销活动的效果。管理人员应根据各类传统营销活动对顾客资产的影响，做出有效的投资决策。

### 四、顾客资产的测量

企业目前计量顾客满意度的基本准则对企业计量顾客资产也是适用的。企业通常会分析

顾客总体满意程度对顾客忠诚度的影响、各类满意度驱动因素对顾客总体满意程度的影响、各个亚驱动因素对各类驱动因素的影响。管理人员逐层深入分析顾客满意度驱动因素，就更能正确地确定企业应采取哪些具体的措施，提高顾客总体满意程度。

企业通常会通过顾客满意程度调查，采用统计分析模型，对某个变量（如顾客总体满意程度）与各类驱动因素（如顾客对服务的满意程度）的关系进行定量分析。企业也可采用类似的调研方法，分析价值资产、品牌资产、关系资产三类驱动因素对顾客资产的影响，各个亚驱动因素（质量、品牌知晓程度、常客奖励规划等）对价值资产、品牌资产和关系资产的影响。顾客资产计量方法与顾客满意程度计量方法的唯一区别是：企业需要根据顾客资产驱动因素，预计顾客改购竞争对手的产品或服务的可能性。企业可根据顾客改换品牌可能性、顾客通常购买频率和购买量，估计顾客的终身价值。

要计量顾客资产的价值，企业抽样调查的总体是市场中所有顾客（包括本企业的顾客和竞争对手的顾客）。调查内容不仅应包括顾客对本企业的看法，而且应包括顾客对竞争对手企业的看法，以便管理人员理解顾客改换品牌的可能性。此外，企业还需要收集顾客购买频率、购买量等影响顾客终身价值的数据。收集这些数据之后，企业应采用统计分析模型，计量顾客资产的价值。然后，管理人员应根据各类改进措施对顾客资产的影响，进行投资收益分析，以便做出最能增加企业顾客资产的营销投资决策。

## 五、重要性—业绩图

企业在顾客满意程度和消费价值研究中经常使用的"重要性—业绩图"也可用于分析企业的顾客资产驱动因素和亚驱动因素。我们以某汽车出租公司为例，说明企业应如何应用"重要性—业绩图"，确定营销战略的焦点。

在"重要性—业绩图"中，横轴表示本行业各类驱动因素的重要性，纵轴表示本企业的各类驱动因素的相对业绩。企业可采用多种方法，确定各类驱动因素的重要性。例如，管理人员可通过基准比较，分析本企业的某个驱动因素达到本行业最高水平，可增加的顾客资产数额；也可采用回归分析，联合分析等统计分析方法，确定各个驱动因素的重要性。企业可根据顾客对各类驱动因素的评分，确定各个驱动因素的业绩。

图 2-2 表明：价值资产是影响汽车出租业顾客资产的最重要的因素，品牌资产和关系资产却不是非常重要。这个汽车出租公司在关系资产方面的业绩比较好，而在价值资产和品牌资产方面的业绩却比较差。该公司在非常重要的价值资产方面的业绩较差，因此，该公司的战略焦点应该是增加价值资产。

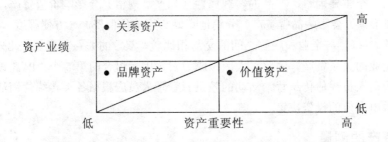

**图 2-2　驱动因素重要性—业绩图**

图 2-3 表明：在质量、价格、方便程度三个影响价值资产的关键性亚驱动因素中，方便程度是最重要的因素，质量和价格是比较次要的因素。这个汽车出租公司在价格方面的业绩很好，但在质量和方便程度方面的业绩却很差。顾客非常重视方便程度，但该公司在这个方面的业绩却很差。因此，该公司的战略目标应该是为顾客提供更方便的服务，增加价值资产。

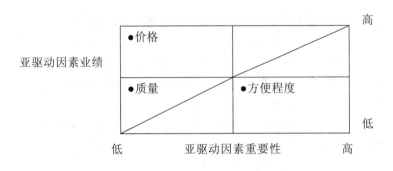

**图 2-3 亚驱动因素重要性—业绩图**

管理人员可采用统计分析模型，估计企业在各类驱动因素或亚驱动因素方面的改进措施对经济收益的影响，并根据各类营销投资对顾客资产的影响，预测营销投资收益率。

美国学者克兰西（Kevin Clancy）和克雷格（Peter Krieg）在《反直觉营销》一书中指出：许多企业管理人员凭自己的直觉做出营销决策，往往使企业遭受严重的损失。顾客资产管理是一种客观的营销决策方法，要求管理人员根据调研与分析的结果，确定企业的营销战略。管理人员分析各类营销投资对顾客资产的影响，权衡各类营销活动的作用，就比较容易确定营销投资重点。

要做好顾客资产管理工作，企业可采用以下战略计划周期。

①明确本企业的竞争税收和细分市场。

②确定本行业的价值资产、品牌资产和关系资产的主要驱动因素。

③重新设计顾客满意度调查方法，了解顾客对各类顾客资产驱动因素和亚驱动因素的评价，收集顾客消费信息。

④通过市场调查和统计分析，绘制"重要性—业绩图"，识别本企业的主要战略目标，确定企业的投资重点。

⑤一段时间（可能是一年）之后，管理人员应再次进行调查，考察顾客资产管理工作进展情况，了解顾客对本企业看法的变化。

采用这类战略计划周期，管理人员就能做出更精明的营销投资决策。

# 第四节 顾客金字塔管理

美国著名营销学者隋塞莫尔（Valarie A.Zeithaml）、勒斯特（Roland T.Rust）和莱蒙（Katherine N.Lemon）认为，管理人员根据顾客的终身价值，把顾客划分为不同的类别，理解不同类别顾客的需要，为不同类别的顾客提供不同的产品和服务，可明显地提高本企业的经济收益。他们认为，企业管理人员可采用"顾客金字塔"模型，分析不同类别顾客的需要，根据本企业可获得的经济收益，合理分配本企业有限的资源，按照各类顾客要求的效用，为他们提供定制化的产品和服务。

## 一、服务质量与利润之间的关系

20世纪90年代以来，国内外学者对服务质量与企业利润之间的关系进行了大量的研究。他们的研究结论是：服务性企业投入相同的资源，为不同类别的顾客提供相同的服务，并不能获得相同的投资收益。不同类别的顾客对服务质量有不同的要求，服务性企业为不同类别的顾客服务，可获得的经济收益也会有明显的差异。服务性企业投入不同的资源，为不同类别的顾客提供不同的服务，就更能提高企业的经济的收益。

现在，不少服务性企业已不再只根据顾客使用量来划分细分市场，而是根据企业目前和将来可从各类顾客那里获得的利润数额来识别顾客层次。这些企业按照顾客层次详细记录营业收入和成本数额，确定各个顾客层次的价值，再按照各个层次的价值，为各类顾客提供不同的产品和服务，这些企业对不同类别的顾客采取不同的营销措施，明显地提高了经济收益。

## 二、顾客金字塔

许多企业管理人员都知道"80/20"法则，即20%的顾客为企业创造了80%的价值。他们往往会将本企业顾客划分为两个层次：20%"最好的顾客"和80%"其余的顾客"。然而，如果企业能使用大型数据库和更好的分析方法，就可能会发现"其余的顾客"在人口统计特点、对服务质量的期望和评估、新业务的驱动因素、对服务质量改进措施的反应等方面也有很大的差异。因此，"其余的顾客"仍可进一步划分为若干个不同的层次。隋塞莫尔等人提出了如图2-4所示的顾客金字塔模型，将顾客划分为以下四个层次。

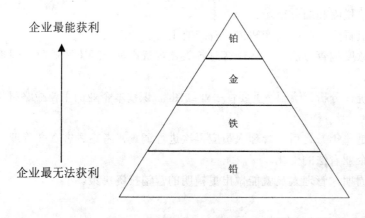

图2-4　顾客金字塔模型

1. "铂层"顾客

它是指最能使企业获利的顾客。通常是那些使用量大、价格敏感度低、愿意试用新产品和新服务、对企业忠诚度高的顾客。

2. "金层"顾客

与"铂层"顾客相比较，这类顾客为企业创造的利润较少，他们可能是某类产品或服务的大量使用者，但他们往往希望企业为他们提供优惠价，也不像"铂层"顾客那样忠诚于本企业。为了降低购买风险，他们会从多个企业，而不是只从本企业购买产品或服务。

**3. "铁层"顾客**

这类顾客可提供企业必需的经济收益，但他们的消费量、忠诚度、为企业创造的利润数额都不值得本企业为他们提供特殊的服务。

**4. "铅层"顾客**

这类顾客无法使企业获利，有时，这类顾客是问题顾客，企业为这类顾客服务，往往得不偿失。

## 三、顾客金字塔模型的适用范围

在以下情况下，企业采用顾客金字塔管理措施，可明显提高经济收益。

**1. 企业只有有限的服务资源**

企业为所有顾客提供相同的服务水平，就很可能是在使用有限的资源为自己最无法获利的顾客提供过多的服务，而最好的顾客却无法获得他们需要的服务水平，如果企业只有有限的资源，那么管理人员就必须考虑本企业应如何最有效地利用有限的资源。

**2. 顾客需要不同的服务或不同的服务水平**

在高科技或信息技术等行业里，顾客的才能与他们对服务的要求有很大的差异。某电话公司把企业客户划分为三种类型：第一类客户是经验丰富的信息主管，他们希望亲自安装通信系统，只需要极少支持服务；第二类客户是大型企业的中层管理人员，他们希望购买复杂的通信系统，需要电话公司提供大量咨询服务，以便确定最好的配置；第三类客户是小型企业的总经理，他们需要容易理解的、性能良好的通信系统与基本维修保养服务。这三类决策者有着完全不同的要求，电话公司向他们收取相同的价格，为他们提供相同的服务，不仅无法充分地满足他们的需要，而且会浪费大量费用。

**3. 顾客愿意为不同的服务水平支付不同的价格**

速递服务公司根据邮包类别和投递速度，向顾客收取不同费用，顾客对速递服务类别和投递速度有不同的要求。因此，他们愿意为不同的服务支付不同的价格。

**4. 顾客对消费价值的含义有不同的理解**

顾客对消费价值的含义有以下四种不同的理解：①价值指价格低廉；②价值指顾客对产品和服务的一切要求；③价值指质量和价格之比；④价值指顾客的得失之比。顾客在购买决策过程中，不仅会考虑货币代价（价格），而且会考虑非货币代价（时间、精力、方便程度、心理代价等）。如果本企业的顾客对消费价值的含义有不同的理解，企业就可根据顾客对消费价值的不同期望，为各类顾客设计不同的服务，以便提高经济收益。例如，采用第一类定义（价值指价格低廉）的顾客很可能是"铅层"顾客，他们愿意接受较少的服务，以便支付较低的价格。

**5. 企业可分隔不同类别的顾客**

如果较低层次的顾客看到企业为其他顾客提供更好的服务，就必然会产生不满情绪，除非企业有明显的理由为顾客提供差异化服务，否则企业应尽力不让顾客知道其他层次的顾客可得到更好的待遇。

**6. 差异化服务有助于激励顾客提升层次**

有时，较低层次的顾客看到较高层次的顾客能得到更好的服务，对企业是有利的。例如，经济舱的乘客看到头等舱乘客能得到更好的服务，他们知道头等舱乘客是支付较高票价的乘客或是民航公司常客俱乐部成员，为了得到更好的服务，有些乘客就可能每次都乘坐某个民航公司的飞机。

**7. 企业能为各个顾客层次实施不同的营销策略**

企业应根据各个顾客层次的需要，调整传统的 4P 营销因素组合，最好能为每个顾客层次确定不同的营销策略，特别是应为不同的顾客层次制定不同的定价策略、产品和服务整体组合策略。

## 四、顾客炼金术

顾客炼金术是企业把顾客金字塔中较低层次顾客转变为较高层次顾客的艺术。

**1. 把"金层"顾客转变为"铂层"顾客**

要把"金层"顾客转变为"铂层"顾客，企业必须充分理解"金层"顾客的需要。企业充分理解"金层"顾客的需要之后，可采取以下策略，把"金层"顾客转变为"铂层"顾客。

（1）为顾客提供全面服务

美国家庭仓库公司是一个非常成功的家用五金制品超市公司，该公司向顾客金字塔中几乎每个层次的顾客销售五金制品，但该公司可从两类顾客那里获得最大的利润：一类客户是准备装修住宅的居民，另一类客户是居民小区、公寓大楼的物业管理专家。该公司在各个设计中心展示设计师用该公司系列产品装修的高档样板房，这些设计中心为客户提供他们可能会需要的一切产品和服务，客户就不必到其他企业购买装修设计服务和装修用品。

（2）为客户提供外包服务

服务性企业为客户企业提供外包服务，接管客户企业的整个职能部门，可以有效地把"金层"客户转变为"铂层"客户。如果客户企业需要花费大量时间和精力，从事他们并不擅长的职能部门管理工作，那么就无法集中精力，发挥他们的核心能力。在这种情况下，服务性企业为客户企业完成这些职能部门的工作任务，可增强客户企业与本企业的关系，增加本企业的顾客资产，提高本企业的经济收益。

（3）扩大产品线，增大品牌影响力

世界最大的女性服装生产和销售商 Liz Claiborne 的目标市场是 1945 年之后生育高峰期出生的妇女。在了解了目标顾客的需要后，该公司利用品牌资产，扩大产品线，不仅为她们推出了各类女性服装（职业装、便装、时装等），而且为她们推出手袋、鞋、腰带、首饰、香水等产品。美国许多在 1945 年之后生育高峰期出生的妇女认为 Liz 品牌最符合她们的需要，她们几乎都从该公司购买服装和装饰品。

（4）与顾客建立学习关系

企业利用数据库技术，记录顾客与企业每次的交往信息，深入了解顾客的需要，与顾客建立学习关系，并根据顾客的偏好，为顾客提供定制化产品和服务。

（5）制定服务质量承诺制度

服务质量问题会使顾客产生不满情绪，导致顾客"跳槽"，改购竞争对手的产品和服务。因此，服务性企业必须采取有效的措施，迅速纠正服务差错，完全解决服务质量问题。

2. 把"铁层"顾客转变为"金层"顾客

企业可采取以下措施，把"铁层"顾客转变为"金层"顾客：

（1）降低顾客的非货币代价

采用顾客金字塔管理思想的企业会想方设法降低顾客的非货币代价（时间、精力、购买风险、心理代价），而不会采用降价措施，降低企业的盈利率。

（2）增加具有重要意义的品牌名称

近年来，有些零售企业采用"品牌中另一个品牌"策略，在商场内销售某种品牌形象更好的商品，为自己的商场创造了某种品牌个性，把"铁层"顾客转变为"金层"顾客。

（3）变成客户服务专家

亚马孙公司利用因特网技术，发展成为客户服务专家，极大地增加了该公司的关系资产。亚马孙公司建立了顾客数据库。顾客从亚马孙网站购物之后，该公司就立即在数据库中记录顾客的爱好。顾客到亚马孙网站订购图书时，该公司就能向顾客推荐同类图书和同一作者的其他著作。顾客多次购物之后，该公司就能在顾客登录之后立即向顾客推荐图书，亚马孙公司采用上述的营销策略，发展成为客户服务专家，使大批"铁层"顾客转变为该公司的"金层"顾客。

企业也可以通过员工、经销商、其他顾客，与顾客建立社交关系，把"铁层"顾客转变为"金层"顾客。

（4）制订忠诚感奖励计划

大多数零售企业可采用忠诚感奖励计划，鼓励顾客在本企业购买更多的产品和服务。

（5）制定有效的补救性服务程序

制定有效的补救性服务程序，及时发现并正确纠正服务差错，是把"铁层"顾客转变为"金层"顾客的一项极为重要的措施。

3. 摆脱"铅层"顾客

企业很难把"铅层"顾客转化为较高层次的顾客。企业应尽力回避"铅层"顾客中的问题顾客，对那些企业将来可获得较高经济收益的"铅层"顾客，企业可采取以下两类策略。

（1）提高售价

企业可要求"铅层"顾客为目前的免费服务项目付费。真正的"铅层"顾客不愿意为这些服务项目付费，就不会继续购买企业的核心服务。另一些"铅层"顾客希望继续得到企业的服务，愿意支付较高的费用，变为企业的"铁层"顾客。

（2）降低成本

企业也可设法降低成本，高效地为"铅层"顾客服务。例如，银行使用自动取款机，以较低的成本为大学生储户服务。

大多数"铅层"顾客是故意逃账、拖延付款、不愿遵守消费公德的问题顾客，或购买量极少、对企业非常挑剔的顾客。如果企业采用上述两种策略，仍然无法把他们转化为较高层次的顾客，就应设法回避这些顾客。但是，企业必须注意回避的方式，以免引起顾客负面的口头宣传。

## 本章案例

### 联想集团的大客户市场"VIP模式"

"2000多个行业大客户，我们用300个客户经理和1000多家渠道商一一锁定。"联想集团副总裁、大客户业务部总经理蓝烨在接受《成功营销》记者专访时表示："联想大客户这一块，已经占到联想集团在中国PC销售额的1/3左右。"

从2005年新财年开始，联想集团将大客户业务部设立为单独的业务部门，面向政府、金融、电信等重点行业提供全面的针对性服务。有数据表明，"集成分销"策略经过几个月的运作，已经在大客户市场中发威。联想集团正在从对手嘴里全面抢回失去的蛋糕。

#### 关注客户终身价值

"我们内部建立了自己的商机管理系统，我现在每天的工作除了打开计算机看报表和商机分析，就是去拜访客户。"在蓝烨看来，联想集团的大客户策略吸取了惠普和戴尔公司的优势，并结合了自身的特点，发展成为一套独特的大客户市场运作体系。

"我们针对大客户，不仅仅是销售渠道变了，而是企业各个环节都变了。产品、营销、销售、供应、售后服务，从企业资源这块看，我们为零散消费者和大客户打造的五个价值链完全不同。"从目前联想集团推行"大客户市场"策略的手法来看，可以认为其实质就是一种有针对性的"VIP模式"。这种模式既关注短期利润，又注重长期收益；既关注单笔交易，又注重长期关系。其核心是挖掘客户终身价值。同时，联想大客户市场"VIP模式"既保障了联想的利益，也顾及了分销渠道的利益，并调动了渠道的积极性。

#### VIP模式的优势

"和竞争对手相比，联想集团在大客户市场方面有三大优势"，蓝烨强调："第一是产品品质，第二是服务，再有就是我们的销售队伍和合作伙伴的稳定性"。

首先是产品线的区隔。与针对中小客户市场和家用电脑市场不同，大客户对产品的稳定性、安全性等具有较高的要求，同时还要求较低的价格。大客户的个性化需求必须用定制服务来满足。而且大客户市场更强调服务增值，有时甚至是整体解决方案的提供。联想集团针对大客户市场将产品线独立出来，以"开天""启天"系列PC和"昭阳"系列笔记本专供大客户市场。

其次是服务体系的区隔。在新的客户模式下，联想集团专门为大客户设立了以400开头的服务专线，提供VIP服务。如对大客户出现的售后服务问题，会挑选最优秀的工程师上门服务，而不是像对普通用户那样就近派员。对一些重要的大客户，联想集团甚至提供"驻厂工程师"服务。

除此之外，巨大的服务网络也成为联想大客户的卖点。"我们在全国3000多个服务站点，在全国30多个城市，能够承诺48小时修好"，蓝烨底气十足："即使是到县一级，有70%能够做到同城维修"。

#### 双重界面锁定大客户

市场重要的杀手锏之一就是捆绑式合作带来的稳定与透明。"戴尔公司的流程、价值链很优越，但人员流动性太大，导致短期行为比较多"，蓝烨这样评价联想与戴尔大客户市场模式的不同："而我们通过客户经理与代理商的双重界面来锁定客户"。

在联想大客户模式下，客户经理与代理商同时面对客户，但客户经理只管谈判不管签单，联想客户经理的主要任务是协助代理商获取大客户信任，以利于合同进行，而并非与代理商争利。

在与代理商的合作上，戴尔公司通常都采用"按单合作、下回再说"法。而联想集团通过签署合作协议的方式，从法律上保障了与代理商合作关系的稳定性，"我们跟渠道商之间都签了一年的法律协议，正常情况下还会续签。"蓝烨表示。

无论是对大客户还是渠道商，联想大客户市场"VIP模式"关注的都是"长期价值"和"深度开发"，强调一种共同利益的和谐构造，并在重整竞争力的过程中实现联想、渠道商与客户的三赢。

资料来源：邓勇兵、齐馨. 联想发掘大客户终身价值——VIP模式的优势［J］. 成功营销. 2005，8。

**讨论：**

1. 联想集团为什么要重视大客户的终身价值？他们做了哪些主要工作？
2. 联想集团是如何发掘大客户终身价值的？

**思考与练习：**

1. 如何理解企业与客户的关系价值？
2. 什么是顾客获利能力，它与顾客终身价值之间关系如何？
3. 企业应如何实现顾客的终身价值？
4. 什么是顾客资产？顾客资产包含哪些驱动因素及亚驱动因素？
5. 论述顾客金字塔的基本内容。你认为企业应如何实施顾客炼金术，把低层次顾客转化为高层次顾客？

**补充阅读材料：**

1. Gupta Sunil, Donald R. Lehmann. Managing Customers as Investments: The Strategic Value of Customers in the Long Run. NJ. Wharton School Publishing, 2005.

2. Kahreh, Mohammad S., Mohammad Tive, Asghar Babania, Mostafa Hesan. Analyzing the Applications of Customer Lifetime Value (CLV) based on Benefit Segmentation for the Banking Sector[J]. Procedia-Social and Behavioral Sciences, 2014, 109(8): 590-594.

3. Loshin, David, Abie Reifer. Customer Lifetime and Value Analytics. Using Information to Develope a Culture of Customer Centricity, 2013, 23-31.

4. Rust Roland T., Katherine N. Lemon, Das Narayandas. Customer Equity Management[M]. 北京：北京大学出版社，2006.

5. 宝利嘉顾问. 忠诚可求：获取客户终身价值［M］. 北京：中国经济出版社，2003.

# 第三章 顾客消费价值管理

## 引 例

爱普生公司是数码影像领域的全球领先企业。在公司的整体服务理念中，服务其实是一种能"创造客户价值"的产品，因此，爱普生公司的每个员工都把客户放在心里，从客户的角度出发从事工作。公司在世界各地的销售公司均设有呼叫中心，通过这种直接和客户沟通的方式，能够更为全面地了解客户需求。了解需求之后，爱普生公司更加积极地提供相关"行业主动服务"。例如，从 2007 年度开始，针对银行、教育等大客户的需求特点，推出了一种保修期内免费上门清洁、保养、维修和培训等一条龙服务，并不断完善大客户服务档案。针对高端行业客户，在标准保修服务基础上提供了所谓的"心加心"升级服务。用户可根据需求选择超值维修服务，通过事先购买此服务，将保修期延长 2~3 年。同时，"心加心"服务还会提供"一小时快修服务"，这种高响应速度满足了不同高端客户的个性需求；还允许用户以旧机器按照市场价以旧换新购买新机器，同时可以得到不同程度的免费服务或者礼品赠送。从某种程度而言，爱普生公司用"心"为客户制定的特色服务，为爱普生公司赢得"心"，让爱普生的服务品牌更加家喻户晓。

**热身思考：**爱普生公司怎样为顾客创造价值？

# 第一节 消费价值的基本概念

营销实际上是一个价值交换的过程。早在 20 世纪 80 年代初，德鲁克就提出："营销的真正意义在于了解对客户来说，什么是有价值的。"在此之后，随着竞争的不断加剧，越来越多的企业将视角转移至客户消费价值，考虑通过价值分析与价值创造，保持并扩大市场份额。根据波特（Poter）的竞争理论，企业可以采取两种市场竞争战略：差异化竞争战略和低成本竞争战略。这两种战略都包含了共同的目标，那就是向客户提供超值的消费价值。正如战略管理专家斯拉特（Slater）等人所指出的，创造客户价值是客户导向战略的基础。如果企业不能够给客户提供较高的消费价值，那么在市场竞争中，无论他采取哪种发展战略都不可能取得成功。因此，为客户提供较高的消费价值也就成为企业在知识经济时代取得竞争优势的唯一途径。

## 一、几种常见的消费价值定义

什么是消费价值？这个问题看起来很简单，其实不然。价值的定义来源于多门学科，包括心理学、社会心理学、经济学、营销学和管理学，人们对价值的理解也存在着许多不同的定义和观点。目前较为常见的定义有以下几种：

（1）消费价值是指客户在比较自己获得的利益与付出的代价的基础上对产品或服务整体效用的评价。

（2）消费价值是客户对感觉中的产品或服务的质量（客户从产品或服务中获得的利益）与其为获得产品或服务所付出的代价进行权衡后的结果。

（3）消费价值是客户在购买产品或消费服务时，所得到的效用、质量或利益与成本之间的价值差。

（4）客户感觉中的消费价值是客户对比价格，对产品或服务质量的评估。

科特勒在《营销管理》一书中提出客户让渡价值的概念，以此来表述客户消费价值的概念。他认为，客户让渡价值是指总客户价值与总客户成本之差。总客户价值是客户期望从某一特定产品或服务中获得的一组利益。而总客户成本是在评估、获得和使用该产品或服务时引起的客户的预计费用。总客户价值包含了产品价值、服务价值、人员价值和形象价值四个方面。总客户成本则包括了货币价格、时间成本、精力成本和体力成本四个方面（见图3-1）。从近几年国内外关于客户消费价值研究的成果来看，不少学者在定义客户消费价值时，认同了科特勒的客户让渡价值概念。目前所流行的几种对消费价值的常见定义，也是基于客户对得失利益的感知与比较基础上对产品与服务的效用或质量的一种认识。

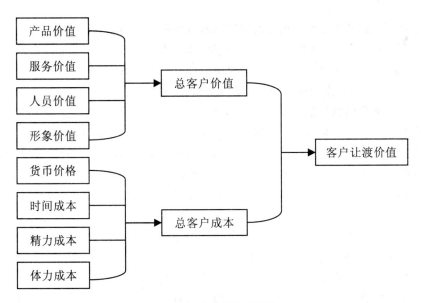

**图3-1　客户让渡价值的决定因素**

资料来源：菲利普·科特勒. 营销管理——分析、计划、执行和控制（第 9 版）［M］. 梅汝和等，译. 上海：上海人民出版社，1999：35。

尽管学者对客户消费价值的理解有所不同，但有几点是大家公认的。

（1）消费价值与客户对产品或服务的使用紧密联系。也就是说，产品或服务是消费价值的载体，客户只有在使用或消费产品或服务之后才能感受到消费价值的存在。这一特点也使得消费价值不同于个人或组织的价值，后者主要是对与错、好与坏的信念或观念。

（2）消费价值是客户对产品或服务的一种感知效用，这种效用由客户来判断，而不是由销售商来决定。因此，客户对消费价值的评估实质上是客户对产品或服务效用的主观评估，每个人会因为自身的偏好、价值观、需求、经历和人口特征等因素的不同而对价值形成不同的判断标准，即使同一客户在不同的时间其价值判断标准也会有所不同。

（3）消费价值是客户感知利得与感知利失之间的权衡。这里的"得"可能是产品或服务的质量，也可能是客户在消费过程中获得的各种利益，也可能二者都有；而这里的"失"可能指产品或服务的价格，也可能指客户购买、消费产品或服务付出的时间、精力等，也可能二者都有。不管"得"与"失"的具体含义如何，客户对消费价值的评估都是在"得失"比较的基础上做出判断的。

（4）消费价值感知针对竞争对手来说是相对的。客户对消费价值的感知并不仅局限于对该产品或服务的感知，而是把对企业提供的价值感知与企业竞争对手提供的相关价值相比较，从而做出价值判断。因而从这个角度上说，消费价值具有相对性。

然而，人们对消费价值的认识还存在着一些差异。其中一个主要的差异是定义的方式不同。许多消费价值的定义借助了其他术语，如"效用""利益"和"质量"等，而这些术语本身的内涵至今尚没有得到很好的定义，因此增加了人们理解概念的难度。

## 二、消费价值

为了全面理解客户消费价值的丰富内涵与基本特征，美国著名学者伍德拉夫（Robert B. Woodruff）归纳总结了众多学者的研究，从客户的角度将消费价值（customer-driven concept of customer value）定义为："客户在一定的使用情境中对产品属性、产品功效，以及使用结果达成（或阻碍）其目的和意图的感知的偏好和评价。"这个定义不仅综合考虑了客户的期望价值和实现价值，而且强调价值来源于客户的感知、偏好和评价，同时也将产品与服务的消费情境和相应的客户感知效果紧密地联系起来，因而能比较全面地囊括关于消费价值的不同观点。这一定义中强调三个重要的因素：①产品或服务是实现客户目的的媒介。使用产品或消费服务的目的广义上可以分为使用价值和拥有价值；②产品或服务通过向客户提供某种结果（客户体会到的结果）来创造价值，价值并非是产品或服务所固有的特性；③客户对消费价值的评估受特定消费情境的影响，并会随着消费情境和时间的变化而发生变化。下面我们将通过详细分析这三个因素来全面理解消费价值的内涵与特征。

1. 消费目的：使用价值和拥有价值

对于客户来说，产品与服务仅仅是达到目的的手段而已，管理人员首先需要掌握的不是产品与服务本身的属性，而是客户所追求的最终利益。这些最终利益是多种多样的，广义上可以分为"使用价值"和"拥有价值"两大类。

"使用价值"是指客户通过直接使用产品或消费服务所获得的功能性结果、目的或目标。包括时间效率、止渴效用、娱乐、安全和易于清理等。例如，自行车可以帮助使用者实现代步的目的、计算机可以提高使用者的工作效率、喝咖啡能帮助饮用者保持清醒等。产品或服务的类型不同，客户需要的使用价值也会不同。即使对同一特定的产品或服务而言，产品或服务所要满足的使用价值也有很多种。

"拥有价值"是客户可以仅仅通过拥有某一产品或享受某一服务而获得的。拥有价值说明该产品与服务本身包含着重要的象征意义，如身份象征、审美观、自我表现等。不仅拥有某种产品（如拥有昂贵的金表）可以令客户"因所有权而自豪"，无形的服务也同样具有"因使用权而自豪"的成分，如进入高档饭店就餐的客户是多么荣耀。

很多产品与服务同时传递着"使用价值"与"拥有价值"。例如，拥有一辆豪华轿车，不仅是客户为了满足交通方便的需要，也是一种身份的象征。因此，企业对客户消费价值的理解需要关注同产品的使用与服务的消费相关联的多种目的。

2. 产品或服务的消费结果

与产品本身的属性不同，产品或服务的消费结果是客户使用产品或消费服务后对产品使用结果、服务消费经历的主观感受，决定了客户能否达到其预期的目的。消费结果有正面和负面之分。正面的消费结果是客户期望在拥有产品或消费产品服务后能够获得的结果或利益。就其本质而言，有些正面的结果是相对客观的，如良好的产品质量节约了消费者可能花在维修保养上的时间、精力；有些正面的结果却是非常主观的，包括消除压力、增加自信心、提高效率、加强生产能力等。客户眼中的正面的消费结果，不仅仅是产品或服务带来的最终利益，也包含了产品或服务本身属性所带来的利益。它既可能来自于产品或服务本身的某个单一属性，如某家餐厅的菜肴美味、服务质量好；也可能来源于产品或服务的诸多属性，如这家餐厅的很多属性联合起来决定了它给客户留下的是"愉快的就餐经历"的印象，包括它的服务质量、上菜速度、内部装潢、菜肴味道，等等。

负面的消费结果是客户为获得产品或消费服务所需要付出的所有损失或成本。与正面的结果相似，负面的结果也有客观的（如时间、价格）和主观的（如难以使用）消费结果之分。人们对成本的理解，往往只考虑到价格的因素，然而，负面的消费结果的范围远远超过了金钱的范围。它既包括了经济成本，也包括了心理成本、时间成本、精力成本、机会成本，以及其他和产品或服务相关的各种各样的损失。可以说，对于每一个与使用产品或消费服务相关的正面消费结果来说，都存在一个对应的负面消费结果，因为客户总要承担未能获得利益的风险。例如，对于某一产品，当客户没有感知到"易于使用"时，便会产生使用产品的负面结果，那就是该产品"难于操作"，或至少是"需要花费更多的时间和精力"。

从这个角度来说，消费价值便是客户在权衡了正面的消费结果和负面的消费结果的基础上对产品与服务整体效用的感知（见图3-2）。客户使用产品或消费服务会产生很多结果，但是所有结果都是正面的或是负面的可能性很小，通常这些正面的结果会因为一些不利因素而被抵消。例如，一台新笔记本电脑可能会带给客户方便、易于操作、高档、自信的感觉，但是同时也可能因为价格太高或保修期太短而给客户带来心理压力，抵消了这些正面的结果。因此企业必须试着去理解客户对各种结果权衡的过程，进而理解权衡过程中客户对产品与服务价值的看法，以便在今后的产品设计中减少不利因素，为客户创造更大的价值。了解客户对正面结果与负面结果的权衡过程非常重要，因为它们决定了客户感觉中的消费价值的获得程度。

3. 消费情境的重要性

消费价值是客户在某一特定的消费情境中对使用产品或消费服务所感知到的，如果企业不清楚产品将要用于什么场合，就很难判断产品能否向客户提供价值，能够提供多大的价值。不同的人在相同的情境，或者相同的人在不同的情境面对同一产品或服务都有可能产生不同的价值感知。例如，当汽车在前不着村后不着店的地方发生故障时，客户可能会对收费很高

（高利失）而服务又很差（低利得）的维修服务产生较高的感知价值。因此，消费情境对客户感知消费价值的形成起着重要的作用，这正是体现了价值对情境的依赖性。图 3-3 表明了客户在对价值进行判断时受到客户的目的、产品或服务以及消费情境三方面因素的相互影响。

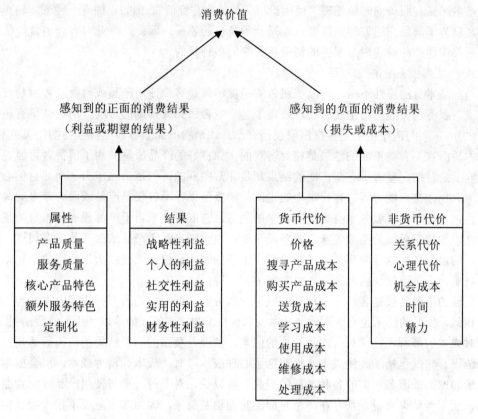

图 3-2　消费价值是消费结果的权衡

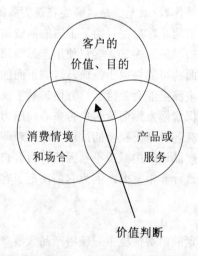

图 3-3　基于产品（服务）、消费情境和客户相互关系的价值判断

消费情境对客户价值判断的影响还表现在，客户对产品与服务的感知价值可能会随着时

间的推移和消费情境的变化而变化，说明消费价值具有动态性。一方面，由于客户的评判标准在不同的时间阶段呈现出动态性，消费价值的含义可能会随着时间的推移而有所差异。在购买阶段，客户主要是通过比较不同的产品或服务属性来做出购买选择。而在产品的使用过程中或之后，客户更关心的是所使用产品的效用和结果。可以说，客户在整个消费过程中经历了不同的消费价值：客户"渴望的价值"与"期望的价值"是客户在购前阶段对产品或服务的消费价值的看法；客户的"交易价值""购买产品或服务时得到的价值"与"交换价值"是客户在交易时经历的消费价值；"企业传递的价值""客户的使用价值"与"客户购后感知的实际价值"都是客户在购后阶段感知的消费价值，"客户赎回的价值"是客户使用产品之后出售或处理产品时回收的价值。因此，随着时间的推移，客户的消费价值呈现出一种动态性和累积性。研究表明，客户在购买产品过程中对价值的感知与其在使用过程中或之后的感知截然不同。另一方面，由于客户需求变化而产生的消费情境的变化也对客户感知的价值有所影响。例如，一家中档餐厅可以是客户与多年不见的老同学聚餐的好选择，但若在此餐厅举办客户所在公司的年度晚会则会显得不够适宜；拥有一辆小轿车来作为代步工具对于往返上下班的人来说绰绰有余，但当一大家人外出旅行时，这辆车的价值便会大打折扣。

有趣的是，在很多时候，在不同的时间段，不同的场合下，客户对价值的感知会出现"价值衰减"的过程，即客户在刚刚购买产品后通常有一段"蜜月期"，对产品的评价往往比较高，然而，过了一段时间后，在不同的场合下，客户对产品的评价逐渐降低，甚至形成对产品的负面价值评判。这种过程可能来自于产品故障的因素，也可能是购买产品后使用情境发生变化使得客户的需求无法得到很好的满足。不管是哪种原因导致了这种"价值衰减"的现象，一旦客户头脑中产生这种意识，价值衰减就会反复发生，客户就会重新寻找其他产品或服务提供商以满足自己的需求。

# 第二节　消费价值的划分

## 一、消费价值的多元性

1. 基于客户选择行为的划分

消费价值由不同的价值要素构成，具有多元属性。在消费价值类型的划分中，流传最为广泛的是美国著名学者赛斯等人基于消费者选择行为的划分。他们根据消费者的选择行为，将有形产品的消费价值分为五类：功能性价值、社交性价值、情感性价值、认知性价值和条件性价值。

（1）功能性价值

功能性价值是产品或服务的基本使用价值，是客户对产品或服务在功能性、实用性以及使用绩效等方面的感知。例如，电脑能够帮助客户提高工作效率，某种软件能帮助客户易于分析庞杂的调研数据。这类价值是产品与服务必须具备的价值。客户在选择产品与服务时，往往比较关注产品与服务的功能性价值。如果客户认为该产品与服务不具备某种功能性价值，那么他们根本不会选择购买该产品与服务。

（2）社交性价值

社交性价值是指客户在使用产品或消费服务的过程中获得的社交方面的满足。例如，如果客户感觉购买、使用、消费某一产品或服务能够获得他人的尊重、得到他人的羡慕、受到别人的称赞，从而增强了客户的自尊心、自信心、帮助客户获得社会认同，提升了自我形象，那么，客户就会觉得该产品或服务是有价值的。人们的品牌消费行为往往就是受到这种自我形象价值的驱动。这类价值并非产品或服务固有的内在价值，而是客户在消费过程中获得的附加利益。

（3）情感性价值

情感性价值是指客户在使用产品或消费服务的过程中产生的高兴、放松、兴奋等情感或情绪。这类价值也不是产品或服务本身固有的、内在的价值，而是客户在消费过程中获得的附加价值。

（4）认知性价值

认知性价值是指客户在使用产品或消费服务的过程中产生的好奇心、新鲜感和获得的某些新知识。这类价值也是产品或服务的一种附加价值。

（5）条件性价值

条件性价值是指产品或服务在某种特定情境下使用或消费具有的价值。这类价值很不稳定，因人而异，并且随着外部条件的变化而变化。

任何产品或服务所提供的价值无外乎就是这几种价值的组合，不同的是在不同的具体状态下哪种价值类型所占的比重更多一些，或是所包含的价值类型更全一些。比如客户买一本百科全书所获得的价值就是以认知性价值为主，而买一辆名贵的轿车所获得的价值除了功能性价值外，更多的可能还是社交性价值，也可能兼有情感性价值。客户往往会根据自己最重视的消费价值来选择某种产品或服务。在不同的消费情境下，各种价值对客户选择行为的影响各不相同，并且对客户的选择产生叠加作用。

2. 基于客户体验过程的划分

就消费价值的本质而言，美国消费者行为学家霍尔布鲁克（Holbrook）提出一种基于体验的观点，将消费价值定义为一种互动、相对且具偏好性的体验。那么，基于体验的过程，消费价值就可以被分为效率、卓越、地位、尊敬、娱乐、美感、伦理和心灵价值八大类。这也是一种影响比较大的分类方式，由于服务产品的无形性特点，服务领域更加需要强调消费价值概念的这种扩大属性。

效率价值：客户的投入与产出之比。

娱乐价值：客户对娱乐、安逸、享乐需求的满足。

卓越价值：客户对产品或服务的质量与满意感的评价。

美感价值：产品或服务设计带给客户悦目、时尚、美丽的享受。

地位价值：客户通过自己的消费行为，表明自己的地位与成就，影响他人对自己的看法。

伦理价值：客户要求公正的消费行为，在道德上具有优良的品质和道义。

尊敬价值：客户因拥有产品或消费服务，提高了自己的声望。

心灵价值：客户因拥有产品或消费服务得到心灵上的满足，如信念、高尚、沉迷、神圣等感觉。

以上只是划分消费价值类型的两种常见方式，其他的一些观点还有很多，如还可以从效用的角度将消费价值划分为功利性价值和享乐性价值。功利维度主要集中在功能性的期望与实现方面，而享乐维度主要集中在情感的满足上。无论是哪种划分方式，消费价值的这种多元属性要求企业对客户的价值创造必须同时把握多种不同的价值属性，找到客户认为最重要、也最重视的消费价值类型。

## 二、消费价值的层次观

客户的消费价值对客户而言并不是一个很笼统抽象的概念，实际上客户会在不同的层次上分别形成感知价值，即客户消费价值具有清晰的层次特征。如果说客户价值多元性要求客户价值创造必须同时把握多种不同的价值属性，那么客户价值的层次结构决定了客户价值创造必须适应客户不同层次的价值需求。根据"手段—目的"理论（该理论阐述了个人价值影响个人行为的方法），产品或服务及其使用者之间的关系可以划分为三个层次：属性层、结果层和最终目的层。那么，根据客户价值的不同需求层次，可以把客户感知的消费价值划分为属性层价值、结果层价值以及最终目的层价值这三个层次。这三个层次自下而上逐渐抽象化，同客户的关联越来越紧密。

### 1. 属性层价值

产品或服务是由很多属性或属性集合构成的。在属性层这个最具体的层次上，客户习惯用属性来定义产品或服务：产品或服务就是它们的特征、它们的主要组成部分以及相关的活动。客户常常会考虑到产品或服务的具体属性与属性的效能，从而得到对其价值的初步感知。对于一辆车的属性，客户不仅会提到车本身具有的物理要素，如开关的位置、工具的布局、车的大小、内部装修的豪华程度、耗油率等，也会考虑到与车的销售和保养等服务方面有关的抽象特性，如销售人员的知识、维修人员的技能、服务部门的响应等。

### 2. 结果层价值

结果层价值是客户在购买和使用产品、消费服务过程中对消费结果与经历（包括正面的和负面的）的较为主观的判断。产品或服务为客户提供了什么利益，有哪些客户期望的和非期望的结果，皆是客户在结果层对实际价值的感知。属性层的价值感知与结果层的价值感知不同，在属性层，客户常常通过描述产品或服务的属性来感知价值，但在结果层，客户拥有产品和消费服务的经历与结果便成为客户对价值的感知的重要方面。因此，在属性层，企业可能只需要了解客户对产品或服务本身属性的描述，但在结果层，企业更关注客户本身的经历，会询问客户诸如"你怎样使用这种产品？""你使用产品（消费服务）时，出现过什么情况？"或"这类产品（服务）给你带来了什么？"之类的问题。

结果层价值在本质上比属性层价值更抽象，同时掺杂着客户的主观看法。因此，尽管客户对有关产品或服务属性的描述能轻松达成一致，但是在结果的评估方面往往存在巨大的分歧。例如，两位消费者可能对同一款笔记本电脑的键盘设计（属性）有相同的意见，但他们可能会对这种设计的用户友好性（结果）的看法完全不同。

属性与结果之间可能存在一一对应的关系，但同样也会有一个结果对应多种属性的组合的情况。客户喜欢某些属性是因为他们能够提供客户期望的结果，或是能够回避客户不期望的结果。在企业将客户价值层次应用到实践上时，我们可以看到，与属性层视角相比，从结果层视角看消费价值的创造具有更大的优势。许多企业把他们的产品或服务看作是属性或特征的集合体，通过部件组合、特征或流程的改造来生产产品和传递服务，通过增加、删减或精选某些属性来改进产品与服务，试图通过与竞争对手所提供的属性的比较来实现自己产品的差别化。然而，一个企业想要理解价值，必须懂得哪些特定的结果是（或不是）客户所想要的，以及他们所期望达到什么样的目的。除非理解了更高的价值层次，否则根本不存在任何方法去指导管理者筛选和确定哪些属性应该被加入产品或服务中，也不存在任何能够判断竞争性产品的相对吸引力和重要性的方式。一项研究也表明，与某种产品或服务的选择相关联的最重要的特征居于较高的结果层上。

3. 最终目的层价值

最终目的层价值指客户使用产品和消费服务所希望获得的核心价值，是客户通过消费所希望达到的最终目的，也是客户购买产品和消费服务最基本的驱动力。相较于产品的属性和客户期望的结果来说，一个人的价值观念是一个人所拥有的最持久、最稳定的一些特征，他们会随着时间的推移而改变，但这个过程却十分缓慢。因此，最终目的层价值在价值层次结构中是最抽象、最稳定的一个层次。根据马斯洛需求层次理论，人的需要包括生理需要、安全需要、社交需要、自尊需要和自我实现需要五个层次。最终目的层价值就不仅仅包括使用产品和消费服务所带来的直接利益——满足客户的生理需要与安全需要，还包括了客户通过使用产品和消费服务可以获得的间接利益，如满足客户的社交需要、自尊需要和自我实现的需要。正是由于最终目的层价值是客户希望通过消费达到的最终目的，因此，最终目的层价值会有意识地影响客户的购买和消费决策。

图 3-4 清晰地说明了客户消费价值的层次结构。客户价值层次模型认为客户通过手段—目的模式构建其期望的价值。从下往上看，客户结合以前的经验，将产品看作是一系列特定属性和属性功效的集合，属性是达到功效（特定结果）的手段，功效则是达到目标价值的手段。从上往下看，客户会根据其目标和意图确定消费情境下结果的重要性，再由重要的消费结果指导客户确定属性和属性功效的重要性。该模型不仅描述了客户期望的价值，也很好地描述了客户实际得到的价值，客户满意则是连接二者的媒介。在整个相互影响的过程中，客户是通过客户满意这个媒介来感知价值的。

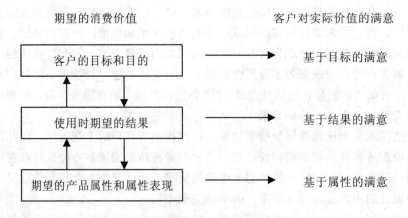

图 3-4　消费价值的层次结构

资料来源：Woodruff Robert B. Customer Value: The Next Source for Competitive Advantage[J]. Academy of Marketing Science, 1997(2): 139-153。

正如前文所说，客户消费价值的层次越高，抽象程度越高，稳定性也会逐渐增加。因此，从管理实践的角度来说，客户价值层次为产品或服务的设计提供了"自上而下"的指导性方法。企业首先应该深度理解对客户重要的结果层价值和最终目的层价值，再去设计一系列的产品或服务来提供这种结果。例如，奥兹莫比尔（Oldsmobile）公司在 1994 年进入到豪华车市场时，设计师首先意识到客户最为重视的消费结果是"激起自信和安全感，驾驶起来非常安静，使司机们免于颠簸之苦"，再根据该目的来设计能够带来期望结果的属性组合。最后，他们决定打造"坚如磐石的车身结构"，并开始设计方案、组合原材料和装配零件，希望为客户提供所期望的结果。

另外，除了上述提出的客户消费价值的层次结构模型，依照客户需求的特点，消费价值还可被划分为另外一种层次结构，即基本价值、预期价值、期盼价值和意外价值。以下是这四个层次的消费价值的内涵。

1．基本价值

基本价值是指产品或服务具备的最基本的功能，或者说是产品必须具备的特质（包括有形的和无形的）。如果缺乏这种特质，那么客户的购买动机就会减损，甚至根本不会选择这类产品或服务。基本价值是所有价值的基础。

2．预期价值

预期价值是指产品或服务除了具备基本的价值外，还具备客户认为产品或服务理所当然应该附带的价值。如产品不满意时可以退货的承诺。

3．期盼价值

期盼价值是指客户并不期望产品或服务必然具有，但是如果获得的话，那么客户会心存感激的价值。如提供一些额外的产品与服务。

4．意外价值

意外价值是指超出客户预期的意外特性。

企业要通过客户价值创造获得竞争优势，就必须比竞争对手在更高层次的价值上表现出优势。时刻发掘客户隐性的需求，在更高层次的价值上为客户创造惊喜，是企业留住客户，通过客户价值创造获得竞争优势的重要手段。企业应准确把握客户价值结构的层次特点，围绕客户满意为基础的客户关系管理目标，进行灵活的能力调整，适时创造不同层次的客户价值以满足客户的需要。同时，识别竞争者未提供的价值元素，借此建立起差异化的竞争优势。

# 第三节　客户消费价值管理

理解客户消费价值内涵的根本目的是为了更好地实现企业的客户消费价值管理。近年来，营销学者通过对消费价值的大量研究，得出了一个基本的结论：企业竞争力取决于客户对产品或服务价值的认可。如果企业提供比竞争对手更大的消费价值，就能导致客户满意和客户忠诚，使客户持续购买，增加关联销售，达到客户少流失、企业高收入、管理低成本的效果。对于企业而言，实施客户消费价值管理是一项艰巨的任务，但成功的客户消费价值管理无疑可以为企业营造新的竞争优势。

## 一、客户消费价值管理概述

客户消费价值管理的根本目的是使企业的经营理念、生产能力、生产过程及组织结构与客户感知的价值因素相适应，以便向客户传递最大化的消费价值。关于客户消费价值管理的内涵，汤普森（Thompson）和斯通（Stone）给出了一个精辟的定义："客户消费价值管理是为了获得具有赢利性的战略竞争地位、实现企业能力（如生产过程、组织结构）和价值链之间协调统一的一套系统方法，其目的在于确保当前的或未来的目标客户能够从企业提供的产品、服务中获得最大化的利益满足"。

可见，要理解客户消费价值管理的内涵，企业必须先从战略层面上和组织层面上把握以下几个方面的内容。

### 1. 战略性任务

客户消费价值管理可以增强企业的赢利能力与竞争优势。它是企业战略性的任务，而不仅仅是涉及营销的局部问题。客户消费价值管理必须提高到企业的战略层面上，通过企业许多跨部门业务的整合，确保企业的产品或服务的提供能力与通过营销渠道所做出的承诺相一致。同样的，企业的市场承诺、业务过程与能力也必须与客户期望的结果或价值相符，以驱动客户满意与忠诚。

### 2. 客户导向型过程

实施客户消费价值管理策略，还应该坚持"客户导向"的思想，把消费价值导向纳入企业的整体战略计划流程中。上至企业最高管理层，下到企业最基层的员工，都应以为客户提供最大消费价值为导向。企业高层管理者应把为客户提供消费价值作为企业的第一使命，确保企业的每一个业务过程都是"客户导向型"，并能不断地根据客户的需求变化做出调整。在企业的绩效考核目标（如市场份额、客户满意、客户保留等）中，在特定产品或服务战略以及相关的价值交付系统（如新产品开发、物流、客户服务和企业的沟通战略）中，在组织和指导一些支持业务（如会计、采购、市场调研、信息系统、人力资源）的方式上，在制定战术决策（如绩效评估、岗位说明、招聘程序、培训方案和奖酬体系）时管理者都应有意识地贯彻消费价值导向。

### 3. 企业整合能力

企业的整合能力是指企业通过业务过程、组织结构和基础设施的有效整合，向目标市场有效传递超凡价值的能力。通常，产品或服务消费价值的提供依靠跨部门的协作，因此，企业的整合能力必须涵盖整个企业的经营状况——所有的职能部门、所有的地域和所有的产品或服务，甚至实现与价值链上其他参与者的紧密合作，以使企业的价值创造活动满足客户的价值需求。

### 4. 满足客户当前或未来的需求

客户消费价值管理的主要驱动因素是客户的利益需求。客户价值管理不同于传统的市场研究方法，不仅要重视现有产品或服务的特性，还要从"未来"的视角探测目标市场的价值特性，以满足客户未来的需求。

由此可见，客户消费价值管理是一系列"以客户为中心"的管理活动，通过对客户需求和偏好的分析和理解，来调整和安排企业的业务流程，以便有效地为客户提供能满足其需求的产品或服务，提高客户的感知价值，赢得客户的忠诚，最终营造持续的竞争优势。

## 二、客户消费价值管理

1. 消费价值的识别与选择

（1）识别消费价值维度

"客户的消费价值是什么？""我们特定的客户认为哪些东西是有价值的？"或者"如何知道我们是否正在向客户提供他们所需要的价值？"这些问题往往频繁地困扰着管理人员。正如前文所说，消费价值是客户基于"得失"权衡的基础上对产品与服务整体效用的主观评价，那么，企业就必须了解自己的客户是如何看待价值的，从而识别出对不同客户群体而言最为关注的价值维度。

识别客户消费价值的维度可以采用多种多样的市场调研方法，如客户观察法、焦点小组访谈法和深度访谈法。客户观察法是通过观察客户怎样使用产品、使用产品后的结果、具体的使用情景等信息，来判断哪些是构成客户价值的重要维度。对客户的观察可以由训练有素的研究人员事先安排，也可以由销售代表、服务人员和其他一些经常与客户在产品或服务的消费情境中有直接联系的人来进行。焦点小组访谈法则是将一小组客户召集起来，让他们自由讨论使用产品或消费服务的经历，在自由评论和信息分享中，主持人将一些重要的观点、有益的想法或观察到的现象记录下来。这种方法无论是在内容上还是时间上，都比单个的访谈更有效率。在焦点小组之后选出个别人来进行进一步的深度访谈，正好弥补了问题深度欠缺这一不足。访谈对象没有别人的阻挠和误导，可能会更为自由地说出他们自己真实的想法，有利于深入探讨主题，研究者也能更深入、更有效地探索客户对价值认知的内心评判，识别出客户认为重要的价值维度。

（2）确定有战略意义的价值维度

客户关注的价值维度是多种多样的，但企业却很少能同时在很多维度上提升价值交付的业绩。因此，企业必须对所识别的客户价值维度进行甄别，确定哪些是具有战略意义的价值维度，围绕这些重要的维度建立起差别化竞争优势。

进行客户市场调查能帮助企业有效判断客户价值维度的重要性。对于客户来说，"重要性"可能是产品或服务满足客户某一特定需求的程度，也可能是企业在某一价值维度上提供的价值高于其他竞争者提供的价值的程度。因此，在对客户价值维度的战略意义进行评估时，需要同时调查竞争对手所提供的价值信息。采用矩阵分析图可以帮助企业对比本企业和竞争对手在客户重视的消费价值维度上的绩效，从中找寻在创造客户消费价值方面的长处、不足及应努力的方向，如图3-5所示。

绩效矩阵的不同单元格具有不同的战略意义。如果在重要性较低的客户价值维度上，客户对绩效的评价较高，对于企业而言却没有太大的意义。企业可以考虑放弃这一价值维度，将节省的成本或资源转向更为重要的价值维度上。价值维度落于"长处"单元格的数量越多越好，"短处"反映企业在重要的价值维度上的不足，这是企业应重点改进的方向。竞争差异矩阵激发企业管理者思考如何建立竞争优势。管理者可以关注右下方单元格里的价值维度，也可以努力使某一特定的价值维度转移到右下方单元格来增强竞争优势。

（3）选择可行的、有意义的价值维度

了解客户想要什么样的价值是一回事，而企业能提供什么样的客户价值又是一回事。后者取决于企业的资源和能力。因此，在对客户价值维度进行全面分析的基础上，企业应选择可行的、有意义的价值维度集中资源进行开发，形成富有特色的差别竞争优势。企业选择的价值维度应具有下列特征：第一，该价值维度对客户来说是重要的；第二，企业具备在该价值维度上提供超凡价值的资源和能力；第三，在这一价值维度上，企业具有超越竞争对手的潜力。这样，企业实现改进价值绩效的目标才是可行的。

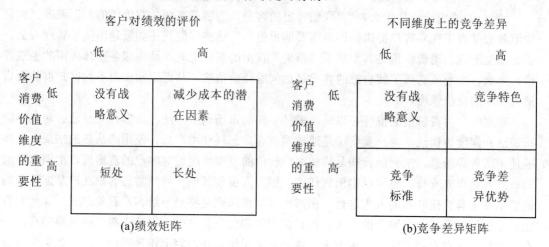

图 3-5　客户消费价值维度的战略意义分析

2. 客户消费价值的创造

（1）建立消费价值创造支持体系

在识别与选择出重要的消费价值维度后，企业需要向客户有效地提供这些价值。这就需要企业具备有效的客户消费价值创造与提供的支持体系以及卓越的客户消费价值创造能力。强有力的支持体系包括一个分工合理、高效协作的组织结构和优秀的基于客户消费价值的企业文化。一方面，分工合理、高效协作的组织结构能促进企业部门间的有效沟通，实现部门间的合理设置与有效分工协作，形成价值创造和价值传递的组织合力，有效满足客户的需求。另一方面，在企业内部形成一种以不断提升客户价值为核心内容的企业文化，能将客户消费价值创造的理念深深植入员工的心中，使员工对创造优秀的消费价值产生高度的认同感，从而愿意承担起一定的责任，在客户价值创造方面做出不懈的努力。

（2）创造消费价值

对于如何增加客户的消费价值，不同的学者有不同的见解。按照学者们对客户消费价值最基本的定义，即客户感知价值是感知利益与感知付出之比，客户消费价值创造的途径就有两大类：提高客户的感知利益和降低客户的感知付出。

针对客户的需求设计产品或服务，在核心产品上增加新的成分等，都是提高客户感知利益的方法。这些新成分对客户而言是重要的、有益的，并能够为其提供独到价值的。例如，企业原本提供的核心产品拥有良好的品质，但如果再附加一些额外的服务（如送货服务、产品使用培训、售后服务等），无疑可以增加客户的感知利益，进而对客户感知价值产生积极的影响。

降低客户的感知付出可以通过降低产品或服务的实际获得价格、提高购买的便利性等途径来实现。例如，某些能够提高客户感知利益的措施（如送货上门等）同样可以降低客户的感知付出；其他一些措施如延长营业时间、增设营业网点等，可以提高产品的可获得性，使客户获得产品和消费服务的方式更简单、更便捷，同样可以降低客户的感知付出。

此外，从关系的角度来看，顾客为建立、保持与企业之间的关系而付出的成本是一个长期成本。价格是顾客在接受服务时所付出的总的长期成本的一个组成部分。价格是一个综合概念，顾客为购买服务或产品所支付的只是短期的可见成本，其他成本项目（关系成本）只有在顾客与企业的长期互动关系中才可能显现出来。所以，对顾客的短期付出和长期付出应加以区分：顾客的短期付出是指顾客购买产品或服务所支付的价格，而顾客总的长期付出则既包括价格也包括关系成本。

关系成本是除价格外顾客所需要付出的额外的成本，这些成本是由于顾客与企业建立了长期的关系并长久地购买这家企业的产品而产生的。关系成本包括三种类型：直接关系成本、间接关系成本和心理成本。

①直接关系成本

直接关系成本与企业的内部系统有关，是顾客为获得企业提供的解决方案而必须支付的成本，如办公室的投资、额外设备的投资、人力资源成本、软件成本及折旧项目等。企业可以以总成本或净成本的方式来计算直接关系成本。总成本是顾客接受服务必须支付的总成本，而净成本则是所有的附加成本，按照顾客的观点，净成本是由产品、服务或某个解决方案所决定的。按照两种方法计算出的直接成本结果是一致的。但当与竞争对手的成本进行比较研究时，净成本计算方法更有用，而总成本计算方法则适用于考察在长期关系过程中顾客的长期成本信息，包括成本构成等信息。

施乐公司曾经是复印机市场上的领头羊。按照该公司的观点，它的服务系统是非常有效的。但是，当日本企业也开始生产复印机，而且几乎不需要额外的服务时，一种新的服务标准就被确立了，施乐的服务标准就过时了。任何一家企业，如果它所提供的产品必须同时伴随较高的服务费用时，实际上就增加了顾客的直接关系成本。现在随着办公自动化和数字化时代的来临，施乐再一次面临着良好的发展机遇。服务的观念已经发生变化，管理直接成本最好的方法是实行服务的"准时制"物流，即通过提供一个能让顾客保持低库存的配送系统，供应商可以减少顾客存货资本的积压，可以让顾客投资于花费较少的小型设备。这些措施会极大地降低顾客的直接关系成本，也会降低顾客的长期付出。当一家企业委托一家媒体来为顾客做宣传时，如果这家媒体要求企业专门委派一个人来帮助自己进行宣传，那么，这个人所需要的支出就是顾客的直接关系成本。

如果竞争者能够为企业提供准时制配送系统，企业的库存可以更小。又比如一家媒体能够为企业做同样的广告服务，但并不需要企业派专人来配合广告公司的工作，这些做法都会降低顾客的长期关系成本。在其他条件不变的情况下，这些竞争者就会为顾客提供更大的价值，因为顾客的长期付出减少了。

②间接关系成本

间接关系成本是在顾客关系发展过程中，由于企业运行机制不好，顾客为保持关系所必须付出的时间成本和其他资源成本。不及时或低质量的维修、保养和运货，产品和服务不能正常运行等都可以导致停工损失和其他质量成本的产生。顾客抱怨也可以导致这一类成本的出现。另外，快速而有效的服务补救则可以增加顾客的价值，因为它可以降低由于服务失误、服务错误及其他质量问题而导致的间接关系成本。

送货越不准时，维修、发票管理和其他文件管理的问题越多，企业维持顾客关系的投入就越大。企业必须不停地检查文件，打电话与顾客核实送货时间，还要发送大量的电子邮件，时刻注意解决顾客的抱怨，这些工作量会急剧增加。

由这些工作而引起的附加成本是相当可观的。有时候，一个或者更多的员工不得不花费大量的时间来处理此类问题，甚至不得不聘用额外的人手来应付这种被动的局面，但管理层常常会忽略这些成本的存在。内部服务系统无法揭示这些问题（比如糟糕的服务质量）产生的真正原因，所以，这些问题对管理者的警示作用是很小的。另外一种间接关系成本是停工损失和由于服务质量低而造成的业务损失，如送货不及时。这些成本可能变得很大。

如果一个竞争者能够为顾客提供更好的服务，就可以减少顾客的压力，并减少停工损失和降低其他成本。由此，顾客的间接关系成本也会下降。那些能够为顾客提供良好服务同时间接关系成本又低的企业，从长期角度来说，能够为顾客创造更多的价值。

③心理成本

当一个企业的顾客认为他们无法信任该企业时，心理成本就产生了。他们会担心与该企业的关系，并感到必须采取措施以保证他们能获得可接受的服务质量。他们常常处于一种不安全和无助的状态，从事其他工作的精力也会受到限制。为了保证自己获得可接受的服务质量，他们不得不一遍又一遍地检查工作计划，以免出现不及时供货、维修的情况，并保证顾客抱怨处理等问题能及时、恰当地解决。因此，决策的实施会变得缓慢而无效，很多决策被迫推迟甚至取消等。而这些又会导致间接成本上升，如时间耗费过多、雇佣兼职人员、丧失经营机会等情况。顾客的心理成本难以计算，但那些曾接受过很差服务的顾客都会感觉到心理成本的存在，而且这些成本通常会增加不必要的附加成本。

总之，企业在客户价值创造中最重要的一点就是合理安排和协调各种价值创造活动，最大化客户的感知价值。盖尔认为："具有较高感知质量和感知价值的企业，能够获得较高的市场份额，投资回报率比平均水平高 15%。"因此，为客户创造消费价值实际上就是为了实现企业利润增长的根本目标。

3. 客户消费价值的沟通与评估

在为客户创造消费价值的同时，企业还应该积极地同客户进行"沟通"。企业不能想当然地认为客户能够即刻充分理解企业所提供的价值，必须运用整合营销沟通手段，全方位地向客户传达在使用产品或消费服务过程中将体验到的价值。整合的沟通措施应包括诸多具有一致性的广告、公关宣传、促销等活动，以帮助客户了解企业提供的价值。

在为客户提供优秀的消费价值后，作为消费价值管理的最后一步，企业还应对客户价值的感知结果进行有效监控，通过客户满意度调查、客户抱怨记录、客户跟踪访谈，以及定期与不定期的客户随机调查，了解客户对其所获得的价值是否满意、客户是否认为企业所提供的价值比竞争对手更加优秀等信息。同时，调查客户价值创造对企业绩效的影响效果。企业只有在认真分析和评价客户价值绩效的基础上，了解企业的优势和不足，才能真正创造符合客户期望甚至超过客户期望的价值，形成客户价值优势和竞争优势。

# 本章案例

## 星巴克的难题——保持品牌价值

1971 年，吉罗·宝威（gerald baldwin）、戈登·鲍克（gordon bowker）和杰夫·西格（zev siegl）三人在西雅图的 pike place 市场开办了第一家咖啡豆和香料的专卖店：星巴克

（starbucks）公司。1982 年，霍华德·舒尔茨（howard schultz）加入星巴克。有一次，他去意大利出差期间，参观了米兰一些著名的意式咖啡馆，这些咖啡馆不仅生意兴隆，而且还带给消费者以深厚的文化底蕴，由此他也意识到在西雅图开办这种形式的咖啡馆具有潜在商机。1986 年霍华德·舒尔茨斥资 400 万美元重组星巴克，推动了星巴克向意式咖啡馆的转型，并完全以自己的理念来经营星巴克。40 年中，星巴克先是在美国的其他地区开花，接着又走向了整个世界。其后，又率先向自己的兼职员工提供本公司股票的买卖权，成为公开上市交易的企业。时至今日，星巴克公司已经在 35 个国家开办 12000 多家连锁店。除了出色的咖啡以及浓缩咖啡饮料之外，人们还可以在星巴克享受到泰舒茶和星冰乐饮料。

### 星巴克的成功

星巴克之所以成功，表面上是它令人称道的咖啡、细致周到的服务和浪漫温馨的环境，而实质上是它用这些元素向消费者传递了星巴克的品牌核心价值，即给顾客难忘的消费体验。

### 难忘的消费体验

星巴克人认为自己的咖啡只是一种载体，通过这种载体，星巴克把一种独特的格调传送给顾客。这种格调就是"浪漫"。星巴克努力把顾客在店内的体验化作一种内心体验：让咖啡豆浪漫化，让顾客浪漫化，让所有感觉都浪漫化。

星巴克通过环境尽力去营造一种温馨的家的和谐氛围，从而形成环境体验。在环境布置上，星巴克给自己的定位是：第三空间。即在你的办公室和家庭之外，星巴克给你另外一个享受生活的地方、一个舒服的社交聚会场所。无论是室内风格的装修，还是仔细挑选的装饰物和灯具，或者是煮咖啡时的嘶嘶声，将咖啡粉末从过滤器敲击下来时发出的啪啪声，用金属勺子铲出咖啡豆时发出的沙沙声，都是顾客熟悉的、感到舒服的声音，都烘托出一种"星巴克特有的情景体验"。人们可以暂时摆脱繁忙的工作而得到精神和情感的补偿。在这里人们可以轻松自由地做自己的事情，聊天或打开电脑浏览资料。木制的桌椅、轻柔的音乐、考究的咖啡器皿都烘托了一种典雅悠闲的氛围，使星巴克式的浪漫在店内弥漫。

星巴克通过提供纯正口味的咖啡来创造产品体验。产品是顾客价值的核心部分，既然是咖啡馆，星巴克的咖啡必有过人之处。为保证星巴克咖啡一流，星巴克设有专门的采购系统。采购人员常年旅行在印度尼西亚、东非和拉丁美洲一带，与当地的咖啡种植者、出口商交流沟通，为的是能够购买到世界上最好的咖啡豆。他们工作的最终目的是让所有热爱星巴克的人都能体验到星巴克所使用的咖啡豆是来自世界主要的咖啡豆产地的极品。所有咖啡豆，都在西雅图进行烘焙。无论是原料豆及其运输、烘焙、配制、配料的溶加、水的滤除，还是员工把咖啡端给顾客的那一刻，一切都必须符合严格的标准，都要恰到好处。星巴克为了满足顾客需要，除了星巴克咖啡外，还调制出各色口味：有甜酸果味的"女神天韵口味"；纯度饱满、口感厚重的"纳瑞诺咖啡"；香味诱人的"维罗娜咖啡"。如今的星巴克，在世界各地采取不同的产品策略，比如在中国提供茶饮的选择。甚至在中秋月圆之际，还有精致的月饼推出。月饼和咖啡，这看似不相干的两类食品，却被星巴克诠释成中西文化结合的经典。

星巴克通过"认真对待每一位顾客，一次只烹调顾客那一杯咖啡"来创造服务体验。这句取材自意大利老咖啡馆工艺精神的企业理念，贯穿了星巴克的服务秘诀。

### 创新的服务

星巴克的服务主要分为以下几种。

1. "定制式"服务

星巴克在对顾客进行细分的基础上将咖啡产品的生产系列化和组合化，根据不同的口味提供不同的产品，实现一种专门定制式的"一对一"服务，真正做到真心实意为顾客着想。

2. "互动式"服务

星巴克深知每一个进入店中的顾客是最直接的消费者，应该努力使之成为常客。为此星巴克对其服务人员进行了深度的培训，使每个员工均成为咖啡方面的专家，就这样开始了和顾客的深度互动。工作人员和顾客可以一起探讨有关咖啡的各类知识，包括种植、挑选、品尝还讨论有关咖啡的文化甚至奇闻轶事来回答顾客的各种询问。顾客在享受服务和环境氛围的体验外，还可以得到很多有关咖啡方面的经验。而服务人员也借此机会把从顾客身上了解到的兴趣爱好、问题反映给公司，从而使得公司得到最准确的资料以更有效地制定和更改销售策略。同时，星巴克还将咖啡豆按照风味分类，让顾客可以按照自己的口味挑选喜爱的咖啡。这种互动使得双方关系更加密切，使顾客对咖啡的体验成为有源之水、有本之木。星巴克成功地将其咖啡之道传递给了顾客，而顾客则通过口碑相传再将大量的潜在顾客吸引进星巴克的各个分店。

3. "自助式"服务

星巴克十分强调它的自由风格，因此在它的服务体验中，也采用了自助式的经营方式。顾客在柜台点餐后可以先去找个位置稍加休息，也可以到旁边的等候区观看店员调制咖啡，听到服务生喊自己点的东西后就可以去端取，享受咖啡第一时间的芳香。在用品区还设有各式各样的调味品，如奶糖、奶精、肉桂粉，以及一些餐具，顾客可以自行拿取。自助服务让消费者摆脱了长长的等候队伍，减少了等候时间，并给了他们更多的控制权。由于采用这种自助式消费方式，迎接顾客的不会是迎面的一声"请问您需要什么"，而是可以自行走到柜台前选取自己所需的饮料。这样的经营方式更有家的感觉，符合星巴克传递的一种自由、舒适的理念。

### 陷入困境

2007年2月，星巴克创始人霍华德·舒尔茨的一条被泄漏的内部工作备忘录披露了他已经意识到自己一手创建的发展策略存在一定问题："门店往日的灵魂已经不在，失去了邻家店铺的温暖舒适感。"确实如此，星巴克曾通过创新以试图增值，他们提供无线网络服务、创作并销售自己的音乐。而最近，星巴克开始将注意力放在咖啡本身，复兴他们标准饮品的质量。无论必须采取降价措施（这就暗示着砍掉相应的成本价格），还是为了保留品牌独家经营权，星巴克不得不削减分销门店。这些举措都未触及根本问题，即星巴克试图以收取额外费用为顾客提供一种体验，而这种体验已经不再特别，这使得品牌变得大众化。我们希望关闭600家门店的消息只是星巴克一系列降低规模举措的第一步。要知道，在营销世界里，有时候"少却意味着更多"。

令人钦佩的是，霍华德·舒尔茨所探索的是将上等咖啡以及意大利咖啡的家庭体验带到美国大众市场。华尔街接受了星巴克的观念，将其解释为家、办公楼以外的"第三场所"。新店的陆续开张以及新品的上市为其股票注入了价值。然而，追求季度盈利增长目标迟早会破坏星巴克这个品牌，这主要表现在以下三个方面。

首先，最初的顾客将舒适的放松环境看得更为珍贵，这种认同甚至超过了对一杯咖啡的要求，而最后他们发现自己是在一个少数群体里。为了发展，星巴克对那些来去匆忙的顾客产生吸引力，因为对他们来说，服务就意味着点餐送餐的速度，而不是与咖啡员的交谈。星巴克为了迎合第二类人群的口味，创建了类似快递形式的门店，同时却忽视了第一类消费者的感受。由此许多星巴克的老顾客都转去 Peets、Caribou 这样具有排他性的咖啡店。

其次，星巴克为了拓宽其吸引力，开发了许多新产品。对咖啡爱好者来说，这些新产品切断了星巴克品牌的完整。同时，新产品也给咖啡员带来挑战，他们需要努力克服繁文缛节的饮品单子。店里的顾客越来越多，那些原本因其熟练的社交能力和对咖啡的热情而被雇佣的咖啡员，已经不再有时间和顾客进行交谈了。品牌认可度也随着排长队等待时间的增加而走下坡路。更严重的是，星巴克咖啡的额外价格对那些行色匆忙的顾客来说并不是那么公道，因为麦当劳和唐肯在改进自己的咖啡质量，而他们的价格相对较低。

最后，开张新店以及开发新品只带来了表面的盈利增长。仅仅与去年同期相比来增加同一门店的销售，这一策略蒙蔽了高管的眼睛。这是零售业的重担，使得当地门店经理需要赢得品牌忠实度、同他的竞争对手赢取顾客的购买频率。当新的门店在附近开张时，这位老门店经理的努力就会白费。这样一来，市场就会接近饱和，现有门店销售的同质化会渐渐破坏品牌健康，甚至削减经理人的斗志。

如果星巴克以更有控制力的速度来保持其独有和增长，上述情况都不会发生。当经营正在以公众公司那样运转，要想保持品牌价值是极具挑战的。蒂凡尼（Tiffany）也面临同样的问题。这也就解释了众多像普拉达（Prada）这样的奢侈品牌仍然保持其家族式经营模式，或由投资人控制的原因。他们可以通过在主要国际城市设置精品店来限制分销，以维持其较小的规模、保持自己的排他性、具备持久的额外价值。

资料来源：作者整理。参考网址：http://www.chycf.com/Article/ShowInfo.asp? InfoID=1126, 2008-06; http://guide.ppsj. com.cn/art/1096/xbkdntrhbcppjz/,2008-07-11。

**讨论：**

1. 星巴克为什么能成功？它为顾客提供了什么样的消费价值？
2. 目前星巴克在客户消费价值管理方面面临哪些难题？为什么会出现这种问题？
3. 星巴克应该怎样克服难题，保持品牌价值？

**思考与练习：**

1. 什么是消费价值？请简述消费价值的层次观和类型观的主要内容。
2. 选择一个行业或是企业，了解该行业或企业顾客消费价值的构成。
3. 在现代消费背景下，服务性企业应如何提高顾客感知的消费价值？

**补充阅读材料：**

1. Berry, Leonard L., Manjit S. Yadav. Capture and Communicate Value in the Pricing of Services[J]. Sloan Management Review, 1996:41-50.

2. Chen, Shu-Ching. Customer Value and Customer Loyalty: Is Competition a Missing Link?[J]. Journal of Retailing and Consumer Services, 2015, 22: 107-116.

3. Floh, Arne, Alexander Zauner, Monika Koller, Thomas Rusch. Customer Segmentation Using Unobserved Heterogeneity in the Perceived   Value–Loyalty–Intentions Link[J]. Journal of Business Research, 2014, 67(5): 974-982.

4. Mäntymäki, Matti, Jari Salo. Why do Teens Spend Real Money in Virtual Worlds? A Consumption Values and Developmental Psychology Perspective on Virtual Consumption. International Journal of Information Management, 2015, 35(1): 124-134.

5. Oliver, Richard L. Varieties of Value in the Consumption Satisfaction Response[J]. Advances in Consumer Research, 1996, 23: 143-148.

6. Sun, Hong, Zhuqing Su. New Thoughts of Customer Value Study[J]. Physics Procedia, 2012, 24: 1232-1237.

# 第四章　顾客满意感管理

## 引　例

当约安·埃德尔曼（Joann Idleman）抵达拉斯维加斯机场时，一辆白色流线型豪华轿车正在那里等候，准备将她接到哈拉酒店（Harrah's Hotel）和各处赌场。虽然这位来自加利福尼亚的 67 岁的企业家多次经过凯撒宫和幻影这两家奢华的赌场，但她从未在里面花过一分钱。现在，她也只想到哈拉酒店好好休息一下。到达酒店之后，迎接她的是其私人招待员加里·恩斯特的满面笑容，后者已经为她安排好了酒店房间并预定了音乐会和拳击比赛的座位。在套房中，她可以享用刚采的鲜花、曲奇饼干、外裹巧克力的新鲜草莓、冰箱里的冷饮以及门房发送的语音欢迎邮件。如果她是在生日当天光临哈拉酒店，房间里还会另外准备一个蛋糕。"我觉得他们了解我的全部生活史"，埃德尔曼说道："无论是生日还是其他纪念日，房间里总会放着一些纪念品。对我来说，这一点非常特别"。埃德尔曼从 1995 年开始在哈拉酒店玩博彩，1998 年之后她就只光顾这家酒店了。酒店管理公司推出了一个"完全奖励"的忠诚卡方案。该方案将记录客户的消费活动并相应给予优惠，以鼓励他们在各种博彩游戏中进行更多的消费。尽管埃德尔曼看重的是酒店的服务，而不是什么会员卡促使自己成为哈拉酒店的忠诚客户。然而事实上，如果没有会员卡，酒店也不会提供如此高质量的服务。正是由于这种服务，埃德尔曼在酒店的消费较 1997 年增长了 72%。现在，每次光顾她都会在博彩游戏上花掉 5000~10000 美元，哈拉酒店则以 VIP 的规格来招待她。

**热身思考：** 顾客满意感是怎样形成的？有何重要价值？

## 第一节　顾客满意感的重要性

长期以来，许多学者和企业管理人员都认为，顾客满意感是顾客关系管理中的一个重要概念，是顾客与企业建立、保持、发展长期关系的必要的前提条件。顾客只有对自己以往在企业的消费经历感到满意，才可能与企业建立、保持、发展长期关系。一般来说，不满的顾客是不会再次光顾该企业、购买该企业的产品和服务的。顾客满意感的重要性主要表现在以下两个方面。

### 一、顾客满意与否会影响他们对企业的口碑宣传

顾客对自己的消费经历满意，就会在他人面前称赞企业、向他人推荐企业的产品和服务；反之，顾客如果对自己的消费经历不满意，则会向他人诉说自己不满意的消费经历，影响他

人的购买决策。许多企业管理人员发现，亲朋好友的推荐比企业的广告更能促使顾客购买产品和服务。而顾客只有对自己以往的消费经历感到满意，才可能向亲朋好友推荐企业的产品和服务。为此，企业要留住顾客，就一定要为顾客提供满意的消费经历。此外，企业不仅应关注顾客的满意程度，还应了解哪些因素可能会影响顾客向他人推荐产品和服务。对于各企业的顾客满意程度都较高的行业，顾客的口碑宣传非常重要。如果某企业的顾客的满意程度很高，但顾客很少向他人推荐该企业的产品和服务，则表明企业在某些方面还存在问题。

不满意的顾客往往会对企业做负面宣传，损害企业的利益。即使顾客还未购买企业的产品和服务，他人对企业的负面宣传也会影响顾客的看法。如果不满意的顾客很多，则他们对企业的负面宣传会在很大程度上影响企业的声誉和公众形象。为此，许多企业都把不满意的顾客当作是本企业的"恐怖分子"。顾客在其他顾客面前批评企业是另一种形式的投诉行为。当顾客对自己的消费经历不满意时，这种反面宣传行为会增多。特别是当产品或服务差错非常严重、发生差错的是外部属性或失望的顾客的社交活动层次较高时，顾客更有可能替企业做反面宣传。顾客在他人面前诉说企业的不是，能够减轻自身心理压力，获得他人的同情，重新控制不断恶化的环境，同时也告诉别人自己具有较高的品位。顾客在其他潜在顾客面前批评企业的这些动机，反过来也表明，顾客的反面宣传行为与顾客满意程度之间可能相互影响。

与顾客表扬企业相比，顾客对企业的负面宣传的传播速度往往更快，传播范围更广。这主要是因为，相对于表扬企业，顾客更愿意将自己不满的消费经历告诉他人。互联网的普及，更方便了顾客对企业的口头宣传，且宣传的范围也更广。

### 二、顾客满意感有利于企业的长远发展

一方面，顾客满意程度将影响顾客的重复购买行为。许多企业管理人员发现，顾客对自己以往的消费经历感到满意，则他可能会继续购买企业的产品和服务；另一方面，虽然企业实施顾客满意感策略并不能增加企业的短期收益，有时甚至可能会降低企业的短期利润，但从长远来看是有利于企业发展的。许多学者的研究结果表明，相对于为新顾客服务的成本，企业为老顾客服务的成本更低；企业往往不需要组织大量的广告和促销活动吸引老顾客，而且为老顾客服务获得的收益远远大于为新顾客服务的收益。

此外，目前企业经常采用的考核企业绩效的指标，如销售量、市场份额等，都是对企业绩效的事后评价，这些指标只能反映企业以前的绩效，却不能预测企业以后的发展情况。而企业通过顾客满意程度调查，可以了解本企业顾客的满意程度，并根据顾客的总体满意程度，估计企业今后可能的绩效。

# 第二节　顾客满意感的基础理论

### 一、顾客满意感的涵义

1. 顾客满意感的定义

许多学者从不同的角度定义顾客满意感。但是，大多数学者提出的顾客满意感定义是过

程定义。他们根据顾客满意感的形成过程，论述企业应如何使顾客满意，却没有考虑满意感的心理含义。在顾客满意感的早期研究中，许多学者认为，顾客满意感是顾客对产品的期望与产品实绩之间的差异进行评估之后的产物。目前，学术界普遍公认的顾客满意感定义是美国著名学者奥立佛（Richard L. Oliver, 1997）提出的。奥立佛认为，顾客满意感是顾客需要得到满足后的一种心理反应，是顾客对产品和服务的特征或产品和服务本身满足自己需要程度的一种判断。顾客要判断自己需要的满足程度，就必须对产品和服务的实绩与某一标准进行比较，由于比较的标准不同，顾客消费后的心理认知也不同（见图 4-1）。

有些学者指出，顾客可能根据多种实绩标准，形成自己的期望，如预期的实绩、公正的实绩、可容忍的最差实绩、最理想的实绩等。

此外，顾客满意感也可能有满足、高兴、好奇、惊喜等多种表现形式。奥立佛（1997）认为，顾客满意感是顾客对服务实绩与某一标准进行比较之后产生的心理反应。顾客预期某种产品或服务能够满足自己的需要，能够提供乐趣、减轻痛苦，才会购买这种产品或服务。

2. 顾客满意感的三个组成成分

奥立佛认为，顾客满意程度主要是由顾客的以下三类评估决定的。

（1）顾客对自己的消费结果的整体印象。即顾客对本次消费的利弊的评估，以及顾客由此而产生的情感反应，如高兴、失望等。

（2）顾客对产品和服务的比较结果。即顾客对产品和服务的实绩与某一标准进行比较，判断实绩是否符合或超过自己的比较标准。常见的比较标准见图 4-1。

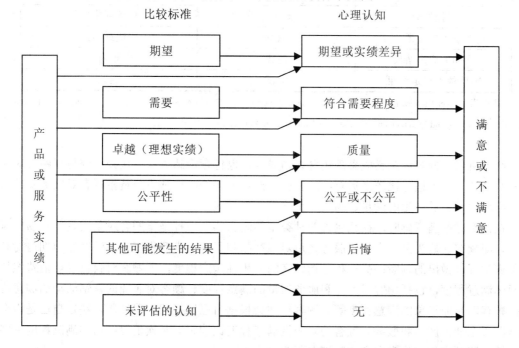

**图 4-1 顾客满意感比较评估图**

资料来源：Oliver Richard L. Satisfaction: A Behavioral Perspective on the Consumer. New York, NY：Irwin- McGraw-Hill. 1997：24.

（3）顾客对自己的消费结果的归因。即顾客认为谁应对自己的消费结果负责。同样的消费结果，是顾客的责任，还是企业的责任，顾客的满意程度是不同的。

美国学者福尔克斯（Valerie S. Folkes）认为，顾客满意感是顾客对服务结果进行评估与归因之后产生的情感（见表4-1）。如果顾客认为服务结果对自己有利，并且服务性企业可以控制这种服务结果，那么顾客就会对该企业心存感激，并替该企业做有利的口头宣传；如果顾客认为某种服务结果损害了自己的利益，并且服务性企业本可以避免这种服务结果，那么顾客就会非常生气；如果服务结果对顾客有利，并且顾客早就预料到这种服务结果，那么顾客就会信赖该企业；而如果顾客预期某种服务结果会损害自己的利益，那么顾客就会回避该企业，改购其他企业的产品和服务。

有时候，企业为顾客提供了某种不可预期的、对顾客有利的服务结果，顾客会感到惊喜，对企业的满意程度提高；如果这种不可控的服务结果会损害顾客的利益，那么顾客往往会比较失望，但由于这种结果是企业无法控制的，因此顾客往往会容忍企业的这种服务差错。顾客预期企业可能会为自己提供某种有利的服务结果，但也可能不具备这种能力，这时有些顾客出于一种尝试心理会购买企业的产品和服务，而如果顾客预期这种服务结果可能会损害自己的利益，则他在购买时可能会迟疑不定。

**表4-1　顾客满意感的情感表现**

| | 有利结果 | 不利结果 |
| --- | --- | --- |
| 可控结果 | 表扬或感激 | 批评或生气 |
| 不可控结果 | 惊喜 | 失望或容忍 |
| 预期的稳定结果 | 信赖 | 退避 |
| 预期的不稳定结果 | 尝试 | 迟疑 |

资料来源：Oliver Richard L. Customer Satisfaction with Service, In: Teresa A. Swartz, and Dawn Iacobucci.eds. Handbook of Service Marketing and Management. Thousand Oaks, CA: Sage Publications, 2000：251.

综上所述，顾客满意感概念既包含认知成分，也包含情感成分。认知成分是指顾客对服务实绩与某一标准进行比较之后对产品和服务好坏的评价；情感成分是指顾客对服务实绩与某一标准比较之后产生的满足、高兴、喜欢等心理反应。

在谈到顾客满意感时，往往包含两种类型的满意感：一种是指顾客对某次具体交易的满意感，即顾客在购买某一产品和服务之后对该产品和服务的满意程度，是顾客在短期内对自己的满意程度做出的判断；另一种是指顾客的累积性满意程度，即顾客对自己以往消费经历的总体满意程度，包括顾客对产品和服务质量的满意程度、顾客对企业的营销活动的满意程度、顾客对企业形象的满意程度等。顾客往往会根据自己以往的消费经历，决定自己是否会再次购买企业的产品和服务。顾客的累积性满意程度比顾客对某次消费经历的满意程度更能准确地预测顾客的行为意向和实际消费行为。

**3. 满意与不满意**

有些人认为满意与不满意是同一个概念（满意感）的两极，正极是满意，负极是不满意。事实上，满意与不满意并不是同一概念的两极，而是两个不同的概念。企业提供的产品和服务具有某些属性，顾客可能不一定满意；但如果企业的产品和服务如果不具备这些属性，则顾客肯定会不满意。可以说，导致顾客满意的因素与引起顾客不满意的因素并不完全相同。根据这一点，我们可以把影响顾客满意感的因素划分为两类：一类是"满意因素"，是指那些能够提高顾客满意程度的因素；另一类是"不满意因素"，是指那些企业做得好不一定能提高顾客满意程度，但做得不好肯定会导致顾客不满意的因素。随着竞争的加剧，有些原来的满意因素可能现在变成是不满意因素。如产品和服务的基本功能，在该产品和服务刚刚推出市场时属于满意因素，只要产品和服务具有这些基本功能，顾客就会满意。但是，随着市场竞争的加剧，市场上同类的产品和服务越来越多，且各企业的产品和服务的基本功能非常相似，甚至完全相同。在这种情况下，某企业的产品和服务具备这些基本功能，顾客并不一定对该企业的产品和服务满意，也不一定就会选择该企业的产品和服务。相反，如果企业的产品和服务不具备这些基本功能，顾客一定不会满意，也一定不会购买该企业的产品和服务。

## 二、顾客满意感的形成

企业要提高本企业顾客的满意程度，首先要了解顾客满意感的形成过程，了解影响顾客满意程度的因素，以便有针对性地采取措施，提高顾客对自己消费经历的整体满意程度。

从 20 世纪 70 年代中期起，企业管理学者对顾客满意感进行了大量的研究，提出了许多模型，解释顾客满意感的形成过程。其中，奥立佛提出的"期望—实绩"模型，伍德洛夫（Robert B. Woodruff）、卡杜塔（Ernest R. Cadotte）和简金思（Roger L. Jenkins）提出的"顾客消费经历比较"模型、韦斯卜洛克（Robert A. Westbrook）和雷利（Michael D. Reilly）提出的"顾客感知价值差异"模型是其中最著名的几个模型。

1. "期望—实绩"模型

1980 年，奥立佛提出了如图 4-2 所示的"期望—实绩"模型。奥立佛认为：在消费过程中或消费之后，顾客会根据自己的期望，评估产品和服务的实绩。如果实绩低于期望，顾客就会不满意；如果实绩符合或超过期望，顾客就会满意。美国学者邱吉尔（Gilbert A. Churchill）和塞朴纳（Carol Surprenant）的实证研究结果表明：在许多情况下，期望和实绩都会影响顾客对期望与实绩比较结果的主观感受，也会直接影响顾客满意感。

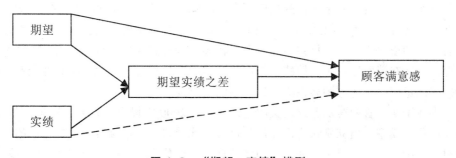

图 4-2　"期望—实绩"模型

注：图中虚线所示关系是邱吉尔和塞朴纳的观点。

资料来源：Oliver Richard L. A Cognitive Model of the Antecedents and Consequences of Satisfaction Decisions[J]. Journal of Marketing Research, 1980, 17(4): 462.

2．"顾客消费经历比较"模型

20世纪80年代初，美国学者伍德洛夫（1982）、卡杜塔和简金思（1983）提出了"顾客消费经历比较"模型。他们认为顾客会根据以往的消费经历，逐渐形成以下三类期望。

（1）对最佳的同类产品和服务实绩的期望，即顾客根据自己消费过的最佳的同类产品和服务，预计自己即将消费的产品和服务的实绩。

（2）对一般的同类产品和服务实绩的期望，即顾客根据自己消费过的一般的同类产品和服务，预计自己即将消费的产品和服务的实绩。

（3）对某个企业的产品和服务正常实绩的期望，是指顾客根据自己在某个企业的一般消费经历，预计自己在该企业即将消费的产品和服务的实绩。这类期望与"期望—实绩"模型中的期望相似。

根据"顾客消费经历比较"模型，顾客在某个企业与同类企业的消费经历都会影响顾客的期望与实绩比较过程。如果产品和服务的实绩符合或超过顾客的期望，顾客就会满意；如果实绩低于期望，顾客就会不满意。这个概念模型表明顾客会根据以往的消费经历，评估自己目前消费的产品和服务的实绩。

3．顾客感知价值差异模型

美国学者韦斯卜洛克和雷利于1984年提出了"顾客感知价值差异"模型。他们认为：顾客满意感是顾客对自己感知的产品和服务实绩与自己需要的消费价值（需要、欲望、期望）进行比较之后产生的一种情绪反应。产品和服务的实绩越符合顾客需要的消费价值，顾客就越满意；产品和服务的实绩越不符合顾客需要的消费价值，顾客就越不满意。

4．情感模型

根据奥立佛的观点，满意感是顾客在自己的需要得到满足之后产生的心理反应，是产品和服务特征、产品和服务本身、消费经历引起的顾客情感反应，包括产品和服务没有满足顾客的需要或超额满足顾客的需要而引起的顾客情感反应。顾客消费服务的过程同时也是服务人员为顾客服务的过程，在消费过程中，顾客与服务人员直接交往，顾客在消费过程中的情感、情绪都会影响顾客的满意程度。有些学者甚至认为，顾客满意感主要是顾客消费后的一种情感反应。然而，许多学者和企业管理人员都采用纯理性认知的方法分析顾客满意感，他们没有分析顾客在消费过程中的情感反应。美国路易斯安那州立大学助理教授杰亚特（Rama K. Jayanti）和杰克逊（A. Jackson）于1991年指出，顾客很难根据某些具体的属性评估服务实绩，因此"期望—实绩"模型并不能全面解释顾客满意感的形成过程。由于顾客亲自参与服务过程，顾客在消费过程中的情感直接影响顾客的满意程度，因此，服务性企业管理人员在衡量顾客满意感时应考虑顾客在消费过程中的情感反应。

奥立佛在不断完善顾客满意感定义的基础上，于2000年提出了如图4-3所示的"顾客满意感形成过程"模型。奥立佛认为：在消费过程中或消费之后，顾客会根据自己的期望、需要、理想的实绩、公平性以及其他可能的实绩标准，评估产品和服务的实绩。顾客对实绩的评估结果，以及顾客对评估结果的归因，都会影响顾客的情感，顾客的情感会直接影响顾客的满意程度。

综上所述，无论是"期望—实绩"模型、"顾客消费经历比较"模型、"顾客感知价值差异"模型，还是情感模型，他们的实质含义都在于顾客把自己对产品和服务的某种期望与产品和服务的实绩进行比较后所产生的认知和情感反应。因此，顾客满意感的基础是"期望—

实绩"模型，只是顾客期望的具体内容不同，才衍生出不同的满意感模型。

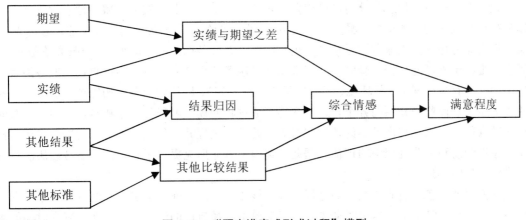

**图 4-3 "顾客满意感形成过程"模型**

资料来源：Oliver Richard L. Customer Satisfaction with Service, In: Teresa A. Swartz, and Dawn Iacobucci, eds. Handbook of Service Marketing and Management. Thousand Oaks, CA: Sage Publications, 2000：251.

此外，不少学者和企业管理人员简单地认为，产品和服务的实绩符合或超过顾客的期望，顾客就会满意。事实上，当产品和服务的实绩刚刚符合顾客的期望时，顾客既谈不上满意也谈不上不满意，顾客心理处于平常状态，也有学者把这种情况称为消费者评估的"无差异区间"，也就是说顾客可能并没有注意到服务经历中的某些属性，对这些属性既谈不上满意也谈不上不满意；只有当产品和服务的实绩超过顾客的期望时，顾客才会满意。为此，提出以下"期望—实绩"模型，又称"期望—实绩"模型Ⅱ，如图4-4所示。

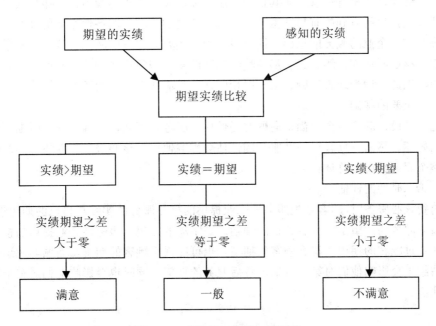

**图 4-4 "期望—实绩"模型Ⅱ**

5. 顾客对服务经历的满意感

顾客满意感模型最初是针对产品消费而言的。随着服务业的发展，服务性企业管理人员越来越重视顾客的服务消费。服务与产品不同，服务的生产和消费是同时发生的。也就是说，服务性企业为顾客提供服务的过程同时也是顾客消费服务的过程。此外，由于服务是无形的，顾客很难甚至不可能根据一套既定的标准来衡量服务的质量，而只能根据自己在服务消费过程中的一些有形证据（服务环境、服务人员仪态仪表等）、以往的消费经历等评估服务性企业的服务质量。而前面介绍的各个描述满意感形成过程的模型解释的都是顾客消费后这一时间点的满意程度。服务与产品不同，顾客对服务的评估过程并不仅仅是消费后的判断，还包括他们在消费前和消费过程中的评估。据此，美国学者菲斯克提出了一个新的服务经历满意程度模型（见图4-5）。

该模型把顾客评估服务经历的过程划分为核心服务消费前、消费中和消费后三个时期，认为顾客在每一时期都会运用"期望—实绩"模型解释自己的满意程度，而这三个时期的满意程度又都会影响顾客对整个消费经历的满意程度的评估。该整合模型考虑了顾客的期望在服务经历过程中可能会发生变化这一许多学者忽视的问题，并解释核心服务和辅助服务如何影响顾客满意程度。服务性企业管理人员理解服务经历满意感模型，能够更好地管理顾客对其在本企业消费经历的满意程度。

（1）第一时期的评估

在消费核心服务之前，顾客往往会先接触到一些辅助服务，如服务人员的态度，顾客等待服务区域的环境、办公室的温度等，并把这些辅助服务的实绩与自己的期望进行比较。顾客对辅助服务的期望从本质上说是被动的。辅助服务的实绩可能超过期望、符合期望、低于期望等。虽然，从表面上看，这些辅助服务并不是顾客实际要购买的服务，但这些辅助服务的实绩也是服务性企业向顾客提供的整体服务中的一个重要的组成部分。由于服务是无形的，顾客很难客观地评估服务质量，尤其在消费服务前，顾客更难客观地评估服务质量，因此，他们往往会根据自己看到的有形证据来估计服务质量的好坏。服务性企业的装饰、外形等既会影响顾客购买企业的服务的意愿，同时也会影响顾客对服务的满意程度。许多学者发现，顾客在消费核心服务前接触到的有形环境给顾客的第一印象会影响他们与服务性企业以后的交往意向，因此，适当地管理顾客第一时期的评估是服务性企业为顾客提供真正满意的服务经历的一个重要的基础。

在这一阶段，服务性企业尚未向顾客提供核心服务，因此，顾客在这一时期无法评估核心服务的好坏。然而，顾客对辅助服务的评估会影响他们对核心服务的期望，同时也会影响他们对整个服务经历的总体评估。

（2）第二时期的评估

在消费核心服务时，顾客会把服务性企业提供的核心服务的实绩与自己的期望进行比较。顾客对核心服务的期望是一种有意识的预期，是主动的期望。服务性企业提供的核心服务的实绩可能超过顾客的期望、符合顾客的期望，也可能低于顾客的期望，而顾客对这一时期服务的评估结果会影响他们对第三时期消费后服务的期望，同时也会影响他们对整个服务经历的总体评价。

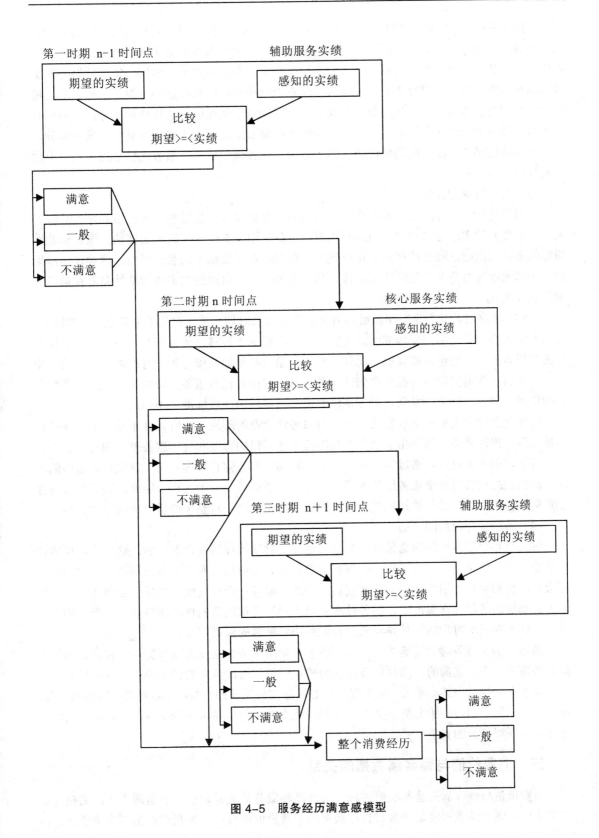

**图 4-5　服务经历满意感模型**

在图 4-5 中，顾客第一时期对辅助性服务的评估和第二时期对核心服务的评估是独立的，也就是说，从概念上讲，我们可以把顾客消费服务前、消费服务中完全区分开来。事实上，在实际的服务经历中，我们很难把二者完全区分开来，在消费的第二时期，辅助性服务的实绩（如房间的温度）并没有消失，但顾客的注意力已经转移到核心服务方面。从概念上把顾客第二时期对核心服务的评估与第一时期和第三时期对辅助性服务的评估相区分，一方面有助于服务性企业管理人员了解顾客真正希望购买的核心服务，为顾客提供满意的核心服务，进而为顾客提供真正满意的消费经历；另一方面，也强调了辅助性服务在整个服务经历中的重要作用。

（3）第三时期的评估

在消费过核心服务之后，顾客会把一些辅助性服务（如付款过程、提供核心服务后服务人员的态度）的实绩与自己的期望进行比较，这就是图 4-5 中第三时期的评估。这些辅助性服务的实绩可能超过顾客的期望、符合顾客的期望，也可能低于顾客的期望。这种评估结果会直接影响顾客对整个消费经历的总体评估。此外，第一时期的大多数辅助性服务在第三时期仍然存在。

在实际服务过程中，我们往往很难清楚地界定第二时期和第三时期的分界点。一般说来，在消费完核心服务之后，顾客的注意力就会从核心服务上转移，而他们对消费后的辅助性服务的期望本质上来看也是被动的。此外，顾客在第三时期的期望与第一时期的期望不同。顾客会根据自己在消费服务过程中收到的相关信息、根据自己与服务人员的接触，不断调整自己的期望。国外一些学者发现，顾客在消费前和消费后的比较标准是不同的。

有些企业管理人员和学者发现，顾客对服务性企业的不满，有时候并不是由于企业提供的核心服务出现差错，而是由于服务人员对待服务差错的态度和处理服务差错的行为。在有些情况下，服务人员可以通过第三时期提供的辅助性服务弥补顾客对第二时期核心服务的不满，从而使得顾客对整个服务经历满意。总之，由于服务是一个过程，因此，顾客对服务性企业提供核心服务后提供的辅助性服务的评估也会影响他们对整个消费经历的总体评估。

（4）整个服务经历的评估

顾客对整个服务经历的总体评估是由上述三个时期的评估整合而成的。这三个时期的评估既相互独立、又有一定的联系。顾客在消费核心服务前后与服务人员或服务性企业的接触都会影响他们对整个消费经历的总体评估，因此，服务性企业向顾客提供核心服务前或后提供的辅助性服务是非常重要的，服务性企业只为顾客提供满意的核心服务并不能保证顾客的满意。顾客在三个时期的评估结果的综合最终决定顾客的满意程度。

顾客在购买服务时主要购买的是核心服务。如果服务性企业为顾客提供了符合顾客期望的核心服务，那么优质的辅助性服务往往会使顾客记住这次满意的消费经历。许多服务性企业强调本企业提供的核心服务，而忽视了核心服务前后的辅助性服务。随着市场的不断完善，服务性企业提供的核心服务势必会雷同，服务性企业只有依靠本企业提供的独特的辅助性服务才可能获得持久的竞争优势。

## 三、消费价值与顾客满意感的关系

消费价值与顾客满意感都反映了顾客与产品和服务的关系，但二者是两个不同的概念。首先，顾客满意程度是顾客对自己获得的消费价值的反应。如我们在第三章中所述，消费价值反映在特定的使用环境中产品、顾客和他的目的之间的关系。在三者的关系中，消费价值表明：①产品和服务的哪些属性对顾客达到理想状态至关重要；②产品和服务的这些属性之间以及它们与顾客之间的关系如何。因此，可以说，企业为顾客创造消费价值实质是企业不断根据顾客的使用环境、期望的结果和最终目的来改进企业的产品和服务的过程。然而，满意程度反映的是产品和服务的实际绩效与绩效标准之间的关系，代表顾客对其获得的消费价值的感觉。从这一角度而言，顾客满意程度是衡量企业的价值创造活动对顾客的价值需要满足状况的指标，是顾客在特定环境中使用一个企业提供的特定产品或服务而产生的正面或负面感受。

简而言之，消费价值告诉企业应当做什么（即指出企业的方向），而满意程度则告诉企业它做得怎么样。例如，汽车生产企业发现车主希望汽车"舒适"。也就是说，汽车制造商应该改进汽车的舒适性。然而，不同汽车的舒适性不同，有些公司做得比其他公司好。顾客可能对某辆车的舒适性非常满意，对另一辆车的舒适性感到比较满意，而对第三辆车的舒适性非常不满意。甚至可能在不同的使用环境中，顾客对同一辆车舒适性的感受也不相同。比如他可能对城市中短途行使的舒适性非常满意，但对郊外长途行驶的舒适性不满意。

其次，顾客只有在消费后才能对满意程度进行评估，而消费价值可以在消费前、消费过程中或消费后的任何时间进行测量。也就是说，满意程度是过去导向的，满意程度测量指标是对过去已发生事情的记录；而消费价值是未来导向的。虽然价值层次的属性层通常是由当前市场中现有的产品属性决定，但消费结果和最终目的却代表了顾客未来的需要和要求。

最后，顾客满意程度是顾客对特定企业的评价，而消费价值是一般性的。根据顾客满意感的定义，顾客满意感是对特定的顾客消费的某项产品和服务来说的。而消费价值却代表顾客对某种产品或服务的要求和需要。有时候，顾客希望的消费价值可能与目前市场上已有的产品和服务都无关。也就是说，消费价值表明顾客希望获得的事物，而这并不一定受目前市场上已有的产品和服务的限制，也不一定受供应商的影响。

# 第三节　顾客满意度测评

## 一、顾客满意度指数

在 2000 年版的 ISO 9000 族标准中，"以顾客为关注焦点"位居"八项质量管理原则"之首。瑞典、美国等发达国家都把顾客满意度指数作为衡量经济增长质量的一个客观经济指标，美国通用电器公司等一些世界知名企业把顾客满意度指数作为衡量员工工作绩效的指标。

### 1. 顾客满意度与顾客满意度指数

顾客满意度指数是由英文"Customer Satisfaction Index"翻译而来的。顾客满意度指数与顾客满意度是两个不同的概念。后者是一个静态的概念，而前者则是一个动态的概念。例如，就某一特定的产品或服务，在某一次（某一时点）顾客满意调查中，关心的是该时点顾客对该产品和服务的满意程度，因此用顾客满意度测量。同样，在另一次（某另一时点）顾客满意度调查中，也使用顾客满意度测量。对每一次调查来说，顾客满意度都是一个单维指标，表示所有被调查顾客在某一时刻、对某一产品和服务属性、对企业等客体的满意度。而顾客满意度指数反映的是企业对同一产品或服务至少做了两次满意调查后，所表现出的顾客满意度的相对变化。在这种情况下，顾客满意度指数是一个二维指标，既反映所有被调查顾客对该产品或服务属性、对企业等客体的满意度，同时也反映这些满意度随时间变化的情况。而后者是顾客满意度所不具备的性质。

许多企业管理人员混淆了顾客满意度和顾客满意度指数这两个不同的概念，他们采用一定的方法测量本企业顾客的满意度，却往往把依此方法确定的顾客满意度误称为顾客满意度指数。有些人指出顾客满意度是一个动态的概念，会随着时间的变化而变化，而顾客满意度指数实际上就反映了满意度的这一动态特征。

2. 顾客满意度指数的重要意义

（1）顾客满意度指数对企业的重要意义

概括来讲，测评顾客满意度指数，有助于企业了解本行业发展的趋势和企业未来的市场竞争力，帮助企业管理人员判断企业未来的经营业绩。

顾客满意度指数是一种非常有用的管理工具。利用顾客满意度指数这一指标，管理人员可以把企业目前的经营业绩与企业过去的经营业绩进行比较，也可以把企业的经营业绩与竞争对手的经营业绩进行比较，从而了解企业目前的市场地位，发现企业的薄弱环节，制定正确的发展战略和市场策略。

通过顾客满意度指数调查，企业可以获得以下信息。

① 顾客对产品或服务的期望是什么，顾客对企业目前的产品或服务实绩是否满意，他们的忠诚度如何？

② 本企业顾客的满意程度在提高还是下降，顾客感知的产品和服务质量在提高还是下降？

③ 与竞争对手相比较，本企业表现如何？与其他行业的企业相比较，本企业的表现如何？

④ 影响本企业顾客满意度的因素有哪些？这些因素对顾客满意度的影响有多大？

⑤ 提高产品和服务质量的各项措施是否会影响顾客满意度？如果影响，影响有多大？

⑥ 在提高产品和服务质量的各项措施中，哪些措施能够以企业有限的资源最大限度地提高产品和服务质量？

⑦ 企业提高顾客感知的产品和服务质量、提高顾客满意程度会导致什么后果？

企业一旦建立并采用顾客满意度指数模型，就可以持续测评本企业的顾客满意度指数。根据不同时期的顾客满意度指数，比较企业不同时期的经营业绩。由于顾客满意度在一定程度上可以反映顾客将来的行为意向，因此，企业可以根据顾客满意度指数预测企业未来的发展前景。有些企业可能目前的市场占有率、利润率等良好，但顾客满意度较低，则企业未来将面临潜在的危机。较高的顾客满意度指数是企业的一项无形资产，可以保证企业的健康发展。

通过对本企业与竞争对手企业的顾客满意度指数的比较，企业可以了解顾客对本企业产品和服务实绩的评价，从中找出不足，并有针对性地加以改进。许多企业盲目地采用先进技术，以提高产品和服务质量。而顾客在选择产品或服务时，主要是依据产品或服务是否能满足自己的需要来确定购买哪个企业的产品或服务的。先进的技术指标仅仅是导致顾客满意的因素之一。企业在市场竞争中能否取得成功，主要取决于顾客对本企业产品和服务的接受程度。

顾客满意度指数模型揭示了影响顾客满意度的因素，以及这些因素与顾客满意度之间的关系。企业可以根据各因素对顾客满意度的影响，决定本企业应该采取的提高顾客感知的产品和服务质量，进而提高顾客满意程度的措施。

（2）顾客满意度指数对顾客的重要意义

对顾客来说，顾客满意度指数测评具有以下三方面的意义。

第一，顾客可以从定期发布的顾客满意度指数中获取有关产品或服务质量的信息。由于这种信息是经过第三方科学、公正的测量和评价所得到的，因此，这种信息要比顾客从企业的广告宣传中获得的信息更真实、更可靠。顾客可以根据所公布的各企业顾客满意度指数的高低，选购特定企业的产品和服务。

第二，顾客满意度指数反映了顾客对企业产品和服务的评价。如果顾客在产品和服务的消费过程中发现产品和服务的缺陷，就可以在顾客满意度指数测评中直接反映出来。产品的生产者和服务的提供者会非常重视这些信息，迅速采取措施弥补这些缺陷，提高顾客的满意程度。顾客满意程度的提高，意味着顾客获得了更多的利益。因此，顾客通过顾客满意度指数可以增加其获得的利益。

第三，顾客满意度指数有助于顾客需求的更好的满足。随着人们消费从数量到质量的转变，顾客的需求从低层次的生理需求逐渐向较高层次的心理需求转变，而这种转变促使顾客对产品和服务质量的要求、顾客的价值观等都发生了很大的变化。通过顾客满意度测评，企业可以准确了解顾客的显性需求和隐性需求，并及时把这些需求转化成对产品和服务质量的要求。随着顾客满意度指数测评的深入，产品和服务质量越来越接近顾客的需求，进而超越顾客的期望。

3. 顾客满意度指数测评模型

瑞典、美国、日本、韩国、加拿大等国先后建立了自己国家的顾客满意度指数。而这些国家所采用的测量顾客满意度指数的基本模型就是以"期望—实绩"模型为基础的。

（1）瑞典的顾客满意度指数模型

瑞典的顾客满意度指数模型如图4-6所示。

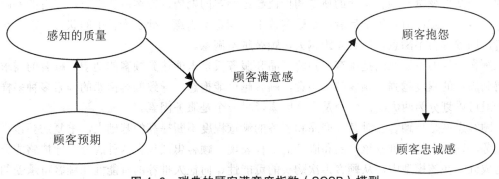

**图4-6 瑞典的顾客满意度指数（SCSB）模型**

（2）美国的顾客满意度指数模型

美国的顾客满意度指数模型（见图4-7）是目前被引用最多的顾客满意度测评模型。

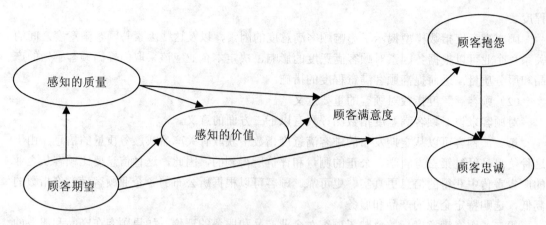

**图 4–7　美国的顾客满意度指数（ACSI）模型**

由图 4-7 可见，该模型是由顾客满意度与其影响因素（顾客感知的质量、顾客期望、顾客感知的价值）和结果变量（顾客抱怨、顾客忠诚）等六个变量组成的一个整体逻辑结构。在该模型中，顾客的期望是指顾客在购买前期望自己需求的产品和服务具备的属性和功能。顾客的期望来自顾客的需求，不同的顾客其需求不同，因此他们的期望也不同。在顾客满意度指数测评中，主要从三个方面测量顾客的期望：①顾客期望的产品和服务质量的整体印象；②顾客期望的产品和服务的可靠性；③顾客期望的产品和服务满足自己需要的程度。

顾客感知的质量包括顾客感觉中产品质量和服务质量，是顾客在购买和消费过程中对产品和服务质量的认知和感受。虽然顾客感知的质量评估带有一定的主观成分，但这种评估是顾客在自己实际经历的客观体验的基础上做出的判断，具有一定的客观基础。

顾客感觉中价值是指顾客在购买与消费产品和服务过程中，对自己获得的实际收益与自己付出的代价的比较。从四个方面计量顾客感知的价值：①顾客付出的总的代价；②顾客获得的总的利益；③顾客感知的质量和价格之比；④顾客感知的价格与质量之比。

模型中的顾客满意度是顾客根据自己感知的质量、价值与其期望比较的结果所做出的满意程度的评价。这个满意度并不是整个模型计算最终得出的顾客满意度指数，而只是计算中间的一个结果变量。顾客感知的质量和价值超过顾客的期望，顾客就会满意，二者的差距越大，顾客越满意；前者等于后者，则顾客谈不上满意不满意，处于一种中间状态；前者小于后者，则顾客会不满意，二者差距越大，顾客越不满意。

顾客抱怨的主要原因是顾客感知的产品和服务质量未能达到顾客的期望。顾客的需求未能得到满足的程度越强，顾客越不满意，顾客越可能抱怨。导致顾客抱怨的因素多种多样，但一般可以划分为两大类：一个是产品因素，另一个是服务因素。

顾客忠诚是指顾客在对某一产品和服务的满意程度不断提高的基础上，重复购买该产品和服务，以及向他人推荐该产品和服务的一种表现。顾客忠诚包含两种成分，即情感成分和行为成分。在该模型中，从顾客再次购买的可能性、向他人推荐的可能性和顾客可承受的价格幅度三个方面计量顾客的忠诚。

ACSI 模型认为：顾客满意的三个前提变量（顾客预期、顾客感知的质量、顾客感知的价值）和三个结果变量（顾客满意度、顾客抱怨、顾客忠诚）之间存在错综复杂的相关关系。该模型假设顾客是理性的，即顾客具有从以前的消费经历中学习的能力，而且能够据此预测未来的质量和价值水平。如果顾客感知的产品和服务质量超过顾客的预期，那么顾客就会感到满意；如果顾客感知的产品和服务质量未能达到顾客的期望，那么顾客就会不满意。

（3）欧洲顾客满意度指数测评模型

欧洲顾客满意度指数（ECSI）测评模型借鉴了美国顾客满意度指数模型。区别在于 ECSI 中增加了一个新的满意度影响因素——形象，而且把感知的质量分为感知的硬件质量和感知的软件质量两个部分，去掉了顾客抱怨这个结果变量。ECSI 模型如图 4-8 所示。在 ECSI 模型中，对产品而言，感知的硬件质量指产品质量本身，感知的软件质量指服务质量；对服务而言，感知的硬件质量指服务属性质量，感知的软件质量指服务过程中与顾客交互作用的一些因素，包括服务人员的言辞、行为、态度、服务场所环境等因素。

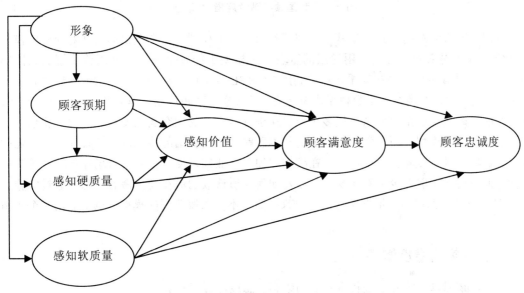

**图 4-8　欧洲顾客满意度指数（ECSI）模型**

欧洲顾客满意度指数模型还有一个特点，就是对于不同的企业、行业建立了两套测评体系，称为一般测评和特殊测评，被调查者同时回答一般测评和特殊测评的问题。其中，一般测评采用全国统一的调查问卷、计算口径，其主要目的是用来计算出国际层次上的顾客满意度指数，作为宏观经济运行质量的评价指标和行业水平对比的基准。而特殊测评，则根据企业、行业的不同特点，用其感兴趣的特殊问题代替一般问题，做深入的调查。然后利用主成分分析和多元回归的方法，来分析一般测评所得到的指数与特殊指标之间的关系。这样，将得到一个同一般测评模型不同的指标体系，该指标体系用于企业的质量改进。

（4）我国的顾客满意度指数模型

清华大学教授以 ACSI 为基础，吸收了 ECSI 模型中的顾客满意感影响因素，模型中有形象、预期的质量、感知的质量、感知的价值、顾客满意度、顾客抱怨和顾客忠诚七个变量（见图 4-9）。

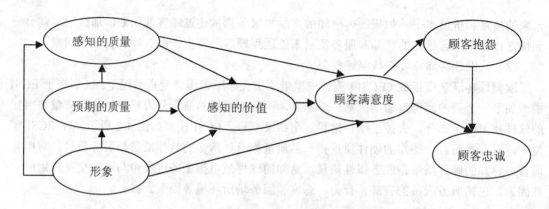

**图 4-9   我国顾客满意度指数模型**

各国的顾客满意度指数模型基本上都是参照 ACSI 模型，结合自己的国情对 ACSI 模型进行修正以后得来的。各国采用通用的量表计量模型中的各个变量，并用偏最小二乘回归（PLS）方法抽取主要的潜在变量，然后利用 LISREL 方法构建结构方程并求解得出顾客满意度指数。我国的顾客满意度指数体系尚未建立，但部分地区和行业已建立并成功运行本地区、本行业的顾客满意度指数体系，很多企业也在进行本企业的顾客满意度指数测评。我们不能盲目照搬 ACSI 模型，而是学习 ACSI 的基本思路，根据我国的特色以及各行业、各企业的特点选取顾客满意度测评指标，可以在模型中加入企业知名度、行业的市场净化程度等测量指标。但最终要选取多少个潜在变量，以及如何为所选取的潜在变量命名，都要通过实验并通过 PLS 方法回归以后，根据所得的数据来确定。不能照搬美国的模型，也不能由几个所谓的专家说了算。

## 二、顾客满意度测评方法

企业可按照以下步骤，进行本企业的顾客满意度测评工作。

1. 明确满意度测评的目的

在进行顾客满意度测评之前，企业管理人员首先应明确本次顾客满意度调研希望实现的具体目的。调研的目的不同，调研的形式、问卷设计、数据分析方法等都可能不同。一般来说，企业进行顾客满意度测评的目的包括以下几个。

（1）了解顾客的优先要求

企业希望通过顾客满意度测评，了解顾客希望本企业优先提供的服务属性。一般来说，企业优先向顾客提供的应该是顾客认为最重要的服务属性。如果企业管理人员希望通过顾客满意度测评，了解顾客的优先要求，就应该在满意度调研中，让顾客对企业所提供的服务属性的重要性做出评估。

（2）了解顾客的容忍度

顾客在消费之前往往会对企业提供的产品和服务形成一定的期望。有时候，企业希望通过满意度测评，了解顾客对本企业产品和服务的具体期望。

（3）了解顾客对企业实绩的评估

要测评顾客对本企业的满意程度，企业必须了解顾客对本企业产品、服务等各方面的评价。了解顾客对本企业产品和服务实绩的评估是任何企业进行顾客满意度测评必然包含的内容。

（4）针对顾客优先要求所采取的措施

很多企业进行顾客满意度测评的目的不仅仅是了解顾客对本企业的满意程度，更重要的是希望通过满意度测评，找出本企业今后改进的方向，采取有效措施，提高顾客满意度。一般来说，企业优先提供顾客认为最重要的产品和服务属性，能够有效提高顾客满意度。因此，企业应根据顾客评估的服务属性的重要性，决定本企业采取的改进措施的先后顺序。

（5）针对竞争对手所采取的措施

除了了解顾客对本企业的满意程度之外，很多企业管理人员还希望通过顾客满意度测评，了解顾客对竞争对手的满意程度，以便采取针对性措施，取得竞争优势。

2. 进行调研设计

在明确了顾客满意度测评的具体目的之后，接下来企业就应该进行调研设计。一般来说，满意度测评有三种类型的研究。

（1）探索性研究

在进行满意度测评时，企业首先应通过探索性研究，明确本企业顾客满意度的影响因素及各个影响因素的相对重要性。常见的探索性研究方法包括个别访谈和专题座谈会两种。

（2）描述性研究

确定了本企业顾客满意程度的影响因素之后，调研人员设计相应的调查问卷，通过抽样调查收集问卷，并运用统计方法对数据进行描述性分析。通过描述性研究，调研人员可以了解顾客对本企业产品和服务的期望、实绩、重要性的看法，也可以通过比较确定企业应优先满足的顾客认为最重要的服务属性。

（3）因果关系研究

有时候，企业管理人员希望了解各个影响因素对顾客满意度的影响的大小，找出影响本企业顾客满意度的最重要的因素；也希望了解各影响因素与顾客满意度之间的因果关系，希望计算本企业的顾客满意度指数。这时，调研人员就要根据抽样调查收集的数据，应用恰当的统计软件，进行相应的分析。常见的因果关系研究有实验法和纵断研究，常采用的分析方法包括回归分析和结构方程分析。

企业进行顾客满意度测评的目的不同，其调研设计也不同。这三种调研设计可以独立进行，也可以同时进行。若企业的目的只是了解本企业顾客满意度的影响因素，则选择进行探索性研究；若企业的目的是了解顾客对本企业产品和服务的期望、重要性、实绩的看法，并通过比较寻找今后改进的方向，则企业应同时进行探索性研究和描述性研究；若企业还想进一步了解各影响因素与顾客满意度之间的因果关系，想计算本企业的顾客满意度指数，则需要进行因果关系研究。

3. 设计调查问卷

大部分企业的顾客满意度测评采取问卷调查的方式。调研人员通过个别访谈和专题座谈会确定了顾客满意度的影响因素之后，接下来就是要设计一份完整的调查问卷。问卷的内容包括顾客满意度的影响因素（如质量、消费价值等）、顾客满意度，甚至顾客忠诚度概念。调研人员应根据企业的需求决定问卷的形式。一般来说，在顾客满意度调研中，应包含顾客对产品和服务属性的重要性、期望和实绩的评估。有时候，企业的顾客满意度调研中还包括顾客对竞争对手企业产品和服务的评估、对竞争对手企业的满意程度的评估等问题。

在设计调查问卷时应注意以下问题。

① 被访者是否有足够的信息和知识回答问卷中的问题。

② 被访者能够理解问卷中的问题，问卷中应避免冗长而散乱的问题，应避免双重问题，即每个问题只能包含一个含义；应避免问题语义不明确，即避免使用经常、往往、偶尔等语义含糊不清的词。

③ 应避免问题的提问方式给被访者的答案有倾向性影响。

④ 选择问题的类型，即选择是用开放式问题还是封闭式问题。一般在顾客满意度调研中，多用封闭式问题。

⑤ 选择恰当的量表。在满意度调研中，有些概念，如服务质量、消费价值、顾客满意度、忠诚度等概念，学术界有一些比较成熟的量表，调研人员应尽量采用已有的比较成熟的量表。此外，在满意度调研中一般采用李科特尺度。

⑥ 确定问卷结构。问卷结构包括封闭式问卷和开放式问卷两种。选用哪种问卷结构取决于调研的目的。在顾客满意度调研中，一般采用封闭式问卷结构。

⑦ 应进行问卷测试。在设计好初步调研问卷后，调研人员应选取少量样本，进行问卷测试。根据问卷测试的结果，进一步修改问卷，最终确定正式调研的问卷。

4. 选择样本

问卷设计完成后，接下来就是要确定调研的对象，即选择样本。一般来说，满意度调研采取抽样调查的方式。抽样的方法有两类：随机抽样和非随机抽样。随机抽样又包括简单随机抽样和分层随机抽样；非随机抽样包括方便抽样、配额抽样、判断抽样等。随机抽样获得的样本的代表性比非随机抽样获得的样本的代表性强。在实际应用中，许多企业采用方便抽样。

决定了抽样方法之后，还应决定样本量的大小，即企业需要收集的问卷的数量。一般来说，所需要的样本量的大小取决于调研人员拟采用的数据分析方法。不同的数据分析方法，确定所需要的样本量的方法不同。

5. 收集数据

收集数据即确定调查的方法。一般来说，企业可以通过以下几种方法收集数据。

（1）个人访谈

企业可以通过个人访谈收集数据。个人访谈的优点是可以全面了解顾客的想法，可以借助可视物品帮助顾客正确理解所问的问题，可以询问顾客一些复杂的问题，也可以采用随机样本。但是个人访谈也有局限，最主要的局限就是这种调研方法成本高，而且对访谈人员的要求也高，需要训练有素的专业访谈人员。

（2）电话访问

企业也可以通过电话访问收集数据。电话访问的优点是成本相对较低、信息回收速度快，在调研过程中允许调研人员向被访者解释问题内容。但电话访问采访时间较短，只能问被访者一些简单的问题。此外，需要训练有素的访问人员保持被访者的兴致和注意力。

（3）自填式问卷

企业也可以通过向顾客发放问卷的形式收集数据。这种收集数据的方法成本低，而且可以避免个人访谈和电话访问中访谈人员的主观影响。但是，自填式问卷这种方法回收率比较低，而且也只能问一些简单的问题。在顾客满意度调研中，因为需要对大量的顾客进行调查，因此，很多企业选择使用自填式问卷这种调查方法。

6．进行数据分析

在顾客满意度调研中，数据分析主要包括以下几方面的分析。

（1）产品和服务属性重要性评估分析

对产品和服务属性重要性评估可以有几种方法。第一种是列出所有产品和服务属性，让顾客按照重要程度排序；第二种是列出所有产品和服务属性，告诉顾客满分 100 分，让顾客根据重要程度为每个属性打分，各属性分值的总分是 100 分；第三种方法是采用李科特尺度，让顾客对产品和服务的每个属性的重要性打分。企业可以运用这三种方法中的任何一种，通过顾客的排序或是打分，了解顾客对产品和服务属性的重要性的看法。

（2）企业实绩的评估分析

在顾客满意度调查中，调研人员一般采用李科特尺度评估企业的实绩。根据回收的问卷，计算顾客对每一属性的平均值就可了解顾客对企业实绩的看法。如果对重要性的评估也采用李科特尺度，那么调研人员可以通过比较每一属性的重要性和实绩的得分，发现企业应该优先提供或提高的产品和服务属性。

（3）计算顾客满意度指数

要计算企业顾客满意度指数，企业除了要了解顾客对每一个影响因素的评分之外，还应通过回归分析或结构方程分析，得出每一个影响因素对顾客满意感的影响的大小，然后把每个影响因素对顾客满意感的影响系数作为权重，计算本企业的顾客满意度指数。具体该对数据进行回归分析还是结构方程分析，取决于调研人员设定的满意度测评模型的结构。

7．撰写研究报告

在做完数据分析之后，调研人员需要向企业管理人员提交一份研究报告，报告本次顾客满意度测评的情况。研究报告应该包含调研情况简介、取样方法和样本概况、研究方法、调查结果以及改进建议等内容。调研人员应根据研究报告提交对象的不同，合理安排研究报告的内容结构。如提交给企业管理人员的报告应重点详细阐明测评结果及改进建议部分，数据分析部分内容可适当简单阐述。

8．周期性跟进

顾客满意度测评不是一次性的，企业应周期性地进行顾客满意度测评，了解改进措施的实施效果。

## 三、正确理解顾客满意度测评结果

很多企业的顾客满意度测评结果显示本企业的顾客满意度很高或是比较高。长此以往，许多管理人员认为顾客满意度高于一般水平是很正常的。事实上，顾客满意度很高或比较高，可能是由于以下几种因素导致的。

1．顾客真正满意

顾客满意度高的一个原因是顾客确实对企业的产品和服务感到满意。这是一种理想情况。顾客对本企业提供的产品和服务感到满意，才会购买本企业的产品和服务。如果顾客对本企业的产品和服务不满意，则他们会转而购买竞争对手的产品和服务。

2．反映片面性

顾客满意度过高的另一个可能是顾客的反映有一定的片面性。有些人认为，企业的顾客满意度高是因为企业只收到了满意的顾客的反映，不满的顾客因为不相信企业所做的调查会对顾客有什么好处，因此，常常拒绝接受调查。

3. 资料收集方法

顾客满意度高也可能与企业收集数据的方法有关。一般来说，与邮寄式问卷调查相比较，企业通过个人访谈或电话访问收集的数据显示的顾客满意度较高。这主要是因为与匿名方式回答问卷相比，接受个人访谈或电话访问的被访者对别人表达负面意见时会觉得尴尬。

4. 提问的形式

问卷中问题的提问形式也可能影响满意度调研结果。在问卷中用"你的满意程度如何"与"你的不满意程度如何"往往会获得不同的结果。彼得森（Robert A. Peterson）和维尔逊（William J. Wilson）研究了对同一问题采用两种不同提问方式所得到的结果，一种形式是问受访者的"满意程度如何"，另一种形式是问受访者的"不满意程度如何"。结果如表 4-2 所示。由表 4-2 可以看出，当回答正向提问时，受访者回答"非常满意"或"比较满意"的占91%，而当回答反向提问时，这一比例为 82.1%。

表 4-2  对提问形式的反应

| 反应种类 | "满意" | "不满意" |
| --- | --- | --- |
| 非常满意 | 57.4% | 53.4% |
| 比较满意 | 33.6% | 28.7% |
| 不太满意 | 5.0% | 8.5% |
| 非常不满意 | 4.0% | 9.4% |

资料来源：Robert A. Peterson, William J. Wilson. Measuring Customer Satisfaction: Fact or Artifact?[J]. Journal of the Academy of Marketing Science, 1992: 65

5. 调查的时间

顾客满意度的调研结果也可能与调查的时间有关。对有些产品（如汽车等耐用品）而言，顾客刚刚购买时的满意度最高，随着时间的推移，顾客对产品的使用率增加，顾客满意度逐渐下降。有学者对汽车购买者的研究发现，在 60 天的时间里顾客满意度下降了 20%。

6. 顾客的情绪

顾客接受调查时的情绪也可能影响企业的满意度调研结果。大量的研究结果表明，良好的情绪状态倾向于产生对社会有益的行为。也就是说，顾客在高兴时填问卷往往会对企业做出正面的评价，而顾客在不高兴时填问卷往往负面评价较多。

7. 问题的上下文关系

问卷中问题的上下文之间的关系也可能影响顾客满意度调研结果。有些学者认为，在问顾客对产品和服务具体属性的满意程度之前先询问顾客对企业的总体满意程度，会影响顾客对具体属性的评估。因此，应把顾客总体满意度的相关问题放在对具体属性的满意程度评估之后。

除了顾客真正满意之外，以上其他 6 个因素都可能会影响顾客满意度调研结果的客观性和准确性。调研人员在进行顾客满意度调研时应尽量避免这些因素的影响。

# 第四节 为顾客提供满意的消费体验

## 一、顾客满意不等于顾客忠诚

许多企业对顾客满意度指数模型的分析表明，顾客满意度与顾客忠诚度之间的相关度最强。然而，相关度强并不意味着顾客满意就一定会忠诚。有些企业管理人员简单地以为只要顾客对其在企业的消费经历满意就一定会对企业忠诚。事实上，许多企业的实践都表明，即使是那些对某企业的产品或服务非常满意的顾客也会购买其他企业的产品或服务。不少管理人员片面理解顾客满意感与忠诚感之间的关系，却忽视了顾客满意度与顾客忠诚度以下几方面的关系。

（1）在大多数情况下，只有 100%满意的顾客才会对企业忠诚，也只有他们才能给企业带来长远的利益。许多学者的研究发现，在竞争激烈的市场上，100%满意的顾客比比较满意的顾客更有可能对企业忠诚。施乐公司发现该公司非常满意的顾客比比较满意的顾客在未来18 个月内再次购买施乐产品的可能性要大 6 倍左右。因此，在大多数情况下，企业应尽力为目标顾客提供 100%满意的产品和服务，培养顾客的忠诚度。

（2）即使在竞争相对较弱的市场上，为顾客提供最高的消费价值仍是企业增强顾客满意度和忠诚度的唯一途径。美国著名营销学家隋塞莫尔（Valaria A. Zeithaml）认为，消费价值是顾客在将其所获得的利益同付出的代价进行比较的基础上对产品或服务效用的评价。如果顾客认为企业的产品或服务满足了他们某方面的需要，则他们认为该产品或服务的消费价值较高，可能会继续购买该企业的产品或服务。长此以往，这些顾客就成为企业的忠诚顾客。但是，企业的忠诚顾客当中有部分顾客虽然也经常购买企业的产品或服务，但他们购买该企业的产品或服务并不是出于真正喜欢该企业的产品或服务，而是受其他外部因素的影响，我们把这类顾客称为"虚假忠诚者"。政府对市场的管制，较高的改购成本，技术的专有性以及强有力的促销措施等，都可能会导致顾客对企业的假忠诚。一旦这些因素的影响减弱或消失，企业的虚假忠诚顾客很可能会"跳槽"。因此，企业必须准确识别本企业的目标顾客，提供适当的产品和服务满足目标顾客的需要，为目标顾客提供最高的消费价值。

（3）劣质的产品或服务并不是引起顾客不满的唯一原因，有时甚至可能不是引起顾客不满的主要原因。企业的顾客一般可以划分为两类：一类是恰当的顾客，也是企业的目标顾客；另一类是不恰当的顾客。企业为不恰当的顾客服务并不能增加收益，只会耗费企业的资源，有时候甚至可能会引起目标顾客的不满，损害企业的长远利益，因此，企业管理人员应该筛选掉那些不恰当的顾客。为了留住顾客，企业一般会向目标顾客提供优质的产品和服务，但在为顾客服务的过程中企业难免会发生差错，这时企业应及时采取补救措施。目标顾客不满意往往意味着企业在某方面未能满足顾客的需要。

（4）顾客的满意程度不同，反映的问题也不同，企业应采取不同的措施提高不同顾客的满意程度。企业的目标顾客的满意程度在一定程度上反映了企业的产品或服务的质量水平。然而，企业要将其目标顾客的满意程度从"谈不上满意不满意"提高到"比较满意"，或是从"比较满意"提高到"100%满意"，就不能仅仅满足顾客目前的需要。企业还应了解目标顾客的潜在需要，开发新产品和新服务，满足顾客的潜在需要。一般来说，顾客满意度主要受以下四个方面因素的影响：

① 顾客期望所有企业都能提供的产品和服务的基本属性。

② 有助于顾客更有效地使用产品或服务的辅助服务。

③ 补救性服务。

④ 能够满足顾客的个人偏好、提高顾客感知的消费价值，或是解决顾客的特殊问题的定制化服务。

不同的顾客对以上四个方面因素的要求不同，了解顾客对企业提供的产品和服务的满意程度，有助于企业决定本企业应该集中精力提供哪些产品和服务。企业应将精力集中于为大多数顾客提供100%满意的消费经历，培养大多数顾客的忠诚。

（5）虽然企业目标顾客的整体满意程度能够在一定程度上反映企业的发展方向是否正确，但仅仅凭借顾客满意程度这一指标并不能全面反映企业的发展状况。这主要是因为，企业通过顾客满意程度调查虽然可以获取一些非常有价值的信息，可以了解市场的变化，但是，企业通过这类调查无法了解顾客的深层次需要，也无法了解顾客需要的广度，因此，顾客满意程度调查结果并不能指导企业的战略创新和产品创新过程。所以，企业仅仅根据顾客满意程度调查的结果采取改进措施，并不能满足顾客不断变化的需要，也不能赢得市场竞争优势。为此，企业还必须运用以下方法，了解企业的潜在顾客、现有顾客和"跳槽"顾客的意见，不断改进产品和服务。

① 鼓励顾客反馈信息。顾客表扬企业、向企业投诉、向企业提出问题实际上都是在向企业反馈信息。企业如果不知道哪位顾客对企业的产品或服务有问题，就无法采取补救措施，更无法留住顾客。因此，企业有必要检查本企业处理顾客反馈的信息的方法，特别是本企业处理顾客投诉的方法，鼓励顾客向企业反馈信息。

② 进行市场调研。虽然许多企业以前也做市场调研，但很少对首次购买本企业产品和服务的顾客进行调查，也很少对"跳槽"顾客进行调查。企业对首次购买本企业产品和服务的顾客进行调查，可以了解顾客知晓企业的途径和顾客的购买动机；企业对"跳槽"的顾客进行调查，可以了解他们"跳槽"的原因。通过了解顾客知晓企业的途径，企业可以了解本企业广告的效果；通过了解顾客首次购买本企业产品或服务的主要原因，企业可以了解影响顾客购买决策的主要因素。而企业对"跳槽"顾客进行调查，一方面可以了解顾客"跳槽"的原因，另一方面也可以挽留部分"跳槽"的顾客。许多企业的实践表明，企业听取"跳槽"顾客的意见，及时采取改进措施，不仅可以防止其他顾客的流失，还可以挽留一部分"跳槽"的顾客。

③ 鼓励员工收集顾客信息。企业可以充分利用直接与顾客接触的一线员工与顾客的交往，收集顾客信息，听取顾客的意见。为此，企业必须对一线员工进行听取技巧方面的培训，同时还应授权员工在发生服务差错时及时采取补救措施。企业应在整个企业范围内公布一线员工收集来的信息，让企业所有员工都了解顾客对本企业产品和服务的看法。此外，企业所有员工都应在不同程度上直接与顾客接触，听取顾客的意见，收集顾客信息。

④ 鼓励顾客参与企业的业务活动。一些企业让顾客参与他们的业务活动。例如，美国西南航空公司邀请其常客参与该公司对空姐的招聘工作，此外，该公司在邀请面试人员时也考虑常客的建议。让顾客参与企业的招聘工作，特别是让顾客参与企业招聘一线员工的过程，

有助于顾客与企业的交往。美国直觉（INTUIT）财务软件公司经常让顾客参与该公司的新产品开发过程，听取顾客对产品的意见。根据顾客需求开发出来的财务软件往往更能满足顾客的需要。

## 二、为顾客提供满意的消费体验

虽然顾客满意不等于顾客忠诚，但顾客满意却是顾客忠诚的必要条件。换句话说，满意的顾客不一定会对企业忠诚，但不满意的顾客一定不会对企业忠诚。因此，企业应尽可能地提高顾客满意度。随着体验经济的到来，为顾客提供满意的消费体验，成为许多企业提高顾客忠诚度的有效策略。

顾客体验管理指战略性地管理顾客对产品、服务或企业全面体验的过程。Bernd H. Schmitt 认为企业可按照以下 5 个步骤，进行顾客体验管理。

1. 分析顾客的体验世界

分析顾客的体验世界目的是了解顾客内心深处的想法。企业可采用以下步骤分析顾客的体验世界。

（1）确定准确的目标顾客

要分析顾客的体验世界，企业首先要确定本企业的目标顾客。除非能有效地确认企业的目标顾客，否则企业找不准他们的有效体验。不同的目标顾客（如经销商和最终顾客）需要不同的体验。顾客的不同需求也反映出他是购买者还是使用者，反映出顾客使用产品的频率及对某品牌的忠诚度。顾客是第一次使用该产品或服务还是重复使用该产品或服务，评估体验的标准不同。如对第一次骑摩托车的人来说安全意识是第一位的，而如果说已经骑了 5 年了，他就会对速度和骑技更感兴趣。此外，忠诚度不同的顾客评估体验的标准也不同。忠诚度低的顾客使用不同品牌，了解各品牌之间的异同，对产品和服务的性价比了解得更多。为了抓住这部分顾客的注意力，企业需要关注竞争对手提供的相关产品或服务的体验；而忠诚度高的顾客却希望了解细节上的体验，并满足于这种体验。对这部分顾客，企业的产品不能变得太多，也不能变得太勤。

（2）分离体验世界

从顾客的角度出发，梳理出顾客体验的四个层次。顾客体验的四个层次包括：社会文化环境、使用和消费环境、产品品类体验和产品或品牌体验。品牌体验在社会文化趋势中发展出来，品牌完美地融合在使用环境中，品牌在产品品类中提供了区别于竞争对手产品的体验。用四个层次的方法分离顾客的体验世界，会发现顾客认为品牌是有意义的、与自己相关的，能够丰富自己的生活。

（3）从顾客与企业的所有接触追踪顾客的全部体验

从顾客认识产品需要开始，之后是随着信息收集、信息过滤、信息选择，在购买中达到顶点。购买后，顾客使用产品，最后购买新产品，可能是相同品牌、相同品类或新品类的产品，并在购买新产品之前弃置旧产品。顾客决定过程的每个阶段，都提供了与顾客的接触点，在每个接触点上，都值得去发现顾客不仅需要什么信息，而且需要理解他们希望什么样的体验。在顾客决定过程的每个阶段，企业管理人员都可以通过"what，where，who，when，how"五个问题发现自己需要的信息。

（4）了解所有竞争对手，看竞争对手是否会影响顾客的体验

不能脱离竞争环境来分析体验世界。顾客在做出决策之前往往会先了解市场上的情况，了解主要竞争对手做什么以及提供什么体验。因此，企业应了解竞争对手。企业的竞争对手可以划分为三类。

① 直接竞争对手：指同行业和同品类的企业。直接竞争对手提供给顾客什么样的体验？比本企业提供的体验更好、相同还是差？如何描述顾客的体验？从竞争对手的体验中可以学到什么？

② 新入行的企业：新进入市场的企业应与市场上已有企业相区别。市场上已有企业之间的竞争是价格竞争、功能竞争还是体验竞争？他们用什么吸引顾客？可以从他们身上学到什么？

③ 行业外的竞争对手：从某种意义上来说，行业外的竞争对手提供的体验是企业灵感的来源。以行业外的竞争为目标，企业可获得很多信息，如可以利用行业外竞争对手提供的顾客体验提高本企业所提供的顾客体验。

2. 建立顾客体验平台

顾客体验平台包括三个战略元素：体验定位、体验价值承诺、全面实施主题。

（1）体验定位

体验定位描述了品牌代表什么，是以形象为导向的体验。它与传统的营销定位宣言类似，但体验定位以有洞察力和拥有的多感官的战略内容代替了模糊的定位宣言，这些战略内容与品牌购买者和使用者相关，且反映了品牌的形象。

（2）体验价值承诺

体验价值承诺明确地表明体验定位能为顾客做什么，表明顾客在消费中能够得到什么体验。企业必须履行对顾客的体验价值承诺，否则顾客会觉得上当受骗，不再相信企业。耐克公司向顾客承诺提供功能上更高级的鞋和运动衣，这能让顾客有更出色的表现。耐克的体验价值承诺和公司做的每件事都反映了这个承诺。在实施品牌体验上，耐克强调产品的功能（鞋子要合脚、帮助比赛、保护运动员）。公司的网站上详细介绍与鞋子相关的技术信息。此外，耐克的新产品是基于运动员希望鞋子能帮助比赛的心理而开发的。

企业可以从感官体验（感觉），认知体验（思想），身体、行为及生活方式的体验（行为），知觉体验（知觉），从相关团体或文化而来的社会地位体验（关联）等方面入手，寻找独特的体验价值承诺。顾客体验管理项目很少只有一种类型的体验，许多成功的顾客体验管理项目都有好几种体验。理想情况是企业管理人员应为顾客创造全面的体验，包括感官体验、知觉体验、认知体验、行为及生活方式体验、社会地位体验。与体验定位有关的体验价值承诺，能够指导营销人员和管理层对顾客采取的行动，更重要的是，体验价值承诺能帮助管理人员发展有创意的活动。

（3）全面实施主题

品牌的体验平台在全面实施主题上达到顶点。这个主题是体验平台的具体证明：一个能与生活方式同步的全面实施的增加附加价值的概念，包括品牌、互动、创意等元素。全面实施主题总结了中心信息的内容和形式，而公司要在品牌体验、顾客接触、未来创新中全面使用这些信息。

3. 设计品牌体验

品牌体验包含三个方面，即产品体验、外观和体验沟通。

（1）产品体验

产品是顾客体验的焦点。产品体验包括产品的功能特点。但是，随着高质量产品的普及，这种功能上的特点已经不再重要。消费者想当然地认为产品应该和自己想象中的一样好。对于今天的消费者来说，产品的其他特点更重要。这些体验特点是顾客品牌体验的出发点。产品体验方面的诉求比单纯的功能和特点上的诉求更重要。此外，产品还应有美学上的吸引力。研发人员应根据顾客的体验开发新产品，这样的产品才能既满足顾客功能方面的需求也能为顾客提供体验价值。

（2）外观

产品的外观是品牌体验的另一个关键方面。顾客不仅看到产品的特点，也看到产品的名称、包装上的图形设计。产品的外观包括视觉看得到的形象（名字、设计）、包装、店内设计、网上的图形设计等。企业可以通过产品的外观显示企业的定位。

（3）体验沟通

传统的广告和沟通活动强调企业产品的独特卖点。这种广告以产品为中心，并注重广告的结果。而体验沟通在与顾客的沟通活动中强调品牌体验。企业可以根据体验定位决定广告的基调（从理智上还是情感上吸引消费者），根据体验价值承诺决定广告以体验的方式卖什么（消费者从产品外观上获得什么，从其他购买者那里获得什么信息），根据全面实施主题决定广告的创意和角色（广告及其媒体是企业营销活动的中心还是配角，什么样的媒体计划最有效）。

4. 建立与顾客的接触

企业与顾客之间的接触指企业与顾客之间动态的信息和服务的交换，包括服务人员与顾客之间的接触、电话、传真或信件接触及网上接触。顾客接触面可提高或降低通过品牌体验建立起来的顾客体验。

建立与顾客的接触必须强调三个关键问题。

（1）正确的组合和灵活性

正确的接触有合适的组合和灵活性。为了建立与顾客的接触，企业有必要寻找最关键的环节。怎样迎接顾客？在与顾客的接触中会发生什么？企业应该如何跟进？此外，企业与顾客之间的接触应灵活，根据不同的顾客提供不同的产品和服务组合。

（2）形式和内容

正确的接触也是正确的形式和内容的组合。形式指企业在与顾客接触中表达宗旨和灵活性的方式；内容指随之而来的有形的东西。通常企业与顾客之间的接触面很难平衡：太多的形式，实质性的内容就少；网站侧重于形式，就会有太多的动画而使顾客不易进入网站；若侧重于内容，就有整页的文字而影响顾客的阅读。企业不论是通过商店、电话销售还是网站与顾客接触，要想使顾客有愉快的体验，就必须平衡形式和内容。

（3）时间

企业与顾客之间的接触和互动会随着时间而延伸。这就产生一个问题：企业与顾客之间的接触怎样随时间的推移而转换方式。怎样接触才愉快？接触应该持续多长时间？什么是关键的转移点？何时是顾客"跳槽"的最佳时间？如何让顾客再次购买？

### 5. 致力于不断创新

进行顾客体验管理的企业必须致力于不断创新，以提高顾客的体验，保持企业的竞争优势。创新包括突破性创新和对现有产品和服务的"小创新"。突破性创新是指开发出原来不存在的新产品。这种突破性创新能够彻底改变顾客的消费体验。而对现有产品的小创新或与顾客接触面上的创新也能提高顾客的消费体验。创新还与企业产品线的扩张和品牌扩张联系在一起：上市新口味、开发产品新形态或将现有产品的品牌用于新的产品品类。企业可以通过了解顾客的消费体验寻找创新的来源，另一方面又可以通过创新提高顾客的消费体验。顾客需求的不断变化，要求企业必须了解这种变化，并通过不断的创新，满足顾客的这种不断变化的需求。

## 本章案例

### 通用汽车公司——提高顾客满意度

面临市场占有率下滑和行业格局变化，通用汽车公司开始积极致力于供应链转型，以提高顾客满意度为首要任务。

20世纪90年代末，国际互联网似乎蓄势待发，改变着汽车行业。消费者利用网络信息能够快速地比较汽车产品的价格、车型、质量和服务，并做出更具理性的选择。新的业务模式势必压缩汽车行业利润空间，瓦解原始设备制造商和汽车经销商长久以来的关系。通用汽车公司（General Motors，GM）警觉地注视着这些改变。

作为全球最大的汽车集团公司，通用汽车成立于1908年，举手投足之中，都透露出一种掩藏不住的霸气，年营业收入高达一千九百多亿美元，其核心汽车业务及子公司遍布全球，共拥有约三十二万五千名员工，迄今在全球32个国家建立了汽车制造业务，汽车产品销往192个国家。2003年，通用汽车公司的轿车和卡车销售量超过860万辆，占美国本土市场份额的28%，约占全球汽车市场15%的份额。尽管拥有如此大的规模和影响力，通用汽车的全球市场占有率已经从20世纪90年代初期的17.7%，下滑到了2003年的15%，主要原因在于，在顾客满意度下降的同时，国外进口汽车的竞争加剧，汽车行业的格局正在发生变化。

美国是"车轮上的国家"，汽车普及率居全球首位，20世纪70年代到80年代期间，美国汽车行业完全由汽车"三巨头"——通用汽车、福特（Ford）和克莱斯勒汽车公司控制着，根本不需要倾听经销商和顾客的意见。通用汽车全球采购和产品控制与物流集团副总裁哈罗德·库特纳（Harold Kutner）解释道："当时我们是一家'自大'的公司，我们傲慢地自以为是'我们生产什么，顾客就接受什么'。"这种傲慢的态度使得日本汽车得以大举进入美国，势如破竹，给美国汽车行业造成了巨大冲击。此后，"三巨头"便陷入了长期的衰退，不得不潜下心来研究顾客需要什么，而不只是开足马力生产。

#### 变革动因

20世纪90年代末，市场需求日趋复杂多变。由于信息技术愈来愈发达，消费渠道变得多元化，消费者拥有更多的选择，也变得更精明、更强势，要求也越来越高。然而，通用汽车对市场需求的反应能力却落后于同行。经销商日渐被强加在他们身上的各种各样的库存所困扰，即使在关键市场，经销商也因为超过100天的库存供应而被压得喘不过气。为了出清滞销产品，通用汽车不得不提供各种刺激销售措施，从而导致边际利润不断下滑。

经销商无法及时获得需要的汽车，而这也正是顾客需要的汽车。像全铝制轮胎、真皮内饰以及八汽缸引擎等这些顾客心仪的装备，通常是供不应求。在整个汽车行业，对于通用汽车的经销商来说，这种消费者偏好的装备供不应求的情况尤其严重，通用汽车的产品平均有上万个订单受到影响。换言之，通用汽车的顾客很难及时获得自己首选的车型和装备，只能退而求其次，最终也自然决定了通用汽车的竞争能力和获利能力。

对于特别订购汽车的顾客，需要等上七八十天才能取到汽车。此外，通用汽车也不能保证其交货期的可靠性，因为当时无法追踪承诺交货日期。经销商和顾客也没有办法查看其订单处理状况，因为通用汽车的订单履行流程不具可视化水平。同时，通用汽车的供应链成本也在不断增加，原材料成本和在制品库存成本居高不下，供应链流程效率低下，技术信息系统过时，管理费用庞大，从而导致供应链组织成本高、反应慢，而当时供应链高效运作已日渐关键。现在，由于市场占有率下滑，国际互联网驱动着整个行业变革，通用汽车认识到，如果还想保持市场领导者的地位，就不能再像以前那样运营。

当然，对于如此庞大的具有如此影响力的公司，着手变革并非易事。毕竟，通用汽车日产量超过 3 万辆，每天需要全球供应商及时从世界各地供应十六万多个零部件，变革任务真是相当艰巨。因此，通用汽车全球 OTD 组织最高主管布莱德·罗斯（Brad Ross），将通用汽车的订购到供货流程（OTD）比作为"一首融合了汽车销售、制造、物流的大型管弦乐曲，产生了我们所谓的日产奇迹"。

通用汽车的 OTD 涵盖了 SCOR 四大关键供应链流程，即计划、采购、生产和配送。如此错综复杂的 OTD 进行转型，就像是"要'泰坦尼克号'在弗林特河上掉头一样"，哈罗德·库特纳指出。尽管如此，通用汽车却开始着手变革，目标在于缩短顾客交货时间，减少库存，降低成本，成为汽车行业内最令顾客满意的公司。

### 了解与反应型组织

通用汽车这项艰巨的变革任务意味着需要从"生产与销售型"组织转型到"了解与反应型"组织。首先，公司必须通过对市场的深入了解，清楚顾客真正需要什么。不断下滑的市场占有率及经销商积压的过剩库存，就足以证明公司以往一直生产的不是顾客真正所需的产品。布莱德·罗斯指出："在这一行业中，产品就是一切。支持流程很重要，但是若不能在正确的时间、正确的地点提供正确的产品，就不可能赢得顾客。"

公司必须建立快速有效地反应顾客需求的组织，同时提供更优质的服务质量。这就意味着需要重新思考关键流程，以跨职能合作模式取代职能组织模式。国际互联网已成为了解消费者偏好和市场趋势的重要工具。通用汽车与经销商合作开发了网上购车系统——百车通（Buy Power）。顾客通过百车通网站，可以获得详细的产品目录和经销商信息。通过监视对网上购物者所做的汽车调查的"点击率"，通用汽车获得了大量有助于产品研发、产品计划以及销售预测的信息。同时，通用汽车还设立了经销商协会，定期举办论坛，了解经销商对消费趋势以及更好的销售方式的意见。

为了协调生产排程与实际需求之间的关系，使 OTD 可视化，通用汽车更新了汽车订单管理系统，准许经销商通过网络进入系统。以前，特别订购汽车的订单被排在最后生产，也就难怪提前期那么长。由于是通用汽车将库存"推"给经销商，因此，经销商也无法确定所需的库存组合。利用新的汽车订单管理系统，经销商可以每周甚至每天下订单订购所需的汽车，查看订单履行流程中的订单处理状况。

通过新的汽车订单管理系统，经销商的订单可以自动与目前的生产排程相比较。以往因为没有有效的供需协调系统，通用汽车通常制造出了"正确"的汽车，却运送给了"错误"的经销商。现在，通用汽车可以尽其所能，确保经销商收到所需的汽车。为了加速订单交货，新流程会设法找出更迅速的方式履行订单，顾客需要的汽车是否已经在生产？是否已排妥装配时间？其他经销商是否有货？所订购的汽车是否与目前生产的汽车相近，只需些微调整即可达成交易？通用汽车每天核查订单，并依次调整装配排程。

当顾客选择所需的车型和装备因零部件缺货受到限制时，新的汽车订单管理系统将即刻进行标识、分析，将零部件短缺和订单限制减至最少。战略性零部件缓冲是减少零部件短缺和订单限制的一项新的有效途径，通用汽车已经开始解决库存可能出现缺货的关键零部件和瓶颈物料问题，以求是能够在正确的时间、为正确的作业人员提供正确的零部件。利用高度可视化的供应链和战略性零部件缓冲，通用汽车已经保证了整体零部件的及时可用性，大幅度提高了产品质量，缩减了供应链成本。

虽然通用汽车还是按照需求预测进行生产，但由于某些零部件的供货提前期很长，因此，通用汽车现在采用的其实是将传统的按库存生产方式与按订单生产方式相结合的混合方式，以降低配送链中的库存水平，更快速地反应顾客需求。现在，通用汽车每天接受新订单，并能在一天内迅速完成新订单装配排程，在一周内下线。

通用汽车这项艰巨的变革所产生的成效是，特殊订单和经销商的补货提前期已缩短了60%。根据顾客调查显示，购买通用汽车比购买其他竞争对手的汽车可提早 8 天取车。交货可靠性也大大改善，现在，通用汽车按承诺日期交货率可达 90%，已成为商用车市场最可靠的供应商之一。最近，通用汽车已经连续两年荣获《汽车杂志》的最佳 OTD 汽车企业奖。

由于有效地协调了供需关系，使顾客可以及时获得自己首选的车型和装备，受到限制而影响及时交货的订单也下降了 90%，根据美国汽车经销商协会（National Automobile Dealers Association，NADA）的调查，通用汽车在 OTD／分配系统配送要素、产品可用性和交货期限等方面，获得了前所未有的佳绩。同时，也获得了较高的按订单生产的边际贡献。

## 顾客导向组织

通用汽车的 OTD 组织要转型为顾客导向组织，面临的最大挑战之一就是公司的职能"本位"。通常，通用汽车不同职能部门因为跨职能目标而共事，但却不是共同合作。这种职能本位导致职能部门相互推诿，增加了组织管理的复杂性，从而造成排程改动和零部件短缺的状况大增，产生不必要的高库存和持有成本。

通用汽车设立了一个全球跨职能 OTD 组织，以确保协调不同职能部门的运营目标，消除职能部门之间争夺资源的现象。新的顾客导向组织是依据通用汽车采购供应、订单履行和物流三大核心供应链子流程而设计的。订单履行处理与经销商接洽和计划活动；采购供应管理物料、内部制造与供应商关系；物流负责协调从供应商进货和向经销商出货运输。每个子流程都由一位全球领导人负责，这三位领导人组成一个全球领导小组，以推进 OTD 组织的转型。

新的顾客导向组织将相互支持相互依赖彼此信息的人员组织在一起，采购供应就与内部制造单位合并为一体；订单履行与市场销售合并；外向物流与订单履行合并，内向物流则与采购供应合并。在原先的组织中，通用汽车有两个订单管理小组。汽车订单管理隶属于市场销售职能部门；生产订单管理隶属于生产控制与物流职能部门；OTD全球领导小组认识到，公司只需要一个订单管理流程。因此，将原先的两个订单管理流程合并到市场销售职能部门的OTD组织。当尘埃落定时，通用汽车已将全球OTD组织的运作人员裁减了近30%，极大地提高了供应链运作效率，降低了供应链成本。

**重组物流**

在设法进一步提高OTD组织运作效率，降低OTD组织运作成本之际，通用汽车认识到物流就是一个薄弱环节。公司很早就将内向物流和外向物流活动以相当高的成本外包给了一系列第三方物流服务提供商。然而，由于这些服务提供商彼此之间缺乏沟通协调，导致绩效不一致，致使提前期过长。为了降低供应链运作成本和提高效率，通用汽车与一家全球物流公司合作，合资成立了供应链导航公司（Vector SCM）。作为通用汽车的全球第四方物流服务提供商，供应链导航公司负责通用汽车15亿美元的年度物流费用支出。供应链导航公司通过一系列配备追踪通用汽车物资和车辆所需技术的指挥中心，集中管理通用汽车庞大复杂的物流网络。为了进一步提高绩效与物流网络可见化水平，供应链导航公司还为第三方物流服务提供商构建了新的综合信息系统。通用汽车预计，通过重组物流，将在5年内达到降低20%成本的目标。到了第三年，通用汽车已经有效地降低了17%的成本。

通用汽车的物流团队还通过设法减少在途受损，进一步降低物流成本。在汽车行业中，视车辆为"珠宝"，消费者希望自己订购的"珠宝"能够完美无损、碧玉无瑕。因此，通过将装配线到经销商的配送路线合理化，尽量减少汽车的在途转运，通用汽车已减少了35%的汽车意外损坏事故。

**关注业务成效**

在整个OTD组织转型期间，通用汽车坚持密切关注业务成效。由于整个转型提案极具挑战性，虽然有如此之多的改进机会，公司却剑走偏锋，寻求有限的增加附加值的途径。通用汽车选择了4项指导组织转型的关键绩效指标：质量、净收入、现金节余和市场占有率。每项提案和决策必须支持其中一项或多项关键绩效指标。

质量绩效的主要影响因素在于减少汽车意外损坏事故，及时给装配线提供零部件以支持生产计划。降低成本并减少订单限制可大幅度提高净收入。降低库存水平有助于增加现金节余。OTD组织转型提案系统地致力于提高每一项关键绩效。

最后，市场占有率旨在通过提高顾客满意度，提高企业运作绩效和盈利能力，而顾客满意度已成为企业市场占有率和盈利能力的竞争核心。OTD组织转型提案能影响顾客满意度的主要因素包括订单提前期、按承诺日期交货可靠度以及首选汽车的可获得性。通过改进这些影响因素，通用汽车大幅度提高了顾客满意度，同时也推动了企业业务的发展，因为顾客满意度是顾客对产品忠诚度的前提。只有对产品满意的顾客才能成为忠诚顾客，才能接受、传播和推荐产品。

这四项关注业务成效的关键绩效指标就是OTD组织转型的焦点，促使组织始终能把握变革方向，推动OTD组织转型。布莱德·罗斯指出："我们随时都能将转型提案成效与这些关键绩效目标进行对照。"

### 挑战 IT

尽管通用汽车组织转型初期，主要聚焦于重新设计关键流程和组织，但是如果公司没有解决基础信息系统的问题，就无法变革 OTD 能力。正如大多数大型复杂企业一样，通用汽车也拥有一系列混乱繁杂的旧系统，很多系统根本是冗余的，而且职能、业务单元和地区之间也缺乏相互整合。由于大多数现成软件需要进行大量的顾客化定制，通用汽车很多旧系统和应用软件是自行开发的，是先前为管理公司产品和流程的高复杂度而特别设计的。通用汽车正处于将大多数旧系统转换到国际互联网运行环境的过程中，但是实现一个完全集成化的高效的信息技术环境，仍然是需要经过多年的时间才能达成的愿景。

与此同时，通用汽车一边继续运行在旧系统的环境下，同时 OTD 全球领导小组先将所需支持技术能力进行优先排序，然后找出投入成本较少、导入时间较短的技术解决方案。OTD全球领导小组的战略是利用网络工具，提高关键的旧系统运行能力，同时有选择地集成新的系统。通用汽车北美生产供应运作总监比尔·卡拉（Bill Kala）也是 OTD 全球领导小组成员，对通用汽车的全球物料调度系统——一套从 20 世纪 80 年代延用至今的旧系统充满信心，这套旧系统已使通用汽车的生产供应运作得以节省了很多成本。不过，比尔·卡拉早就认识到，必须加强控制系统升级和维护费用。他解释道："每个人都想对系统进行频繁的改动，而这些改动却使公司每年花费 7 000 万美元。"为了加强控制，比尔·卡拉规定，任何改动都需要清晰的申请和理由。此外，任何改动必须至少对两个地区有利；任何独立新系统的申请都必须经过严格评审。仅此一举，比尔·卡拉的小组使系统年度成本减少了 30%。在某些领域，通用汽车必须加速 IT 的升级、更新，需要比预期的进展更快，以提高与供应链伙伴之间的合作。通用汽车的信息系统小组支持一项行动，使公司的流程和系统可以与经销商销售点的流程和系统更好地整合。

当时，整合还受限于基层——汽车零部件订购、理赔担保申请和财务报表。通用汽车还试行了一个项目：在经销商处，为每两个服务隔间配置一台个人计算机，支持经销商服务、零部件供货和通用汽车之间的整合。土星（Saturn）是通用汽车公司最年轻的品牌，针对土星所做的初期测试显示，通用汽车可以利用这套系统，在销售点集中管理零部件库存，提高库存周转率和首次补货率，降低零售库存水平。

通用汽车的 IT 战略确实奏效，自从推动 OTD 组织转型提案后，公司已经因此缩减了 10 亿美元与供应链相关的 IT 费用。这种先聚焦流程，再专注技术的 IT 战略已经获得了可观的效益。通用汽车全球销售和零售流程技术总监约翰·惠特科姆（John Whitcomb）指出："一旦人们因工作流程清楚明确而对业务流程有了普遍共识，那么对旧系统的讨论就更有事实根据，从而排除了有关是否保留人们习以为常的旧系统的感性争论。"

### 进军新领域

通用汽车 OTD 组织转型的下一步是什么呢?缩短定制特殊配备和功能的个性化汽车的周期和提前期，与已经导入汽车订单管理系统及其他整合平台的网络工具的经销商进行更密切的整合。通用汽车还通过经销商渠道更加密切地检视"按订单定制"，这对于高顾客接触度、高技术能力且更具柔性的汽车供应商来说相当重要。同时，通用汽车在检视全球系统与流程之间的共通性，"对于这项提案，真的是没有终点可言，"布莱德·罗斯表示："接下来几年，我们希望继续沿着这条变革轨道前进，为通用汽车提供更多竞争优势，同时为顾客满意制定新标准"。

**讨论：**

1. 通用汽车公司为提高顾客满意度进行了哪些方面的改进？
2. 顾客满意的标准是一成不变的吗？你认为企业应如何提高顾客满意度呢？

**思考与练习：**

1. 什么是顾客满意度？顾客满意度为什么重要？
2. 企业是否应该向顾客承诺"百分百的顾客满意"，为什么？
3. 请为一家银行制定一个顾客满意度调研方案。
4. 企业应如何进行顾客体验管理？

**补充阅读材料：**

1. Anderson, Eugene W., Claes Fornell, Roland T. Rust. Customer Satisfaction, Productivity and Profitability: Differences between Goods and Services, Marketing Science, 1997: 129-145.

2. Deng W.J., M.L. Yeh, M.L. Sung. A Customer Satisfaction Index Model for International Tourist Hotels: Integrating Consumption Emotions into the American Customer Satisfaction Index. International Journal of Hospitality Management, 2013, 35: 133-140.

3. Fornell, Claes, Michael D. Jphnson, Eugene W. Anderson, Jaesung Cha, Barbara Everitt Bryant. The American Customer Satisfaction Index: Nature, Purpose, and Findings, Journal of Marketing, 1996: 7-18.

4. Singh, Jagdip. Understanding the Structure of Consumers' Satisfaction Evaluations of Service Delivery, Journal of the Academy of Marketing Science, 1991, 19 (3): 223-245.

5. Walker, James L. Service Encounter Satisfaction: Conceptualized, Journal of Services Marketing, 1995, 9 (1): 5-14.

6. VanAmburg, David. Customer Satisfaction in a Changing Economy: Results from the American Customer Satisfaction Index (ACSI). Quality Congress. ASQ's ... Annual Quality Congress Proceedings; 2004; 58, ABI/INFORM Global, 233

# 第五章 顾客关系质量管理

## 引 例

中国香港是世界上最大的珠宝生产地之一，虽然 MaBelle 是香港利兴珠宝公司推出的大众钻饰品牌，但是公司清醒地意识到，价格绝对不能成为 MaBelle 的核心竞争力。顾客只因为价格便宜而购物，并不能令客人的忠诚度上升。不断创新的设计是 MaBelle 与其他品牌区别的主要特征，而与顾客建立情感上的沟通，赋予顾客与众不同的优越感，才能为企业创造更多的价值。因而 MaBelle 和一般珠宝零售商和品牌相比，其最与众不同的地方，就是 MaBelle 设立的会员"VIP 俱乐部"。这个俱乐部通过为会员带去钻饰以外的生活体验，通过加强 MaBelle 店员与顾客之间的个人交流，以及会员之间的情感联系，将情感赋予了钻饰。公司对销售员工的要求是，必须定期通过电邮、电话、手机短信等方式和顾客建立个人关系，这种私人关系无疑增加了顾客的情感转换成本。MaBelle 还定期为会员举办关于"选购钻石的知识"以及"钻饰款式"方面的讲座，增加了顾客转换企业的学习成本。MaBelle 还经常安排"母亲节 Ichiban 吗咪鲍翅席""喜来登酒店情人节晚会"等与钻饰无关的各种活动，并根据公司掌握的不同会员的年龄、职业和兴趣等，邀请会员参与这些活动。这些活动不但给会员提供了难忘的生活体验，而且还帮助他们开拓交际圈。很多会员参加过一些活动后，都邀请自己的亲友也加入 MaBelle 的俱乐部，真正起到了"口耳相传"的效果。

热身思考：MaBelle 为什么非常看重与顾客的情感维系？

## 第一节 顾客信任感的基础理论

顾客信任感对服务性企业来说十分重要。美国学者麦克耐特（D. Harrison Mcknight）和切瓦尼（Noman L. Chervany）指出，在任何存在风险、不确定性或双方相互依赖的情形下，信任感都是至关重要的。在交易中，如果买方能够准确预见卖方今后的行为，他就可据此做出完全没有风险的决策。这时，买方对卖方的信任感不影响买方的购买决策。相反，如果买方无法完全准确地预见卖方今后的行为，就会担忧自己可能会受到卖方的伤害，此时，买方对卖方的信任程度就成为买方购买决策的关键性影响因素。在服务性企业与顾客的交往中，服务的无形性和差异性使顾客往往无法在消费前准确地评估服务实绩。换句话说，顾客无法预见服务的后果。这时，顾客对服务性企业的信任程度就是决定顾客是否向企业购买服务、是否会与企业保持关系的决定性因素。

## 一、信任感的基本概念

1. 信任感的定义

根据社会心理学和营销学文献,信任感可以定义为人们对信任对象可信性和善意的看法。其中,可信性指一方认为另一方的承诺是可信的;善意指一方对另一方利益的真诚关心及共同获利的愿望。许多学者认为,一方对另一方的信任感是由以下三个因素决定的。

(1)善意

它是指一方认为另一方的行为是善意的,不会损害自己的利益。

(2)诚信

它是指一方认为另一方会履行诺言,值得信任。

(3)能力

它是指一方认为对方有能力满足自己的需要。

2. 顾客信任感的形成过程

顾客可能通过以下五种过程形成对企业的信任感。

(1)计算过程

有些经济学家认为,信任感的形成过程是一个计算的过程。一方会计算另一方的欺骗行为所能获得的利益与付出的代价。如果他认为,对方从欺骗行为中获得的利益小于其欺骗行为暴露后造成的损失,就会做出对方欺骗行为会损害对方利益的判断,也就会认为对方是可信的。运用到顾客与企业之间的关系上,顾客会计算企业欺骗顾客所能获得的利益与付出的代价。如果顾客认为,企业通过欺骗顾客获得的利益小于其欺骗行为暴露后造成的损失,那么他就会认为企业欺骗顾客会损害企业自身的利益,因此,企业是可信的。

(2)预计过程

预计过程与顾客预见企业行为的能力有关。在形成信任感之前,顾客往往要对企业的可信性和善意进行评估。因此,顾客必须了解企业以往的言行。顾客与企业的反复交往,可使顾客更好地理解以往交往的结果,预计企业今后的行为。销售人员始终履行诺言,可使顾客增强信任感。但是,要准确预计对方的行为,各方还必须深入了解对方情况。

(3)能力判断过程

在这个过程中,顾客往往要判断企业的服务能力。因此,顾客判断企业的能力实际是对企业可信性的判断。顾客对企业能力的判断过程实际就是对企业满足自己能力的评估过程。如果顾客觉得企业有能力满足自己的需要,就会觉得企业的可信度较高;反之,则会觉得企业不可信。顾客对企业能力的判断过程还包括对企业履行特定时期做出承诺的能力的评估。例如,销售人员在供不应求时做出迅速交货的许诺,如果顾客怀疑销售人员为自己提前发货的能力,就不大会相信这种许诺。

(4)意图分析过程

在这个过程中,双方会分析对方的言行,并据此判断对方的意图。企业愿意帮助或奖励顾客,就比较容易赢得顾客的信任。如果顾客怀疑企业的行为动机,就很难信任企业。顾客和企业有共同的价值观和行为准则,就更能理解企业的目的和目标,相信企业的善意。

(5)转移过程

人们会根据可信的"证据来源",对自己从未接触过或几乎没有接触过的人、组织产生信任感。例如，顾客高度信任企业，就比较容易信任企业新的销售代表。同样的，如果顾客非常信任企业的某位服务员，他也比较容易信任企业。在缺乏其他信息的情况下，不信任感也会转移。

## 二、顾客信任感的影响因素

企业管理人员可以根据上述五类信任感形成过程，分析本企业应如何增强顾客的信任感。服务人员和销售人员是顾客接触的主要员工。顾客对服务人员和销售人员的信任感必然会影响他们对企业的信任感。顾客对员工的信任感和对企业的信任感是两类不同性质的信任感，因此，企业和员工赢得顾客信任的方法、途径也不同。

1. 影响顾客对企业的信任感的因素

（1）企业的特点

① 企业的声誉。企业的声誉是指顾客对某个企业是否诚实、是否关心顾客的看法。良好的市场声誉有助于企业赢得顾客的信任。顾客会根据其他顾客的看法，通过"转移过程"，把企业的声誉与企业的可信性相联系。

顾客也可能通过"计算过程"，得出声誉良好的企业须为其虚假行为付出高昂代价的结论。良好的市场声誉是企业宝贵的资产。为树立良好的市场声誉，企业往往要投入大量的时间、精力和金钱等资源。声誉良好的企业采用虚假行为，不但不能获得短期利益，反而可能会得不偿失。因此，顾客认为这类企业不会为了短期利益而损害其市场声誉，也就比较信任这类企业。

② 企业的规模。企业的规模是指企业的实际规模和市场份额。顾客会通过"转移过程"，了解其他顾客的经历，根据企业的规模，推断企业的可信性。企业规模大，市场份额高，表明许多顾客信任这个企业，愿意购买其产品和服务。此外，顾客认为贪图短期利益、欺骗顾客的企业是不可能获得很高的营业额和市场份额的。因此，顾客会通过"计算过程"，认为规模大的企业比规模小的企业更可信。

（2）企业与顾客关系的特点

① 企业满足顾客特殊要求的意愿。企业可通过特殊的投资，满足顾客的特殊要求。如为了满足顾客的特殊要求，企业可能会购买一些特殊设备或改变生产过程。一旦双方关系破裂，企业的这些特殊资产就会失去其大部分价值。顾客通过计算，认为企业的虚假行为会给企业造成巨大的损失，因此，他们相信企业不大可能会采取损害双方关系的短期措施。

另外，企业愿意投入特殊资源满足顾客的需要，还可向顾客表明企业是可信的、重视双方关系的、为保持双方关系愿意付出代价等信息。企业愿意承担风险，向顾客表明了合作的意愿，使顾客相信企业的善意。

② 与顾客分享机密信息。企业与顾客分享机密信息，往往要冒很大的风险。顾客可能会向企业的竞争对手泄漏这些机密信息，给企业造成严重的损失。为此，如果企业愿意与顾客分享机密信息，顾客会觉得企业比较可信。企业与顾客分享的机密信息越多，企业的虚假行为给企业造成的损失越大，顾客觉得企业的可信度越高。

③ 企业与顾客合作的时间的长短。顾客对企业的信任感是逐渐形成、逐渐增强的。双方合作的时间越长，表明双方对合作关系的投资越大。顾客了解企业的投资，就会认为企业的虚假行为会使企业遭受严重的损失。此外，顾客会根据双方以往的交易结果，预见企业今后

的行为。双方合作的时间越长，顾客对企业越了解，对企业今后行为的预计也就越准确。

2. 影响顾客对服务人员信任感的因素

（1）服务人员的特点

① 专业技能。服务人员的专业技能往往会影响顾客对他们的信任感。顾客会通过"能力判断过程"，相信专业能力强的服务人员能履行诺言。

② 权力。服务人员是否拥有履行诺言所必需的权力，是顾客判断该服务人员是否值得信任的一个重要因素。如果顾客认为服务人员没有权力控制企业的有关资源，就会怀疑他们是否能够履行诺言，怀疑他们是否能按双方商定的条件，提供产品和服务。通过"能力判断过程"，顾客认为权力较大的服务人员比较可信。

（2）服务人员与顾客关系特点

① 友善程度。它是指顾客认为服务人员友好、正派、举止文雅。顾客会通过"计算过程"，初步信任自己有好感的服务人员，并更有信心预计服务人员的行为。在"意图分析过程"中，顾客更可能相信自己喜欢的服务人员的行为动机是善意的。

② 类似程度。它是指顾客与服务人员有共同的利益和价值观。顾客认为与自己类似的服务人员与自己的价值观念相同，对各类方针、目标、行为是否恰当，会与自己有相同的看法，也就更会相信服务人员的动机，增强自己对服务人员的信任感。此外，顾客理解服务人员的动机，就更容易预计服务人员今后的行为。

③ 交往频率。顾客与服务人员经常接触，可以增强顾客对服务人员的信任感。通过与服务人员的交往，顾客可以获得各种信息，观察服务人员的行为，更能预见服务人员今后的行为。双方的非正式交往，可以加深相互理解，增强信任关系。顾客与服务人员建立商业联系和社交联系，就较易相信服务人员的善意，增强对服务人员的信任感。

④ 服务人员与顾客合作的时间。顾客往往会信任长期合作的企业，同样也会信任长期合作的服务人员。一方面，他们认为，随着合作时间的增长，服务人员对双方关系的投资增大，虚假行为会使其遭受巨大损失。另一方面，双方的长期合作，有助于顾客更准确地预计服务人员的行为，判断服务人员的可信度。

3. 两类信任感之间的关系

服务人员的行为方式在一定程度上是由企业的企业文化、奖惩制度、培训计划决定的。顾客常常认为，服务人员的行为方式反映企业的价值观和态度。因此，与企业接触较少的顾客会根据自己对服务人员可信性的看法，推断企业的可信度，即顾客对服务人员的信任感会转移到企业。

顾客对企业的信任感也会转移到服务人员。顾客往往会根据自己以前与企业、其他服务人员的交往，推断目前服务人员的可信度。

## 三、信任感与满意感之间的关系

前面我们提到顾客满意感包含两层含义，一方面是指顾客对某次消费经历的满意感，另一方面指顾客对自己以往所有消费经历的总体满意程度。顾客满意感具体的含义不同，其与信任感的关系也不同。

顾客对企业的信任感的形成过程是一个长期的过程。顾客对自己在企业的某次消费经历感到满意，就会相信企业有能力满足自己的需要，会逐渐信任该企业。顾客满意感既包括认知成分，也包括情感成分。顾客信任企业，就会相信企业有能力提供自己需要的服务，相信企业会尽力满足自己的需要。即使企业的服务实绩没有达到顾客预期的水平，为了降低认知的不一致，顾客也可能会表示比较满意。此外，如果顾客信任企业，就会相信企业的诚信和善意，不必担心企业没有能力满足自己的需要，也不必担心企业会欺骗自己，损害自己的利益，顾客满意程度也就会比较高。因此，顾客对企业的信任感会影响其在该企业的所有消费经历的总体满意程度。

# 第二节　顾客归属感的基础理论

## 一、顾客归属感的基本概念

许多营销学者从不同的角度定义归属感。有些学者强调归属感的行为属性。他们指出，归属感是指一方与另一方保持某种关系的心理承诺。有些学者强调归属感的态度和意向属性。他们指出，归属感是指一方希望与另一方建立长期稳定的关系，愿意为保持这一关系而牺牲本方的短期利益。有些学者从经济利益角度定义归属感。他们认为，归属感是指一方可从双方的关系中获得的利益，及该方对双方关系的依赖程度。有些学者强调归属感的心理含义。他们认为，归属感是指一方希望与另一方继续保持关系，愿意为保持这一关系而投入较多的精力。

虽然许多学者从不同的角度定义顾客归属感，但他们都认为顾客归属感包含"关系双方继续保持关系的可能性"这一含义。因此，有些学者把归属感定义为交易一方与另一方保持商业关系的意愿。综合国内外学者的论述，我们认为，顾客归属感是指顾客与企业保持长期关系的意愿。

## 二、顾客归属感的分类

学术界对归属感的研究最先开始对员工归属感问题的研究。有些组织行为学者认为，归属感是一个单维概念，有些组织行为学者认为归属感是一个多维概念。近年来，越来越多的学者支持"归属感是一个多维概念"这一观点。美国著名组织行为学者梅厄（John P. Meyer）和艾伦（Natalie J. Allen）认为，员工归属感包含员工的情感性归属感、持续性归属感、道义性归属感三个组成成分。情感性归属感是指员工喜欢在本企业工作；持续性归属感是指员工因"跳槽"代价过大或缺乏"跳槽"机会而不得不继续在本企业工作；道义性归属感是指员工出于道义责任，觉得自己应该继续在本企业工作。

在现有文献中，国内外学者探讨顾客归属感的论著比较少见。有些学者照搬组织行为学者的观点，认为顾客归属感也包括情感性归属感、持续性归属感和道义性归属感。我们认为，① 顾客与企业保持关系的动机不同，双方关系的深度也不同；② 顾客各类归属感的影响因素不同，顾客的各类归属感对顾客消费行为的影响也不同，企业的营销措施也应不同。因此，我们认为，顾客归属感是一个多维概念，顾客的各类归属感对顾客消费行为会有不同的影响。

根据消费者行为学理论，人们往往出于以下两种动机，而与另一方保持某种关系：一是他们真正希望保持这种关系，二是他们觉得自己没有其他选择而不得不保持这种关系。美国学者本德普迪和贝里指出：顾客也是出于这两种动机而与企业保持关系的。顾客可能因为自己真正喜欢某个企业而与这个企业保持长期关系，也可能因为市场上没有其他同类企业可供自己选择而不得不与这个企业保持长期关系，但顾客通常不会因自己对某个企业有某种责任感而与这个企业保持长期关系。在顾客与企业之间的关系中，顾客的道义性归属感并不是影响顾客态度的重要因素。

### 三、顾客归属感在顾客关系管理中的重要性

有些学者认为，"归属感"是（个人或组织）继续某种行为或行动的意愿。另一些学者认为"归属感"是合作双方做出的继续发展关系的承诺。还有一些学者认为"归属感"是渠道成员在发展长期关系过程中，对合作伙伴企业产生的正面情感——喜欢该合作伙伴，偏爱与该企业发展合作关系等。而顾客对企业的"归属感"则可以定义为：顾客与某个企业继续保持良好关系的心理意向。

一般来说，顾客与企业之间合作关系的建立、发展需要经过以下五个阶段。

（1）发现合作伙伴阶段

顾客与企业之间还没有相互交往，双方一旦发现合适的合作对象后，会努力吸引对方与自己建立关系。

（2）考察阶段

合作双方会慎重考虑本方与对方合作可能获得哪些利益，可能会遇到哪些障碍，必须遵守哪些规则，可能会付出哪些代价，以及更换合作者的可能性等问题。

（3）关系扩展阶段

合作双方都获得了利益，增强了相互依赖性和相互信任感。各方对双方关系的满意感与承担风险的意愿也不断增强。

（4）形成归属感阶段

合作双方愿意继续与对方保持长期关系，即合作双方对合作关系产生了认同感。归属感的建立有两个重要前提：一是合作双方为发展合作关系都各自投入了一定的资源；二是合作双方都期望这一关系能够长期持续发展，期盼对方形成对本方的归属感。

（5）关系解体阶段

合作双方对对方不满，认为本方继续维持与对方的关系或修复与对方的关系的成本大于自己能够从中获得的利益，为此他们会以适当的方式解除与对方的合作关系。

关系发展的第四阶段，即形成归属感阶段，是双方关系长期发展过程中最关键的一个阶段。如果合作双方没有形成对关系的归属感，那么他们之间的关系就会很快终止。

关系营销学者普遍认为，合作双方关系的发展取决于双方对这一关系的归属感。美国著名营销学者摩根（Robert M. Morgan）和亨特（Shelby D. Hunt）提出了"归属感－信任感"理论（"Commitment-Trust" Theory）。他们认为：在企业相互之间的关系中，各方对这一关系的归属感（即双方保持合作关系的意图）是关系的核心。合作双方的归属感和信任感会促使双方相互合作，共同关注双方合作关系的长期发展前景，避免有损任何一方利益的短期行为。换言之，企业如果希望与顾客（或其他合作伙伴）发展长期合作关系，就应增强顾客对这一关系的归属感和对企业的信任感。

正如一位营销学者所言，"归属感是合作双方相互依赖的最高境界"。营销学者普遍认为，

合作双方对双方关系的归属感能为合作双方带来明显的利益。例如，生产性企业与销售渠道企业合作，有利于前者改进产品，提高边际收益，增加市场占有率。而后者则可以增强对市场的渗透力，提高顾客满意感。顾客增强对自己与企业间的关系的归属感，可以获得更优质的产品和服务，以及更多的资源和更有利的技术支持。而企业增强对自己与顾客间关系的归属感，则可以提高销售额、销售量和利润，从顾客处获取有用的信息以及开发新产品和服务项目的灵感。而且，顾客对自己与某个企业间关系的归属感越强，就越愿意与该企业保持长期关系，也越愿意向他人推荐该企业。这样无疑会帮助企业降低成本、提高关系营销的效率。

总之，顾客对自己与企业间关系的归属感可促进顾客与企业之间的合作。而企业进行顾客关系管理的根本目的和实质正是与顾客建立、保持和发展长期的合作关系。因此，国内外许多学者认为增强顾客的归属感是企业进行顾客关系管理的关键所在。

另一些学者更进一步指出：顾客的归属感、信任感和满意感都是影响顾客忠诚感的重要因素。但在顾客与企业的长期合作关系中，顾客的归属感和信任感是决定顾客忠诚感的最重要的因素；而在顾客与企业的短期交易关系中，顾客对服务质量的满意感才是影响其未来行为意向的最重要的因素。归属感和信任感在长期关系中比满意感更重要。大部分展览会，尤其是贸易性展览会往往都是定期举办的。展览会的这种周期性决定了组展商增强参展商的归属感是非常重要的。可以说，参展商的归属感是历届展览会能够成功举办的决定性的因素。

对服务性企业来说，顾客的情感性归属感尤为重要。这是因为：

① 情感性归属感是顾客与企业保持长期关系的必要前提。以价格折扣和奖励为主要手段的"忠诚感奖励计划"很容易被竞争对手模仿，而且往往会鼓励顾客追逐更低的价格和更丰富的奖品，很难培育真正忠诚于企业的顾客。只有真正喜欢本企业或本企业员工的顾客，才不会轻易"跳槽"，改购竞争对手企业的服务。

② 顾客对企业的情感性归属感会增强顾客为企业做有利的口头宣传的意愿。顾客喜欢某一企业，愿意与该企业保持长期关系，才会在他人面前称赞企业，向他人推荐企业的产品和服务。

③ 顾客对本企业的感情越深，就越可能对企业偶然发生的服务差错采取宽容和原谅的态度。

# 第三节　顾客关系质量

大多数学者普遍认为，关系质量包括满意感、信任感、归属感三个组成成分。我们认为，关系质量还包括第四个组成成分——顾客与服务人员之间的商业友谊。以下我们将分别论述这四个组成成分之间的关系。

## 一、顾客满意感与顾客信任感

目前，企业管理学界对顾客满意感与顾客信任感之间的关系主要有两种观点。

有些学者认为顾客满意感影响顾客信任感。他们指出，顾客对自己在某个企业的消费经历越满意，就越可能信任该企业。服务性企业为顾客提供满意的消费经历，顾客才会相信该企业的诚信、善意和能力。如果顾客觉得某个服务性企业为自己提供了难忘的消费经历，顾客就会信任该企业。

另一些学者认为顾客信任感影响顾客满意感。他们认为，顾客信任企业，就更能预见企业及其员工的行为，相信企业会满足自己的需要，使自己满意。如果顾客的期望是顾客对企业服务实绩的一种预期，在企业的服务实绩没有达到顾客预期水平的情况下，为了降低认知的不一致，顾客也可能会表示出较高的满意程度。此外，如果顾客信任企业，就不会担心企业会欺骗自己，不会担心企业会损害自己的利益，不会担心企业没有能力满足自己的需要，顾客就会比较满意。

综观以上两种观点，持前一种观点的学者所指的顾客满意感实质是顾客对某次消费经历的满意感，而持后一种观点的学者所指的顾客满意感实质是顾客对自己所有消费经历的累积性满意感。我们认为，顾客对自己在某个企业的某次消费经历感到满意，或者顾客对自己在该企业的某次消费过程中的服务属性（如服务人员的态度、消费环境）感到满意，就可能会相信该企业的善意、诚信和能力，逐渐对该企业产生信任感。因此，顾客对某次消费经历的满意程度会影响其对企业的信任感。而顾客的累积性满意感是指顾客在长期消费经历中形成的满意感。顾客信任感是顾客在对企业的能力、善意及诚信的了解、评估的基础上长期逐渐形成的，是顾客对企业认知性评估的结果。顾客越信任企业，就越能预见企业的服务能力，越相信企业关心他们的利益，乐意满足他们的需要。因此，顾客逐渐形成的信任感会增强他们的累积性满意感。

## 二、顾客满意感与顾客归属感

许多欧美学者认为，顾客满意感既包含认知成分，也包含情感成分。认知成分是顾客对服务实绩与期望进行比较的结果，情感成分是顾客对服务实绩与某个标准进行比较之后产生的满足、高兴、喜欢等心理反应。我们认为，顾客对自己在某个服务性企业的消费经历感到满意，就更相信这个企业有能力满足自己的需要。因此，与他们不熟悉或不能满足他们期望的企业相比较，顾客到他们熟悉的、能够满足他们期望的企业消费，可降低他们感知的风险。由于服务是无形的，顾客购买服务的风险较高。为了降低购买风险，顾客往往会与自己熟悉的、能够满足自己期望的企业保持长期关系。如果顾客对自己在某个企业的消费经历感到不满，他们感知的"跳槽"代价较小，就更可能改购其他企业的产品和服务；顾客对自己在某个企业的消费经历感到满意，他们感知的"跳槽"代价较大，就不会轻易改购其他企业的产品和服务，也就更可能与该企业继续保持关系。此外，如果顾客对自己在某个企业的消费经历感到满意，他们就会感到满足、高兴，甚至会对该企业产生一定程度的依恋感。我们的实证研究结果表明，顾客满意感对顾客的情感性归属感和持续性归属感都有显著的直接影响。因此，顾客满意感是顾客归属感的必要前提条件。

此外，我们还发现，与顾客满意感对顾客的持续性归属感的直接影响相比较，顾客满意感通过情感性归属感对持续性归属感的间接影响更大。这说明，虽然顾客满意感既包含认知成分，也包含情感成分，但后者显然更突出。因此，企业在与顾客交往的过程中，更应该重视顾客的情感。

## 三、顾客信任感与顾客归属感

有些顾客可能是因为缺乏选择的余地而不得不继续从某个企业购买产品和服务，与该企业保持长期关系，另一些顾客却可能是因为他们喜欢某个企业而长期从该企业购买产品和服务，与该企业保持长期关系。美国著名营销学者贝里认为，顾客对企业的信任感对顾客与企业保持长期关系的意愿有极为重要的影响。根据威廉姆森（Oliver E. Williamson）的交易成本理论，为了最大限度地降低交易成本，不少顾客会与企业保持长期关系。如果顾客与众多企业交易，就必然会增加交易成本。顾客与企业保持长期关系，可极大地降低交易成本。我们认为，顾客信任服务性企业，就不必花费大量的时间、精力，收集企业的信息，不必担心企业会损害自己的利益，也就更愿意与企业继续保持关系。

美国学者贝里探讨了信任感对顾客与企业保持关系意愿的影响。他指出：信任感是归属感的基础。莫根和亨特认为，信任感是决定归属感的一个主要因素。服务是无形性的，顾客感知的购买风险较大，为了降低购买风险，顾客往往会到自己信任的企业购买产品和服务。顾客对企业的信任感是建立在顾客对企业的能力、善意、诚信等方面评估的基础上的。如果顾客信任企业，顾客感知的购买风险就较低，对企业的情感性归属感就较强，顾客越信任企业，对企业的情感依恋程度就越强。

我们认为，顾客越信任某个企业，顾客感知的"跳槽"代价就越大，改购其他企业产品和服务的风险也越大。因此，顾客往往愿意继续与这个企业保持长期关系，以便降低购买风险。此外，如果顾客信任企业，就不必花费大量的时间、精力和金钱，寻找其他企业的信息。为了降低交易成本，顾客也希望与企业保持长期关系。在竞争日益激烈的市场里，顾客可从众多企业选购自己需要的产品和服务，而不必依赖某个企业。如果顾客不信任某个企业，就不会对这个企业产生归属感。因此，顾客越信任某个企业，对这个企业的持续性归属感就越强。

我们的实证研究结果也表明，顾客信任感对顾客的情感性归属感和持续性归属感都有显著的直接或间接影响。因此，顾客信任感是决定顾客归属感的一个重要因素。

## 四、商业友谊与顾客满意感

### 1. 商业友谊的基本概念

美国学者普赖斯（Linda L. Price）和阿纳德（Eric J. Arnould）认为，商业友谊是指顾客在消费过程中与服务人员建立起来的朋友关系，具有以下三个特点。

（1）功利性

顾客与服务人员建立并保持商业友谊是为了实现自己的功利性目的，如获得更大的价格折扣、更好的服务等。

（2）交际性

商业友谊是指顾客与服务人员在交往过程中建立起来的朋友关系。虽然双方之间的友好程度与双方交往时间的长短没有直接的联系，但顾客与服务人员交往的时间越长，就越可能把服务人员当作自己的朋友。此外，顾客与服务人员的频繁接触也有助于双方保持商业友谊。但是，商业友谊受特定环境的限制，顾客只在消费过程中与服务人员接触，在消费过程之外，顾客很少甚至根本不会与服务人员交往。

（3）互惠性

顾客与服务人员都能从双方的友谊中获益，他们才可能长期保持商业友谊。美国学者艾兰（G. Allan，1989）指出，如果某一方单纯为了功利性目的而与对方保持友谊，往往会损害双方的友谊。双方在交往过程中建立相互信任、互惠的关系，却可使双方实现各自的功利性目的。普瑞斯和阿纳德（1999）对顾客与理发师之间的商业友谊进行了定性研究。他们发现：那些把理发师当作朋友的顾客与理发师的关系很亲密。他们相信理发师会关心他们的利益，尽力满足他们的需要。此外，顾客与理发师对双方商业友谊的理解并不完全相同。理发师认为，作为朋友，顾客与理发师应该相互忠诚，而顾客却认为，即使某一方对对方不忠诚，双方也可以建立商业友谊。

2. 商业友谊对顾客满意感的影响

与服务人员保持商业友谊的顾客比较看重自己与企业之间的关系。在许多服务性企业里，顾客与服务人员之间的交往都会影响顾客感知的服务质量。作为朋友，顾客与服务人员在服务过程中坦诚相待。服务人员为顾客提供精确、易懂的服务信息，有助于顾客了解服务性企业的服务能力，形成恰当的期望，进而提高顾客满意程度；而顾客向服务人员提供准确的个人信息，有助于服务人员准确理解顾客的需要，更好地满足顾客的需要，提高顾客满意程度。此外，顾客在服务消费过程中不仅希望获得功能性利益，而且希望获得社交性利益（如得到他人的尊重、与服务人员建立友谊等）。顾客能够获得他们需要的社交性利益，就会比较满意。

值得一提的是，顾客与服务人员之间的商业友谊是顾客在长期消费过程中与服务人员互惠性交往的结果，因此，与顾客对某次消费经历的满意感相比较，商业友谊更可能会影响顾客对自己在某个服务性企业所有消费经历的累积性满意感。

## 五、商业友谊与顾客信任感

顾客或服务人员纯粹为了功利性目的而与对方交往，往往可能损害双方的友谊；而双方建立在相互信任、互惠基础上的关系，却能使双方实现各自的功利性目的。在收集产品和服务信息时，与其他信息获取渠道（如企业的广告宣传、中立机构的介绍）相比，顾客往往更相信亲朋好友的介绍。如果顾客把服务人员看作自己的朋友，就会逐渐信任服务人员。顾客往往假定服务人员的行为方式反映服务性企业的价值观。与企业接触较少的顾客会根据自己对服务人员可信性的看法，推断服务性企业的可信性，也就是说，顾客对服务人员的信任感可以转移到服务性企业。顾客越信任服务人员，对服务性企业的信任感也会越强。

但是，对于不同类别的服务，由于顾客看重的利益不同，因此，商业友谊对顾客信任感的影响也不同。

## 六、商业友谊与顾客归属感

商业友谊是指顾客与服务人员之间的一种社交性联系。与服务人员保持商业友谊的顾客往往比较看重自己与企业之间的长期关系。顾客把服务人员当作朋友，就会对服务人员产生一定程度的依恋感，也会愿意与服务人员工作的企业保持长期关系。因此，顾客与服务人员之间的商业友谊会增强顾客的归属感。

虽然企业管理学界对商业友谊与顾客归属感之间的关系的研究比较少见，但个别学者的研究结果表明，顾客从服务性企业获得的社交性利益（包括顾客与服务人员之间的商业友谊）会直接影响他们的归属感。而我们通过研究进一步发现，顾客与服务人员之间的商业友谊对顾客的情感性归属感有显著的直接影响，对持续性归属感也有显著的直接或间接影响。因此，服务性企业应鼓励服务人员与顾客保持商业友谊，以便增强顾客的归属感。

# 第四节  重视顾客的情感

随着体验性经济的到来，企业界和学术界都开始关注顾客的情感需求。根据美国学者派恩（Joseph Pine）和吉尔摩（B. Gilmore, J.H）的观点，体验性经济的特征之一便是消费者在消费过程中需要积极的、有意义的情感性体验。虽然主流的经济学家很少研究人们的情绪、情感与市场的关系，他们认为消费过程是消费者解决他们面临的问题的一个理智的过程，是在现有的约束条件下最大限度地满足自己的需要而采取的理性行为。但是心理学家麦独孤指出，所有有目的的行为都与人们的情感有关，消费行为也不例外。美国学者巴洛（Janelle Barlow）和摩尔（Dianna Maul）在《情感价值》一书中指出，顾客的服务消费过程也是情感体验过程，只不过有些服务消费的情感体验比较强烈（如游乐场和电影院），有些服务消费的情感体验比较微弱。巴洛和摩尔提出顾客的情感对服务性企业的三点作用：①企业通过顾客的情感反应可以了解顾客的心理；②顾客的情感表现反映了顾客对企业的态度；③从顾客的情感表现中，企业可以预见顾客将来的消费行为。目前，学术界和企业界对顾客情感探讨的最多的是满意感。而满意感只是人类多种情感中的一种。顾客在服务消费过程中不但会感到满意或不满意，而且会体验高兴、兴奋、悲伤和失望等各种各样的情感。顾客与企业交往后，还可能会对服务性企业产生感情。顾客的这些情感和感情都会影响他们的消费心理和行为。

## 一、消费情感

### 1. 消费情感的概念

消费情感是指顾客在购买和消费产品和服务的过程中体验的一系列情感。人的情感具有两极性，即情感可以分为正面情感和负面情感。正面情感就是肯定性情感，如快乐、高兴、欣喜等；负面情感就是否定性情感，如悲伤、烦恼、愤怒等。顾客在服务消费过程中，可能会体验一种、两种或多种情感。有时候可能是几种对立的情感同时存在。这时，顾客的情感体验就会发生冲突，各种情感的相对强度决定了顾客的行为。例如，企业给予一个投诉的顾客超出顾客损失几倍的赔偿，顾客在喜悦的同时还会感到内疚。如果内疚感比喜悦感更强烈的话，他就会放弃部分或全部赔偿，以便降低或消除自己的内疚感。在伊扎德提出的情感分类模型中，热情和高兴属于正面情感，生气、厌恶、轻蔑、痛苦、害怕、羞愧和内疚属于负面情感。

### 2. 消费情感的特点

消费情感具有以下两个特点。

（1）不同消费阶段的消费情感的影响因素和表现会不同

顾客接受服务前的心情可能不受服务环境、服务人员等外界因素的影响，但可能受其他人、事等因素的影响，也可能与顾客自己的心情有关。顾客消费前的这种情绪、心情会影响他们在消费过程中的情绪、情感，也会影响他们对消费结果的评估。顾客在消费服务过程中企业的服务环境、服务人员的服务态度、服务技能、企业的服务流程等都可能会影响他们在消费过程中的情感。而顾客在消费过程中体验到的情感也会影响到他们对服务经历的评估，也会影响他们消费后的情绪、心情。从长期来看，顾客在这次消费中体验到的情感会影响他们今后的行为意向。

（2）情感会相互感染

面对面服务是顾客与服务人员相互接触、相互交往、相互影响的过程。一方面，不仅服务人员的专业技能、服务态度、职业道德会影响顾客的消费情感，服务人员在服务过程中表现出来的情感也会影响顾客的消费情感。美国学者道格拉斯·普可（S.Douglas Pugh）的研究结果表明，服务人员的正面情感表达会导致顾客正面情感的形成，进一步影响顾客对服务质量的评估。因此，要提高面对面服务的质量，服务性企业管理人员不仅要加强对服务人员服务技能、服务态度、职业道德方面的培训，还应采取恰当的管理措施，引导服务人员服务过程中的情感表现。另一方面，顾客在消费过程中的行为、态度、情感也会影响服务人员的情感。也就是说，不仅服务人员在服务过程中的情感表现会影响顾客的消费情感，顾客在消费过程中的情感表现也会影响员工的情感。

## 二、增强与顾客的情感联系

我们在宾馆等六类服务性企业的实证研究结果表明，顾客的持续性归属感直接影响他们对企业的行为性忠诚感，而情感性归属感对行为性忠诚感却并没有显著的直接影响。这说明我国目前不少服务性企业的顾客并非出于他们对企业的情感依恋而与企业保持关系，而是因为他们没有足够的选择余地，不得不与企业继续保持关系，或是因为他们出于惰性而继续从企业购买产品和服务。而这类顾客今后很可能会"跳槽"，改购更能满足他们需要的竞争对手企业的产品和服务。顾客满意感、顾客感知的服务质量都包含一个情感成分，顾客的情感性归属感是影响顾客忠诚感的一个重要因素，因此，服务性企业必须重视顾客的情感，增强企业与顾客的情感联系。

1. 提供个性化的情感服务

顾客在企业尤其是服务性企业的消费，除了为满足某方面的功能性需求外，有时候还为满足某种情感需求，如放松、消除压力、兴奋、怀旧等。因此，服务性企业应为顾客提供个性化的情感服务，满足顾客这方面的需求。这种情感服务往往是竞争对手不易模仿的。

2. 高度移情，提高员工的情感智力

移情包含两个层面的含义：一是能够感受到顾客的情感，二是能够理解顾客的这种情感。在与顾客的交往过程中，企业应能感受到顾客的情感状态，只有这样，企业才可能识别顾客真正的需要，更好地为顾客提供解决方案。萨乐立（Salorey）和梅厄（Mayer）提出了"情感智力"这一概念。所谓"情感智力"，是指员工理解自己或他人情感、调节自身情感的能力。顾客在服务消费过程中要与服务人员进行多次的交往、交流。在与顾客的每次交往过程中，员工的表情、动作、姿势、声音等都可能影响顾客的心情。为了建立并保持与顾客的长期关系，员工不仅应了解自己的情感，而且应通过顾客的表情、动作、声音等了解顾客的情感，并通过调整自己的情感，促进顾客情感的正面发展，让顾客高兴，为顾客提供难忘的消费经历。即员工应进行情感性劳动，了解顾客情感、通过情感感染，影响顾客情感，增强与顾客的情感联系。

3. 鼓励员工与顾客建立商业友谊

商业友谊是指企业员工在与其顾客交往过程中建立起来的朋友关系。企业不仅应为顾客提供优质的个性化服务，满足顾客的基本需要，而且应鼓励员工与顾客保持商业友谊，以便增强企业与顾客的情感联系。顾客与员工之间的商业友谊是影响顾客忠诚感与企业经济收益的一个重要因素。要保持并发展企业与顾客之间的长期合作关系，企业管理人员必须采取有效的人力资源管理措施，稳定员工队伍，留住优秀员工。如果员工"跳槽"，管理人员应立即安排新员工接替"跳槽者"的工作，要求他们尽快与顾客建立新的商业友谊，以便减少员工"跳槽"对企业造成的负面影响。

4. 建立顾客数据库

情感营销的效果取决于顾客信息的数量和质量，而通过建立顾客数据库，利用计算机信息系统为主体的信息处理技术和控制技术，企业可以大规模采集数据，累积顾客信息，科学地进行顾客分析，准确掌握顾客的心理和需求。此外，顾客数据库有助于企业关注每位顾客的特殊要求，为其提供个性化服务。

顾客数据库的资料要尽可能翔实。一般来说，顾客数据库中除了应包含顾客的人口统计信息，包括顾客名称、地址、电话、传真等之外，还应包含顾客以往消费情况，包括购买次数、购买频率、购买量等。企业建立详尽的顾客数据库，经常保持与老顾客的沟通和交流，了解顾客需求及变化，及时制定有效的策划方案，为各个顾客提供个性化服务。此外，顾客数据库的建立，有助于新员工尽快上手，接替跳槽员工的工作，降低人员流动给企业带来的负面影响。

# 本章案例

## 小公司的客户关系管理

Caviston 食品商场和 Belbin 商店是两家都有着五十多年的经营历史，却没有在市场营销和客户服务上受过正式的管理训练，却一直得到忠实客户支持的公司。许多客户在那儿购买杂货和食品，这种购买行为甚至是从他们的父母、祖父母就开始了。而两家公司由创建者的子孙们继续经营。

### 一、Caviston

Caviston 食品商场是一个家庭拥有经营式的商店，经营特殊食品、鱼类和家禽。商店位于爱尔兰的 Glasthule，靠近都柏林。Caviston 食品商场最初是一家鱼店，随着经济快速发展，人们生活习惯的迅速变化，之后逐渐成长为一家食品商场，经营范围涉及奶酪、鱼类、家禽、食品、熟食、烘烤好的食品和一些小食品，食品来源涉及世界各地。在经营过程中，它始终保持着高质量的服务，友好亲切的职员以及对客户一如既往的关注。业主关于小食品的知识非常丰富，并做了精心的准备，这使得业主能够随时回应客户的回答。当客户可以到城里的大型商场购买相似的商品时，他们也乐于回到 Caviston 食品商场。

Caviston 食品商场的员工因其友好、负责和针对客户的个性化服务而享有盛誉。他们向客户出售鱼类和其他产品时，与客户交谈着并对食品制备提出一些建议。同时，这些员工能够发挥行家的作用也是依赖于 Caviston 食品商场出售的新鲜、高质量、多品种的商品。这家公司的职员和业主总是友好亲切，使得公司一如既往地保持高质量的售货服务。Caviston 食品商场的职员和业主明白客户想要一些什么，客户也明白他们可以期待商场能够为他们提供什么。Caviston 食品商场没有在社区中做任何形式的广告，但却很有名，因为它是当地的橄榄球赛的赞助商，是一年一度的 James Joyce 节的赞助商，还是食品展览的提供者。Caviston 食品商场的售货服务在客户中树立了良好的口碑。

为了了解是什么因素促成了 Caviston 食品商场的成功，都柏林大学的一个研究小组对 Caviston 食品商场的客户进行了多项调查。研究结果主要如下：第一，一些客户说，那儿的员工平易近人，乐于帮助他们，那些员工倾听客户的声音，努力使他们感到愉快，因此，客户们觉得自己能够和员工们建立良好的关系；第二，客户们提到，Caviston 食品商场有着良好的名声和可靠的信誉；最后，客户们提到 Caviston 食品商场使购物成为一种快乐而没有麻烦的经历。

## 二、Belbin

Belbin 商店坐落在因许多爱尔兰居民而著称的圣约翰小镇。它拥有忠实的客户基础已经超过了五十年。以前 Belbin 商店只是一家小商店，一直专注于日用商品的家庭速递服务，最近它刚刚扩大了经营规模。商店的一些老主顾直接到商店中购买商品，另外一些则享受着商店的递送服务。它的递送服务一直兴旺发达，而同一地区的其他递送服务却被社会发展的潮流所淘汰了。这些享受着递送服务的客户通过电话订购他们想要的商品，现在，客户还可以通过传真和电子商务的方式来提交他们的订单。

Belbin 商店是由 Robert Belbin 的祖父创立的，现在由 Robert Belbin 和他的几位兄弟表亲一起经营。都柏林大学的研究人员在研究 Belbin 商店如何理解客户关系时，对 Robert Belbin 进行了采访。在采访过程中，Robert Belbin 向研究人员描述了他们的一位老主顾。这位客户四十多年来一直是 Belbin 商店的忠实客户。现在她的丈夫已经去世了，她一个人独自居住。客户每周都会给商店打电话，订购一些物品。订单中的物品年复一年没有什么变化。"我们把这些商品从货架上取下，包装好，送到 Belbin 商店的送货车上。当送货员将货物送到客户的住宅时，客户通常会邀请送货员进去喝茶，进行长时间的交谈。送货员会帮她把商品的包装拆开，并花几分钟拉拉家常。"

研究员问 Robert Belbin 他是否从这位客户的递送服务中盈利时，他说："我想没有，但是我不会因此而停止提供这项服务。我们实际上还应该感谢她。"作为 Belbin 商店这么多年的客户，老太太知道 Belbin 商店是可以信赖的。有趣的是，Belbin 先生没有意识到他做了什么特别的事，相反，他觉得自己只不过是在做生意。从商业的眼光来看，这位客户的每周速递的服务并不是一件好主意，但研究员也从中理解了 Belbin 商店为什么在这个竞争日益激烈的社会中繁荣起来。客户对 Belbin 商店的良好感受就是 Belbin 商店的商业驱动力，是商店和客户保持长期良好关系的原因。

Belbin 商店还有一些客户，他们定期要求在工作时间送货上门的服务，因为他们是全职工作者，非常看重 Belbin 商店所提供的这项服务。Belbin 商店能够提供和其他商店截然不同的速递服务。因为商店的几位重要客户向他们提供了房门钥匙。这些钥匙被安全地保存在 Belbin 办公室的保险柜中。送货人员（通常是商店的业主之一）送货时要到办公室去取钥匙。货送到的时候，送货人员不仅要把客户购买的商品送到客户家中，通常还会把一些容易腐烂的食品放进冰箱，把其他商品摆放到架子上。这样，客户回家后就不用亲自摆放了。

客户对 Belbin 商店这种高度的信任不是一朝一夕形成的，它来自于商店对客户几年如一日的公平负责的态度。

## 讨论：

1. 从 Cavison 食品商场和 Belbin 商店的经验中可以学到什么？它们的经验对那些较大的

商店或超市有什么用处？

2. 小公司能不能实行客户关系管理？小公司的客户关系管理与大公司的客户关系管理有何不同？又有什么相同之处？

3. Cavison 食品商场和 Belbin 商店这两家小公司的客户关系实践说明了客户关系的实质是什么？反映了客户关系中哪些重要的因素？

**思考与练习：**

1. 什么是关系质量？它包含几个组成成分？

2. 如何理解顾客信任感？你认为企业应如何培养顾客对企业的信任感。

3. 请简述顾客归属感及其组成成分。

4. 什么是商业友谊？企业应如何培养员工与顾客之间的商业友谊？

5. 请简述顾客关系质量各组成成分之间的关系。

**补充阅读材料：**

1. Crosby, Lawrence A., Kenneth R. Evans, Deborah Cowles. Relationship Quality in Services Selling: An Interpersonal Influence Perspective, Journal of Marketing, 1990, 68-81.

2. Huntley, Julie K. Conceptualization and Measurement of Relationship Quality: Linking Relationship Quality to Actual Sales and Recommendation Intention, Industrial Marketing Management, 2005: 1-12.

3. Hennig-Thurau, Thorsten, Kevin P. Gwinner, Dwayne D. Gremler. Understanding Relationship Marketing Outcomes: An Integration of Relational Benefits and Relationship Quality, Journal of Service Research, 2002: 230-247.

4. Naude, Pete, Francis Buttle. Assessing Relationship Quality, Industrial Marketing Management, 2000, 29: 351-361.

5. Papassapa Rauyruen, Kenneth E. Miller. Relationship Quality as a Predictor of B2B Customer Loyalty. Journal of Business Research, 2007, 60(1): 21-31.

# 第六章 顾客忠诚感管理

 引 例

在房地产行业顾客重复购买率很低的情况下，深圳万科地产客户俱乐部（简称万客会）却表现出了强大的功力，如在深圳四季花城销售后期，老业主推荐成交率占 50% 以上，而这些老业主基本上都是万客会的成员。万科每一次新楼盘的开盘销售人气都很旺，这些人不一定买楼，但对项目的销售却起到很好的宣传和促进作用。这一点万客会功不可没，通过会刊、网页、活动邀请函等，万客会以多种方式和会员保持联络，会员发现感兴趣的信息，就会主动关注，前往参加活动。这种无形的影响既反映在人数的增长上，也反映在会员结构上。万客会的会员并不仅仅是万科业主，这与别的发展商组织的会员俱乐部不一样，万科业主仅占 50%~60%，其余都是对万科感兴趣的人士或单位、组织。万客会真正实现了设立时的初衷，"与万科老客户、或想成为万科客户、或不想成为万客客户但想了解万科的消费者交流沟通"。

**热身思考：忠诚顾客的价值在哪里？**

## 第一节 顾客忠诚感的基础理论

20 世纪 90 年代以来，美国《哈佛商业评论》发表了一系列论述顾客忠诚感的论文，引起了学术界和企业界对顾客忠诚感培育问题的普遍关注。许多学者认为，要提高经济收益，增强竞争能力，企业必须培育顾客的忠诚感。随着我国会展业的逐渐兴起和进一步发展，培育会展企业顾客的忠诚感，也成为越来越多的会展企业管理人员和这一领域学者们关注的一个热点问题。

### 一、顾客忠诚感的含义

许多企业管理人员认为，忠诚的顾客是指那些长期重复购买企业的产品和服务的顾客。在忠诚感的早期研究中，许多学者也以顾客的再购率、顾客与企业关系的持久性、顾客的购买方式、购买频率、顾客从本企业购买的产品和服务数量在其所购买的同类产品和服务总量中所占的比例、顾客对企业的口头宣传等计量顾客忠诚感。美国学者纽曼（Joseph W. Newman）和沃贝尔（Richard A. Werbel）认为，忠诚的顾客是指那些反复购买某个品牌的产品、只考虑该品牌的产品、不会寻找其他品牌信息的顾客。然而，这类顾客忠诚感定义只强调顾客的实际购买行为，并没有考虑顾客忠诚感的心理含义。

美国著名学者德因首先提出，企业应综合考虑顾客忠诚感的行为成分和态度成分[①]。他指出，顾客对企业的态度，或顾客在该企业的购买行为只能解释顾客忠诚感的一个组成成分，企业综合分析顾客的购买行为和顾客对企业的态度，才能更准确地衡量顾客的忠诚程度。真正忠诚的顾客不仅会反复购买企业的产品和服务，而且还真正喜欢该企业，偏爱该企业的产品和服务。

1994 年，美国学者狄克和巴苏根据顾客对企业的态度和顾客的购买行为，提出了图 6-1 所示的顾客忠诚感分析框架。他们认为，顾客忠诚感是由顾客对本企业产品和服务的续购率与顾客对本企业的相对态度共同决定的。只有那些续购率高，并且与其他企业相比，更喜欢本企业的顾客（图 6-1 中 A 类）才是本企业真正的忠诚者。

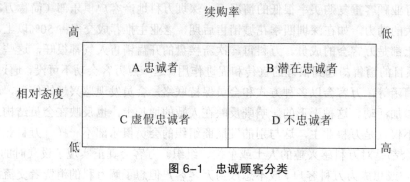

图 6-1　忠诚顾客分类

资料来源：Dick Alan S., Kunal Basu. Customer Loyalty: Toward an Integrated Conceptual Framework[J]. Journal of the Academy of Marketing Science, 1994,22(2): 102。

潜在忠诚的顾客（图 6-1 中 B 类）在行为上常常表现出低重复购买的特点，但在情感上他们往往对企业有较高程度的依恋，非常愿意重复购买企业的产品和服务。只是企业的一些内部规定或其他环境因素限制了他们的购买。例如，一对夫妻经常一起外出就餐。妻子喜欢吃希腊菜，而丈夫却是一位素食主义者，他不喜欢地中海食品，结果这对夫妻只好去双方都能接受的饭店。要发掘这对夫妻的潜在忠诚，饭店就该同时提供一些希腊菜肴和素食。

虚假忠诚者（图 6-1 中 C 类）续购率较高，但他们对企业并不满意。他们往往是出于惰性或没有其他选择而购买企业的产品和服务。一旦市场上出现新的竞争者或其他企业能够为他们提供更大的消费价值，这类顾客很有可能跳槽，改购其他企业的产品和服务。

有些顾客生来就不会忠诚于任何一家企业（图 6-1 中 D 类）。这类顾客追求多样化，喜欢从不同的企业购买自己需要的产品和服务。

国内外许多学者都赞成奥立佛提出的顾客忠诚感定义。1997 年，奥立佛进一步完善了他于 1980 年提出的顾客忠诚感定义。他指出，顾客忠诚感是指顾客长期购买自己偏爱的产品和服务的强烈意愿，以及顾客实际的重复购买行为。真正忠诚的顾客不会因外部环境的影响或竞争对手企业的营销措施而"跳槽"。1999 年，奥立佛进一步指出，顾客忠诚感按其形成过程可以划分为认知性忠诚感、情感性忠诚感、意向性忠诚感和行为性忠诚感。

---

① Dick Alan S.，Kunal Basu. Customer Loyalty: Toward an Integrated Conceptual Framework. Journal of the Academy of Marketing Science, 1994, 22(2): 100.

## 二、顾客对产品和服务的忠诚感的区别

虽然学术界对顾客忠诚感进行了大量的研究，但学术界侧重于研究顾客对产品品牌的忠诚感，20 世纪 60 年代至 70 年代，许多顾客忠诚感理论也是企业管理理论工作者在产品营销理论研究的基础上提出来的。直到 20 世纪 80 年代初，学术界才逐渐开始研究服务性企业的顾客忠诚感问题。许多学者认为，营销学者在顾客对品牌的忠诚感研究中提出的学术观点对服务性企业不一定适用。服务性企业照搬工业企业培育顾客忠诚感的措施，并不能实现预期的效果。贝里等人对产品和服务之间的区别、产品营销策略和服务营销策略之间的差异进行了深入的研究。他们指出，服务具有生产和消费的同时性、无形性、差异性、不可储存性等特点。因此，产品生产企业培育顾客忠诚感的措施对服务性企业并不完全适用。

由于产品和服务具有不同的特征，因此，顾客对产品生产企业的忠诚感与其对服务性企业的忠诚感也不同。

（1）与产品生产企业相比，服务性企业更可能与顾客建立密切的联系。产品的生产过程与销售过程、使用过程是相互独立的，在很多情况下，产品生产企业通过各级分销商销售产品，企业与顾客并没有直接的面对面交往。相比较，服务性企业与产品生产企业有很大的不同。由于服务具有生产和消费同时性特征，服务性企业为顾客提供服务的过程也就是顾客消费服务的过程。而对大部分服务来说，顾客都必须与服务性企业进行面对面的接触。因此，与产品生产企业相比较，服务性企业与顾客接触的机会更多，也就更可能与顾客建立密切的联系。

（2）服务消费者比产品消费者更可能对某个企业形成忠诚感。

由于服务的无形性，顾客在购买服务前往往无法判断服务性企业服务质量的好坏，因此，与产品相比较，顾客购买服务的风险较大。为降低购买风险，顾客往往会选择忠诚于自己信任的某个服务性企业。通过对该企业的忠诚，实现降低购买风险的目的。随着顾客感知的购买风险的增大，顾客忠诚于服务性企业的可能性也增大。

（3）服务性企业有更多的机会培育顾客忠诚感。在服务消费过程中，顾客与服务人员接触的机会较多，因此，服务性企业有更多的机会培育顾客忠诚感。顾客与服务人员之间的交往是服务营销活动的一个重要组成成分。服务性企业的大部分服务都是通过服务人员向顾客提供的。服务人员与顾客的长期交往，有助于双方建立起一种商业友谊。许多顾客非常重视他们与服务人员之间的商业友谊，他们往往会因为与服务人员的这种商业友谊而对服务性企业忠诚。

（4）在服务性企业中，顾客可能会忠诚于不同的对象。服务性企业的顾客可能忠诚于服务性企业的某个销售网点，也可能忠诚于服务性企业的某位员工。而对产品而言，顾客一般只是忠诚于产品生产企业，或是忠诚于产品品牌，很少有顾客会忠诚于某个产品的销售人员。

正是由于这些原因，顾客对服务的忠诚感与顾客对产品和销售网点的忠诚感有显著的区别。顾客对品牌的忠诚感是指顾客喜欢某个品牌的产品并长期购买该品牌的产品。忠诚于某个品牌的顾客可以到该品牌竞争对手的销售网点去购买自己偏爱的品牌的产品。顾客对销售网点的忠诚感是指顾客喜欢某个销售网点并长期到这个销售网点购买产品。忠诚于某个销售网点的顾客可以在他们偏爱的销售网点购买多种品牌的产品。然而，顾客必须到自己偏爱的服务性企业购买服务，也就是说，服务性企业的忠诚者既是"销售网点忠诚者"，也是"品

牌忠诚者"。

## 三、顾客忠诚感的测量

企业管理人员应该从以下四个方面计量顾客的忠诚程度。

**1. 行为性忠诚感**

人们对忠诚感的计量最早开始于对顾客行为的测量。行为忠诚的顾客反复购买某个品牌的产品和服务，他们的购买决策行为是一种习惯性反应行为，他们不留意竞争对手企业的营销活动，不会特意收集竞争对手企业的信息。企业可根据顾客购买本企业产品和服务的经历，包括他们与本企业关系的持久性、他们的购买方式、购买本企业产品和服务的数量、购买频率、他们在本企业的消费数额占他们在同类企业的消费总额的百分比（即顾客的"钱包占有率"）、顾客的口头宣传，衡量顾客的行为性忠诚感。

行为性忠诚感反映顾客的实际消费行为。但是，企业只测量顾客的行为性忠诚感，无法解释顾客反复购买某种产品和服务的深层次原因。根据奥立佛提出的顾客忠诚感定义，企业应该从顾客的态度和行为两个方面衡量顾客的忠诚感，真正忠诚的顾客不仅反复购买某个企业的产品和服务，而且在众多同类企业中更偏爱这个企业。出于惰性，或因某个企业的市场垄断地位而反复购买该企业产品和服务的顾客并不是真正的忠诚者。由于行为性忠诚感的计量方法没有解释顾客反复购买产品和服务的原因，因此，管理人员采用这种计量方法，并不能准确区分真正忠诚者和虚假忠诚者。

**2. 情感性忠诚感**

情感性忠诚感包含顾客对买卖双方关系的情感投入，是顾客在多次满意的消费经历的基础上形成的对企业的偏爱和情感。狄克和巴苏（1994）指出，企业不仅应计量顾客的实际购买行为，而且应计量顾客对企业的态度，忠诚的顾客不仅反复购买某个企业的产品和服务，而且真正喜欢该企业。巴诺斯（1997）发现，真正忠诚的顾客能够感受到他们与企业之间的情感联系。而这种情感联系正是顾客保持忠诚感，继续购买企业的产品和服务，并向他人大力推荐企业的产品和服务的真正原因。与企业缺乏情感联系的顾客，不是企业真正的忠诚者。正是这种情感因素促使顾客从习惯性地购买企业的产品和服务逐渐发展为与企业建立长期的关系。

美国学者捷克比和科斯纳特认为，完整的顾客忠诚感定义应该包含行为成分和态度成分两个方面。他们指出的态度成分实质上是顾客的情感性忠诚感。企业可从顾客对企业的喜爱程度以及顾客对双方关系的投入程度等方面，衡量顾客对企业的情感性忠诚感。

企业计量顾客的情感性忠诚感，可衡量顾客对本企业的态度，反映顾客忠诚感的情感和心理依附特征。但是，出于种种原因，喜欢某个企业的顾客不一定就会购买这个企业的产品和服务。因此，管理人员采用这种计量方法，很难区分真正的忠诚者与潜在的忠诚者。

**3. 认知性忠诚感**

早在 1980 年，美国学者李（B. A. Lee）和泽斯（C.A. Zeiss）就指出，除行为成分和情感成分之外，顾客忠诚感还应包含一个认知成分。近年来，越来越多的学者指出，顾客忠诚感还应包括认知性忠诚感。认知忠诚的顾客非常关心他们能够获得的利益、产品和服务的质量、价格，追求价廉物美，却不太考虑品牌因素。企业可以从以下几方面衡量顾客的认知性忠诚感：① 顾客在购买决策过程中首先想到本企业产品和服务的可能性；② 顾客在众多的产品和服务中首先选择本企业的产品和服务的可能性；③ 顾客可以承受的产品和服务的价格浮动范围；④ 与竞争对手企业相比较，顾客更偏爱本企业的程度。

4. 意向性忠诚感

许多企业管理人员和学者根据顾客的行为意向，计量顾客忠诚感。与顾客目前的态度和行为相比，企业管理人员更关心顾客将来的行为。但是，顾客的购买意向并不一定会转变为顾客的实际购买行为。企业很难准确预测顾客的购买意向是否一定转化为实际购买行为。因此，顾客的意向性忠诚感并不等于顾客真正的忠诚感。顾客的意向性忠诚感既包含顾客与企业保持关系的意愿，也包含顾客追寻自己偏好品牌的动机。企业可以根据顾客与企业保持关系的意愿和顾客的行为意向，衡量顾客的意向性忠诚感。

消费者行为学者认为，在消费者态度形成过程中，消费者会首先收集产品和服务的信息（认知）；消费者对这些零碎而复杂的信息进行重新整理、加工之后，会对产品和服务做出肯定或否定的综合评估（感情评估）；并在这一综合评估的基础上产生某种行为意向。1999 年，奥立佛指出，顾客忠诚感的形成过程是先有认知性忠诚感，其次是情感性忠诚感，再次是意向性忠诚感，最后是行为性忠诚感。朱沆和汪纯孝（1998）在宾馆的实证研究结果也表明：顾客忠诚感的情感成分决定行为成分[①]。

根据社会心理学理论，态度是指人们根据自己的认知和好恶，对人、事、物以及周围世界表现出一种相当持久的行为倾向。人们的态度会影响他们的行为。顾客对服务性企业的态度也会影响他们的消费行为。根据消费者行为学理论，消费者的态度是由认知成分、情感成分和行为意向成分组成的。行为意向作为态度的一个组成成分，可能会转化为实际行为，也可能不转化为实际行为。有些学者的实证研究结果表明，顾客的行为意向与顾客的实际消费行为之间并没有显著的关系，但大多数学者的实证研究结果都表明，顾客的购买意向对顾客的实际购买行为有显著影响。

根据消费者行为学中的态度理论，我们认为，顾客的认知性忠诚感、情感性忠诚感和意向性忠诚感实质上是态度忠诚感的三个组成成分，只有同时具有态度忠诚感和行为忠诚感的顾客才是企业真正忠诚的顾客，也就是说，只有在认知、情感、意向和行为四个方面都对企业忠诚的顾客才是企业真正的忠诚者，且顾客忠诚感的态度成分会影响行为成分。

## 四、顾客忠诚的价值

美国著名营销学者雷奇汉（Frederick F. Reichheld）和萨斯（W. Earl Sasser）在 9 个服务行业的研究结果表明，顾客忠诚率提高 5%，企业的利润将增加 25%～125%。其他许多学者的研究结果也表明，忠诚的顾客能够给企业带来最大的经济价值。这种价值主要来源于以下几个方面。

1. 忠诚顾客的重复购买行为

忠诚的顾客不仅会重复购买同一企业的同种产品或服务，增加企业的收入，而且还会购买该企业的其他产品和服务，给企业带来更多的经济收入。雷奇汉的研究表明，销售收入的增加是忠诚顾客带给企业的最重要的、也是最直接的利益。此外，企业为忠诚顾客服务的成本的降低，也是企业利润增加的原因之一。随着顾客与企业交往时间的延长，企业对顾客的

---

① 朱沆，汪纯孝. 酒店顾客忠诚感实证研究 [J]. 中外饭店，1998，（4）：34—35.

了解越来越全面，越来越具体，对顾客的偏好、购买习惯、购买能力等都有详细的了解，因此，为忠诚顾客服务的成本就会降低。一方面忠诚顾客带给企业的业务收入在增加，而另一方面，企业为忠诚顾客服务的成本在降低，所以企业的利润在不断增加。

2. 忠诚顾客的口头宣传

忠诚的顾客不仅自己重复购买企业的产品和服务，而且还会为企业做有利的口头宣传，向他人推荐企业的产品和服务，扩大企业的顾客群。忠诚顾客实质上是企业的"免费宣传员"。美国学者波文（John T. Bowen）和舒麦克（Stowe Shoemaker）在豪华酒店对商务旅客的调查表明，20%的旅客在与他人谈起酒店时会特别推荐自己忠诚的酒店；一般说来，一个忠诚的顾客平均会向 12 个人推荐自己忠诚的酒店。美国 Ritz-Carlton 酒店按忠诚顾客推荐的 12 个人当中有一个成为本酒店的忠诚顾客计算，一个忠诚顾客能够带给酒店的经济价值超过了十万美元。此外，与通过其他渠道了解企业的顾客相比，那些受他人推荐购买企业产品或服务的顾客更可能对企业忠诚。

3. 忠诚顾客更可能向企业反馈信息

忠诚的顾客不仅重复购买企业的产品和服务，会向他人推荐企业的产品和服务，而且还会积极地向企业反馈信息。忠诚顾客反馈给企业的信息可以分为两类：一类是顾客投诉，相对于非忠诚顾客，忠诚顾客更可能向企业投诉。顾客的投诉有助于企业改进服务质量，增强顾客满意感和忠诚感。另一类是顾客需求方面的信息。顾客向企业反馈这类信息，有助于企业了解市场需求，更好地满足顾客需求，降低新产品开发的风险。

4. 忠诚顾客对产品和服务价格的敏感度较低

忠诚的顾客对自己忠诚的企业的产品或服务的价格不是很敏感，他们相信该企业提供的产品或服务的价格是公正的；有时候他们甚至愿意支付较高的价格购买该企业的产品或服务。波文和舒麦克在他们的调查中发现，将近 50%的顾客相信自己忠诚的酒店的房价是公正的；将近三分之一的顾客表示为了在该酒店住宿愿意支付较高的房价。

5. 忠诚顾客更能包容企业在服务过程中出现的小错误

忠诚的顾客往往愿意原谅企业在服务过程中出现的一些小错误或小失误，愿意在合理的范围内再给企业一次改正错误的机会。而非忠诚的顾客对企业工作中的错误或失误非常敏感，一旦出现问题，他们会立即改购其他企业的产品或服务。对于服务中出现的小的服务差错，企业应及时采取补救性措施，弥补对顾客造成的损失。

# 第二节　选择合适的顾客

顾客天生存在着差异，并不是所有的顾客都愿意与企业保持长期关系，也不是所有的顾客都能够给企业带来利润，因此，传统的大众营销策略对客户关系管理并不适用。企业进行客户关系管理是为了培育忠诚的顾客。雷奇汉在《Loyalty Effect》一书中指出，以顾客忠诚为目标的企业应该记住以下三点。

（1）有些顾客天生为人诚实、办事可靠，无论和哪家企业交易都喜欢长期稳定的业务关系。

（2）有些顾客比一般顾客更有利可图。他们购买额较大，支付货款及时，但需要企业提供的服务反而不多。

（3）有些顾客觉得你的产品和服务比你的竞争对手提供的产品和服务更好、更物有所值。你的特定优势更能满足这些顾客的需求。

因此，企业培育忠诚的顾客重要的一步就是要对顾客进行细分，选择合适的顾客。

美国西北共同基金公司（Northwestern Mutual）专注于为适合本公司定位的小企业主、专业人士和高级管理人员提供传统的人寿保险。结果该公司目前已成为美国最大的普通人寿保险的供应商。戴尔电脑公司因为在挑选顾客方面比行业内任何竞争对手都更为严格，现在该公司的市场份额至少提高了两倍。可见，选择合适的顾客有助于企业更快的增长。

此外，选择合适的顾客，也有助于企业降低成本。戴尔电脑公司进行了认真细致的成本分析。结果发现，新的电脑用户对服务支持的要求几乎达到了一种毫无节制的程度，为这类顾客服务要耗费公司大量的人力和财力。为此，20世纪90年代的大部分时间里，企业决定避开这类顾客群。戴尔公司把因特网作为首要的获取顾客的渠道，由此缩小顾客群。他们认为，只有那些有电脑的消费者才能上网，几乎可以肯定这些用户大都是经验丰富的用户，公司为这类用户服务成本更低。虽然至今戴尔公司的竞争者难以完全认同戴尔坚持严格选择顾客的做法，但他们也不得不为戴尔公司的低成本感到不可思议。

## 一、传统的市场细分变量

传统的市场细分变量包括地理细分变量、人口细分变量、心理细分变量和行为细分变量四类。

### 1. 地理细分变量

地理细分是指把市场划分为不同的地理单位，如国家、州、地区、省、市或居民区等。企业可以选择一个或几个地理区域开展业务，也可选择所有地区，但应注重各地区在地理需求和偏好方面的差异。一般来说，地理细分较适用于全国性品牌，如海尔洗衣机为北方缺水地区提供节水型洗衣机，麦斯威尔可以让其咖啡口味多样化，以符合不同地区居民的口味。

### 2. 人口细分变量

人口细分是按照年龄、性别、家庭人口、家庭类型、家庭生命周期、收入、职业、受教育程度、宗教、种族和国籍等人口变量对市场进行细分。人口变量是区分顾客群体最常用的标准。这主要是因为：一方面消费者对产品的需求、偏好、使用情况与人口变量密切相关；另一方面，人口变量比大部分其他类型的变量更容易测量。人口统计变量经常被用来作为市场细分的基础。即使目标市场不是按照人口统计变量进行的细分，但为了确定目标市场的规模和寻找有效的市场进入媒体，仍然需要利用人口统计的有关结果。

运用人口统计特征的营销人员喜欢观察家庭生命周期，在不同的生命周期阶段，人们的购买需求会不同。

### 3. 心理细分变量

按照心理特征细分市场时，可根据购买者的社会阶层、生活方式和个性特征将市场划分为不同的细分市场。即使顾客处于相同的人口细分市场，他们的心理特征也可能存在极大的差异。

### 4. 行为细分变量

行为细分变量是最重要的，因为它反映了客户的实际购买行为，而后者是企业进行数据库营销和关系营销的关键。所谓行为细分是根据购买者对某一产品的知识、态度、使用情况和反应，将市场划分为若干顾客群。常用的行为细分变量包括消费者购买时机、追求的利益、使用者地位、产品使用率、忠诚程度、所处购买准备阶段等。

以上四种类型的市场细分变量可以单独使用，也可以同时使用。企业根据某个或某些细分变量进行市场细分后，针对所选择的目标市场的特征，采取相应的营销策略。

## 二、根据顾客的价值细分市场

有些学者指出，企业根据传统细分变量进行市场细分、提供的产品和服务是针对所选择的细分市场的共同特征的产品和服务。实际上，即使是同一细分市场的顾客之间也存在差异，企业针对某一细分市场提供的产品和服务可能对有些顾客而言是"质量过剩"，但对有些顾客其需求可能未能很好地得到满足。此外，处于同一细分市场的顾客的"价值"也是不同的。因此，企业应根据顾客能够给企业带来的利润区分不同的顾客，为不同价值的顾客提供不同的产品和服务。在计算顾客的价值时，企业应计算顾客的终身价值，即顾客与企业保持长期关系所带来的利润的折现值之和。企业应根据顾客的终身价值的大小为顾客提供"等值"的服务。如果仅根据顾客的目前价值选择顾客，则企业很可能会遗漏掉那些潜在价值（长期价值）大的顾客，也可能为潜在价值低的顾客提供了"过剩"的服务。AT&T 公司根据每个顾客终身价值的不同，为顾客提供不同的服务。对那些终身价值高的顾客，在该公司可享受到热情周到的服务（如有专人倒茶、递毛巾等），而对于终身价值低的顾客则只能通过电话或网络办理业务。

## 三、根据顾客实际购买行为细分市场

美国学者 Arthur Hughes 认为，企业可根据顾客最近购买时间（Recency）、购买频率（Frequency）、购买量（Monetary）对顾客进行细分，即运用最近购买时间、购买频率、购买量（RFM）分析法对顾客进行细分。根据顾客的最近购买时间、购买频率和购买量对企业数据库中的每个顾客编码。编码后的每位顾客都有一个相对应的三位数的编码。与编码不同的顾客相比，具有相同编码的顾客在购买行为方面有一定的相似性。具体的 RFM 分析方法见第七章第五节内容。

## 四、选择合适的顾客

1. 运用忠诚系数，选择内在忠诚度较高的顾客

绝大部分的企业都在寻找更为有利可图的顾客，许多企业处心积虑地追逐一个难以捉摸的市场，希望该市场能够接受本企业的产品和服务。但是，很少有企业管理人员意识到有些顾客天生比别人更实在，更可能忠诚于某个企业。所谓忠诚系数，是指企业推动不同的顾客需要的"经济力"。有的顾客为了 2%的价格折扣就会转购竞争对手的产品和服务，而有的顾客即使是 20%的折扣也岿然不动。企业应根据忠诚系数，选择内在忠诚度较高的顾客。

美国某人寿保险对其顾客的研究发现，中西部和农村地区的顾客非常忠诚，而东北部居民和城里人则频频更换保险公司；已婚的人比单身汉表现出更高的忠诚度；租屋居住的人比有房者的忠诚度更高；年长者比年轻人的忠诚度更高。在同一地区的人口中，不同细分的消费群体表现出不同的平均续保率，低的为 72%，高的达到了 94%。在人寿保险业中，顾客保

持率上升 5%，其终身价值升高 90%，反之降低 90%。可见，72%至 94%的续保率的差异非常可观。为此，该保险公司调整了自己的经营策略。首先，该公司把销售代理派到了顾客忠诚度较高的地区，而没有通过增设服务项目与竞争对手竞争；其次，该公司调整了自己的产品系列，以便与这类顾客的需求相适应；最后，调整了代理人的佣金比例。以前该公司与大部分保险公司一样，每逢代理人吸引来一个客户，总是根据头期保费向代理人支付很高的佣金。如今该公司把代理人的业绩奖金的一部分与其保户的两年续保率相挂钩。通过以上策略的调整，该保险公司最终提高了公司整体的顾客保持率。

另以豪华汽车为例。每家制造商都希望顾客再买车时还买它的品牌，而实际上大多数汽车制造商的重复购买率在 30%至 40%之间。然而，凌志汽车公司的 1993 和 1994 年两个车型，顾客的重复购买率平均高达 63%，在顾客忠诚感方面创立了同行新高。"无限"（Infinite）牌汽车与凌志一样都是为了服务豪华车市场而创立的，两家都建立了自己的经销网络，而且两家的重复购车率都表现不俗，而"无限"同期的重购率是 42%，比凌志低 21%。这是为什么呢？答案就在于挑选顾客时是否运用了忠诚系数。

"无限"的母公司日产汽车公司，在丰田开始凌志计划一年多之后获悉此事，便打定主意将其击溃。虽说两家公司都把眼光瞄准高档汽车市场，但"无限"决定将重心放在式样时髦和高性能上，而不是典雅的外观和经久耐用上。日产公司调动它庞大的设计力量，发挥其进度管理的优势，最终生产出"无限"牌汽车。它外观富态且令人耳目一新，性能方面表现出不少引人喝彩的特点，此外，还与凌志汽车同时上市。

无限车追逐的车主大都开着宝马和捷豹，而凌志车是给奔驰和凯迪拉克的车主设计的。后者年纪稍大，对时髦和功率不是很看重，但更关心售后服务、可靠性及持久价值。凌志选择这一市场的一个关键理由是根据以往的经验，那些开着奔驰和凯迪拉克车的人都是本行业最忠诚的顾客。虽然游说他们放弃目前的品牌有些困难，但一旦游说成功，这些顾客的忠诚度很高。此外，凌志公司发现，奔驰和凯迪拉克没能把忠诚顾客带来的收益重新投入，为顾客创造越来越大的消费价值，这样，就为凌志吸引这部分顾客打开了一个缺口。

因此，虽然凌志和无限在提供高消费价值和招揽可观的目标顾客方面都取得了较大的成绩。但无限的成功可能难以持久，原因在于无限的顾客都是年轻人，他们看重的是造型时髦、马力强劲，而在这两项指标上任何一家汽车公司都难以长期保持优势。凌志的重复购买率高过无限 21%，部分原因就在于凌志的目标顾客的忠诚系数很高。

2. 过滤掉不好的顾客

顾客生来就懂得寻觅所能找到的、最合算的买卖。企业管理人员应该了解，有时候最有可能成为本公司顾客的人，偏偏可能正是你能找到的最糟糕的顾客。企业应采取各种办法，尽可能地过滤掉不好的顾客。

Amica Mutual 公司是美国的一家保险公司，该公司规模虽小，却年年获得最佳服务质量奖，他们成功的关键便是只接纳现有顾客推荐的新顾客。换句话说，该公司利用已有的高质量的顾客，拒绝风险较高的人，从而把损失降到最小。而 Progressive Insurance 公司专营摩托车保险等高风险业务。该公司发现，与年纪较大的摩托车驾驶员相比较，年轻人的风险较高。针对这一现象，该公司对年轻车手的定价便比较高。

要过滤掉不好的顾客，企业应该把顾客保留率作为考核销售人员的业绩的一个指标。保险公司尤其应该如此。目前许多保险公司按照销售人员吸引的新顾客的数量支付佣金，对续保户不给销售人员支付佣金。这样会导致销售人员关注吸引新顾客而忽略了老顾客。而真正给保险公司带来利润的正是老顾客。美国国家农场保险公司对购买财产险/意外险的新顾客和续保顾客向销售人员支付一样的佣金，统一了公司和销售人员之间的利益。

此外，在过滤掉不好的顾客时，应尽量避免这些顾客对企业的负面口碑宣传。顾客的负面口碑宣传，可能赶走企业的潜在顾客，给企业造成损失。

# 第三节　客户关系生命周期管理

所谓客户关系生命周期是指当一个顾客开始对企业进行了解或企业欲对某一顾客进行开发开始，直到顾客与企业的业务关系完全终止且与之相关的事宜完全处理完毕的这段时间。客户关系生命周期是企业产品生命周期的演变，但对商业企业来讲，客户关系的生命周期要比企业某个产品的生命周期重要得多。顾客关系的生命周期性可分为潜在客户期、客户开发（发展）期、客户成长（维系）期、客户成熟期、客户衰退期、客户终止期共六个阶段。在客户关系生命周期不同阶段，企业的投入与客户对企业收益的贡献是大不相同的。

## 一、客户关系生命周期

1. 潜在客户期

当客户对企业的业务进行了解，或企业欲对某一区域的客户进行开发时，企业与客户开始交流并建立联系，此时客户已进入潜在客户期。潜在客户对企业的产品和服务感兴趣，收集与企业产品或服务有关的信息和资料，企业要对潜在客户的询问进行相应的解答，某一特定区域内的所有客户均是潜在客户。这一阶段企业的投入是对所有客户进行调研，以便确定出可开发的目标客户。在这一阶段，企业与潜在客户还没有发生业务交易，真正意义上的客户关系尚未建立。企业有一定的投入成本，但客户尚未对企业做出任何贡献。

2. 客户开发期

当企业对潜在客户进行了解后，对已选择的目标客户进行开发时，便进入客户开发期。企业根据目标客户的偏好、习惯、倾向等界定企业的产品和服务，并设法通过各种措施吸引目标客户购买企业的产品和服务。在这一阶段，企业要进行大量的投入，但客户为企业所做的贡献很小甚至没有。

3. 客户成长期

当企业对目标客户开发成功后，客户已经与企业发生业务往来，且业务在逐步扩大，此时已进入客户成长期。客户首次购买的购后感觉良好，就有可能重复购买，并可能购买企业的多种产品和服务项目，满足客户的相关需求。在这一阶段，企业的投入和开发期相比要小得多，主要是发展投入，目的是进一步融洽与客户的关系，提高客户的满意度、忠诚度，进一步扩大交易量。即通过各种营销措施，刺激客户更多地使用本企业的产品和服务，充分挖掘现有客户的潜力，通过交叉销售和增量销售获取更大的利益。此时客户已经开始为企业做贡献，企业从客户交易获得的收入已经大于投入，开始盈利。

4. 客户成熟期

当客户与企业相关联的全部业务或大部分业务均与企业发生交易时，说明此时客户已进入成熟期，成熟的标志主要看客户与企业发生的业务占其总业务的份额，即看客户的"钱包份额"。在这一阶段，企业的投入较少，客户为企业做出较大的贡献，企业与客户交易量处于较高的盈利时期。这一时期也是客户关系生命周期中企业获利的黄金时期，因此，企业应尽可能地延长客户关系的成熟期。

**5. 客户衰退期**

当客户与企业的业务交易量逐渐下降或急剧下降，客户自身的总业务量并未下降时，说明客户已进入衰退期。在客户关系的发展过程中，由于发生了特定的事件导致客户对企业及其产品或服务的不满，双方之间的交易量减少。此时，企业有两种选择，一种是加大对客户的投入，重新恢复与客户的关系，确保忠诚度；另一种做法便是不再做过多的投入，渐渐放弃这些客户。企业两种不同的做法自然就会有不同的投入产出效益。

**6. 客户终止期**

当企业的客户不再与企业发生业务关系，且企业与客户之间的债权债务关系已经理清时，意味着客户生命周期的完全终止。此时企业有少许成本支出而无收益。

## 二、基于客户关系生命周期的客户关系管理策略

企业要尽可能地延长客户关系的生命周期，尤其是成熟期。客户成熟期的长度可以充分反映出一个企业的盈利能力。面对激烈的市场竞争，企业要掌握客户生命周期的不同特点，提供相应的个性化服务，进行不同的战略投入，使企业的成本尽可能低，盈利尽可能高，从而增强企业竞争力。在潜在客户期和客户开发期，企业主要的策略是吸引客户，建立客户关系；在客户的成长期和成熟期，企业主要的策略是留住客户，维系客户关系；在客户的衰退期，企业的主要策略是挽留客户，恢复客户关系；而在客户终止期，企业的主要策略则是放弃客户，终止客户关系。

**1. 吸引客户，建立客户关系**

吸引客户是指企业运用各种措施获取新客户。在以下情况下，企业应重视吸引新客户工作：①新增客户的数量和质量明显低于竞争对手；②现有客户数量较少；③现有客户对企业的利润贡献度普遍不高；④市场上出现有较强吸引力的潜在客户。

企业可通过奖励和说服两种方式，吸引新客户。奖励客户就是通过价格优惠等方式刺激客户购买企业的产品和服务；而说服客户则是向客户展示本企业满足客户需求和欲望的能力，吸引客户与本企业建立关系。企业可以通过改善企业形象、鼓励客户推荐行为、提供质量保证等方式吸引客户，也可以通过价格优惠、产品性能测试、媒体广告等方法促使客户购买企业的产品和服务，建立客户关系。

**2. 留住客户，维系客户关系**

客户一旦购买企业的产品或服务，企业就应尽可能留住客户。企业可通过两种方式留住客户：一种是通过增加客户感知的消费价值，提高客户满意度，增强客户对企业的信任感，培育真正忠诚的客户；另一种是增加客户跳槽的成本，使得客户不得不继续与企业保持关系。

对成长期客户，企业可通过产品或服务的个性化和交叉销售，增加客户感知的消费价值。企业应向客户提供符合客户特殊要求的个性化产品和服务，保证企业产品和服务对客户的长期吸引力。要实现这一点，企业必须鼓励顾客参与产品和服务的设计、生产、提供过程，根据顾客不断变化的需求和偏好，生产、提供满足顾客需求的产品和服务。此外，企业还可通

过交叉销售，进一步增强与客户之间的关系。所谓交叉销售是指企业鼓励顾客购买本企业相关产品和服务，进而增加销售收入。

此外，企业还可以通过增加顾客的跳槽成本来留住顾客。顾客与企业保持关系的时间越长，购买的企业的产品和服务种类越多，从企业获得的消费价值越大，顾客感知的"跳槽"成本越高。

维系客户关系的目标是增强与现有客户之间的关系，提高客户保留率。当企业客户流失率较高、交叉销售和增量销售潜力发挥不够、现有客户对企业的忠诚度较低时，企业应特别关注客户关系的维系。

### 3. 挽留客户，恢复客户关系

顾客可能会因为自己在企业经历了不满意的消费经历而减少和企业的交易，这时客户关系进入衰退期。对客户本身需求没有减少只是与本企业的交易量减少的客户，企业应采取措施尽量挽回客户，恢复与客户的关系。为实现这一目标，企业必须做好两项工作，即纠正错误和提供补偿。纠正企业及其员工所犯的错误是恢复客户关系的基础。除纠正错误外，企业还应向客户证明自己已经意识到缺陷的存在，并努力地弥补缺陷。此外，企业还应给予客户适当的补偿，以尽可能地消除或降低服务差错造成的负面影响。无论是纠正错误还是提供补偿，企业均可从产品、沟通、价格、分销等策略着手。

在产品策略方面，企业可对有缺陷的产品进行返修。有些缺陷产品事后可以恢复，并且不影响客户对产品的使用，如汽车召回服务。为了消除负面影响，在缺陷产品维修期间，企业应向客户提供补偿，以避免给客户带来不便，比如在汽车召回期间，厂商可准备一辆汽车供客户免费使用。企业的纠错和补偿工作也可通过沟通策略加以实施。如果产品出错是客户使用不当所致，那么企业可组织客户培训，以便客户今后能正确使用产品，避免同类问题的再度出现。企业主动与客户进行沟通，必要时登门致歉。在价格策略方面，企业可通过价格折扣来纠正错误，提供补偿。一方面，企业可通过价格折扣来调整瑕疵产品的性价比；另一方面，价格折扣对客户而言是一种实实在在的金钱补偿。企业也可借助分销策略达到纠正错误、提供补偿的目的。若客户未能按时收到发出的货物，则发货单位应尽快查询货物的下落，消除物流环节出现的差错。企业可通过免费送货上门作为补偿，并在事先充分做好解释工作。在所有这些措施中，产品或服务本身最为关键，其次是价格策略，沟通和分销策略作为补充。如果客户对企业的产品和服务质量不满意，那么仅凭企业的道歉之词恐怕是无济于事的。

### 4. 放弃客户，终止客户关系

对进入终止期的客户，企业应及时放弃客户，终止与客户的关系。客户流失的原因大致可分为三个方面：一是企业原因，企业提供的产品和服务无法让客户满意或认可，如汽车有安全隐患；二是竞争原因，竞争对手向客户提供了更好的产品和服务，或是以更优惠的价格吸引本企业的客户；三是客户原因，即因为客户自身的原因导致企业无法继续为其服务，如客户离开企业的服务区或是客户需求发生了变化等。

企业一旦发现与某个客户的关系无法再为企业创造利润，就应及时终止与该客户的关系。处于终止期的客户关系持续的时间越长，给企业造成的损失越大。

# 第四节　如何留住顾客

## 一、顾客保留的重要性

企业之所以要留住顾客，主要是出于以下几方面的原因。

① 老顾客每年会比新顾客购买更多的产品或服务；

② 老顾客比新顾客更可能购买企业价格较高的产品或服务；

③ 老顾客会比新顾客更频繁地购买企业的产品和服务；

④ 老顾客对产品或服务的价格不敏感；

⑤ 企业为老顾客服务的成本较低；

⑥ 老顾客比新顾客更可能对企业忠诚；

⑦ 老顾客的终身价值比新顾客的终身价值更高。

很多时候，企业根据顾客的保留率来衡量顾客忠诚度。企业留住老顾客比吸引新顾客更划算。例如，一家理财公司发现，同样 100 美元用于吸引新顾客会给企业带来 62 美元的亏损，而若用这 100 美元为一个第三年的顾客服务，则能够给企业带来 48 美元的利润。

## 二、留住老顾客的策略

企业应该如何留住老顾客呢？企业的顾客保留策略的基本原则是"把你放进顾客的鞋里"。也就是问自己："在这个数据库中我想成为什么？""数据库能为我提供什么？"如果你不能很好地回答这个问题，那么你的数据库将会失败。企业可以通过以下方法留住老顾客。

1. 选择正确的顾客

传统企业对顾客不加以区分，为本企业所有顾客提供标准化的服务。事实上，雷奇汉等人调查发现：①有些顾客本身比其他顾客更可能忠诚；②企业从不同顾客那里获得的收益不同。因此，企业要正确地选择顾客，应在一开始就选择正确的顾客。

一家保险公司发现该公司不忠诚的顾客具有以下特征。

① 年轻人比年长的人更不忠诚。

② 单身顾客比已婚顾客更不忠诚。

③ 租房住的顾客比有自己房的顾客更不忠诚。

④ 为享受低折扣而购买保险的顾客更不忠诚。

⑤ 购买短期保险品种的顾客更不可能忠诚。

企业应该选择关系顾客。交易型顾客只对价格感兴趣，关系型顾客希望他们可以忠诚的企业为他们提供优质服务。那么该如何寻找关系型顾客呢？

较低的折扣将吸引更多的交易型顾客，企业很难从交易型顾客身上获得利润。关系型顾客对优质服务、更高的价值和双向忠诚更感兴趣。关系型顾客会对企业忠诚，为企业带来利润。

2. 与顾客沟通，奖励顾客

企业应与顾客沟通。如何判断企业的沟通活动是否有效？一家室内灯具生产商向 45000 个顾客寄送产品目录，然后等顾客上门。现在该生产商挑选 1200 名顾客，平均分为两组，每组 600 人，一组作为控制组，一组作为实验组。该生产商与实验组的顾客建立了长期关系，然后看促销结果。控制组顾客的订单降为 82%，而实验组顾客的订单变为 112%；控制组的订单规模降为 86%，而实验组顾客的订单规模变为 114%；该灯具生产商 260 万美元的总收入中，控制组顾客创造的占 70%，而实验组顾客创造了 127%。通过这个实验我们发现，与顾客建立关系能为企业带来较大的利润，企业应该实施关系营销。

但是，在企业成千上万的顾客当中，企业应该选择哪些顾客，投资哪些顾客？如果企业与每一个顾客沟通，那么就没有足够的资源留住最好的顾客。为了选择最好的顾客，企业必须计算顾客的终身价值。

一家旅行者俱乐部在实施一对一沟通项目后顾客保留率提高了 5.6 个百分点，该俱乐部每年从每个旅行社获得的利润达 14000 美元，旅行社每年获得的利润达 2380 美元。该旅行者俱乐部在每年的第一季度会向会员寄感谢卡，第二季度会向会员寄交叉销售卡，第三季度会向会员邮寄时事通信薄，第四季度会向会员邮寄季卡。

保险公司与顾客对话后发现，62%跳槽的顾客在跳槽前从没有与代理人交谈过，与代理人交谈过的顾客中有 80%的顾客不会跳槽。一家连锁餐馆向 4000 位流失的顾客邮寄 5 美元的奖励卡。在促销前，该餐馆每天光顾的会员人数只有 25 位，而在促销后，该餐馆每天光顾的会员人数达 42 人；促销前每张卡使用的次数是 1.18 次，在促销期间每张卡使用的次数是 1.26 次，促销后每张卡的使用次数是 1.22 次；促销期间该餐馆增加的收入达 17100 美元，促销结束 35 天之内该餐馆增加的收入达 4700 美元。由此可见，与顾客沟通有助于增加企业的销售收入，提高顾客的保留率。

（1）细分市场

企业应对本企业顾客进行细分，不同细分市场为企业创造的利润不同，有些细分市场并不能为企业带来利润。图 6-2 是某银行近五年的顾客保留率。图 6-3 是某银行根据顾客获利能力对顾客进行了划分。从图中可以看出，该银行 28%的顾客损失了银行 22%的利润。

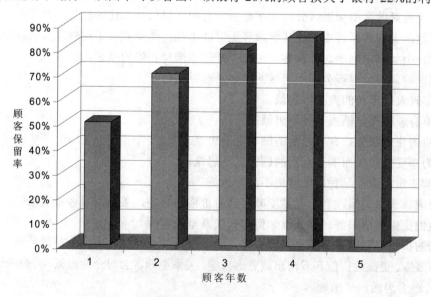

图 6-2　顾客保留率

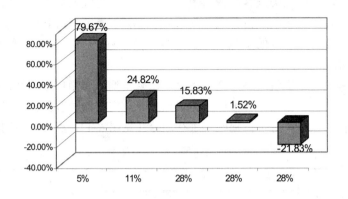

**图 6-3　某银行根据获利能力划分顾客**

企业对市场进行细分后,就要对不同的细分市场采取不同的营销策略。对于创造企业 80% 利润的黄金顾客，企业应投入足够的资源满足这部分顾客的需要，留住顾客。对于较低一个层次的顾客，企业可以投入营销费用，鼓励这部分顾客购买企业更多的产品或服务，为企业创造更大的利润。对只占企业收入 1% 的那部分顾客，企业可以选择终止同他们的关系。

一个理想的细分市场应该具备以下特征。

① 该细分市场有能够描述的特征；

② 该细分市场应足够大,即该细分市场为企业创造的收入应能够弥补企业针对该市场的定制化营销策略的支出；

③ 该细分市场应有一部分能够升级的顾客；

④ 应能够充分利用可获得的数据；

⑤ 应能够测量该细分市场的绩效；

⑥ 应有专人负责每一个细分市场。

细分市场的步骤是首先定义细分市场，然后针对细分市场制定定制化营销策略，最后执行营销计划。

企业针对每个细分市场的策略如下。

① 与细分市场的顾客进行沟通，企业可以通过电子邮件、邮件、人员拜访等方式同顾客进行沟通；

② 奖励顾客，以改变顾客的购买行为；

③ 采用实验法，测量企业营销策略的效果；

④ 制定实施营销策略的预算；

⑤ 制定具体的改变行为的目标和测量标准；

⑥ 为每个细分市场指定专门负责的一个组织。

每位顾客在企业的数据库中都有特定的地位。如首先判断该顾客是黄金顾客、白银顾客还是铜类顾客；然后在对该顾客的具体特征进行描述，如若是黄金顾客，则该顾客是商务顾客还是退休的、经济富裕的顾客，若是白银顾客，则该顾客是单身还是有小孩的已婚人士等；最后，营销人员根据该顾客的实际情况制定营销策略，实施营销策略并测量其效果。

一家女性用品连锁公司将其顾客划分为黄金、白银、铜类顾客三类。其中，黄金类顾客占其顾客总数的 14%，但这类顾客创造的销售收入占公司总收入的 55%；白银类顾客占其顾客总数的 34%，创造的销售收入占公司总收入的 35%；铜类顾客占其顾客总数的 52%，但创造的销售收入只占公司总收入的 10%。针对不同细分市场的顾客，企业采取不同的营销策略。

（2）预测顾客跳槽风险

除了计算顾客的终身价值之外，企业还可以建立模型，预测哪些顾客最有可能跳槽。将该模型与顾客终身价值相结合，就可以重新聚焦于企业完整的顾客保留策略。企业可以根据顾客跳槽的可能性和顾客终身价值把顾客进行划分（见图 6-4），然后对不同类别的顾客采取不同的策略。

| CLV | 跳槽的可能性 | | |
|---|---|---|---|
| | 高 | 中 | 低 |
| 高 | A 类优先 | B 类优先 | C 类优先 |
| 中 | B 类优先 | B 类优先 | C 类优先 |
| 低 | C 类优先 | C 类优先 | C 类优先 |

**图 6-4　顾客跳槽风险**

某电信公司对 A 类优先顾客和 B 类优先顾客派送特殊的信息，忽略了 C 类优先顾客。结果该公司顾客保留率提高了，利润也有增加：实验组顾客保留率为 39.27%，控制组顾客保留率为 38%；实验组每个顾客带来的收入是 707 美元，而控制组每个顾客带来的收入是 678 美元；实验组每位顾客平均使用电话的时间是 1500 分钟，而控制组每位顾客平均使用电话的时间是 1300 分钟；之前每位顾客的沟通成本是 7.38 美元，之后每位顾客的沟通成本是 1.38 美元。

（3）实施忠诚感奖励计划

什么是忠诚感奖励计划呢？忠诚感奖励计划是指企业为鼓励顾客重复购买而制订并实施的一种计划。这类策略的表现形式是参与该计划的顾客（通常称为"会员"）会拥有一张企业提供的会员卡，卡的表面一般标有顾客的姓名。会员凭借这张卡可以享受特殊的待遇，获得非会员无法获得的利益。而企业通过这种方式了解会员，培育会员的忠诚。企业可以利用忠诚感奖励计划跟踪会员的购买行为，可以了解高价值的会员是否减少了与本企业的订单，或者减少了在本企业的花费，还可以主动与会员沟通，打电话或发送邮件给会员，加强与会员的联系。

目前许多企业都在实施这种忠诚感奖励计划。我国航空业几家大的航空公司都推出了自己的忠诚感奖励计划：南方航空公司的"明珠卡"、国际航空公司的"知音卡"、深圳航空公司的"金鹏卡"等。此外，餐饮业、服装业、零售业等行业的许多企业也都在实施忠诚感奖励计划。在某些行业，忠诚感奖励计划甚至已经成为企业参与市场竞争的必要条件。

Parago 发现，收入较高的顾客更可能参与企业的忠诚感奖励计划；在英国，92% 的顾客参加了航空公司的会员计划，79% 的顾客参加了酒店的会员计划，71% 的顾客参加了信用卡公司的会员计划，44% 的顾客参加了零售店的会员计划。

3. 向顾客销售多种产品或服务

国外学者调查发现，顾客购买的企业的产品品种越多，顾客的保留率越高（见图 6-5）。

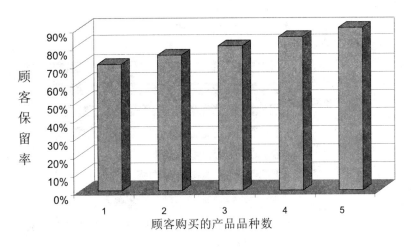

图 6-5　顾客保留率

企业可以通过跟踪顾客购买行为，发现顾客最有可能购买的第二种产品。顾客无论通过哪种方式与企业联系，服务人员都可以及时获得该顾客的信息，对该顾客进行针对性营销。英国最大的产品目录零售商 GUS 通过这种方式，使本企业交叉销售率增长了一倍，由原来的 20%提高到 40%。

企业通过交叉销售可以提高顾客的保留率。那些购买企业多种产品或服务的顾客的保留率比较高。企业进行交叉销售，一方面可以从新产品中获利，另一方面可以留住现有顾客。一家保险公司利用模型预测顾客最可能购买的下一个新产品，推出"如果顾客购买该新产品，则其购买的原来的产品可享受 10%的折扣"策略。保险代理人通过各种方式向每位顾客提供这一信息。结果，89%的网上顾客购买了新产品，52%的收到便签的顾客购买了新产品；收到信息的顾客比没收到信息的顾客的购买额多 11%，收到跟踪信件的顾客的购买额比没收到的顾客购买额高 8%，接到跟踪电话的顾客创造的销售收入比没接到电话的顾客创造的销售收入高 43%。

4. 多渠道接触顾客

有些学者的调查发现，只通过一种方式与企业接触的顾客的保留率低于通过两种以上方式与企业接触的顾客的保留率（见图 6-6）。

网络对于留住顾客非常重要。这是因为，网上顾客往往比较富裕，他们平均的订单规模比电话定购订单规模大 12%，企业处理网上订单的成本比处理电话订单的成本低 16%，给网上顾客 5%的优惠能够给企业带来每份订单超过 50 美元的收入。结果，该企业每年有 11%的非网络顾客转向网上购物。一家公司在网上建立顾客俱乐部销售体育用品。该公司发现，俱乐部成员比非成员购买次数多 11 次，到第二年，81%的俱乐部成员购买该公司的多种产品，该公司顾客保留率上升。向顾客邮寄产品目录也有助于提高顾客的保留率。Miles Kimball 的一种做法是在向 20000 个顾客派送 3 份不同的产品目录的同时还向这些顾客发送电子邮件，另外一种做法是也向这些顾客派送产品目录。结果发现，收到电子邮件的顾客的购买额比只收到产品目录的顾客的购买额多 18%。一个 Video 零售商持续 6 个月通过电子邮件向其 14000 位顾客发送产品通信薄，而控制组的 14000 位顾客则没有收到该类产品通信薄。结果发现，那些收到邮件的顾客的购买额比没收到邮件的顾客的购买额多 28%。

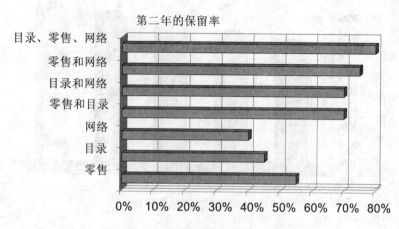

第二年的保留率

图 6-6　渠道与顾客保留率

## 三、顾客保留策略的评估

1. 实验组和控制组

企业可以运用实验组和控制组方法评估顾客保留策略的效果。具体做法是对实验组寄送促销信息，而控制组则不寄促销信息。然后比较两个组顾客的消费额和保留率。如果两个组顾客的消费额和保留率没有差异，则企业的促销活动是无效的。具体来说，企业可以根据以下指标比较实验组和控制组的差异。

① 顾客保留率或跳槽率；

② 每次促销活动增加的销售额或是每个季度增加的销售额；

③ 购买频率；

④ 每个促销活动、每个季度花费的成本；

⑤ 光顾的企业的数目；

⑥ 购买产品的数目；

⑦ 顾客钱包份额。

2. 投资回报率

顾客保留策略的量化包括以下方面。

① 找出本企业的黄金类顾客，并保持这些顾客的忠诚；

② 奖励顾客的忠诚，以此获得更高的保持率；

③ 增加顾客的购买频率和平均的每次购买额；

④ 了解现有顾客的特征，并吸引那些具有相似特征的顾客购买企业的产品或服务；

⑤ 为顾客提供个性化的网上购物体验或电话购物体验。

一家披萨店通过电子邮件了解顾客的生日，在顾客生日当天，向顾客寄送一张生日披萨优惠券。一家快餐店向 21.5 万个顾客派送价值 10 美元的生日披萨优惠券。在送出去的 21.5 万张优惠券中，有 86612 张被兑换，该快餐店为此支付了 866120 美元，但这批优惠券为该餐馆带来 290 万美元的收入。因此，去掉支出，该快餐店净赚 200 万美元。

公司之间可以相互合作。惠普公司为了促销本公司的网络打印机，鼓励顾客参与本公司的网上调查，向参与网上调查的顾客提供价值 10 美元的必胜客优惠券。

一家网上销售企业发现其 74%的购物者在结账时丢弃了购物车里加载的商品。调查后发现顾客之所以放弃购买是因为他们对所购买的产品、服务、运输等方面有疑问。于是该公司在结账页面增加了一个网上及时帮助按钮，顾客只要点击该按钮，就有服务人员在线回答顾客提出的各种问题。通过这种方法，该公司的销售额和顾客保留率都有提升。

有的企业使用呼叫者身份识别技术进行营销。运用这种技术，顾客打电话到公司时，公司的电话屏幕会及时显示该顾客以前的购买历史，这样，公司的销售人员就可以像认识该顾客一样同该顾客交谈。运用这种方法，该公司有效地提高了本公司的顾客保留率，也发现了更多的交叉销售机会。

企业同时使用多种策略，更可能留住顾客。表 6-1 是各种策略效果比较。从图中可以看出：平均来说，19%的顾客会对一种或多种策略有回应；顾客总体保留率提高了 19.6%；企业每年的订单数和平均的订单规模都有显著的增加。任何企业都可以依照这种方法制定出本企业各种营销策略的投资成本与回报（见表 6-2）。

**表 6-1 顾客保留策略效果**

| 策略 | 销售额变化的百分比 | 顾客回应率变化的百分比 | 顾客保留率的变化百分比 | 每年订单变化的百分比 | 平均订单规模变化的百分比 |
|---|---|---|---|---|---|
| 电话 | 10% | 10.00% | 1.00% | 1.00% | 1.00% |
| 个性化信件 | 30% | 5.00% | 1.50% | 1.50% | 1.50% |
| 个性化电子邮件 | 20% | 5.00% | 1.00% | 2.00% | 4.00% |
| 产品通信簿 | 20% | 5.00% | 1.00% | 2.00% | 4.00% |
| 黄金会员服务 | 5% | 40.00% | 2.00% | 1.00% | 2.00% |
| 忠诚感奖励计划 | 40% | 10.00% | 4.00% | 4.00% | 4.00% |
| 生日俱乐部 | 20% | 5.00% | 1.00% | 4.00% | 5.00% |
| 多渠道接触顾客 | 20% | 10.00% | 2.00% | 2.00% | 2.00% |
| 交叉销售 | 80% | 5.00% | 4.00% | 4.00% | 4.00% |
| 市场细分策略 | 60% | 3.00% | 1.80% | 1.80% | 1.80% |
| 对顾客的总影响 | 30.5% | 19.60% | 19.30% | 23.30% | 29.30% |

**表 6-2 顾客保留策略成本**

| 策略 | 销售额变化的百分比 | 顾客回应率百分比 | 每年每个顾客的投入（美元） | 顾客总数 | 每年总成本（美元） |
|---|---|---|---|---|---|
| 电话 | 10% | 10.00% | 3.00 | 200000 | 60000 |
| 个性化信件 | 30% | 5.00% | 1.50 | 200000 | 90000 |
| 个性化电子邮件 | 20% | 5.00% | 0.06 | 200000 | 2400 |
| 产品通信簿 | 20% | 5.00% | 0.10 | 200000 | 4000 |
| 黄金会员服务 | 5% | 40.00% | 5.00 | 200000 | 50000 |
| 忠诚感奖励计划 | 40% | 10.00% | 4.00 | 200000 | 320000 |

| 策略 | 销售额变化的百分比 | 顾客回应率百分比 | 每年每个顾客的投入（美元） | 顾客总数 | 每年总成本（美元） |
|---|---|---|---|---|---|
| 生日俱乐部 | 20% | 5.00% | 1.00 | 200000 | 40000 |
| 多渠道接触顾客 | 20% | 10.00% | 1.00 | 200000 | 40000 |
| 交叉销售 | 80% | 5.00% | 0.10 | 200000 | 16000 |
| 市场细分策略 | 60% | 3.00% | 0.40 | 200000 | 48000 |
| 合计 | | | | | 670400 |

# 第五节　顾客忠诚感奖励计划

目前，许多企业都开发、实施了本企业的忠诚感奖励计划。这种忠诚感奖励计划的典型特征就是通过向顾客提供经济或关系利益奖励顾客。在大部分情况下，忠诚感奖励计划的目的是通过增加顾客购买或使用层次、向上销售、交叉销售等方式增加企业的销售收入。忠诚感奖励计划也是企业发展与顾客的长期关系的一种途径。

## 一、行为忠诚与态度忠诚的差异

在介绍忠诚感奖励计划之前，首先要了解顾客行为忠诚和态度忠诚之间的显著差异。广义来说，行为忠诚是指顾客表现出来的对某产品或服务的可观测到的行为，而态度忠诚是指顾客对某产品或服务的感知或态度。企业一般期望顾客态度和行为之间高度相关。然而，有些时候，顾客的行为与他们对产品和服务的态度有很大差异。

如 ABC 航空公司常客旅行计划的一个成员可能保持其与该航空公司的关系仅仅是因为他已经有很多里程积分，希望兑换里程。按照其态度来说，该会员更偏好 XYZ 航空公司，因为该航空公司能提供更好的服务和体验质量，但他被迫持续与 ABC 航空公司交易。在这种情况下，该会员与 ABC 航空公司之间的关系反映的是一种强烈的行为忠诚，而其对 ABC 航空公司的态度忠诚非常差。由于态度上对企业不忠诚的顾客只要有机会就会终止与该企业的关系，因此，态度忠诚非常重要。然而，并不是所有的忠诚感奖励计划都希望培育目标顾客的态度忠诚。

## 二、忠诚感奖励计划

### 1. 什么是忠诚感奖励计划

近些年来，许多企业引入了忠诚感奖励计划、常客奖励计划及顾客俱乐部，许多消费者市场的企业都推出了这种计划。所谓忠诚感奖励计划是指根据顾客的重复购买行为奖励顾客的营销过程。这里的忠诚感奖励计划包含各种形式的常客奖励计划。参加企业忠诚感奖励计划的顾客会与该企业进行更多的交易，放弃了其他的自由选择。为此，这类顾客会累积在该企业或合作企业消费所获得的积分以兑换产品和服务。所以，忠诚感奖励计划成为营销人员使用的用于识别、奖励、留住获利能力高的顾客的一种重要的客户关系管理（CRM）工具。

2. 忠诚感奖励计划的主要目标

企业实施忠诚感奖励计划的主要目标包括如下。

（1）培育顾客真正的（态度和行为）忠诚

真正的忠诚包含态度忠诚和行为忠诚两个成分。顾客可能出于多种原因持续购买企业的产品和服务，如顾客可能会因为方便或是价格低而不断购买某企业的产品或服务。可见，行为忠诚可能是态度忠诚的结果，也可能是其他因素导致的结果。

许多企业实施忠诚感奖励计划的目标是"让顾客更忠诚"。这个目标很难实现。通过奖励顾客并不能培育真正忠诚的顾客。真正的忠诚是企业向顾客提供的真正消费价值的结果。真正的忠诚也包括许多其他因素，如顾客对某类产品的投入程度、使用产品的可见度，或是产品价值的表现特征等，而企业往往很难控制这些因素。

培育顾客真正的忠诚是指通过培育真正的忠诚增强顾客对产品或企业的更强的归属感，即态度忠诚与行为忠诚的组合。真正忠诚的顾客对企业的归属感更强，更可能为企业做口碑宣传，或是更大的产品类需求份额。然而，由于顾客往往变化无常且非常看重经济利益，因此，企业并不容易实现这个目标。但仍有许多顾客俱乐部把自己的目标定位为培育顾客真正的忠诚。

（2）效率利润

效率利润是指与不实施忠诚感奖励计划相比较，企业实施忠诚感奖励计划所带来的利润，是忠诚感奖励计划成本的净值，是顾客由于忠诚感奖励计划而改变购买行为所带来的利润。企业可根据购买量、购买频率增加、价格敏感度、产品类需求份额或钱包份额、顾客保留、顾客寿命周期等标准测量顾客购买行为的变化。测量顾客行为忠诚变化最常用的标准是产品类需求份额，即在顾客的某类需求中本企业满足的数量。自然地，效率利润是忠诚感奖励计划的净成本。目标是效率利润的忠诚感奖励计划的关键在于顾客通过忠诚感奖励计划获得的积分增加了顾客的"跳槽"成本。对效率利润的主要批评在于：第一，对于参加忠诚感奖励计划的顾客而言，参加该计划所能获得的总体效用应该大于不参加该计划。这就意味着企业实施忠诚感奖励计划吸引顾客改变购买行为所投入的成本可能大于在不实施忠诚感奖励计划情况下改变顾客购买行为所需投入的成本。第二，以效率利润为目标的忠诚感奖励计划假设了最可能参加忠诚感奖励计划的顾客，包含了真正忠诚者，这些真正忠诚者的购买量首先是一定的。随之而来的问题是忠诚感奖励计划是否真的改变了顾客的购买行为，有可能企业实施忠诚感奖励计划并没有改变顾客购买行为而只是以更高的成本增强了顾客的现有行为。第三，许多忠诚感奖励计划奖励顾客的大量购买而不是奖励真正的忠诚，对忠诚感奖励计划最有兴趣的是比较富裕的人，即使他们同时参加了几个企业的忠诚感奖励计划也能够不断累积积分。虽然很难获得效率利润，许多企业在推出忠诚感奖励计划时都是希望获得效率利润。

（3）效果利润

效果利润是指企业由于更好地了解顾客偏好而获得的中长期利益。企业通过忠诚感奖励计划收集顾客个人、顾客行为及偏好等方面的信息。企业运用这些信息可以更好地了解顾客的偏好，向各类顾客提供更好的价值主张。更好的价值主张来源于向顾客提供的有效的产品和沟通。与忠诚感奖励计划所导致的其他结果相比，效果利润是企业获得的最大长期利润，为企业创造持续竞争优势。

（4）价值调整

价值调整是指企业为某顾客服务的成本应与该顾客带给企业的价值相一致。对任何行业而言，不同的顾客为企业带来的价值不同，企业为不同的顾客服务的成本也不同。有些顾客很容易满足，而有些顾客却对企业的服务吹毛求疵。追求价值调整的企业应将为顾客服务的成本投入与顾客带给企业的价值相结合，对顾客加以区分，为不同的顾客提供不同的服务。保证企业最有价值的顾客获得最好的服务。对那些不同的顾客创造的价值有很大差异、企业为不同顾客服务的成本也有很大差异的行业（如航空公司、宾馆、金融服务等）来说，进行价值调整是非常重要的。

3. 忠诚感奖励计划的设计特征

许多企业的忠诚感奖励计划在设计时有很大的随意性，不同行业的企业、同一行业的不同企业实施的忠诚感奖励计划有很大差异。企业设计的忠诚感奖励计划应包含以下维度。

（1）奖励结构

消费者参加企业的忠诚感奖励计划的主要动机是通过长期购买企业的产品或服务而得到奖励获得更多的利益。因此，从消费者的角度来说，奖励是忠诚感计划的关键的设计利益。

① 有形奖励与无形奖励。

人们能够区分物质奖励（有形奖励）与心理或情感利益奖励（无形奖励）。有形奖励包括价格折扣、促销、免费产品、特殊待遇。如某航空公司俱乐部顾客在航程累积到一定数额时可获得一张免费机票，这就属于有形奖励。无形奖励常常与购买者的特殊识别有关，是特殊待遇带给顾客的心理利益。如某航空公司俱乐部的金卡会员或银卡会员会觉得自己是特别的。很多时候，企业对某忠诚顾客的心理识别常常会伴随着对该顾客偏好的服务的有形奖励，如专用的服务热线。

② 产品主张支持。

企业的忠诚感奖励计划的奖品可以直接与本企业提供的产品组合有关，如某酒店会员可以把自己的消费积分用于兑换酒店自己提供的服务，如房间升级或免房费；有些企业的忠诚感奖励计划的奖品与本企业的产品或服务完全无关，如某信用卡公司会员可以用自己的消费积分兑换其合作企业的产品，如兑换免费机票、购买电脑、手机等。

③ 奖励的享乐型价值。

顾客对享乐型消费的消费频率较高。享乐型消费是指顾客消费目的是为了开心、乐趣的消费。有学者的消费者心理的研究发现消费者收礼物时更偏好享乐型产品而非效用型产品。当不需要付出（如获得礼物或忠诚感奖励计划的奖品）时，消费者更容易沉迷于奢侈消费。如与相同面值的超市购物券相比较，顾客可能更喜欢一张去国外度假地的免费机票。企业应通过提高本企业忠诚感奖励计划奖品的渴望价值或享乐型价值而实现差异化。例如，德国的电视频道 PRO7 的忠诚感奖励计划是 PRO7 俱乐部。该计划最受欢迎的奖励是 VIP 服务，享受 VIP 服务的顾客可参观脱口秀节目，或是在后台与明星见面。奔驰汽车公司的忠诚感奖励计划会员可以用积分换取乘坐 MIG29 战斗机。美国的奢侈品零售连锁公司 Neimann Marcus 提供给其会员的奖励包括让世界著名的摄影师到会员家中给会员及其家庭成员拍照片。

④ 奖励数额。

奖励数额是指基于交易量（以货币计算）的奖励的价值（以货币计算）。换句话说，根据每位顾客的购买量其应该获得多大价值的奖励作为回报。毫无疑问，消费者都希望较高的奖励数额。用于奖励的奖品是企业实施忠诚感奖励计划的一个重要的成本因素。奖励数额是决定顾客是否参与、使用企业忠诚感奖励计划的一个重要因素。

⑤ 奖励等级。

顾客根据他们的累积消费获得奖励，这种奖励是顾客消费行为结果的累积。顾客消费积分的获取有两种形式。一种是顾客任何时候消费，单个货币单位的积分是相同的；另一种是随着顾客消费量的增加，单个货币单位的积分也增加。很明显，对于那些消费量大的顾客，后一种积分形式更有吸引力。

⑥ 奖励的时机。

奖品兑换的时机是忠诚感奖励计划的一个重要的设计特征。企业应制定一个有助于积分长期累积的积分兑换规则，以留住顾客。换句话说，企业应"锁定"顾客。顾客累积的积分越多，顾客跳槽的成本越高。一般来说，顾客喜欢及时的奖励。管理人员必须了解按照某种购买模式，顾客获得某种奖励所需的积分需要多长时间。最低积分兑换标准、奖励类型和奖励数额决定奖励的时机。兑换奖品所需的积分越多，最终没有兑换的积分越多。

（2）支持者

忠诚感奖励计划的第二个维度是支持者，即忠诚感奖励计划所有者的支持方特征。

① 单一企业与多个合作企业的忠诚感奖励计划。

企业的忠诚感奖励计划可以仅仅是与本企业顾客之间的交易，如法国 BP 公司的会员只有在法国的 BP 加油站的交易才可以积分，积分兑换的奖品也只局限于 BP 公司的产品。然而，有些企业忠诚感奖励计划的会员也可以在与本企业有关的企业消费获取积分，如英国 Tesco 的会员在英国 TXU Energi 消费也可以累积积分。由于有更多的机会累积积分，多个企业合作的忠诚感奖励计划对顾客有更大的吸引力。但当合作的企业太多时，核心企业的忠诚感奖励计划就失去了原来的意义，顾客与核心企业的交易与顾客积分累积可能会变得毫无关系。

② 同行业与跨行业。

多个合作企业的忠诚感奖励计划的另一个支持方维度是合作者的跨行业程度。企业可以选择允许会员只有在同行业的消费累积积分也可以选择允许顾客在不同行业的消费也可以累积积分。如由 SAS、Lufthansa、United Airlines、Vatig 及其他航空公司组成的 STAR 联盟就是同行业企业联盟的典型例子。但 AOL 和 American Airlines 的忠诚感奖励计划有 2000 多个不同行业的合作企业。

③ 所有权。

在多个企业合作的忠诚感奖励计划中，所有权是指在这个合作联盟中哪个企业拥有该忠诚感奖励计划的所有权。它是核心企业，合作企业还是专业的忠诚感奖励计划的管理公司？Webmiles 就是一个专门管理由许多行业的企业联盟的忠诚感奖励计划的公司。

4. 忠诚感奖励计划效果的影响因素

影响企业忠诚感奖励计划效果的因素可以划分为以下四类。

（1）忠诚感奖励计划的设计特征

如前所述，忠诚感奖励计划的设计特征可分为奖励结构和所有者两大类。为了了解本企业忠诚感奖励计划是否有效，管理人员必须回答以下三个关键问题。

① 从顾客的角度来看，奖励是否可获得？即顾客认为企业的忠诚感奖励计划是否有吸引力。如果顾客的集中购买无法从企业的忠诚感奖励计划获得足够的价值（奖励时机、奖励金

额），则顾客不会改变他们的购买行为。例如，航空公司忠诚感奖励计划的会员能否兑换累积的航程获得免费机票取决于所需的最少累积航程。因此，航空公司制定的最少累积航程要求将决定参加忠诚感奖励计划的低端客户的数量。

② 从顾客的角度来看，奖励是否相关联？即根据奖励的类型（有形奖励、无形奖励、奖励的渴望价值），忠诚感奖励计划积分累积与顾客相关的程度。例如，有些顾客不关心无形奖励而只看重有形物质奖励，若企业的忠诚感奖励计划的奖励中很少有物质奖励，则很显然该计划与顾客不相关。因此，企业应了解目标顾客的偏好，选择恰当的奖励类型，这样忠诚感奖励计划才能对顾客有吸引力。

③ 从企业的角度来看，忠诚感奖励计划的设计与企业期望实现的目标是否一致？例如，如果企业的忠诚感奖励计划的目的是向顾客提供有形奖励和促销以改变顾客的短期购买行为，则该计划对顾客行为忠诚的影响要大于对顾客态度忠诚的影响；如果企业的目标是效果利润，则企业设计的忠诚感奖励计划应能够帮助企业收集最多的顾客信息。

（2）顾客特征

与忠诚感奖励计划的效果有关的最关键的顾客特征是顾客价值分布的偏度（或顾客价值的差异性）。不同行业顾客的价值分布偏度有很大的差异。在有些行业，单个顾客的价值大同小异，如每个车主每月的用油量相差不大；但在有些行业，单个顾客的价值差异很大，如金融服务行业或电话行业，每个顾客的使用量和获利能力有很大差异。

如果企业设计忠诚感奖励计划的目的是实现价值一致性，则这类忠诚感奖励计划在顾客价值有很大差异的行业比较容易成功。因此，价值一致性目标在航空、酒店、汽车租赁、医药、电话、金融服务等行业比较可行。

（3）市场特征

影响企业忠诚感奖励计划效果的最关键的市场特征因素是市场的集中性（供应方）。市场份额小的品牌存在双重风险：第一，市场份额小的品牌的购买者比市场份额大的品牌的购买者少；第二，市场份额小的品牌的购买者购买频率较低。这就意味着市场份额大的品牌更容易获得顾客的行为忠诚，当然市场份额小的品牌也不是不可能获得忠诚的顾客。因此，如果市场集中性较高，或是某企业市场份额较大，则企业较容易培育顾客的行为忠诚。

（4）企业特征

影响忠诚感奖励计划效果的企业特征因素包括产品的可储存性及企业提供产品的宽度和深度。

忠诚感奖励计划成功的关键影响因素是企业销售的产品的特定特征，特别是产品的可储存性扮演着非常关键的角色。正是由于产品的可储存，忠诚感奖励计划在航空公司和酒店运用非常广。例如，酒店的忠诚感奖励计划的一个关键特征是在允许的情况下其会员可以获得房间升级，入住更好的客房。只有酒店有空房时会员才能享受房间升级。由于该客房没有正常售出，因此房间升级的边际成本非常低。正是由于产品的可储存特征，酒店能够实现其忠诚感奖励计划的经济性。如果企业的产品不可储存，则企业用于忠诚感奖励计划的奖励直接减少了企业的经济收益，很难实现忠诚感奖励计划的经济性。

影响忠诚感奖励计划效果的另一个因素是企业零售产品和品牌的多样性。企业零售的产品和品牌宽度和深度越高，企业获取效率利润的机会越大。这是因为：其一，顾客更可能满足他们的需要；其二，顾客实现"一站式"购物的机会更大，节省了购物时间；其三，由于购买机会更多，获得顾客行为忠诚的机会更大。因此，根据顾客行为忠诚来判断，顾客选择越多，忠诚感奖励计划的效果越好。此外，企业销售的产品宽度和深度越高，企业越可能获得效果利润，这是因为顾客购买的机会越多，企业有更多的机会了解顾客的偏好，能更有效地进行交叉销售。

图 6-7 表示影响忠诚感奖励计划效果的驱动因素如何影响忠诚感奖励计划的结果。

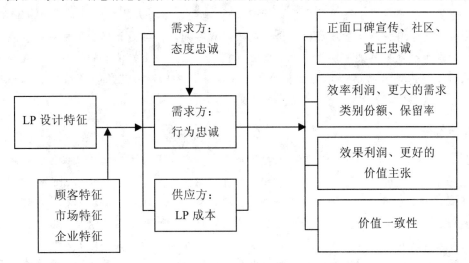

**图 6-7　忠诚感奖励计划效果驱动因素**

注：LP 为忠诚感奖励计划。

5. 成功设计实施忠诚感奖励计划的七点规则

开发、设计、实施一个成功的忠诚感奖励计划应遵循以下七点规则。

①明确忠诚感奖励计划的目标。企业确定的忠诚感奖励计划目标与企业的营销战略是否兼容？与本企业的市场地位是否一致？

②确保忠诚感奖励计划的设计与企业的市场特征、顾客特征、企业特征一致。由于不同顾客对奖励的偏好不同，因此，了解本企业顾客特征非常重要。

③管理忠诚感奖励计划的成本。忠诚感奖励计划需要企业投入大量的资金，因此，成本管理非常关键。企业应确保考虑了所有可能的成本。是否可通过低边际成本奖励降低成本？或是否可把成本转嫁给制造商？

④测量忠诚感奖励计划预期给企业带来的利益。企业应尽可能比较实施忠诚感奖励计划的成本和获得的收益，同时也应考虑短期利益和长期利益。

⑤一旦推行，尽可能不要终止忠诚感奖励计划的实施。否则可能会引起顾客不满或顾客跳槽等负面结果。顾客一旦习惯了奖励，就不会希望企业终止忠诚感奖励计划。因此，设计的失误不仅会给企业造成经济损失，也会因为顾客的不满损害企业的长期利益。

⑥确保企业设计的忠诚感奖励计划能够取得最好的效果。企业通过了解顾客的偏好、向顾客提供他们偏好的产品或服务，实现忠诚感奖励计划的最好效果。

⑦确保企业具备有效管理忠诚感将来计划的能力。其包括数据存储能力、数据分析能力、对员工授权能力等。

## 本章案例

### 德士高的忠诚计划

2010 年 3 月 15 日下午 4 点，德士高（Tesco）集团公司 CEO 戴维·里德站在办公室里巨大的地图前，地图上密密麻麻标记着德士高公司在全球的门店分布图。德士高公司经过近些年的快速扩张已经成为全球第二大的连锁超市，企业的多项能力使其成为业内的领军人物。在不久后召开的董事会中，管理层将讨论新的公司战略问题，但是无疑，他们一定会在世界上的任何国家牢牢地复制其"俱乐部卡"的管理模式。至今为止，他们的这一模式在全世界范围内获得了巨大的成功，回忆起当初公司实施忠诚计划的艰难决策，戴维·里德不禁感慨万千。

#### 德士高公司

德士高（Tesco）始创于 1919 年，最初的形式是杰克·古汉先生在市场里设立的一个小货摊。"德士高"作为一个店铺的品牌于 1929 年首次在伦敦艾奇韦尔（Edgware）大街亮相，1932 年正式成立德士高公司。自此，德士高不断发展壮大，抓住各种有利商机，在诸多领域引领创新潮流，在英国蓬勃发展。然而德士高公司真正的发展期是在 20 世纪 90 年代，这时德士高公司一方面确立了以顾客为中心的战略，另一方面也开始了其海外进军的计划。

目前德士高集团是英国领先的零售商，也是全球三大零售企业之一。德士高在全世界拥有门店总数超过 3700 家，员工总数达 440000 多人。除英国外，德士高还在其他 13 个国家开展业务。据统计，在 2009 年至 2010 年度，尽管全球金融危机、经济低迷，德士高全球业务却增长迅速，集团销售额继上一年增长后再度取得了骄人的成绩，销售总额突破 625 亿英镑，集团总利润达到 31.76 亿英镑。此外，公司近些年来获得了一系列的殊荣。例如，在财富杂志"全球最受尊敬的英国公司"专项排行第 1 位，在财富杂志"全球最受尊敬的食品及医药店铺"专项排行第 1 位等。

德士高（Tesco）1995 年开始实施忠诚计划——"俱乐部卡"（Clubcard），并且根据俱乐部卡得到的信息数据细分的消费者数据来设立德士高 13 个"利基俱乐部"，通过俱乐部提高客户对公司的忠诚度，帮助公司将市场份额从 1995 年的 16% 上升到了 2003 年的 27%，成为英国最大的连锁超市集团。

2001 年 7 月，德士高开始了在美国的网上食品零售业务。

2003 年 10 月，电信业务开始营运，包括移动电话及家用电话的服务。

2004 年 8 月，宽带业务正式营运。

2006 年，德士高出资 3 亿 2000 万英镑收购乐购 90% 股份借道进入中国零售市场。

2007 年，德士高与英国电信公司在爱尔兰成立合资公司，经营其在爱尔兰的移动电话网络业务。

根据德士高集团公布的 2009—2010 年度的全球财年报告，德士高全球业务增长迅速，集团销售额继上一年增长后再度取得了骄人的成绩，销售总额突破 625 亿英镑，集团总利润达到 31.76 亿英镑。德士高擅长数据库营销，通过架设 EDMSYS 平台，根据顾客的生理、心理、行为等特征，将数千万顾客划分为年轻学生、家庭主妇、注重健康的、爱好运动的、实惠的、情调的、忠诚的、游离的等 80 个顾客群类别。对这些数据的娴熟运用，使它获得了不可替代的竞争优势。

## 忠诚计划

在超市行业激烈竞争背景下，德士高面临两种战略选择：①价格突围战；②服务持久战。然而以沃尔玛为代表的超级市场已然占据高供应链效率和低运营成本的绝对优势，其运营系统之庞大及完善难于超越。而在消费者数据管理及个性化市场细分领域，很多超市都尚停留在粗糙的积分制度以及简单的消费者身份信息记录程度上，顾客忠诚的长久建立与维系成为德士高赢取核心竞争力的一大契机。由此，德士高公司率先推出了"俱乐部卡"。持有该卡的顾客可以从他们在德士高消费的数额中得到 1%的奖励，每隔一段时间，德士高就会将顾客累积到的奖金换成"消费代金券"，邮寄到消费者家中。德士高的营销人员注意到，很多公司积分计划章程非常繁琐，消费者往往是花很长时间也不明白具体积分方法，而另一些企业推出的忠诚奖励计划非常不实惠，看上去奖金数额很高，但是却很难兑换。这些情况造成消费者根本不清楚自己的积分，也不热衷于累计兑换，成为"死用户"。而"俱乐部卡"的积分规则十分简单易懂，避免了以上情况。这种方便实惠的积分卡吸引了很多顾客，产生了立竿见影的效果。据德士高的统计，俱乐部卡推出的头 6 个月，在没有任何宣传的情况下，取得了17%左右的"顾客自发使用率"。

德士高取得了骄人业绩增长后，Sainsbury、Asda 等连锁超市也相继推出了类似的积分计划。但德士高并没有陷入和它们打价格战、加大顾客返还奖励等，而是采取了精准营销的战略——德士高通过顾客在付款时出示"俱乐部卡"，掌握了大量翔实的顾客购买习惯数据，通过这些数据德士高将超市中顾客经常购买的商品分为 50 种类别，每种类别和消费者的一种生活习惯和家庭特征相对应。系统运行了 6 个月，德士高的数据库成功细分出了 13 个"利基俱乐部"，比如有单身男人的"足球俱乐部"、年轻母亲的"妈妈俱乐部"等。"俱乐部卡"的营销人员为这十几个"分类俱乐部"制作了不同版本的"俱乐部卡杂志"，刊登最吸引他们的促销信息和其他一些他们关注的话题。一些本地的德士高连锁店甚至还在当地为不同俱乐部的成员组织了各种活动。现在，"利基俱乐部"已经成为一个个社区，大大提高了顾客的情感转换成本（其中包括个人情感和品牌情感），成为德士高最有效的竞争壁垒。图 1 为德士高忠诚模式的四个关键步骤。

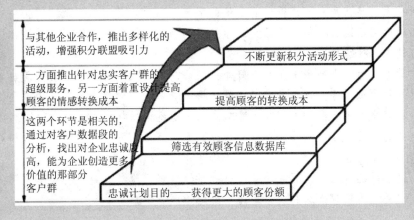

与其他企业合作，推出多样化的活动，增强积分联盟吸引力

不断更新积分活动形式

一方面推出针对忠实客户群的超级服务，另一方面着重设计提高顾客的情感转换成本

提高顾客的转换成本

这两个环节是相关的，通过对客户数据段的分析，找出对企业忠诚度高，能为企业创造更多价值的那部分客户群

筛选有效顾客信息数据库

忠诚计划目的——获得更大的顾客份额

**图 1　德士高顾客忠诚模式的四个关键步骤**

### 成本控制

德士高的上述营销措施也需要消耗巨大的投入。德士高维持的俱乐部约有 1000 万会员，而且是以现金返还为主要奖励方法。除此之外，德士高还要为不同"利基俱乐部"成员提供量身定做的促销活动，这其中的日常管理和营销沟通非常庞大。如果不进行有效的成本控制，德士高肯定会陷入自己设计的成本泥潭。

据德士高自己的统计，"俱乐部卡"每年返还给顾客的折扣大约为 1.5 亿英镑，而德士高自推出该卡以来随后的 9 年里共为此付出了 10 亿英镑的代价。为此，德士高在执行该卡计划的同时也总结出了一整套成本控制方法。

首先，德士高几乎从来不使用电视等大众媒介来推广"俱乐部卡"。德士高"俱乐部卡"设计者 Clive Humby 解释说：德士高以前是电视媒体的主要广告商之一，但是后来他们通过调查发现，直接给顾客寄信，信息到达率更高，更加能引起消费者的注意。并且，很多消费者认为，定期收到一些大公司的沟通信件，让他们有抬高了社会地位的感觉。在英国这个有限的市场里，德士高的市场目标不可能是赢得更多的消费者，而是怎样增加单个消费者的价值，所以直接和消费者建立联系，既便宜又有效。

如果有的"利基俱乐部"要进行一次"获得新顾客"的营销活动时，他们往往会选择一两本这些细分市场经常阅读的杂志。然后花很低的广告费，在杂志中夹带"利基俱乐部"的促销信件。为了更好地控制成本，德士高还经常和供应商联手促销，作为返还给消费者的奖励，把维系忠诚计划的成本转移到了供应商身上。由于德士高这种按照消费者购买习惯细分市场的"利基俱乐部"数据库，内容真实详细，促销非常具有针对性，供应商十分愿意参加这样的促销活动，提高品牌知名度、加强与消费者的关系。较之沃尔玛强制供应商降价促销而言，德士高的供应商基本上都是自愿与德士高联手，实现了共赢。

### 数据库营销

德士高会员卡上带有条形码，如果每位消费者每周购买 30 件商品，那么德士高的数据库中每年就将增添 180 亿个新数据；而如果每位消费者每周购买 40 件商品，那么德士高的数据库中每年就将增添 240 亿个新数据。这是个非常庞大的数据库，所以德士高需要用最先进的统计和分析技术将其归类分析，得出有价值的信息。通过会员卡的记录，德士高可以精确统计顾客在某段时间内购买了何种商品，以了解不同商品之间的潜在购买联系，并据此改变这些商品在店铺中的摆放位置。

庞大的数据库为德士高带来了两点好处：第一，这些数据有助于公司向消费者提供特殊的、有针对性的优惠服务。每季度末，会员卡持有者都能收到德士高寄来的现金折扣券，其价值相当于顾客当季消费金额的 1%。第二，德士高还根据数据库中储存的顾客数据，查出顾客过往购买的商品，分析出顾客可能有兴趣购买的商品，并将这些商品的折扣券一并寄给消费者。

所以，这个系统有几个方面的功能：有针对性的客户服务、超市货品陈列的优化、对消费者需求做出更好的预测，这一切都是为了更好地服务客户。

### 精确细分

德士高最令人羡慕的还是在于它准确的客户细分，事实上，虽然人人都知道客户细分非常重要，但少有公司真正在这方面做得很好。从技术层面上来看，根据驱动消费行为的态度和习惯分析，德士高要面对万种潜在的细分类别。到底该怎样才能将每一个客户放在合适的细分群体中？解决的办法就是"按图索骥"。"探索型"的客户会购买初榨橄榄精华油或者马来西亚咖喱，可以通过付款时检查他们的购物篮来了解他们购买的商品，而有些商品，比如人人都可能买的香蕉，被扔在一边，就可以帮助公司发现哪些是"探索型"的客户。一个相似的推理加上复杂的数学计算，最终可以分辨出各种类型客户的喜好。

精确的细分另一个重要的议题是可以指导高效的定价。在市场中，有一家名为 ASDA 的大型连锁超市，是德士高的竞争对手。由于没有花费多少费用在打造忠诚，它被视为价格领先的业内标杆。通常为了具有价格优势，大多数公司都会选择参考竞争者的价格，然后确定一个更低的价格，成为业内公认的价格标杆。但这样的结果往往是导致一场几败俱伤的价格大战。而德士高却逃离了这样的厄运。它先是用已有的数据，找到那些对价格敏感的客户。"如果通过会员数据可以挑出哪些是价格敏感型的客户喜爱购买的商品，而不是其他的人和商品，然后给在公司可以接受的最低成本水平上为这些商品确定一个最低价来吸引这类'价格敏感型'的客户"。实际上，由于不了解自己的客户，很多零售商都把钱浪费在降价促销一些人们其实必须购买的产品上了。这样有目标的降价让德士高可以从竞争对手那里吸引来更多的顾客，更妙的是，这样的低价无损公司整体的盈利水平。

### 继续发展

而从 1996 年开始，德士高不满足于经营单纯的零售积分卡，而是把业务延伸到了金融服务领域，他们与苏格兰银行合作于当年 6 月推出了"Clubcard Plus"联名卡。

联名卡（Co-Branded Card）一般是非金融界的营利性公司与银行合作发行的信用卡，近年来被市场广泛接受、发展很快。在管理方式上，联名双方（或多方签有详细的利润分成），可以利用公司的品牌和忠诚顾客基数，针对有一定特殊共性的消费群体来设计品牌，是一个极好的市场细分的手法。

德士高的"Clubcard Plus"推出时针对的是"俱乐部卡"会员中最忠诚、消费额度最高的那 20% 中产阶级家庭。而现在，不仅"Clubcard Plus"信用卡在英国颇受欢迎，2003 年公司在"俱乐部卡"的基础上还推出了"德士高个人金融服务"和"德士高电信服务"等其他利润更高的衍生服务。推出不到一年，用户已经超过了 50 万。正如德士高自己形容："我们不仅仅是用'俱乐部卡'的积分来奖励消费者，我们还根据它的数据来决定企业的发展方向。"

当前，全球零售业竞争异常激烈，然而德士高却凭借着优秀的客户关系管理在行业中独占鳌头，戴维·里德作为德士高公司的掌舵者带领着他的员工把德士高的优质服务带到世界上的多个国家，而此时的戴维·里德也踌躇满志，他必将把德士高带到一个更辉煌的明天。

资料来源：周洁如. 客户关系管理经典案例及精解[M]. 上海：上海交通大学出版社. 2011. 作者有删减。

**讨论：**

1. 分析顾客忠诚感奖励计划的原理和利弊。德士高的忠诚计划与一般忠诚计划有何不同？
2. 试分析德士高的忠诚计划成功之处。
3. 德士高忠诚计划的成功对零售企业的启示何在？

**思考与练习：**

1. 请简述 Oliver 的顾客忠诚感观点。
2. 如何理解忠诚顾客的价值。
3. 你认为企业应如何留住顾客？
4. 忠诚感奖励计划是否能够培育真正忠诚的顾客？如何设计成功的忠诚感奖励计划？

**补充阅读材料：**

1. Bowen, John T., Stowe Shoemaker. Loyalty: A Strategic Commitment. Cornell Hotel and Restaurant Administration Quarterly, Nov-Dec 2003, 31-46.

2. Gamboa, Ana M., Helena M. Gonçalves. Customer Loyalty through Social Networks: Lessons from Zara on Facebook. Business Horizons, 2014, 57(6), 709-717.

3. Javalgi, Rajshekhar G., Christopher R. Moberg. Service Loylaty: Implications for Service Providers. Journal of Services Marketing, 1997, 11(3), 165-179.

4. Kreis, Henning, Alexander Mafael. The Influence of Customer Loyalty Program Design on the Relationship between Customer Motives and Value Perception. Journal of Retailing and Consumer Services, 2014, 21(4), 590-600.

5. Oliver, Richard L. Whence Consumer Loyalty? Journal of Marketing, 1999, 63, 33-44.

6. Reinartz, Werner, V. Kumar. The Mismanagement of Customer Loyalty. Harvard Business Review, July 2002, 4-12.

7. Reichheld, Frederick F., Phil Schefter. E-Loyalty: Your Secret Weapon on the Web. Harvard Business Review, Jul/Aug 2000, 105-115.

8. Zakaria Ibrhahim, Baharom Ab. Rahman, Abdul K. Othman, Noor A. Mohamed Yunus, Mohd R. Dzulkipli, Mohd A. F. Osman. The Relationship between Loyalty Program, Customer Satisfaction and Customer Loyalty in Retail Industry: A Case Study. Procedia-Social and Behavioral Sciences, 2014, 129, 23-30.

# 第七章　顾客关系管理框架

## 引　例

通用塑料集团是通用电气中最早也是最成功地引入 CRM 的部门，这项计划单单在 2001 年就为公司节省了 17 亿美元。塑料集团在 1997 年引进网络系统，旨在对产品和定价进行客户研究。1999 年，福斯在网络系统中增加了电子商务内容。现在，塑料集团 60% 的订单是通过网络得到的，每个星期创造 5000 万美元到 6000 万美元的销售额。客户服务中心每年减少 20 万到 30 万的客户来电，为公司减少了 35% 的日常开支。

这既是高科技运用的结果，更是成功的企业文化的体现。通用塑料的流程再造是个组织管理严密的系统，通用电气（GE）的 CEO 杰克·韦尔奇鼓励福斯引入以流程为导向的管理人员来激发公司内的变革。讨论的结果是：福斯创建了一个 9 人团队在全国宣传网上定购的好处，对于 GE 的其他姊妹部门来说，这是一个非常有效的策略。

通用塑料成功后，各个公司纷纷效仿，希望复制它的模式。但是美林证券的一项调查显示，45% 的公司不满意他们引入 CRM 的效果。著名调查机构 Gartner 的研究表明，75% 失败的 CRM 计划是由于糟糕的管理模式导致的。"我们不能说 GE 在技术实施上是一流的，但是他们的组织结构可以迅速地接收变化。"AMR 的分析师鲍勃·帕克说道。

热身思考：从通用塑料的经验来看，成功的客户关系管理战略要具备哪些关键要素？

## 第一节　顾客关系管理框架概述

信息技术革命，特别是网络的普及使企业有机会选择如何与他们的顾客打交道，使企业能够比以前更好地与顾客建立更好的关系。对顾客要求的快速反应能力，与顾客高度交往、向顾客提供高度定制化的消费体验的能力，使今天的企业能比以往更好地与顾客建立、保持、发展长期的关系。这些能力也弥补了销售人员、顾客服务代表、呼叫中心服务的不足。此外，企业还可以选择成本较低的网上顾客服务降低服务成本，可以只为某些顾客提供较低质量的服务。这种以网络为基础的交往的灵活性，使企业能够选择为不同的顾客提供不同水平的服务，避免了面对面服务中向不同顾客提供不同水平所可能造成的不公平影响。

更好地理解顾客行为的需要，以及许多管理人员关注能够给企业带来长期利润的顾客的兴趣，改变了许多营销人员的传统观念。传统上，企业会要求营销人员去吸引新顾客（无论是以前没买过该产品或服务的新顾客还是竞争对手的顾客)，这就要求企业做大量的大众广告和价格促销活动。而今天，企业要求营销人员留住顾客，尤其是要留住最好的顾客。这就要求营销人员转变观点，采用不同的营销工具。

对 CRM 的关注源于 Reichheld 的研究成果。他的研究发现，顾客保留率的小幅度提高，会带来企业利润的极大增长。他的研究发现，顾客保留率提高 5%，企业利润增加 25%～95% 不等。McKinsey 研究发现，老顾客带给企业的经济收入是新顾客的 2 倍以上。随着 CRM 相关产品的技术创新和改进，跳槽的顾客越来越少，企业也越来越容易获得较大的利润。1999 年，麦肯锡公司对网络公司（电子公司）以顾客为基础的计量的数量的提高对公司市场价值的影响进行了研究。计量分为三类：吸引顾客、顾客跳槽、顾客保留。如果从老顾客那里获得的收入增长 10%、成为重复购买的顾客的比例增加 10%、顾客跳槽率都提高 10%（跳槽的顾客减少 10%），公司的价值分别增长 5.8%、9.5%、6.7%。

对不同的人来说，CRM 的意义不同。有些人认为，CRM 就是直接通过电子邮件与顾客联系，有些人认为，CRM 是指大规模定制化，及开发符合顾客需要的产品和服务。对 IT 人员来说，CRM 意味着复杂的技术。

那么，管理人员应该了解顾客的哪些信息，如何利用这些信息开发一个完整的 CRM 策略呢？一个完整的客户关系管理框架应包含以下 7 个基本的组成成分。

① 建立顾客数据库。

② 分析顾客数据。

③ 根据分析结果，决定选择哪些顾客？

④ 选择目标顾客的工具。

⑤ 如何与目标顾客建立关系，即进行关系营销。

⑥ 隐私问题。

⑦ 测量 CRM 项目的效果。

## 一、建立顾客数据库

一个完整的 CRM 策略所必需的第一步就是建立一个顾客数据库，这是企业从事任何 CRM 行为的基础。对电子商务企业而言，这一工作比较容易，这主要是因为顾客交易和接触信息是企业与顾客交易的必要的组成成分；而对于以前没有收集很多顾客信息的企业来说，则要从企业内部（包括会计部门、顾客服务部）寻找顾客以前的交易信息、交往信息。

顾客数据库应该包含以下信息：

① 交易信息，包括详细、完整的购买信息（如支付的价格、购买日期、送货日期等）

② 顾客接触信息，顾客可通过多种渠道与企业接触，应详细记录每次接触的信息，包括销售电话、服务要求以及任何由顾客主动或公司主动发起的接触。

③ 描述性信息，人口统计特征，主要用于市场细分及其他分析目的。

④ 对促销的反应，包括顾客对企业的直销活动是否有回应，对销售人员或公司的其他直接接触有无反应。

顾客数据库中包含的信息应该是长期信息，要及时进行补充更新。

以前企业有很多种方法收集顾客信息，建立顾客数据库。如耐用品生产企业利用保修卡的信息了解顾客，遗憾的是，只有 20%～30%的顾客对此有反应。由于服务生产与消费的同时性，服务性企业收集顾客信息比较容易，如银行、电信等。

但是，像宝洁、联合利华等销售日用品的企业因为他们的顾客成千上万，且产品往往是通过经销商（如超市、小卖部、药店）等销售，企业与顾客的直接接触很少，甚至基本没有，因此，很难收集顾客信息，建立顾客数据库。对于这类企业，应创造与顾客直接接触的机会，以收集信息，如鼓励顾客访问公司网站。如果顾客给企业提供信息，可享受10%的折扣。

图7-1给出了不同类型的企业在收集顾客信息时要考虑的问题。左上角企业，如银行、电信、零售企业相对容易建立顾客数据库，因为他们能够与顾客直接接触，且接触频率也高。右下角的企业，如家具、汽车生产厂家则最难建立顾客数据库，因为他们几乎与顾客没有直接的接触、接触频率又低。剩余两块则代表的是中间状态。

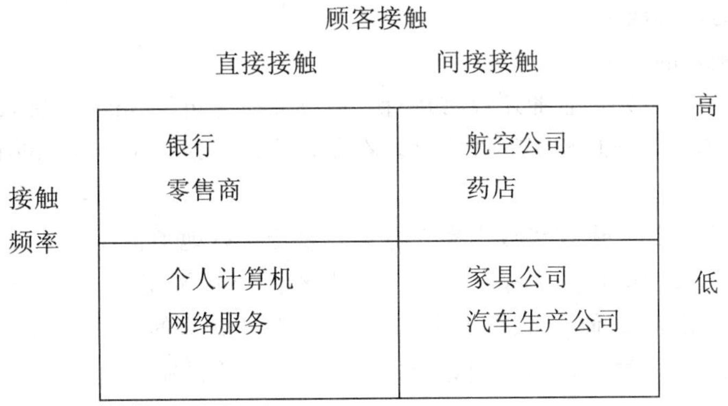

顾客接触

| | 直接接触 | 间接接触 | |
|---|---|---|---|
| | 银行<br>零售商 | 航空公司<br>药店 | 高 |
| 接触<br>频率 | 个人计算机<br>网络服务 | 家具公司<br>汽车生产公司 | 低 |

图 7-1　行业分类

这一框架的关键在于，除非你企业处于左上角，否则都要付出很大的努力去收集顾客信息，建立顾客数据库。Kellogg公司提出了一种创新方法"eat and earn"活动，增加与顾客的接触。小孩在包装盒内发现一个15位的编码，到公司网站输入一些个人信息，就可以获得免费玩具。对企业来说，其任务就是通过增加企业与顾客的接触或"事件营销"，向左上角移动。

## 二、分析数据

从传统上来说，顾客数据分析的目的是细分市场。许多多元统计分析方法，如聚类分析、鉴别分析等都可用于对顾客分类，即把具有类似行为模式、描述性信息的顾客归类，为不同类别的顾客提供不同的产品或服务，或进行直销活动。直销人员多年来一直运用这些技术。他们的目标是选择利润最大的顾客群，针对他们进行目录销售。他们会为不同类别的顾客指定不同的产品销售目录。

近年来，这种细分市场的方法受到越来越多的挑战。有人认为，根据这种细分结果，企业营销活动是针对某类顾客中的"一般"顾客的。如果企业有足够的资源为细分市场的每个顾客服务（即一对一营销），则根本无须进行我们通常做的市场细分活动（18～24岁的消费者）。这些人认为，企业应了解每个顾客能够给企业带来的利润，根据产品和服务的特点，为每个顾客或少部分顾客服务。

为了解每个顾客能够给企业带来的利润，就引入了"顾客寿命价值"这一概念。顾客寿命价值的含义就是企业应分析每个顾客目前和将来能够给企业带来的所有利润。顾客过去给企业带来的利润＝顾客购买企业产品或服务带来的所有收入－所有成本。这些成本包括产品或服务成本、直邮成本、销售电话费用，甚至大众广告费用也应分摊到每个顾客头上。

顾客能够给企业带来的未来利润则要估计顾客将来的购买情况、产品的边际成本、顾客的忠诚度等。

通过计算顾客寿命价值，也可以了解企业从顾客身上可能获得的附加利润。增加的利润可能来源于以下方面。

① 通过交叉销售，顾客购买的产品数量增加；

② 通过向上销售（推荐顾客购买更高档次的产品或服务），顾客支付的价格增加；

③ 降低产品的边际成本；

④ 减少吸引顾客的成本。

除顾客寿命价值分析外，企业还经常进行"市场篮子分析"（market basket analysis），管理人员希望了解顾客经常一起购买哪些产品。在制作产品目录时把一起购买的产品目录放在同一页。

此外，电子企业还经常进行"点击率"分析，以便更好地了解、预测顾客的购买行为。企业进行"点击率"分析的目的是提高顾客的"转化率"（由浏览者转变为购买者）。如 Blue Martini 和 Net Perceptions 让他们的网上销售店根据访问的顾客的不同类别（顾客以前的购买模式、同时访问的其他网站、顾客的搜寻模式等）及时更换网站。

## 三、选择顾客

建立了顾客数据库，并对信息进行分析之后，接下来就是考虑企业的营销活动应瞄准哪些顾客，即选择目标顾客。数据分析可以得出各种结果。根据顾客购买或相关行为进行的细分市场分析结果，企业会首先选择最佳顾客，即那些购买额最高、最忠诚的顾客，让他们参与企业的忠诚感奖励计划。当然，企业也可以根据其他因素，选择其他细分市场。例如，为了促销，当购买量最大的那些顾客再次购买的可能性不大时，企业促销的目标顾客应该是第二层次的顾客。这些细分市场的描述性信息（如年龄、行业等），能够帮助企业选择恰当的营销工具。

如果企业能够通过顾客寿命价值分析，了解每个顾客的获利能力，那么企业很容易决定应该选择哪些顾客。企业运用顾客获利能力分析的目标是区分能够给企业带来最大长期利润的顾客和目前损害企业利润的顾客，解聘那些不能给企业带来利润的顾客。80/20 原则所反映的也是这样一种观点，即企业大部分利润是由一小部分顾客创造的。如 AT&T 根据顾客的获利能力为不同顾客提供不同服务。对高获利能力的顾客提供热毛巾，个性化服务，而对获利能力低的顾客则提供自助服务。联邦快递则对服务成本高的顾客提高运费。关键在于，如果你不了解顾客的获利能力，企业就无法做出类似的营销决策。

需要注意的是，根据顾客目前的获利能力选择顾客，企业可能会漏掉那些长期获利能力高的顾客（没有考虑顾客可能的购买力的增长）。因此，企业应以顾客寿命价值为标准选择顾客。但是，由于预测顾客将来的购买行为比较困难，有时候可能会选择了无法获利的顾客。企业不管运用哪种标准选择顾客，都应慎重考虑"解聘"顾客的负面的口头宣传可能给企业带来的影响。

## 四、瞄准顾客

大众营销，如电视、广播、报纸等有助于引起消费者的注意，或是达到其他沟通的目的，但对 CRM 却并不适合。瞄准顾客常用的方法有直接营销，如电话营销、直邮、直销等。企业应与顾客进行直接的对话，而不是通过大众媒介向顾客做宣传。

"一对一营销"意味着企业通过网络与顾客建立关系。企业可以直接给顾客发邮件与顾客联系，效果往往比较好。这种方法因成本低、效果好而运用的越来越广。美国西南航空公司的"电子邮件点击储存项目"有 270 万会员。每周二，航空公司会向这些会员发出电子邮件，邮件中包含公司最新的促销计划。图书销售商 borders 收集顾客信息建立一个数据库。公司根据顾客的读书偏好向顾客发电子邮件，提供最新的相关图书信息。

## 五、关系营销

虽然直接向顾客发电子邮件是 CRM 一个非常有用的成分，但它只是实行 CRM 的一种技术，而非 CRM 项目本身。企业与顾客的关系的建立不是由电子邮件本身完成的，而是由企业的各种类型的项目共同完成的，其中，电子邮件可能只是各项目的一个传递机制。

关系营销的目标是向顾客提供比竞争者更好、更满意的消费经历。管理人员意识到要让顾客满意，就要超越顾客的期望。但是，随着竞争的加剧、营销沟通的增加、顾客需求的不断变化，顾客的期望也在不断提高，企业超越顾客的期望也就越来越重要。有学者研究发现，顾客满意与企业利润之间有很强的正相关关系。因此，企业管理人员必须定期进行顾客满意度测评，向顾客提供超过其期望的服务。

图 7-2 是一个完整的关系营销项目应包含的成分，包括顾客服务、忠诚感奖励计划、定制化、奖励项目、建立顾客社区。

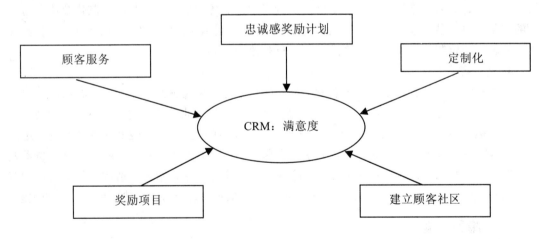

**图 7-2　关系营销**

1. 顾客服务

由于今天的顾客有很多选择，而企业瞄准的又是那些最有价值的顾客，因此，企业必须优先考虑顾客服务。企业与顾客的每一次接触（服务经历）有可能能够吸引来老顾客，也可能导致顾客跳槽。

企业对顾客的服务可以划分为两大类：①反应性服务，即顾客有问题或有需求时与企业联系，企业解决顾客的问题，满足顾客的需求。现在很多企业通过 800 免费电话、传真、email 等受理顾客的要求。②主动服务，即企业不是等顾客联系企业，而是在顾客投诉或通过其他途径提出要求前主动与顾客沟通，解决顾客的问题，有时甚至是预测顾客的需求并满足他们的需求。换句话说，企业主动找顾客而不是被动地等顾客上门。这就要求销售人员了解顾客，预测他们的需要。

### 2. 忠诚感奖励计划

忠诚感奖励计划奖励顾客的重复购买。麦肯锡的研究发现，美国的百货、药店、加油站、杂货店等七个行业的前十大零售商中有一半都在推行忠诚感奖励计划，英国也是如此。同时他们也发现，忠诚感奖励计划的四个主要问题：①成本高，随着越来越多的企业推行忠诚感奖励计划，企业实施忠诚感奖励计划的成本越来越高。②由于顾客把企业看作是利益的获得者，企业很难改正错误。③忠诚感奖励计划是否能够有效地提高顾客忠诚度，增加顾客在企业的消费额，有些企业管理人员和学者对此提出质疑。④由于应用普遍，企业很难凭借忠诚感奖励计划取得竞争优势。但也有些航空公司发现，通过增加顾客的跳槽成本和进入壁垒，忠诚感奖励计划也能够取得成功。但是，在有些行业，忠诚感奖励计划已经成为企业参与市场竞争的必要条件。例如，我国的航空业，随着南航、东方航空、国航等航空公司陆续推行忠诚感奖励计划，其他航空公司若不推出自己的忠诚感奖励计划，就很难在市场上立足。

### 3. 定制化

大规模定制化并不是简单的一对一营销，大规模定制化不仅要求企业与顾客进行一对一的沟通，而且还要为单个顾客提供定制化的产品和服务。戴尔公司通过其 build-to-order 网站推行这种观念。Levis、Nike 等公司都根据顾客的要求生产产品。Slywortzky 认为这种过程就像是一个"选择板"，即企业给顾客提供一个产品属性单，让顾客决定他们需要什么。在这种情况下，顾客成为产品的制造者而不仅仅是购买者。服务和信息化产品的定制化要比普通产品的定制化更容易。但是，即使是产品生产企业，也可利用从顾客那收集的信息进行定制化，至少是表面的定制化，如不改变产品本身，只是改变包装的形式。

### 4. 建立顾客社区

不管是电子商务企业还是传统企业，网站的一个主要用途就是建立一个顾客网络。通过这个网络，顾客之间可以交换与产品相关的信息，可以与企业、品牌建立关系，这种网络和关系我们称之为"社区"。社区的目标是与产品建立积极的关系，并使这种关系人性化，进而增加顾客跳槽的代价。Adobe 公司建立了一个用户和产品开发人员社区，顾客可以与技术人员交换各种产品信息，这个社区把顾客与企业、品牌绑在一起，给顾客造成一种"自己拥有网站的一部分"的感觉。通过向社区公开产品信息，Adobe 公司与顾客建立更人性化的关系。

## 六、隐私问题

CRM 的实施依赖于企业收集的顾客信息以及对这些信息的分析，根据分析结果采取更有效的营销沟通和关系建立行为。这就有一个企业更好地提供定制化产品和服务的能力与企业提供定制化所需的信息量之间的权衡问题，特别是随着网络的普及，许多消费者和民间组织日益关注顾客数据库中应该包含的顾客信息量以及企业对这些信息的使用问题。

不同的人对隐私问题会有不同的反应。有些人只是不高兴，有些人会觉得受到侵害，也有些人害怕受到伤害。

目前企业对个人信息的收集和使用有两种做法：①征求顾客的同意。企业必须先征求顾客的同意才可以收集、使用顾客的信息。这种做法给顾客较大的控制感，且有助于保护行业秘密。但从营销人员的角度来看，减少了顾客数据库中可用的信息。②除非顾客明确禁止，否则企业就可收集、使用顾客信息。这种做法使营销人员可以收集、使用较多的顾客信息，也能为顾客提供较多定制化的产品和服务，但顾客的控制感较弱。随着无线设备的普及，企业可以收集的顾客信息越来越多，隐私问题也会越来越棘手。

### 七、CRM 测量

企业实施顾客关系管理策略，传统的绩效测量方法也需要更新。边际利润、获利能力、市场份额等指标仍然重要，但在 CRM 世界中，企业还应开发以顾客为中心的绩效计量方法，反映企业 CRM 策略、项目的执行情况。

CRM 为基础的绩效测量工具包括：顾客获取成本、转换率（从浏览者转变为购买者的比率）、顾客保留率、顾客钱包占有率以及顾客忠诚度等。

### 八、CRM 的未来

企业实施 CRM 的一种做法就是把营销人员的工作分为两部分。一部分是获取顾客，一部分是留住顾客。这两类工作所需要的工作技能不同。擅长获取顾客的人有丰富的传统营销经验，如广告、促销等，而要留住顾客，则要求营销人员更好地理解顾客对产品和服务的满意度或忠诚度所蕴涵的深层次含义，如表示满意的顾客是否真的满意，是否会重复购买企业的产品或服务等。由于时间的限制，企业的营销人员往往很难同时做好这两方面的工作。结果，一些企业会指定一个顾客管理人员（Chief Customer Officer，CCO），专门负责与顾客打交道。CCO 的工作包括：①通过市场调研、顾客数据库向营销副总提供市场信息，以利于产品管理人员制订营销计划和策略；②管理顾客服务；③与那些可能直接影响顾客满意度的部门的管理人员协调工作。还有一种方法就是开发两份工作：顾客管理人员和能力管理人员。前者负责总体把握企业与顾客的关系，后者保证顾客的需求能够得到满足。

随着体验消费的兴起，企业要让顾客满意，就必须进行顾客体验管理。随着企业与顾客接触机会的增多，企业应及时了解顾客对每次消费的评估并迅速对顾客的不满做出反应，采取补救性措施，包括道歉、补偿等。企业应把过去以交易为基础的关系发展为以体验为基础的、持续性的关系。

与其他任何管理措施类似的，企业实施顾客关系管理也应进行成本收益分析。国外一些学者的研究结果表明很少有企业不能从顾客关系管理中获利的。

# 第二节　以顾客为中心的营销

美国著名营销学家塞斯（Jagdish N. Sheth）和斯迪亚（Rajendra S. Sisodia）指出，20 世纪，随着营销问题的出现，企业营销逐渐由大市场营销发展为细分市场营销；21 世纪，随着管理人员对营销生产率问题的关注、市场的多样性以及新技术的发展，市场营销逐渐向以顾客为中心的营销发展。营销问题主要表现为企业对某一市场的过度营销和对其他市场的营销不足或错误营销。营销问题的出现，迫使企业实施以顾客为中心的营销战略，提高营销的效率和效果。

## 一、以顾客为中心的营销概述

以顾客为中心的营销主张企业应针对单个顾客进行营销，了解并满足每个顾客的需要，而不是针对整个大市场或细分市场进行营销，满足整个大市场或某个细分市场的需要。企业以顾客为中心进行营销，首先要分析企业为每位顾客服务的成本和收益，决定是由本企业直接服务于该顾客，还是由第三方代替本企业为该顾客服务；此外，企业管理人员还应决定本企业是提供定制化的产品和服务还是标准化的产品和服务。以顾客为中心的营销的目标就是针对每位顾客的营销活动同时实现效率最高、效果最佳。企业要做到每项营销活动都达到最高效率，就要进行成本—收益分析，寻求针对每位顾客的营销措施的投入—产出比的最大化；企业要使每项营销活动都达到最佳效果，就要增强顾客的忠诚感，提高顾客的"钱包占有率"。

以顾客为中心的营销不同于传统的一对一营销。一对一营销强调的是产品或服务的适用性，仍然是以产品为中心的营销方法，产品仍然是企业计划流程的出发点。而以顾客为中心的营销强调的是顾客的需要和资源，企业的计划流程以顾客为出发点。

以顾客为中心的营销和关系营销之间也存在差别。企业要实行关系营销并获得好的效果，必须以顾客为中心。然而一般说来，即使脱离了关系营销，企业仍然可以以顾客为中心进行营销。例如，在直接营销中，顾客的参与程度较低，顾客对其与企业之间的关系的兴趣也不大，在这种情况下往往可能会出现交易型的以顾客为中心的营销。此外，以顾客为中心的营销也可能会导致顾客外包，而关系营销则强调企业与顾客之间的直接联系。

## 二、以顾客为中心的营销的兴起

塞斯和斯迪亚认为，以顾客为中心的营销的兴起主要是以下三个方面的因素推动的结果。

1. 营销的效率问题

美国学者韦伯特（Webster）在 1980 年的一项调查表明，长期以来高层管理人员一直比较关注营销生产率问题。韦伯特指出，当时的问题主要表现为随着成本的增加，管理人员不知道该如何提高营销的效率。

直至今日，营销的生产率问题仍然比较突出，特别是最近几年，非营销部门的生产率的提高也迫使营销部门不得不关注营销的生产率问题。例如，生产部门通过实施 SIX SIGMA、零跳槽率管理、自动化、JIT、生产和装配的再设计以及灵活生产系统，生产和运营的效率、效果都有了显著的提高。管理部门（包括财务管理、会计、人力资源管理和法律、IT 及 R&D 等支持部门）通过调整部门规模，外部采购及业务流程重组等，也大大提高了管理效率和效果。

营销生产率包括效率（把事情做对）和效果（做正确的事）两个方面。营销生产率高表现为企业能够以低成本培养忠诚的顾客，而实际上企业不是以高成本培养忠诚的顾客，就是为了提高营销的效率疏远了顾客，最终既没能培养忠诚的顾客，也没能降低成本。

大市场营销与局部市场营销相比具有较高的效率，较好的效果，但随着顾客的异质化，这一优势不再突出。企业以顾客为中心进行营销，各项营销活动更可能实现最高效率、达到最佳效果，因此，与营销生产率高的行业相比，营销生产率低的行业以顾客为中心进行营销的动力更大。

2. 市场的多样性

无论是企业市场还是消费市场，市场差异越来越明显，大市场营销和细分市场营销的效果逐渐减弱。在企业市场上，各企业在规模、地点及业务类型方面的差异导致企业顾客在需求、欲望和资源（包括资金、人力资源）等方面的差异。而在消费市场，由于顾客在生活方式、道德标准、收入、年龄等方面的差异，他们在需求、需要和资源（金融、专业和时间）等方面也存在着差异。随着这种差异越来越细微，企业在成本允许的情况下将可能为更小的顾客群（甚至是单个顾客）提供个性化的产品或服务，换句话说，企业将以顾客为中心进行营销。国外一些大企业针对企业顾客的购买行为，运用电子商务、直邮、电话购物、专业销售人员、全国财务管理团队以及全球财务管理团队等方式进行营销；他们为大企业顾客设计专门的项目计划（包括产品、服务及营销活动）。

3. 技术的应用能力

新技术的发展和应用有助于企业以顾客为中心进行营销。企业利用新技术，能够为顾客提供个性化的产品和服务，满足顾客的特殊需要。许多生产企业运用计算机辅助设计（CAD）/计算机辅助生产（CAM）以及数据库技术生产定制化产品；此外，企业应用灵活的生产系统和及时生产系统（JIM），能够以较低的成本生产质量较高的定制化产品；扫描技术的应用，以及电子数据交换（EDI）技术和预测技术的应用，提高了企业的分销效率，缩短了配货周期。此外，企业通过 FedEx 和 UPS 这样的公司可以以可接受的价格迅速运输产品。

因特网的出现更是推动了企业以顾客为中心进行营销。首先，也是最重要的，企业利用因特网可以了解单个顾客的需要，提供相应的产品和服务满足顾客的需要。其次，企业利用因特网可以储存大量的顾客信息和交易信息，可以通过因特网与顾客沟通，进行交易。最后，顾客也可以通过因特网寻找特定的企业满足他们的特殊需要。随着因特网的出现，顾客的购买习惯也发生了变化，以美国为例，1999 年中期，大约有 40%的汽车购买者在亲自到经销点看车前都在网上查阅了大量有关方面的信息，而在 1998 年中期，只有 25%的汽车购买者这么做。

随着技术的快速发展，信息技术的功能不断扩大，而信息技术价格的下降，使企业以顾客为中心进行营销的可能性更大。因此，与技术应用较少的行业的企业相比，技术应用较广的行业的企业更可能以顾客为中心进行营销。

## 三、以顾客为中心管理的关键——了解顾客需求

虽然越来越多的企业在关注和研究顾客的需求，并强调"以顾客需求为导向"，但是，没有多少企业真正地识别、把握和跟踪到顾客不断变化的需求。由于顾客需求的多样性、多变性、隐蔽性、复杂性，企业很难真正驾驭每个顾客的需求。因此，从顾客纷繁复杂的需求中找出其共性就显得非常重要。

马斯洛指出人有五个层次的需要，即生理需要、安全需要、社交需要、尊重需要和自我实现需要。借助于马斯洛的需要分析模型和方法，并参考其他学者关于顾客需求的论述，我们认为，顾客的需求也可以划分为五个层次，即产品需求、服务需求、体验需求、关系需求和成功需求。

## 1. 产品需求

顾客的基本需求往往与产品有关，包括产品的功能、性能、质量以及价格。一般来说，顾客都希望以较低的价格获得高性能、高质量的产品。在市场完善的情况下，这是顾客最基本的需求。20 世纪 80 年代，我国的物资供应相对匮乏，顾客需求几乎完全以产品需求为主。谁能够提供高性价比的产品，谁就能成功。目前，产品质量和价格仍然是影响许多顾客购买决策的主要因素。

## 2. 服务需求

随着人们购买能力的提高，顾客的需求也不断提高。人们在购买时，不再仅仅关注产品的质量，同时还关注企业的售后服务，包括产品是否送货上门、是否免费安装、调试、维修、是否培训顾客掌握必需的技能、是否可以退货等。随着计算机等高科技产品进入人们的生活，顾客的需求又上了一个台阶。人们不仅仅满足于优质产品和服务，而且希望及时获得技术支持和优秀的解决方案。优质产品和优质服务承诺并不能完全让顾客满意。同样的产品对不同顾客的使用效果不同，同样的服务承诺，有的顾客感到满意，而有的顾客则不满。这主要是因为：随着产品科技含量和复杂性的增加，产品的使用效能不再仅仅取决于产品的好坏和简单的安装、调试服务，还取决于好的产品应用实施方案和及时有效的技术支持。企业的服务承诺再好，如果不能及时有效地解决顾客的问题，顾客也不会对企业满意。

对于服务性企业来说，顾客不仅仅希望企业能够为自己提供所需的核心服务，同时希望企业能够为自己提供解决方案，有效地解决面临的问题。

## 3. 体验需求

随着服务产业的兴起，人们逐渐从工业经济步入服务经济。服务具有与产品不同的特性。服务性企业为顾客提供服务的过程与顾客消费服务、享受服务的过程是同时进行的。由于服务的这一特性，顾客不仅仅重视企业能够为自己提供的服务结果质量，而且追求服务过程质量，重视自己的亲身体验。有学者甚至提出，我们目前已经进入体验经济时代。顾客在做出购买决策时，不愿意只是被动地接受服务商的广告宣传，而是希望先对产品或服务做一番"体验"，如试用、试尝等，有些顾客甚至不购买自己未曾试尝、试用过产品，不购买自己未曾体验过的服务。顾客从单纯的购买，逐渐转变为主动参与企业产品和服务的设计、规划、方案的制定，"体验"创意、设计、决策等过程。企业与顾客的每一次交流、交往，对顾客而言，都是一种体验。顾客会记住自己的体验，这种"体验"对顾客而言是独享的、不可复制、不可转让的，是顾客的"唯一"。顾客往往愿意为这种"唯一"支付较高的价格。顾客的这种体验需求，仅仅靠产品和服务是无法满足的，它是在顾客对产品和服务的需求得到满足后而产生的更高层次的需求。

## 4. 关系需求

没有人会否认关系的重要性。顾客在购买了称心如意的产品、享受了舒适的服务、得到了愉快的体验的基础上，如果能够同时结交朋友、扩大社会关系网，一定会喜出望外。"关系"对顾客而言意味着他获得了社会的信任、尊重、认同，有一种情感上的满足；意味着他在面临困难时，可能会得到朋友的关怀和帮助；意味着他可以与朋友共同分享和交换信息、知识、资源、思想、关系、快乐等。关系的建立往往需要一段较长的时间，双方的多次接触、交流、资源投入、共同的目标、相互尊重、彼此信任、相互关爱、相互理解、相互依赖、信守承诺是双方建立良好关系必不可少的要素。顾客往往非常珍惜自己的"关系资源"，他们往往愿意与自己熟悉的服务商交往。在两家企业的产品质量、服务质量都相当的情况下，顾客往往会选择与自己有"关系"的企业。而随着市场的逐渐发展完善，各个企业所提供的产品、服务将趋于相同，在这种情况下，"关系需求"就是影响顾客选择企业的一个非常关键的因素。

5. 成功需求

顾客购买任何产品和服务，都是为了满足自己某方面的需要，为了获得某方面的成功。许多企业关注顾客的产品需求、服务需求，却忽视了顾客内在的、更高层次的需求。组展商要组织一次展览会，当然需要展览会场馆内各种有形的设备、配套，需要会展中心的相关服务，但同时他们更关心这次展览会能否成功。有些展览会中心强调该中心先进的设备、齐全的配套服务，却忽视了影响这次展览会成功与否的其他重要因素，如观众的数量、参展商的成交额等。因此，在没有完全清楚地把握顾客的需求之前，即使把全世界最好的产品和服务推荐给顾客也无济于事。谁能真正帮助顾客解决问题，谁才能赢得长久的顾客。

当然，不同行业、不同企业的顾客的购买能力、购买行为不尽相同，但是，他们都不同程度地存在着上述五个层次的需求。企业管理人员准确判断顾客的需求层次，有针对性地规划、实施产品战略、服务战略、顾客关系战略等，才能获得成功。

## 四、以顾客为中心的营销的影响

以顾客为中心的营销，除了使企业更聚焦于单个顾客之外，还会产生以下影响。

1. 营销成为"供应管理"

传统的观点认为营销是一种需求管理，营销的焦点是产品，营销部门的职能就是通过促销、价格调整稳定需求，实现企业的产品销售目标。

而以顾客为中心的营销观认为，营销是一种供应管理。出于各种原因，顾客将成为企业营销活动的起点。由于顾客需求、欲望及商业资源的多样性，企业很难预测顾客的行为，预测的可信度也降低。在这种环境下，企业只有根据顾客需要及时调整生产，满足顾客的需要，才可能取得成功。

企业以顾客为中心进行营销，营销的职能不再是影响顾客购买，而是如何更好地对顾客的需求做出反应。例如，顾客通过 CISCO 系统网站可以订购他们所需要的特殊的硬件和软件。

2. 顾客外包

企业实施大市场营销或细分市场营销，大部分利润都来自一小部分顾客。在许多情况下，这一小部分顾客中仍然包括部分不能给企业带来利润的顾客，而企业为这部分顾客服务的成本与为能够给企业带来最大利润的顾客服务的成本相当，甚至前者可能还高于后者，因此，企业应进一步细分其顾客群，只为那些价值较高的顾客服务。

针对那些无法给企业带来利润的顾客，企业可以采取两种策略：一是忽视这部分顾客的存在。由于这种做法往往会引起顾客的不满，导致企业外部公共关系的恶化，因此，一般来说，企业不宜采取这种策略。另一种是实行顾客外包，我们一般鼓励企业采取这种做法。由于企业的大多数竞争战略都是以市场整体行为为基础的，因此传统的企业有时会让第三方代替本企业执行某些职能，如企业会找分销商销售企业的产品，会找广告公司替企业做广告，但他们一般不会让第三方外包本企业的顾客。而由于以顾客为中心的营销是以单个顾客的行为为基础的，因此企业以顾客为中心进行营销，则可能会让第三方代替本企业为部分顾客服务。企业可以采取多种方式外包顾客，如企业可以让外部经销商为某些特定的顾客服务，有时候顾客可能根本没有意识到真正为他们服务的并不是企业本身。此外，企业还可能为了暂时的利益或是为了将来的收入、利润将本企业的顾客转让给其他企业。

外包顾客的基本理念是通过将本企业直接服务不能获利的顾客转让给其他可以从这些顾客身上获利的企业，从这部分顾客身上获取一定的利润。企业外包顾客关键是识别对方企业是本企业的竞争对手还是合作伙伴。

3. 合作营销

企业以顾客为中心进行营销，顾客在企业营销中的作用越来越突出，为提高营销的效率和效果，企业会与顾客进行"合作营销"。所谓合作营销是指企业在产品和服务的设计、生产和消费过程中征求顾客的意见，更好地满足顾客的需要。一般合作营销在服务业比较常见，但同样适用于产品生产企业。如通用汽车公司计划生产根据顾客要求生产的满足顾客特殊需要的汽车。合作营销的关键是企业与顾客之间的交流，而因特网的出现，为顾客与企业之间的交流提供了一个重要的平台。

合作营销应用的范围取决于企业能够积累和使用的顾客知识的多少。通过合作营销，顾客可以辅助产品的生产，可以与企业共同制定合理的价格，有助于产品的销售和企业与顾客之间的沟通。同时，合作营销还有助于增强顾客的忠诚度，减少交易的成本。一般来说，以顾客为中心的企业更可能实施合作营销。

4. 固定成本营销

在企业的账目上，营销投入往往被看作是销售管理费用的一部分，企业管理人员长期以来一直认为营销支出是一种费用而非投资。事实上，通过分解营销支出的基本结构，企业可以降低营销成本，提高营销效果。

固定成本营销的目的就是要减少交易成本。管理人员通过技术投入，可以减少可变成本或交易成本。银行、电信和航空公司投入大量技术降低顾客服务的成本。例如，在美国，一个银行服务人员处理一单业务的成本是 3.5 美元，而一项 ATM 交易的成本仅为 1.25 美元，因特网上交易的成本更低。

在工业社会，交易总成本既包括大量的固定成本也包括可变成本，由此促使企业追求规模经济和范围经济。企业不断增加生产，随着生产量的增加，平均成本降低，市场价格也下降。在以顾客为中心的时代，顾客交易范围很广，交易成本增加。为降低交易成本，企业投入大量的技术。例如，数据库和声音感应技术的固定成本很高，但利用这些技术可以降低交易成本。由于数据库和声音感应技术的成本不会随着交易量的增加而增加，因此，从事同类业务的企业或者是为相同的目标顾客提供其他服务的企业都可以利用这些技术，通过资源共享，交易的单位成本大大降低。因此，与没有实施以顾客为中心的营销的企业相比，以顾客为中心的企业更可能实施固定成本营销。换句话说，与以顾客为中心的企业相比，没有实施以顾客为中心的营销的企业的可变成本较高。

5. 以顾客为中心的组织结构

在某些企业里，部门的分割使营销各部门之间的整合非常有限。企业以顾客为中心进行营销，则可以围绕顾客将各部门有机整合。以顾客为中心的企业采用的营销方法、营销术语、计量尺度和评价标准都不同于传统营销。计量尺度将以顾客份额、顾客消费过程、顾客资产和顾客关系管理为导向，而不是以传统的市场占有率等为导向。在以顾客为中心的企业里，工作的重点是联合所有增加顾客价值的企业行为，整合所有直接面对顾客的企业行为。

以顾客为中心的企业不仅整合销售、营销和顾客服务部门，而且还将他们与非营销部门整合在一起。企业运用技术，可以围绕单个顾客将整个企业整合起来。此外，这种整合还可以是跨越地理界限的整合。一般说来，与那些没有实施以顾客为中心的营销的企业相比，以顾客为中心的企业更可能整合本企业的营销部门和非营销部门。

## 五、外部影响因素

企业以顾客为中心进行营销往往要受到一些外在因素的影响，这些外在因素可能推动企业以顾客为中心进行营销，也可能阻碍企业以顾客为中心进行营销。这些外在因素包括公共政策、企业文化、行业结构和范围经济。

1. 公共政策

国家的公共政策往往会影响企业实施以顾客为中心的营销。例如在美国，政府降低了因特网的使用费用，同时免除因特网交易的各种税，鼓励企业以顾客为中心进行营销。同样的，公共政策也可能阻碍企业以顾客为中心进行营销。由于许多企业滥用因特网，欧盟出台的保护个人隐私的政策将使企业以顾客为中心进行营销的难度增大。此外，如果企业最初的目的是为所有顾客服务的话，公共政策也可能会阻碍某些行业的企业实行顾客外包。

2. 企业文化

企业的企业文化也会影响企业以顾客为中心进行营销。企业的理念、领导者的领导风格及企业的战略重心都会影响以顾客为中心的营销思想在该企业的推广。与技术驱动型企业相比，那些市场驱动型企业更可能外包顾客，更可能实施合作营销，更可能转变成以顾客为中心的企业。在以顾客为中心的时代，企业的成功更多的依赖的是领导者领导企业改变的能力。企业的战略重点往往不外乎生产、技术或顾客，而以顾客为重点的企业更可能以顾客为中心进行营销。

3. 行业结构

有的行业较其他行业更容易以顾客为中心进行营销。在那些成熟的、相对集中的行业，企业更可能外包顾客，更可能实施复杂的供应链管理和固定成本营销。此外，在那些拥有传统营销流程的行业，企业一般不愿轻易放弃现有的资产。

那些具有需求多样性（如食品）且使用成本低（如个人计算机）的行业，企业更有可能以顾客为中心进行营销。换句话说，在那些顾客使用成本高（如基础金属）且大部分顾客的需求都相同（如卷钢）的行业，企业实施以顾客为中心的营销的动力要小很多。

B2B市场的企业、进行直接营销的企业和服务性企业更有可能实施以顾客为中心的营销。由于B2B市场的企业的顾客群较小，企业较容易监督、管理顾客，而且每一个顾客对企业来说都非常重要，因此，B2B市场的企业较可能以顾客为中心进行营销。由于企业推行直接营销的基础就是企业与单个顾客之间的联系以及企业为单个顾客服务的能力，因此，进行直接营销的企业更有可能实施以顾客为中心的营销。而服务性企业由于具有为顾客提供定制化产品和服务的能力，因此，他们以顾客为中心进行营销的可能性也较大。

4. 范围经济

要以顾客为中心进行营销，企业必须对顾客有全面的了解，即成为"顾客专家"（Customer Specialists）。此外，企业还应增加其为顾客提供的产品和服务的种类，以降低成本。因此，以顾客为中心进行营销的企业更像是"一站式购买"型企业，顾客可以在这类企业里买到那些几乎不相关的产品和服务，而该企业经营的产品和服务中只有小部分是企业自己生产的，大部分则是企业从其他生产商那里购得的。因此，企业以顾客为中心进行营销，就要发展围绕特定顾客和顾客群的核心能力。沃尔玛就是这方面的一个例子，它不仅出售各种折价商品，还出售百货用品，提供银行服务。

如果一个企业能够从事多种业务且有利可图，则这类的企业比较可能会以顾客为中心进行营销，他们可能会实施固定成本营销，可能投资建立顾客数据库。这类企业很可能开发强大的品牌束，给各类产品冠以不同的品牌。此外，由于这类企业要从第三方购买许多产品提供给顾客，所以，他们会非常重视对供应链的管理。

为适应激烈竞争的市场，许多企业以顾客为导向，然而以顾客为导向往往意味着企业要加大对营销的投资，由于企业资源的有限性，企业应尽力提高营销的效率和效果。而以顾客为中心进行营销是企业提高营销效率的关键。

# 第三节　发挥顾客作用

美国学者纳马思维亚（Karthik Namasivayam）和赫金（Timothy R. Hinkin）认为，顾客期望的消费经历在很大程度上是由顾客自己设计的，服务性企业及其员工只是协助顾客创造他们期望的消费经历，获得他们需要的消费价值。因此，服务性企业必须充分理解顾客在服务过程中所扮演的重要角色，帮助顾客扮演好自己的角色。而要帮助顾客扮演好自己的角色，服务性企业必须向顾客授权。

## 一、顾客的角色

在进行服务经历管理时，企业管理人员往往强调员工的重要性，而忽视了顾客在其中扮演的角色。我们认为，企业管理人员应深入分析顾客在服务过程中扮演的角色，采取有效措施，充分发挥顾客的作用。

我们认为，顾客是企业的资源供应者、合作生产者、购买者、使用者，有时也是企业的"产品"。

### 1. 顾客是资源供应者

企业生产过程中使用的资源包括实物资源、信息资源和无形的资源。美国著名学者施奈德和鲍恩指出，与那些全面发挥顾客作用、与顾客建立合作关系的企业相比较，只把顾客当作本企业产品和服务最终使用者的企业必然处于竞争劣势。在服务管理过程中，顾客为企业提供的资源主要是指顾客为企业提供的信息和资金。事实上，顾客可以为企业提供各种资源，包括资本、自然资源、点子，以及顾客在企业生产过程中做出的各种有形和无形的贡献。如果企业提供的服务的目的是改变顾客目前的状况，如使病人康复、使学员掌握新知识、使顾客改变行为方式，则顾客（病人、学员）是企业生产活动必需的主要资源。充分利用顾客供应的资源，是企业提高质量竞争力的重要途径。

在许多服务性企业里，顾客必须亲自参与服务过程，才能接受服务（如理发服务、健身服务等）。顾客是这些服务性企业必需的生产资料。在这类服务中，企业可以就正式的供应时间、服务程序、双方的行为方式等与顾客协商。如果顾客提供的信息不完整、不准确，或是顾客不履行诺言，为投入足够的时间和资金，企业就不易保证服务质量，不易保证为顾客提供满意的消费经历。当然，也有一些服务，顾客不必亲自参与服务过程（如干洗服务、货运服务等）。在这类服务中，服务性企业可以任意决定自己与顾客的接触密度、深度和持续程度。

### 2. 顾客是合作生产者

对于许多服务来说，服务性企业为顾客提供服务的过程，实质是顾客与服务人员相互交往、相互作用、相互影响的过程。许多企业管理人员重新设计员工的角色、重新设计生产和服务程序、重新设计组织结构，对员工授权，鼓励员工参与管理，为员工提供信息和反馈，以便员工选择最佳的行为方式和工作方法。但是，他们却并不鼓励顾客参与生产和服务工作，也不授予顾客必要的参与生产和服务所需的权力。我们认为，顾客是企业的"兼职员工"，企业指导、激励顾客参与生产和服务过程，提高顾客的生产和服务技能，有助于提高企业的生产、服务质量，提供顾客满意的消费经历。在面对面服务中，顾客必然会在一定程度上参与服务过程。顾客越发挥"兼职员工"的作用，顾客对产品和服务质量、对消费经历的影响就越大。

### 3. 顾客是购买者

顾客是企业产品和服务的购买者，这是顾客最基本的作用。企业生产的产品和服务通过顾客的购买转换成企业持续发展所需的资本。

顾客感觉中的质量是影响顾客购买行为的一个重要的因素。如果潜在顾客认为某种产品或服务能够满足自己的需要，使自己获得良好的投资收益，他们就更可能购买这种产品或服务，并可能成为企业的忠诚者。由于信息的不对称性，顾客往往无法获得与产品和服务属性相关的所有信息。在这种情况下，顾客常常会根据企业的市场声誉、市场形象等"感觉中的质量"属性，做出购买决策。鉴于此，企业可以通过市场沟通活动、企业的市场形象和声誉、差异化竞争策略，间接影响顾客感觉中的质量。

顾客与企业之间的关系也会影响顾客的购买行为。顾客感觉中的质量可能会影响顾客某次的购买行为，而相对来说，顾客与企业之间的关系更多地影响的是顾客的持续购买行为。目前，越来越多的企业管理人员认识到，顾客的持续购买是支撑企业持续发展的重要保证。许多企业通过关系营销活动，建立、保持、发展与顾客的长期关系。

此外，顾客选择范围的大小、顾客的经验、交易性质、质量弹性、顾客自我服务的能力等也可能影响顾客的购买行为。

（1）选择范围的大小

它是指顾客是可以从众多企业选购产品或服务，还是只能从某个企业购买产品或服务。选择范围的大小不同，顾客表现出来的购买行为也不同。

（2）顾客的经验

顾客与企业保持长期关系，可以积累经验，逐渐学会如何通过交易过程，获得更多的利益，取得更大的消费价值。

（3）交易性质

顾客与企业建立长期的、直接的、正式的、广泛的、重要的、相互依赖的关系，顾客对双方关系就有较大的影响；反之，顾客对双方关系的影响较小。交易的性质不同，顾客表现出来的购买行为也可能不同。

（4）质量弹性

它是指顾客对产品和服务质量的重视程度。顾客越重视质量，质量弹性越小。病人往往愿意排长队，等待名医为自己治病。这类不便并不影响他们的购买决策。

（5）顾客自我服务的能力

有些顾客能够为自己提供部分服务，在这种情况下，他们往往不会购买企业的产品或服务。如有些顾客会自己设计房间，不需要请专业的装修公司为自己设计房间。

4. 顾客是使用者

顾客是产品和服务的使用者。作为"使用者"，顾客会根据他们的期望与消费经历之间的差异，判断自己的满意程度；而顾客与企业之间的良好关系会增强企业的质量竞争实力。

企业要想让顾客购买自己的产品或服务，必须要能够满足顾客的期望，为顾客提供满意的消费经历。根据奥立佛的观点，在消费过程中或消费之后，顾客会对他们的期望和实际消费经历进行比较。如果他们的实际消费经历符合或超过他们的期望，顾客就会满意。因此，企业可以通过引导顾客形成现实的期望或是提高服务实绩来提高顾客的满意程度。企业在市场沟通活动中为顾客提供准确、可靠的信息，有助于顾客详细了解他们可以从产品和服务消费中获得的各种利益，做出正确的选购决策。需要注意的是，顾客的期望是不断变化的，企业只有满足顾客不断变化的需要，才能不断地提高顾客的满意程度。顾客了解企业的现实状况，更能发挥其"合作生产者"的作用，企业也就更能有效地完成生产和服务工作。

5. 顾客是"产品"

有些服务（如人身服务）与顾客较难分离，改变顾客行为或状况是这类服务的最终成果。美容美发服务、教育培训服务、医疗服务等都属于此类。要评估这类服务质量的高低，企业必须要计量顾客的变化。从企业战略的角度讲，企业应根据自己的产品和服务是否能降低顾客的成本，帮助顾客将其产品与竞争对手的产品区别开来，来衡量自己的服务质量。在专业服务工作中，企业的服务实绩常常指专业服务对顾客的工作效率和效果的影响。在人身服务工作中，服务实绩往往是指顾客外表、感觉、思维方法、能力的变化。

美国哈佛大学商学院教授科特和施莱辛格认为，以下五个因素都会影响人们的变化意愿：①变化引起的个人得失；②对某种变化的理解程度；③对某种变化引起者的信任感；④对某种变化的认同程度；⑤自信心、灵活性等个人特点。顾客购买某种产品或服务，会影响顾客变化的意愿。顾客愿意变化，才能充分利用产品或服务，获得更多利益。例如，员工免费参加企业内部的培训，虽然他们觉得培训内容非常有趣，但他们却不愿改变自己长期形成的行为方式。不改变行为方式，他们不会有什么损失。但如果员工花费8000元培训费，参加培训，他们就很可能改变自己的行为方式。否则，他们会认为自己在浪费时间和金钱。一般来说，顾客感觉中的质量越高，顾客购买产品和服务的可能性就越大；顾客投资越大，充分利用产品和服务的愿望也越强烈。

但是，顾客并非所有企业的"产品"。尽管许多企业在广告中宣传顾客消费他们的产品或服务之后会发生变化，但并非所有企业都真正相信顾客会发生这些变化。此外，能促使某些顾客变化的产品或服务消费经历对另一些顾客可能毫无影响。顾客消费企业的产品或服务后是否会发生变化，可能与顾客的个人特点、产品或服务、环境等因素有关。

此外，顾客的变化可好可坏。顾客接受美容服务，反被毁容的实例时有发生；病人接受医疗服务，病情反而恶化的情况也偶有发生。某些产品或服务（如吸烟、酗酒）必然会引起有害的后果（健康状况变差）。

这里我们强调顾客会扮演多种角色，而不仅仅是产品或服务的购买者和使用者。主要目的在于提醒管理人员认识到顾客的多重角色，采取有效的措施，鼓励顾客参与服务过程，充分发挥顾客在服务管理过程中的作用。

## 二、企业授权行为

服务性企业对顾客的授权行为主要表现在企业授予顾客权力、企业与顾客分享信息和知识、奖励顾客、对顾客进行培训、管理顾客行为等方面。

1. 授予顾客权力

要充分发挥顾客在服务过程中的重要作用，服务性企业应授予顾客建议权、选择权、决策权，以及让顾客参与服务工作四个方面的权力。

（1）授予顾客建议权

服务性企业征求顾客对本企业产品和服务的意见，了解顾客的需求和期望，有助于企业更好地满足顾客的需要，增加顾客感觉中的消费价值。顾客意见簿是最古老的一种征求顾客意见和建议的方式。许多企业在服务场所显眼的地方悬挂一个笔记本和笔，以方便顾客对企业提意见。现在许多企业都开通了免费电话，鼓励顾客提建议。另外，顾客投诉也是顾客向企业提意见的一种方式。服务性企业应鼓励顾客投诉，把顾客的投诉和建议看作本企业宝贵的资源。

（2）授予顾客选择权

服务性企业增加产品种类和服务类别，可扩大顾客的选择范围。顾客可选择的产品和服务越多，顾客感觉到的自主性越强。服务性企业应提供给顾客选择的机会，让顾客选择自己需要的产品和服务组合。有时候，给予顾客选择的机会比增加顾客的选择范围，更能增强顾客的控制感。有些服务性企业增加产品和服务的不同功能属性，希望以此增加顾客的选择范围。事实上，各种复杂的产品和服务属性有时候会成为顾客的负担，影响顾客做出正确的选择。服务性企业让顾客在消费前确定他们需要的产品功能、服务属性、服务项目等内容，往往能够增强顾客的心理受权。

（3）授予顾客决策权

按照传统的市场营销观点，企业往往通过既定的传播媒介，通过已有的分销渠道、以既定的价格向既定的目标顾客促销既定的产品。因此，大多数传统的选择理论都认为在顾客选择企业的产品和服务之前，企业就有一套事先生产的产品和服务可供顾客购买。然而，有些企业更多地让顾客决定产品的特征，由顾客选择他们喜欢的供货渠道，由顾客控制接受广告和产品信息的时间、范围，让顾客了解其他顾客的选择及消费经历，甚至由顾客决定产品和服务的价格。此外，一些企业还会就本企业的退货政策、产品和服务搜寻程序等问题征求顾客的意见。

（4）让顾客参与服务工作过程

按照格鲁努斯的观点，顾客不仅重视服务结果质量，而且关心服务过程质量。服务性企业授予顾客必要的权力，鼓励顾客参与服务的"生产"过程。一方面，顾客能够根据自己的需要，指导企业和服务人员为他们提供个性化、定制化的服务，更好地满足他们的需要，增强他们的满意感；另一方面，顾客参与服务过程，与员工、企业共同对服务结果负责。如果服务实绩未能满足顾客的期望，顾客可能会把部分责任归咎于自己，从而降低对企业的不满程度。

2. 与顾客分享信息和知识

服务性企业授予顾客一定的权力，但如果不为顾客提供他们从事服务工作所必需的信息，顾客就会觉得企业并不是真正愿意对顾客授权，顾客并没有从企业获得他们参与服务过程、制定决策所需的支持。企业与顾客沟通本企业的经营宗旨、组织目标等信息，有助于顾客自我形象与企业形象的一致，增强顾客对企业的归属感。此外，企业与顾客分享企业的信息，顾客会觉得企业不欺骗顾客，顾客对企业的信任感增强。

许多企业管理人员公开其他顾客的偏好及消费经历，以此改变服务环境。我们认为，了解其他顾客的决策，有助于消费者做出正确的决策。服务环境往往是由服务性企业或中介机构决定的，观察同一服务环境中其他顾客的消费经历，或是与其他顾客直接沟通，都有助于消费者获得准确的信息。随着企业授权意识的提高，让消费者了解其他顾客的信息将会越来越重要。此外，有些企业公开本企业顾客享受的优惠政策，以便各个顾客估计自己在企业的地位。例如，网上旅行社有时公布在同一旅游时段或选择类似旅游路线的游客获得的最优惠的价格，以供顾客参考。

服务性企业还可以开设消费者论坛，方便消费者获得其他消费者的信息，并把这当作授予顾客权力的一种体现。服务性企业还应考虑如何培养目标顾客的信任感。就信息的可信度而言，企业为顾客提供的其他消费者的信息和顾客自己了解的其他消费者的信息是否相同等问题，采取恰当的措施、通过适当的方式增强顾客的受权感。

3. 奖励顾客

顾客参与企业的服务过程，为企业的经营管理工作提供宝贵的建议，企业应对顾客进行奖励。服务性企业奖励顾客，可以激励他们参与服务过程的积极性和主动性。按照马斯洛需求层次理论，人都有自我实现的需要，希望在社会活动中体现自己的价值。服务性企业奖励顾客，是对顾客在服务工作中价值的一种肯定，更能增强顾客对服务性企业的归属感。此外，服务性企业根据顾客在服务过程中的表现，给予顾客适当的奖励，也体现了企业公平评估顾客与服务人员的工作，有助于增强顾客对企业的信任感。

4. 对顾客进行培训

顾客愿意受权，并不意味着他们就有能力行使权力。服务性企业应对顾客进行一定的知识和技能培训，以便顾客更有效地行使权力。从顾客的角度来看，顾客参与企业组织的培训，他们就会觉得自己有能力行使权力，参与服务过程，顾客心理受权增强。此外，根据交换理论，企业对顾客进行培训，实质上是对顾客的一种投资，这种投资有助于进一步升华企业与顾客之间的关系，增强顾客对企业的归属感。

5. 管理顾客行为

服务过程是顾客与服务人员面对面交往的过程。服务人员是服务性企业的代表，企业对客户的各项服务制度、措施都通过服务人员的行为表现出来。服务人员的态度、行为方式必然会影响顾客的态度（包括顾客心理受权）和行为。因此，企业对员工行为的管理是企业内部管理的一项重要内容。顾客是服务性企业的临时兼职员工，企业管理顾客行为，顾客会觉得企业把他们看作企业的成员，顾客对企业的归属感增强。此外，顾客直接参与服务过程，他们在服务过程中的态度和行为，也会影响服务人员的态度和行为，进而影响服务性企业授权措施的实施。因此，服务性企业管理顾客在服务过程中的行为，有利于企业授权措施的顺利实施，进而增强顾客的心理受权。

### 三、顾客心理受权

1. 顾客心理受权的含义

授权概念来源于"参与式"管理理论和员工工作参与理论。"参与式"管理理论主张管理人员应与员工分享决策权，以提高员工的工作绩效和工作满意程度。员工工作参与理论强调组织内各层级员工分享权力、信息、奖励以及培训，以增加员工的自主性。早期的一些学者认为受权就是自我效能感觉或自我决定的自主权。

随着学术界对授权理论研究的不断深入，许多学者从不同的角度定义授权概念。有些学者认为授权是企业内部的一种激励措施；有些学者定义授权为权力的转移，或资源和信息的共享；有些学者指出授权依赖于管理人员的行为和组织的人力资源管理措施，如组织的培训计划、奖励制度等；还有些学者认为授权与人的行为结果或绩效有关。美国学者罗宾逊（T.L. Robbins）等人认为授权是在不断变化的环境中涉及许多方的一个持续的过程。大多数研究授权的学者只强调整个授权过程中的一部分，孤立地看待授权过程的某一部分。因此，他们的定义都不能全面反映授权过程的动态特征。

值得一提的是，心理受权与企业的授权管理措施并不是同一个概念。美国学者斯普特（Gretchen M. Spreitzer）指出，心理受权是个人对组织的授权管理措施效果的体验或感觉。

综上所述，我们认为，顾客心理受权是指顾客对企业的授权管理措施效果的体验或感觉。服务性企业实施顾客授权管理措施，顾客在服务消费过程中感受到企业的各项授权措施，会积极参与服务工作过程。企业的授权行为会影响顾客心理受权，顾客心理受权又会影响顾客对消费经历的评估（见图7-3）。

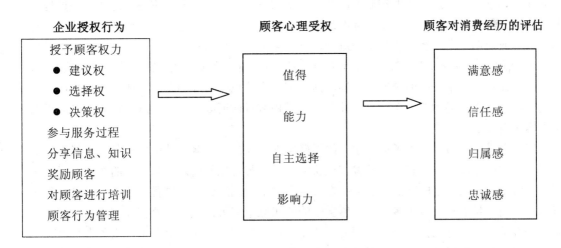

**图7-3 顾客心理受权模型**

2. 顾客心理受权的组成成分

许多组织行为学者认为员工心理受权包含工作意义、工作能力、自主决策权和工作影响力四个组成成分。在文献研究的基础上，笔者提出顾客心理受权包括消费意义、消费能力、自主选择权和对消费结果的影响力四个方面的内容。

（1）消费意义

消费意义是指顾客认为自己在服务性企业的消费是有意义的，顾客接受企业授予自己的权力、参与服务过程是值得的。人往往只会做自己认为有意义的事。顾客只有感觉自己在服务性企业的消费是有意义的，才会愿意接受企业的授权，积极参与服务过程。但是，并非所有的顾客都希望服务性企业对其授权，有些顾客并不想参与服务过程，不愿对企业的服务工作提意见，不愿向企业透漏自己的个人信息，对企业的奖励也不感兴趣。服务性企业对这类顾客授权，并不能实现授权管理的目的。因此，服务性企业必须选择授权的顾客，只对那些自愿受权的顾客授权。对于那些不愿受权的顾客，服务性企业可以通过各种培训，逐渐培养他们的受权意识。顾客觉得消费是有意义的，可能会增强他们的心理受权感。

（2）消费能力

消费能力是指顾客对自己是否具有顺利完成某项消费的能力的信心。顾客感知的消费能力越强，顾客心理受权感越强，对消费过程的控制感越强。一次满意的消费经历，不仅要求服务性企业和服务人员在正确的时间、正确的地点，为顾客提供正确的产品和服务，而且也离不开顾客自身的消费能力，包括顾客的经济能力、时间、精力、身体状况，有时候甚至要求顾客具备一定的专业知识和技能。

（3）自主选择权

自主选择权是指顾客觉得在消费过程中能够自主选择自己需要的产品和服务组合，控制自己的消费过程。顾客在消费过程中常常追求一种控制感，希望消费过程在自己的掌握之中。实际上，顾客要完全控制消费过程是不可能的。但服务性企业可以通过适当的途径，增强顾客对消费过程的控制感。

让顾客感觉到自己消费服务的进度，是服务性企业增强顾客对消费过程的控制感的一种有效途径。顾客对服务经历的控制力越强，说明服务性企业的服务范围越广泛、服务过程越复杂，服务的可更改性越强，服务标准越多。在复杂的服务消费过程中，服务性企业通过有形的展示或说明，向顾客表明消费的进度，可以降低、甚至避免顾客在消费过程中的"迷失感"，增强顾客对消费过程的控制感，增强顾客的心理受权。例如，我们在安装计算机软件时，显示器上往往会显示安装的进度。同样，网上零售企业也应告知消费者完成一次购物需要的时间，清楚地界定购物的各个阶段，并及时显示顾客目前所处的阶段，这些措施都有助于增强顾客对消费过程的控制感。

服务人员的参与，增大了服务生产的不确定性和风险。顾客无法确定服务人员能够提供自己期望的产品和服务。有时候顾客甚至认为服务人员可能妨碍产品和服务的生产。对顾客来说，为获得自己期望的产品和服务，在一定程度上控制服务生产过程是非常重要的。顾客投入的时间、精力和资金越多，顾客感觉中的购买风险越大，顾客越希望控制服务过程。但是，顾客是不可能完全控制服务过程的。即使在高度标准化操作的服务中，服务人员也不可避免地要"介入"服务过程。而正是服务人员的介入，引起顾客感觉中的对服务生产过程的控制程度降低。如果顾客觉得自己对服务生产过程的控制程度降低，他们就会寻找一些证据以确信自己能够获得期望的服务结果。服务性企业授予顾客自主选择权，有助于增强顾客的控制感，增强顾客的心理受权。

（4）对消费结果的影响力

顾客对消费结果的影响力是指顾客觉得自己能够影响服务人员的行为，进而影响服务消费结果，获得自己期望的消费价值。顾客觉得自己的行为能够影响服务消费结果，可以增强顾客的心理受权。

影响力与自主选择权不同。自主选择权是指顾客能够从企业提供的产品和服务中选择自己期望的产品和服务。例如，顾客在某餐厅就餐时，该餐厅能够提供顾客点的任何食品和菜肴。而影响力则指顾客对消费结果的影响程度。宾馆前台服务人员可以给宾客一间看得见风景的房间，也可以给他一间看不见风景的房间；航空公司的售票员可以卖给顾客靠走廊的座位，也可以卖给他靠窗户的座位；餐厅的服务人员可以让厨房迅速做好某位客人点的菜肴、食品，也可以不催促厨房，等等。顾客通过自己的行为，获得他们希望的消费结果，他们会觉得自己对消费结果有较大的影响，他们的心理受权感增强。

服务性企业采取适当的措施，让顾客觉得自己的消费是值得的，提高顾客的受权能力，让顾客自主选择，加大顾客对消费结果的影响力，都可以增强顾客的心理受权。

### 四、顾客心理受权的影响

服务性企业授予顾客一定的权力，增强顾客心理受权，会影响顾客对消费经历的评估。这里主要阐述顾客心理受权与服务质量、顾客满意感、信任感、归属感和忠诚感的关系。

1. 服务质量

顾客心理受权导致的最直接的后果就是服务性企业服务质量的提高。顾客心理受权对服务质量的影响主要表现在以下四个方面。

① 心理受权的顾客会积极地对企业的服务工作提建议，减少服务差错；

② 心理受权的顾客愿意与企业分享自己的个人信息和消费信息，使企业能够准确了解顾客的期望和要求，更好地满足顾客的期望，服务质量提高；

③ 心理受权的顾客积极主动地参与服务工作，提高了服务性企业的服务能力，使企业整体服务质量提高；

④ 心理受权的顾客会主动调整自己在服务过程的态度和行为，尽力避免自己的态度和行为影响服务人员的态度和行为，提高双方交往的质量，进而提高服务过程质量。

此外，心理受权的顾客还会尽力避免自己的行为影响其他顾客的态度和行为，提高服务性企业的整体服务质量。

2. 顾客满意感

顾客在评估消费经历时最常用的指标是满意感。顾客觉得自己在服务性企业的消费是值得的，他会比较满意。顾客觉得自己的消费经历有意义，意味着顾客的消费满足了顾客某方面的需要，顾客比较满意。顾客有能力行使企业授予的各项权力，参与服务工作，能够更好地满足顾客的需要，顾客满意程度较高。此外，顾客有能力参与服务工作，往往会引起顾客的自我满足感，提高顾客满意程度。顾客在服务性企业自主选择自己需要的产品和服务，有助于服务人员更好地满足顾客的需要，提高顾客满意程度。顾客能够影响服务消费结果，意味着顾客要对服务结果承担一定的责任。在有些情况下，即使服务结果未能完全符合顾客的期望，则为了降低认知的不一致，顾客也会表示比较满意。因此，顾客心理受权直接影响顾客满意感。

那些建议企业对顾客授权的学者认为，顾客对自己消费经历的控制感是顾客希望获得的一种利益。顾客对自己消费经历的控制感越强，企业的产品和服务越能满足顾客的需要。古典经济学理论认为，对消费者来说，在他们需要的时候按照他们的意思帮助他们选择他们需要的，是他们希望得到的一种利益。如果顾客觉得无法控制自己的消费经历，那么顾客就可能会产生一些负面反应。例如，如果顾客在餐厅就餐不能选择自己喜欢的座位，如果在飞机上顾客不能引起空姐的注意，顾客都可能会不满。顾客对自己消费经历的控制越少，顾客感觉中的不确定性越强，顾客的压力越大，最终会引起顾客的不满。因此，服务性企业应授予顾客一定的建议权、参与权、选择权和决策权，增强顾客对消费经历的控制感，进而提高顾客满意程度。

但是，顾客有时候并不了解自己的需要，不知道自己更喜欢什么。在这种情况下，让顾客决定自己偏好的产品和服务的属性，反而会增加顾客的负担，引起顾客的不满。欧美学者亚格（Iyengar）和李裴（Lepper）发现，如果顾客的选择范围较小，顾客比较容易做出决策，他们对决策的满意程度也较高。我们认为，任何有效的管理措施都不可能对所有顾客都适用。服务性企业管理人员应了解顾客特征，对不同的顾客采取不同的措施。有时候，顾客受权可能并不一定直接增强顾客满意感，但是，服务性企业授予顾客一定的权力，可能增强顾客的控制感，间接地影响顾客满意程度。

3. 顾客信任感

心理受权的顾客能够充分发挥其在服务过程中的作用，为服务性企业的服务管理工作出谋划策，减少服务人员的服务差错。服务性企业的服务差错越少，顾客越相信企业的服务能力，对企业的信任感越强。此外，戴斯葛布塔（Partha Dasgupta）、威廉姆森（Oliver E. Williamson）等经济学家提出信任主要涉及一个计算的过程。如果对方从某种行为获得的利益高于付出的代价，一方就会做出对方从事该种行为的乐观估计。心理受权的顾客能够帮助服务性企业提高服务质量，增强顾客的满意感。因此，与没有受权的顾客相比，受权的顾客对服务性企业的信任感较强。

4. 顾客归属感

顾客归属感是指顾客与企业保持长期关系的意愿，包括情感性归属感和持续性归属感。所谓情感性归属感是指顾客感情上对服务性企业的依恋感。服务性企业授予顾客一定的权力，增强顾客的心理受权，顾客会觉得自己在服务性企业的消费是有意义的，值得的，顾客对企业的情感性归属感增强。持续性归属感是指顾客由于跳槽的代价过大而不得不与企业保持长期的关系。根据马思维亚和赫金的观点，顾客在到企业消费前就已经设计好自己期望的产品和服务。企业授予顾客一定的参与权、选择权、建议权、甚至决策权，顾客准确地告知企业自己需要的产品和服务属性，服务人员按照顾客的要求为他们生产产品、提供服务，产品和服务的实绩更能符合顾客的期望，顾客满意程度更高，顾客感觉中的跳槽代价增大，对服务性企业的持续性归属感增强。另外，受权的顾客为服务性企业出谋划策，可以减少服务差错，提高服务性企业的整体服务质量。服务性企业整体服务质量越高，顾客感觉中的购买其他企业的产品和服务的风险越大，顾客跳槽的代价越高，顾客对企业的持续性归属感越强。

5. 顾客忠诚感

心理受权的顾客能够更好地扮演其在服务过程中的角色，充分发挥自己的作用，服务性企业为顾客提供的服务结果质量和服务过程质量都较高，顾客满意程度较高，也就越可能对企业忠诚。此外，服务性企业对顾客授权，增强顾客的心理受权，顾客感觉自己在该企业的消费有意义，提高了自己的受权能力，感觉自己能够在一定程度上控制自己的消费过程，能够影响自己的消费结果，在一定程度上体现了个人的价值，满足了顾客自我实现的需要，顾客会对该企业忠诚。

# 第四节　客户关系管理战略

许多企业管理人员认为 CRM 仅仅是一种技术，他们只是寻找、购买、安装 CRM 软件系统，并没有仔细考虑每一个影响 CRM 成功的因素。而这也正是许多企业实施 CRM 失败的原因所在。就像盖房子首先需要一个建筑计划一样，成功的实施 CRM 也必须依靠一个恰当的 CRM 战略去推进。本节介绍 CRM 战略的组成要素及其开发。

## 一、客户关系管理战略的构成

我们可以从三个不同的层次理解 CRM，那就是职能层次的 CRM、面对顾客的 CRM 和公司层次的 CRM。从职能层次来看，CRM 可以被看作是执行营销职能（如销售自动化或在线商业活动管理）的一系列流程。我们也可以从面对顾客的角度理解 CRM，那么 CRM 可以看作是通过所有与顾客接触的渠道向顾客提供相同信息的一系列活动。这意味着所有与顾客接触的部门都能够获得顾客相关信息。这一观点强调企业各部门要整合顾客信息，以便系统管理企业与顾客之间的关系。例如，一个银行的顾客可能在该银行既有贷款业务也有存款业务，该顾客可能因为各种原因（如交易、获取信息、投诉等）通过各种渠道与银行接触，随着时间的推移，顾客与银行的这些接触的性质也可能改变。最后，CRM 也可以被看作是公司的经营哲学，在这种经营哲学的指导下，顾客的相关信息及偏好被运用到公司的各种管理活动（如产品研发、供应链管理）中。当企业在全公司范围内采用 CRM 时，我们称之为战略性客户关系管理，或称客户关系管理战略。

客户关系管理战略来源于坚实的营销理论。客户关系管理战略强调企业应仔细平衡企业和顾客之间的利益。客户关系管理战略的目标是通过企业顾客终身价值最大化来塑造企业与顾客之间的交往。这也说明并不是所有的顾客都能为企业创造相同的价值。企业管理人员必须认识到不同的顾客对企业的经济价值是不同的，他们对企业的期望也是不同的（例如，有些顾客愿意与企业保持长期关系，而有些顾客则反之）。因此，成功的客户关系管理战略是企业一系列复杂的活动，这些活动共同形成企业可持续的、竞争对手难以模仿的竞争优势的基础。

一个客户关系管理战略包含以下四个组成成分（见图 7-4）。

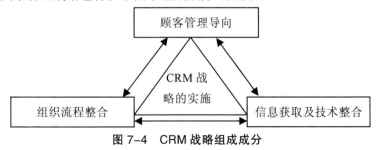

图 7-4　CRM 战略组成成分

1. 顾客管理导向

顾客管理导向是指促使企业顾客管理原则能够实施的组织的价值观、信念以及战略活动。顾客管理导向要求企业高层管理人员相信顾客是企业所有活动的中心，也就是说企业的焦点不是产品，也不是地理区域，而是顾客。客户关系管理战略的成功实施开始于企业高层管理人员的认可及推动。这一点听起来似乎理所当然，然而很多企业的客户关系管理战略失败的主要原因就是缺乏高层管理人员的认同。如果高层管理人员不设置合理的组织结构和报酬奖励体系，那么客户关系管理战略实施的效果往往不会很显著，有时甚至会对企业造成负面影响。坚持顾客管理导向，企业就会发现不同的顾客有不同的需求，而且他们对企业的价值也不同，因此，企业应区别对待顾客，为不同的顾客提供不同的产品和服务。坚持顾客管理导向，要求企业各个职能部门相互配合，共同推动企业客户关系管理战略的执行。没有其他部门的配合，任何一个部门都无法成功推行客户关系管理战略。此外，坚持顾客管理导向，企业应以长远的眼光看顾客，测量顾客能够给企业带来的长期利润。

以下问题有助于企业管理人员鉴别本企业是否有一个顾客管理导向的战略。

① 企业高层管理人员是否奉行"以顾客为中心"的经营哲学，企业的经营策略有没有体现"以顾客为中心"的经营哲学？

② 是否整个企业都致力于"以顾客为中心"的经营哲学的推行？

③ 企业是否努力与顾客建立一种双赢的关系？

④ 企业是否认识到顾客在需求、给企业带来的价值等方面存在的差异？企业在为顾客服务过程中是否体现了这种差异？

2. 组织流程整合

在客户关系管理战略中，组织流程整合包括为实施顾客管理原则而推行的全公司范围内的流程、系统、报酬体系的创建和整合。

许多人认为客户关系管理只影响销售流程和顾客服务流程。事实上，顾客与销售人员或客户代表之间的交往无疑会受到企业内部（如产品开发、IT 技术支持、人力资源管理等）活动（行为）的影响。实际上，即使不是全部，企业大部分部门都必须参与到企业客户关系管理战略中，认为"客户关系管理是销售部、营销部或技术部的工作"的观点是错误的。许多企业的实践表明，按照服务流程划分组织结构的企业比职能型组织结构的企业更可能取得客户关系管理战略实施的成功。

为什么组织流程如此重要？组织流程是一种严格地把顾客需求与企业目标整合为企业提供的产品和服务的方式。这种观点要求管理人员更深入地思考企业各项活动的目的以及他们期望达到的目标。因此，就组织流程而言，清除企业内部阻碍客户关系发展的障碍是非常重要的。

组织流程整合的特征是理解企业提供给目标顾客的价值应该是所有流程的驱动因素。企业应运用这些结果界定和设计组织的流程。每个流程都应有助于吸引并保留目标顾客。顾客管理与员工激励因素和组织目标相一致，以这种方式设计的流程自然会给企业带来回报。了解顾客管理结果有助于提高组织流程的效用，同时有助于组织流程的完善。

以下问题有助于企业管理人员评估本企业组织流程的整合程度。

① 企业是否了解目标顾客期望的消费价值？企业的组织流程能否为顾客提供这些消费价值？

② 企业价值链中的各种流程是否都有助于企业向顾客提供最大的消费价值？

③ 企业是否有相应的流程改善程序？

### 3. 信息获取及技术整合

在客户关系管理战略中，信息获取及技术整合包括为实施顾客管理所必需的所有收集、储存、处理相关顾客信息的技术和流程。企业应用信息技术能够提高组织流程的效率和效果，有助于组织流程的改革和服务的改善，同时也有助于企业创建全新的服务流程，特别是网上服务流程的创建和改革。

信息获取及技术整合要求企业具备把数据转化成实用信息的能力。真正具备这种能力的企业可以获得一定的竞争优势。技术是为企业的战略、流程和员工服务的。信息的获取及技术整合不仅能提高顾客管理流程的效率，而且可改善其效果，创造全新的服务流程和渠道。

以下问题有助于管理人员评估企业信息收集与技术是否一致。

① 企业在顾客管理中是否有利用 IT 技术系统的能力？

② 企业是否能及时更新顾客信息？所收集的信息是否有用？

③ 企业是否能有效分析顾客信息，利用分析结果指导企业的各项活动？

### 4. 客户关系管理战略的实施

客户关系管理战略的实施与成功实施客户关系管理战略所要求的组织流程和企业活动直接相关。以下客户关系管理实施矩阵可帮助企业管理人员清晰地了解在顾客关系不同阶段企业应采取的各种活动。

顾客维度

| 管理维度 | | 顾客获取阶段 | 成长和保留阶段 | 衰退和退出阶段 |
|---|---|---|---|---|
| | 分析型 CRM | | | |
| | 操作型 CRM | | | |

① 顾客维度：如顾客与企业关系的不同阶段（顾客获取阶段、成长阶段、保留阶段、退出阶段）的影响。

② 管理维度：包括客户关系管理分析工作包括的各种活动和流程（如更好地了解顾客的需要、购买行为、期望等）以及客户关系管理的操作层次的活动（如满足功能和技术方面的要求）。

营销驱动的客户关系管理战略的实施具有以下特点。

① 客户关系管理分析工作包含的各种活动和流程，包括：顾客信息收集、顾客满意度和忠诚度测量、顾客需要分析、顾客关系获利能力及客户细分等。

② 客户关系管理操作工作包含的各种活动和流程，包括：价值主张管理、各种活动管理、渠道管理、口碑推荐管理及忠诚感管理等。

③ 企业了解顾客获利能力及不同顾客的不同需求的能力。

④ 满足顾客需要、为顾客提供最大消费价值以获取顾客、留住顾客的各种流程。

⑤ 通过对顾客的深入了解持续改进企业向顾客提供的产品和服务的能力。

以下问题有助于企业管理人员了解本企业客户关系管理战略实施情况。

① 企业是否系统地测试产品开发的合理性和营销支出的合理性？

② 企业所提供的产品和服务是否能满足顾客的需要？

③ 企业的 CRM 系统能否提供反馈信息，企业能否根据反馈信息改进服务流程，提高产品和服务质量？

以上四个组成成分整合共同组成完整的 CRM 战略。这四个组成成分相互影响、共同促进整个企业客户关系管理战略的实施。

## 二、客户关系管理战略的开发

管理人员可采取以下四个步骤，开发本企业的客户关系管理战略。

1. 第一步：全公司范围的认同

客户关系管理战略涉及企业内部的许多部门，因此，取得涉及的所有部门（如销售部、营销部、财务部、生产部等）的支持，并利用各个部门的投入开发企业的客户关系管理战略是非常重要的。这些部门的投入有助于部门之间的合作及各部门对新系统的接受。

一般来说，全公司范围的认同包括以下方面。

① 从高层管理人员到底层员工的认同；

② 从系统使用者的自下而上的购买；

③ 全职项目团队；

④ 整个解决方案的预算分配。

要获得所有部门的支持，客户关系管理战略开发人员应该及时告知各个部门战略开发和实施过程中的每一个进步，强调客户关系管理战略所导致的积极的最终结果。

2. 第二步：组建一个 CRM 项目小组

在取得企业所有相关部门的认同后，开发客户关系管理战略的下一步就是组建一个 CRM 项目小组，负责该项目的关键决策、宣传及就具体的细节、对整个公司的好处等进行沟通。

最有效的 CRM 项目小组应包括来自以下群体的代表。

（1）管理层

管理人员应该领导、激励、监督 CRM 战略开发过程中的每一步工作，特别是当 CRM 战略的开发和实施导致企业业务流程、组织结构或员工的角色和责任有显著的变化的情况下，管理人员的领导、激励和监督工作更加重要。一般来说，管理人员可根据以下基本标准来评估一个客户关系管理战略。

① CRM 战略能否提供企业重要决策所需要的信息？

② CRM 战略能否显著影响和改进目前的业务流程？

③ CRM 战略能否显著降低成本？

④ CRM 战略的投资回报率是多少？能否有效收回投资？

（2）信息服务或技术人员

CRM 战略的开发必须基于对公司信息的全面分析。信息服务或技术人员必须高度参与到企业 CRM 战略的开发过程中，保证 CRM 系统与企业目前应用的软件的兼容。

（3）销售、营销和客户服务部门的人员

销售、营销和客户服务人员是 CRM 战略开发和实施后的 CRM 系统的最终使用者。只有这些最终使用者对 CRM 系统感到满意，企业的 CRM 战略才能算是成功的。销售和营销人员参与到 CRM 战略开发项目小组有助于基于以下三个标准评估 CRM 系统的可用性。

① 有效性。CRM 系统的最终使用者应该能够通过运用 CRM 系统完成他们希望完成的工作。由于系统的使用情况决定着企业活动的质量，因此有效的 CRM 系统极为重要。

② 效率。效率测量完成任何任务所要求的投入。由于企业的 CRM 系统的最终使用者非常多，因此，CRM 系统效率的小幅度改进，都会对企业整体生产效率的提高有显著的影响。

③ 满意度。如果最终的 CRM 系统使用界面不友好，则该系统的最终使用者将不会全面运用该系统，最终导致企业在 CRM 战略方面的投资不能有效收回。这一现象在 CRM 软件市场上非常普遍，许多企业 CRM 系统的失败主要原因就在于系统的使用者对这种新做法存在抵触情绪所致。

（4）财务部人员

企业管理人员也应该从财务角度评估本企业的 CRM 战略。CRM 项目组的财务人员从三个方面评估本企业的 CRM 战略：销售率、运营成本、系统扩容成本及 CRM 项目投资回报率。

（5）企业外聘的 CRM 专家

如果企业自身缺乏足够的 CRM 专业知识、经验或技术，外部 CRM 专家（如管理咨询公司或 CRM 软件公司）能帮助企业开发本企业的 CRM 战略。咨询人员丰富的经验能够为企业提供有价值的客观的信息和反馈，也能帮助分析企业真正的业务需要，帮助组建企业的 CRM 项目小组，并与项目小组成员一起改进、提高 CRM 系统的功能。企业应选择合适的时间、方式让外部 CRM 专家参加到企业的 CRM 项目小组，若选择的时间、方式不合适，有时候可能会起反作用。

如果需要，除了以上五类人员之外，企业的 CRM 项目小组有时候也可能包括其他内部或外部人员（如负责供应商关系管理的本企业人员、本企业的战略合作伙伴等），以保证 CRM 战略涉及企业与所有重要利益相关者的关系。

3. 第三步：分析业务要求

有效的 CRM 战略的开发必须基于企业的业务需要。分析企业的业务要求就是评估企业目前的业务状态，找出所存在的问题。这一步对开发好的 CRM 战略非常关键。在这一步，企业应召开有销售、营销、顾客服务等部门的管理人员参加的座谈会，或是对他们进行问卷调查，了解他们对 CRM 战略的期望。应为企业每个部门制定工作目标，应认可所有参与人员的观点，评估他们的观点，让参与人员都感觉自己是这一重要流程的一部分。那些不需要的或不现实的观点可以在 CRM 战略开发的后期阶段删除。

在这一步，应在全公司范围内收集有关某一具体问题的信息，识别特定的目标，界定要达到的目的。在收集信息之后，企业能够采取以下十个步骤。

① 识别被支持的服务和产品；

② 绘制目前的工作流、交界面和相互依存关系；

③ 分析现有技术、特征和能力；

④ 讨论目前的业务和运营计划；

⑤ 界定业务要求；

⑥ 开发改进的业务流和业务程序；

⑦ 识别技术功能方面的差距；

⑧ 绘制业务流程的功能；

⑨ 开发新的技术和功能框架；

⑩ 开发一个概念涉及和原型计划。

企业为开发 CRM 战略从企业不同部门收集关键信息时可以参考以下调查问题。

① 你们执行什么职能？

② 你使用哪种类型的数据？

③ 你如何与顾客交往？

④ 你能获得哪些数据以帮助你更好地了解顾客？

⑤ 你如何提高与顾客和管理层的沟通？

⑥ 你如何减少建立关系所需的管理和日程时间？

⑦ 你如何参与外部顾客活动，如电话营销和直邮？

⑧ 你有什么需要和要求？

⑨ 你如何领导下属、跟踪、数据转换及其他日常活动？如何改进？

4. 第四步：界定 CRM 战略

完成业务需要分析之后，接下来就该界定企业未来可实施的 CRM 战略。一个好的 CRM 战略应该强调以下五方面的内容。

（1）价值主张

企业 CRM 战略的目标是留住重要的顾客，而顾客保留的目标是开发、沟通、提供能够满足或超越顾客期望的价值主张。价值主张是顾客在与企业交往过程中所体验的产品、服务、流程、价格、沟通、交互作用等合成的多面体，是企业业务的灵魂，也是企业区别于其他竞争对手企业的策略。如果企业在 CRM 中的一项投资不影响本企业的价值主张，则该企业要么是以顾客为中心的，要么对顾客感知的消费价值缺乏基本的了解，企业应了解本企业顾客希望获得的消费价值。价值主张必须强调以下三个方面的内容。

① 顾客认为什么重要？

② 企业承诺向顾客提供什么？

③ 企业实际向顾客提供什么？

企业应尽力向顾客提供顾客看重的利益。如果一个企业在以上三方面是不一致的，则说明该企业不是以顾客为中心的，因为该企业没有向顾客提供顾客看重的利益。

（2）商业案例

企业必须强调 CRM 商业案例，原因在于它决定企业是否能满足该项投资的具体的、可测量的期望。一个有效的商业案例应把为顾客提供最大的消费价值与股东价值、高投资回报率直接联系，应考虑以下三方面的问题。

① 顾客在与企业的持续交往过程中所计划增加的经济价值。很明显，顾客终身价值、"跳槽"风险、细分市场的增长潜力等都应考虑。

② 推荐效应。在计算 CRM 的投资回报率时还应考虑顾客推荐所带来的经济收益。如果企业投入较大资金用于改变服务方式，满足顾客的需要，则应能通过顾客的口碑获取更多的顾客，因此，获取新顾客也应作为这一投资的一种结果。

③ 学习和创新的影响。通过 CRM 战略，提高公司营销活动效果，向顾客提供更好的产品和服务，降低了公司的成本，进而提高了公司的学习和创新能力。

（3）顾客战略

一个顾客战略界定企业如何建立和管理顾客业务包。一个业务包包括由每一个细分市场内顾客实际的或感知的不同特征所组成的多个不同的顾客细分市场。有效的顾客战略至少包括以下四个方面的内容。

①　了解顾客。企业要开发、沟通、提供顾客满意的价值主张，就必须了解顾客。顾客有六个层次的需求：喜悦、卓越、应该、预期的、可容忍、不可容忍。这六个层次组成顾客最高需求到最低需求层次。预期的期望是顾客基于自己以前的消费体验而对服务做出的期望。应该的期望基于企业向顾客做出的显性或隐性承诺。由于成本较高，且会不断提高顾客期望，企业往往不希望顾客有喜悦层次的需求。顾客会把他们以前的经历和行业最好标准与自己的期望进行比较。在大部分情况下，即使是最好的公司也无法满足顾客对卓越服务的需求。因此，满足顾客期望成为大多数企业 CRM 战略的现实目标。为了了解顾客的期望，企业应进行有效的市场细分，并尽可能地收集每个细分市场顾客对产品和服务的需要的信息，运用特定的分析工具提取有用的信息。

②　顾客竞争环境。企业应了解其竞争对手如何为顾客服务，应明确本企业应如何在竞争环境中保留和增加顾客份额。

③　顾客联系。顾客联系非常重要。企业与顾客之间的联系是影响企业能否通过交叉销售和向上销售留住顾客、获取更大价值的一个主要因素。顾客联系的强度会影响顾客保留战略。

④　顾客管理能力。企业必须制定一个标准流程确定谁应该管理顾客以及如何管理顾客。为保持顾客管理能力，企业必须了解竞争对手的顾客管理能力，不断提高本企业顾客管理能力。满足顾客需要最好的方法是为顾客提供定制化而非标准化的产品和服务，包括定制化的流程、分销、沟通方式和内容甚至价格。

（4）企业改革计划

CRM 战略要求企业进行以下六个方面的改革。

①　业务流程。企业应从顾客战略的角度评估所有主要的业务流程，看现有业务流程能否满足顾客的需要，如何满足顾客的需要。

②　组织。大部分顾客战略会导致企业组织的变化，包括企业文化的改变。

③　位置和设施。由于顾客光顾的营业场所对他们对企业的评价有着深刻的影响，因此，企业的有形资产也应以顾客为中心进行调整。

④　数据流。CRM 战略也要求制定数据策略，收集更多的数据，开发和提取辅助数据，为不同的数据使用者（如服务人员和顾客）提供数据。

⑤　应用软件体系结构。为了实施 CRM 战略，企业目前的应用软件体系结构也应相应地改变，开发新的应用软件，或至少以新的方式整合现有的软件。

⑥　技术结构。CRM 战略要求企业的技术结构也相应地改变，包括新的硬件、新的操作软件和操作人员。

（5）其他利益相关者关系管理

一个公司的利益相关者包括管理层、顾客、供应商、员工及合作者。此外，所有者或投资者也是重要的利益相关者。管理层是 CRM 战略的发起者，在开发一个完整的 CRM 战略时，管理层应保证能够有效管理企业所有利益相关者之间的关系。关键在于 CRM 战略必须管理和协调所有利益相关者的以保证创造顾客偏好的价值主张，保证企业能够有效地与顾客沟通本企业的价值主张，并向选定的目标顾客提供这些价值主张。

虽然我们一再强调顾客的重要性，但在有些情况下，顾客不是最重要的。例如，在航空公司和宾馆这样的行业中，顾客满意程度很大程度上取决于顾客与员工之间的交往。在这些行业，最重要的可能是内部顾客，即员工。对于刚刚进入一个新市场的企业来说，建立一个可靠的分销网络是至关重要的，因此这一时期最重要的可能是分销伙伴。

尽管如此，如果不能向顾客提供满意的价值主张，任何企业都必败无疑。这是因为企业与其他利益相关者的关系都只产生成本，而只有与外部顾客的关系为企业创造收入。

① 供应商。

企业的供应商是指那些对企业的价值链有贡献的合作者，包括原材料、组成成分、技术、资金、人（招聘机构）和知识（咨询师）的供应者。

与顾客管理一样，供应链管理也在向关系导向转变。传统上，企业聚焦于协商较低的价格，许多供应商之间相互竞争。在全面质量管理的发展的驱动下，目前，企业趋向于与少数几个供应商建立一种战略性的、长期的、更交互式的关系。这种新型关系主要有以下几个方面的优点。

首先，加强了供应商与企业之间的沟通，能够更快地解决问题，更紧密的合作，供应商能够对企业的特殊需求做出更快的反应。

其次，通过两种方式降低了购买成本：一是降低了寻找"低价"供应商的成本；二是由于企业与战略性长期合作供应商之间信息管理系统的一致性以及交易流程的简化，企业每次交易的成本降低。

最后，长期关系和共同投资，使得双方在信息分享、新产品开发方面更多的合作，双方在向顾客提供价值方面有更大更多的创新。

② 所有者或投资者。

一个成功的 CRM 战略不仅应能为顾客创造价值，同时也应为公司的所有者或投资者创造价值。如果企业向顾客提供的价值主张最终不能为投资者带来收益，则 CRM 战略将失去投资者的支持。从这一点来说，为顾客创造更大的价值与企业所有者的利益是并进的。然而，有时二者之间确实有冲突。聚焦于为所有者提供长期价值的 CRM 战略有时会要求企业牺牲短期利益。这种战略可能不能让那些追求短期回报的投资者满意。不幸的是，许多大公司的现实是 CEO 的更换速度在加快。从 1997 年到 2000 年，世界 500 强公司中有 65%的公司更换了 CEO。因此，要开发一个成功的 CRM 战略，企业需要更多的长期导向的投资者。

③ 员工。

企业员工的行为有可能增加顾客从企业获得的消费价值，也可能减少顾客获得的消费价值。只有那些对工作满意的员工才可能向顾客提供优质服务。换句话说，员工的满意程度会驱动顾客的满意程度，在服务行业更是如此。因此，在这种情况下，企业的 CRM 战略必须能够有效地增强员工的满意感，以便增强顾客的满意感。

提高员工满意程度的一个有效方法是进行内部营销。内部营销是指把员工看作企业的内部顾客，按照对待顾客的方式对待员工。为员工提供好的工作和良好的工作环境有助于提高员工对工作的满意程度，促使员工从事正面的服务行为。当顾客、员工、服务流程、服务系统聚集时，员工应被看作能够为顾客创造消费价值的兼职营销人员。内部营销包含企业战略层次和战术层次的许多活动，包括改进管理方式、提高招聘效果、重新聚焦于员工与顾客交往方式和服务技能的培训、开通沟通热线以及对一线员工授权等。

④ 合作者。

合作者和战略联盟使合作关系的参与者相互分享专业技术和顾客数据，提高新产品开发速度，分摊成本。最终通过向顾客提供额外价值而使合作关系的参与者成本降低，学习速度加快，顾客范围增大，新产品开发风险降低，顾客满意程度提高。

作为 CRM 战略的一部分，企业必须有一个合作者策略，识别需要合作的战略领域，决定对合作者的要求，寻找合适的合作者，与合作者建立战略联盟以及管理与合作者之间的关系。

# 第五节　RFM 分析法

许多人对企业直销活动中的低回应率感到吃惊。直销中成功的、有利可图的促销仅仅来源于 2%甚至更少的回应率。但是，数据库营销人员发现，他们运用 RFM 分析，可以提高现有顾客营销的回应率。美国南部的一家出版社的顾客数据库中有 200 万顾客姓名。每年春季，该公司会向其 200 万顾客寄送产品 VCD，而一般回应率只有 1.3%左右，这种做法并没有给企业带来多少利润，却损失了许多产品。后来，该公司的营销经理运用 RFM 分析法，给 200万个顾客编码，建立了 125 个 RFM 的"组"，他向 30000 个顾客促销做试验，结果失败了。但是，通过那次试验，他发现 125 个组中每个组的顾客的回应率是不同的。后来，他选择了能达到收支平衡的 34 个组，只向 200 万顾客中的 55.4 万个顾客邮寄促销 VCD，结果回应率达 2.76%，给企业带来的净利润达 30.7 万美元。这家公司的经历并不是唯一的。许多数据库营销人员都发现，运用 RFM 分析法，可以极大地提高企业直销活动的回应率，给企业带来可观的利润。

1. 最近购买（Recency）

RFM 在直销，特别是非营利营销中的运用有三十多年的历史。这种方法基于对顾客行为的以下假设：最近购买过企业产品的顾客比较长时间前购买过企业产品的顾客更可能回应企业新的促销活动。许多企业的顾客数据库中的顾客购买历史都表明这一点。具体做法是，企业根据顾客数据库记录的每个顾客最近一次的购买时间进行分类。最高的 20%编码为"5"，接下来的 20%编码为"4"，依此类推，最后的 20%编码为"1"。这时，数据库中的每个顾客按最近购买编码或者是 5，或是 4，3，2，1。这时如果你选择一个样本做测试，则可能会得出如图 7-5 所示的回应率。这个图中的数据是 Middleton Hughes 等人 1995 年做的一次邮寄促销的实际数据。其中，最近的 20%的顾客的回应率是 3.49%，而接下来的 20%的顾客的回应率为 1.29%。RFM 五分法的回应率趋势几乎对所有产品和服务、所有行业所有类别顾客都是适用的。这是营销当中极少数适用于所有行业、所有顾客、所有产品和服务的"定律"之一。刚刚购买了某保险公司某种保险的顾客比多月或多年前购买过该公司保险的顾客更可能购买该保险公司的其他种类的保险。

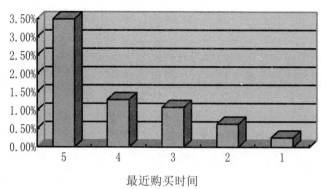

图 7-5　不同购买时间的回应率

### 2. 购买频率（Frequency）

如果企业数据库中记录了顾客交易次数，则企业可以根据顾客购买频率给顾客编码。从最频繁到最不频繁把数据库中的顾客进行分类。最频繁的 20% 的顾客编码为"5"，比较频繁的 20% 的顾客编码为"4"，依此类推，最不频繁的 20% 的顾客编码为"1"，这时，如果做测试，将会得到如图 7-6 所示的结果。根据这个结果可以看出，经常购买者比不经常购买者的回应率高，但差别不像按最近购买分类的那么明显。这也是为什么这种方法叫 RFM 而不是 FRM 或其他方法的原因。值得注意的是图 7-6 中，最不经常购买的顾客（编码为"1"）比不太经常购买的顾客（编码为"2"）的回应率还高，为什么会这样呢？原因很简单，某一品牌的新顾客按最近购买时间编码为"5"，但按购买频率编码为"1"，因此，最不经常购买的顾客（按购买频率编码为"1"）中常常包含了企业的新顾客（按最近购买时间编码为"5"），而由前面内容我们知道，最近购买的顾客的回应率最高。

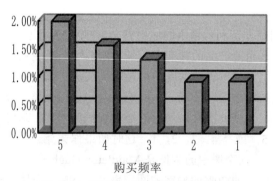

图 7-6　不同购买频率顾客的回应率

### 3. 购买额（Monetary）

按照总销售额（或按月、年平均销售额）给顾客编码。购买额最多的顾客编码为"5"，依此类推，购买额最少的顾客编码为"1"。测试的结果回应率如图 7-7 所示。由图中可以看出，虽然购买额不同的顾客回应率之间有差异，但差异并不明显。是否对所有产品和服务都是这样？答案是不一定。如果销售的是"共有基金"，则购买额大的顾客回应率可能大于购买额小的顾客。因为购买额大的顾客可能买更多，但这并不是一定的。回应率并不计量回应能力和回应意愿。一个有百万元资产的顾客会比一个有一万元资产的人回应率高吗？答案是不一定。有时候由于百万元资产的顾客收到的促销信息多余万元顾客，因此，企业劝服百万元顾客购买难度更大。

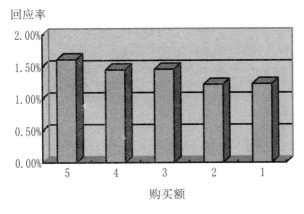

图 7-7　不同购买额顾客的回应率

4. RFM 分析法的原理

RFM 分析法取决于最近购买时间、购买频率和购买额的计量。这种方法真正的威力在于同时使用这三个指标，为每位顾客编一个三位数的码，"555""554"……，最小的是"111"。这样共有 125 个不同的编码。如果企业的顾客数据库中有 100 万个顾客，则每个编码包含 8000 个顾客。Middleton Hughes 等人选取数据库中的 30000 个顾客做实验，给这 30000 个顾客邮寄促销信息，跟踪每个单元的回应率。若用 125 个单元，则每个单元包含 240 个顾客。结果发现，顾客回应率从 8.33% 到 0 不等。最大组合的 10 个单元的回应率如图 7-8 所示。

125 个单元中只有 34 个单元能够达到收支平衡。所谓"收支平衡"是指向这些顾客销售获得的收入与支出的成本正好相抵。企业一旦知道测试中每个单元的回应情况，就能知道数据库中其他未参加测试的顾客对同样的促销信息的回应情况。企业通过"不向不能实现收支平衡的单元的顾客邮寄促销信息"增加企业的利润。根据具体情况，企业可能获得两倍、三倍，甚至四倍的回应率。

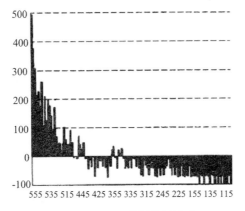

图 7-8　RFM 单元的回应率

　　RFM 分析法最大的优点在于操作简单，每个人都会做，且结果很准确。图 7-9 是 34 个单元的预测的回应率与实际回应率的比较。从图中可以看出，准确度非常高，且比根据人口统计变量预测更准确。究其原因在于人口统计变量告诉我们顾客是谁：他们的收入、年龄、有几个小孩等信息，而 RFM 告诉我们顾客的行为：他们购买的时间、购买频率、购买额等信息。企业希望预测的是"顾客将要做什么"。很明显，基于顾客行为的任何模型在预测顾客将来的行为时都比人口统计变量模型准确。RFM 分析法的目的是通过减少成本增加企业的利润。

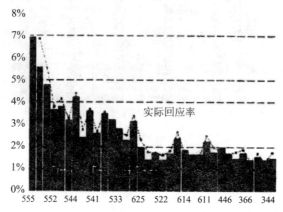

**图 7-9　预测回应率与实际回应率比较**

　　为什么用等分法而不是用具体的日期或数字把顾客分类？原因在于，运用等分法假设了：①为选择类别你非常了解顾客档案；②企业必须让 1 个编程人员编码，选择顾客单元；③随着时间的发展，每类顾客的数量在不断变化，编码人员必须改变顾客类别。如若用 0～3 个月、3～6 个月把顾客分类。随着顾客数量的增加，企业要把原来的 0～3 个月改为 0～2 个月，相应地也要调整其他顾客类别。这样的话，编码成本太高。而 RFM 分析法的目的就是通过减少成本来增加利润。若用 5 等分法，则不需要专门的编码员，由程序直接将顾客编入所属单元，节省了成本。

　　在有些情况下，企业并不适合使用 RFM 分析法。

　　① 企业使用 RFM 分析法的结果是企业只针对那些回应率最高的顾客销售产品，忽略了其他顾客。这就意味着企业不关注其他顾客，最后可能失去这一部分顾客。对于那些毫无价值的顾客，企业这么做是可以的；但对于那些企业关注较少、但通过措施能够使他们为企业带来较多利润的顾客而言，这种做法是不恰当的。

　　② 如果经常向最好的顾客促销，这些顾客可能会对企业的促销信息"疲惫"。因此，企业不应该频繁使用 RFM 分析法。

　　③ RFM 只是一种营销工具。当你想快速成功时应用 RFM 这种方法经常导致快的、有利的结果，但这种方法必须与其他措施相结合运用。

## 本章案例

**中航地产：战略型客户关系管理者**

中航地产一直致力于为客户带来高品质的产品，把完善售后服务、提高客户满意度作为一项长期发展战略。2011年，为了进一步提升客户服务水平，中航地产通过信息化手段，全新搭建了客户服务管理平台，采取了以下一系列的措施。

### 战略定位：最具品牌贡献度的客户关系战略管理者

在常规的房地产企业，客户关系管理工作一般归口至营销中心，在物业交付后便由物业接收，中航地产成立客户服务部主要出于什么考虑呢？在中航地产总经理石正林看来，客户服务是一项长期工程，可以为企业的持续发展保驾护航，之所以为客户关系管理成立独立部门，主要是因为中航地产倡导帮助客户、关怀客户、实现客户价值最大化。"未来客户将越来越成熟，也将对房地产企业的产品和服务提出更高要求，如果不能有效满足客户持续增长的期望和需求，企业最终只能被淘汰出局。"

### 从救火队到防火队

2005年，中航地产客户服务部正式成立，当时只有两名职员，主要是作为救火队解决售后服务的一些突发问题，哪里出现投诉，哪里就有客服员工的身影，疲于在事后救急事务中奔波。随着时间的推移，中航地产逐步规范了客户服务职责及流程，并提出客户服务工作要实现"从救火队向防火队"转型，进一步提升服务理念。

### 组织客户满意度调查

为了总结中航地产在客户服务方面的得失，2008年中航开始委托第三方机构进行客户满意度调查，根据调查结果调整服务措施。

不难发现，中航客户服务的发展过程，是在以客户为导向的前提下，由最初的下意识，然后自发、自动，再到后来对客户有更多感受，更深入、更系统地在企业各个运作环节中不断去改进完善的过程。

### 组织保证：多渠道实现沟通、互动

中航以客户为中心确定的组织保障是与客户进行顺畅沟通的前提。从组织机构看，与客户进行直接沟通的部门包括客户服务部、中航会、物业、项目营销部。中航地产把客户服务部作为综合的管理部门来协调内部资源，处理各类问题，最大限度地满足客户需求，提升客户满意度。

### 客户服务体系

经过业务梳理以及借鉴标杆企业，中航确定了一套清晰的"集团—事业部/城市公司—项目公司"的三层客服结构以及规范的服务处理流程。从2012年开始，中航尝试逐步将客户服务业务下放到事业部/城市公司、项目公司，并为事业部/城市公司配备客户专员，总部客户服务部更多作为客服体系建设和客户关系管理研究部门，负责制定制度、标准及流程，组织客服系统人员培训、考核，并对一线项目公司客服工作进行督导检查与专业支持，促进客户系统内部知识共享，推动客户关系管理的专业化进程。

高素质的人员是保证中航提供高品质服务的关键。中航客户服务部的15名员工都是从其他专业线精心挑选过来的，不少出身于工程、营销等专业线。同时，中航地产也会定期为客服人员提供售后服务领域等各方面的培训。

### 中航会

2007 年，中航会正式成立，这个诞生于客户服务部的客户会，秉持着"领航生活，你我共筑"服务理念，整合资源，搭建平台，为客户提供更纯粹、贴心的服务。"中航会存在的目的并不是销售产品，为会员、业主提供满意的服务才是中航会的核心所在。我们希望带给客户的不只是冷冰冰的房子，更是一种生活方式，业主加入中航会能够体验到一种归属感。"中航地产客户总监谭曙光介绍说。

加强与客户互动、了解客户需求，是中航会的重要工作之一，通过会刊《中航会》、会员网站、短信平台、微博、组织活动等方式，传递公司信息、关怀客户。

中航会作为客户关系管理的重要平台，是中航地产展示形象的主要窗口，也是与客户沟通的桥梁，以开放的心态聆听客户的声音。在客户关怀中进行企业文化移植，并给予客户最大的回报，追求客户对企业品牌价值的认同。而客户则享有参加会员活动、购房优惠、联盟商界优惠、积分换取会员专属礼品等核心权益，并可通过会刊投稿、邮件、电话或网站等向中航地产反馈意见。

### 保障落地：以客户满意度考核工作质量

1. 了解客户需求是提升满意度的第一步

在客户关系管理中，客户满意度是所有房地产企业最为关注的一项指标。每年年底，中航地产都会委托赛惟公司进行客户满意度调查，旨在全方位了解客户需要和对中航的评价，为客户提供更符合其生活需求的产品和服务。

在中航客户满意度指标中，细分为综合满意度及关键节点满意度。综合满意度为每年年底按照设计、工程、物业等专业维度以及口碑、忠诚度等进行综合考评。除此之外，在项目不同开发阶段，中航地产也会进行成交节点满意度、交付节点满意度等调查，以此实现及时有效了解客户需求及意见，以便进一步进行针对性的客户服务工作。

2. 制定完善的服务制度

中航对内制定并完善各项服务措施，通过搭建客户服务平台，使全体员工明确衡量服务质量的标准，并出版了《中航地产客户服务操作规范手册》《中航地产客户服务案例手册》，以帮助一线员工系统学习相关技能、熟悉业务流程，有效指引他们更快更好地完成岗位工作。

在处理客户投诉这一重要环节上，中航地产构建了"客户接待—现场验看—任务分派—任务处理—任务关闭—回访"的服务闭环流程。为了保证任务处理的效率，中航还对任务进行了分类，包括工程质量、物业维修、规划设计、客户服务、销售服务、外部环境等，并确定了不同任务各个节点的处理时限以及预警、升级机制，确保客户不会因为投诉处理过程过长导致不满。

客户服务不仅仅是客服部一个部门的事，而应贯穿项目开发全生命周期。比如，某环节 1%的疏忽可能造成客户 99%的损失，价值链前端的员工也应充分考虑客户需求，这样才能提前规避各种问题，进一步降低客户投诉率。

3. 以客户满意度作为考核标准

未来中航地产将客户满意度作为一线项目的考核标准，并计划逐步建立起质量问责制度，以此实现"客服前置"的目标。此外，中航地产还着手制定月度质量投诉及返修统计分析制度，该统计指标是中航地产对承建商等合作伙伴进行履约评估的重要依据。

4. 切实推进"全员客服论"

客户服务工作，要真正地做到位，还需要深入的服务观念和服务意识，因此企业内部形成"以客户为中心"的氛围和文化显得尤为重要。这种文化将使企业每个部门、每个员工在处理客户相关事务时都能够自觉地"以客户为中心"，这是企业客户关系管理的高级阶段。

（1）理念灌输：在成功上线客户服务管理系统后，客户服务部可通过系统将客户相关信息在内部及时传递、反馈，公司高层、项目负责人、城市公司负责人、各专业线等相关人员都可以及时了解客户信息，并更深入了解客户服务体系。

（2）典型案例分享：每个月中航地产都会整理出工程、非工程类的典型案例，并将案例上传 OA 系统，供各专业线人员学习。通过案例分析、总结，客户服务部可以将客户感受更多地反馈给相关人员，避免在设计、工程环节中同类问题的重复发生。

（3）客户满意度节点监控：除了一年一度的综合满意度调查，在项目开发不同阶段，比如销售、入伙等不同阶段，中航地产将与第三方合作，进行客户满意度各项节点的调查，以及时了解不同阶段客户对中航服务的体验及评价。

（4）培训：在 CRM 系统上线初期，邀请外部专家对员工开展集中式培训，并定期举办相关的主题沙龙活动，促进客服人员与外界保持互动、交流，借助外部专业力量进一步提升服务专业水平。

## 信息化推进客户服务创新转型

加强客户关系管理，应对新一轮市场环境已成为大多数房地产企业的共识，将信息化作为辅助客户关系管理水平提升的必备工具，也被越来越多的企业所认可。

2010 年起，为了实现全面、高效的客户关系管理工作，中航地产对原有的明源 CRM 系统进行升级，并借机按照公司管理的需求首次引进明源客户服务模块，建立全新的客户服务业务系统管理平台，从而优化一线投诉处理流程，以支持提升客户满意度的战略要求。在具体业务层面上，此次项目所带来的收益主要体现在以下几个方面。

1. 建立客户服务业务的系统管理平台

通过系统进行业务流程的规范化和固化，让新老项目均按照统一的业务流程执行，通过规范流程来减少对人员个人素质的依赖，有效支撑异地项目的客户服务业务快速走上轨道并稳定运作。

2. 实现分级管控

通过相关的工作流程和权限的调整，将客户服务业务下放项目公司，使总部客户服务部从传统日常事务性处理中逐步解放出来，专注于重大投诉等异常问题的跟进和协调，专注于专业能力的提升，专注于问题的总结和预防，向客服专家方向发展，支撑公司的长远产品战略和客户战略。

3. 知识积累和客服提升能力的有效工具

通过系统的应用，沉淀大量已分类产品的缺陷问题和服务问题，组织专业人员定期对问题进行分析，总结相应的产品缺陷预防办法和服务质量改善办法，形成产品质量和服务质量循环改进的健康机制，支持提升客户满意度的客户战略。

4. 大幅提升投诉任务处理效率

通过系统对客户投诉的业务过程进行督办和监管，确保投诉问题"不遗漏"和"不沉底"，支撑公司提高"有效投诉及时关闭率"的工作要求；通过系统设置客户投诉任务处理提醒、客户投诉任务处理超时预警，有效提升投诉任务处理效率。

资料来源：作者整理。参考网址：http://www.mydcyj.com/pronav/ xiangmuguankong/2012/0413/2537.html 2012-04-13.有删减。

**讨论：**

1. CRM 战略有哪些重要组成部分？

2. 中航地产在确定战略定位后采取的一系列措施分别会对企业客户关系管理产生哪些影响？

3. 结合本案例，说明企业客户关系管理框架是如何搭建起来的。

**思考与练习：**

1. 请为某企业制定一个完整的客户关系管理框架。

2. 企业应如何做好以顾客为中心的营销工作？

3. 顾客在服务过程中扮演什么角色？

4. 服务性企业应如何对顾客授权？

**补充阅读材料：**

1. Adrian Payne, Pennie Frow. A Strategic Framework for Customer Relationship Management. Journal of Marketing, 2005, 69, 167-176.

2. Jayne Krisjanous, Robyn Maude. Customer Value Co-creation within Partnership Models of Health Care: an Examination of the New Zealand Midwifery Partnership Model. Australasian Marketing Journal (AMJ), 2014, 22(3), 230-237.

3. Lynette Ryals. Making Customer Relationship Management Work: the Measurement and Profitable Management of Customer Relationships. Journal of Marketing, 2005, 69, 252-261.

4. Mandina, Siphiwe Plaxcedes. Contribution of CRM Strategies in Enhancing Customer Loyalty. Journal of Marketing Development & Competitiveness. 2014, 8(2), 69-87.

5. Marion Steel, Chris Dubelaar, Michael T. Ewing. Developing customized CRM projects: The role of industry Norms, Organisational Context and Customer Expectations on CRM Implementation. Industrial Marketing Management, 2013, 42(8), 1328-1344.

# 第八章　客户关系管理系统

## 引　例

2013 年，淘宝网进行数据使用的开放，推出新版的会员关系管理工具（ECRM），上线后免费提供给所有淘宝卖家使用，帮助卖家建立自己的会员体系。淘宝网的会员关系管理工具将更加重视线上线下会员体系互通，以及双线营销的联动上。事实上，目前传统企业对于信息的管控非常严格，不轻易对外开放，即使是对同为企业内部的电商部门，也同样封闭。很多企业由于公司与电商业务间始终没有互联，只能被迫"刷"用户数据，且进展缓慢。对此，淘宝会员关系管理工具为商家客户管理方面带来的重大突破就是，打通双线会员体系的边界，在操作性上更加灵活。以屈臣氏为例，从 2013 年 3 月中旬至 7 月底，尝试使用淘宝会员管理工具，绑定用户从 5 千人增长至 8 万人。上线一个月的时间，每天新增首次购买的客户中有 13.4%来自会员卡绑定用户。淘宝会员关系管理工具的另一个优势在于，可以在后台利用统一的会员识别与会员积分，将线下门店与线上旗舰店的会员数据打通，从而享受相同的优惠、换购及服务。如此一来，则可顺理成章打破双线会员体系之间的疆域，让更多电商企业向传统企业提出开放用户数据要求时，避免遭遇闭门羹。

热身思考：淘宝网新版客户关系管理工具有何优势？淘宝网为何会将这一工具免费提供给淘宝卖家使用？

## 第一节　客户关系管理系统的介绍

### 一、客户关系管理系统的定义

CRM 是一种旨在改善企业与客户之间关系的管理机制。从解决方案的角度考察，它是将市场营销的科学管理理念通过信息技术集成在软件上，利用现代信息技术手段，在企业与顾客之间建立一种数字的、实时的、互动的交流管理系统。CRM 系统以最新的信息技术为手段，运用先进的管理思想，通过业务流程与组织上的深度变革，帮助企业最终实现以客户作为中心的管理模式。CRM 系统作为新一代的客户资源管理系统，将企业的销售、市场和服务等部门整合起来，有效地把各个渠道传来的客户信息集中在一个数据库中。作为一个应用软件，CRM 系统凝聚了市场营销等管理科学的核心理念。市场营销、销售管理、客户关怀、服务和支持等构成了 CRM 软件模块的基石。CRM 系统的目标是通过满足客户的个性化需求使企业长期获利。

CRM 系统的核心有三个：首先，以客户为中心，整合所有的对外业务。CRM 的焦点是遵从"以客户为中心"的理念，实现对外业务的自动化。CRM 系统整合了营销、销售、客户服务和技术支持等与客户切身利益相关的业务，使得企业的各个部门在一个中心下协调工作，这样客户在与企业的各个部门交往时，能够感觉到企业作为一个整体向其提供标准的、协调一致的服务，而且这种服务不会因为企业的个别员工自身的原因而产生偏差，这样客户可以与企业建立高效的连贯的沟通。其次，培养和维护客户的忠诚度，这是 CRM 的最根本的目的。当今社会处处充斥着买方市场，客户已经成为企业生存和发展的基础，市场竞争的重点已经转移到客户资源的竞争上。企业想要获得优质、稳固的客户资源，就必须致力于客户忠诚度的建立和维持，客户的忠诚是企业源源不断的利润源泉。众多的研究结果也证实了培养顾客忠诚度的重要性，比如：1 个满意的客户会引发 8 笔潜在的交易，1 个不满意的客户会影响 25 个交易意向；忠诚的客户会给企业带来 85%的利润，吸引他们的不是产品而是服务，最后才是价格；争取 1 个新客户的成本是保住 1 个老客户成本的 5 倍；等等。因此，CRM 系统的核心策略不是发展新的客户而是维系现有的客户。最后，利用个性化服务关注重点客户群体。市场的长期实践表明：企业的利润与客户的结构之间遵循"80/20"原则，即企业 80%的利润来自 20%的企业客户。这意味着不同的客户对企业利润的贡献是不同的，他们在企业的利润战略中的地位也是不同的。因此，企业应该对这部分重点客户格外关注，为他们提供更为个性化的服务。只有提高重点客户的忠诚度及满意度，才能够确保企业利润的持久、稳定。

综上所述，我们将 CRM 系统定义为，CRM 系统是企业的一种以客户个性化需求为中心的商业策略，它以信息技术为手段，以客户的分割情况为依据对企业的业务功能进行有效的资源重组，创造以客户为中心的经营行为，实施以客户为中心的新型业务流程，并以此为手段来提高企业的活动能力、收入以及客户满意度。

## 二、客户关系管理系统的一般模型

目前，主流的 CRM 系统的一般模型如图 8-1 所示。

模型阐明了 CRM 系统的主要过程是对营销、销售和客户服务三部分业务流程的信息化；与客户进行沟通所需要的各种渠道（如电话、传真、网络、亲自访问等）的集成和自动化处理；对上面两部分功能所积累下的信息进行的加工处理，产生客户智能，为企业的战略、战术的决策做支持。图 8-1 反映了目标客户、主要过程以及功能之间的相互关系。一般来讲，当前的 CRM 产品所具有的功能都是图 8-1 的子集。

CRM 系统具有销售、营销和服务的综合支持能力。系统采用闭环设计，可显著地改善企业在客户关系、业务交易执行、完成客户预期和提供服务等方面的处理能力。首先，在市场营销的过程中，目标消费者位居于中心地位。企业识别总体市场，将其细分为较小的细分市场，选择最有开发价值的细分市场，并集中力量满足和服务于这些细分市场。企业设计由其控制的四大要素（产品、价格、渠道和促销）所组成的市场营销组合。为找到和实施最好的营销组合，企业要进行市场营销分析、计划、实施和控制。通过这些活动，企业观察并应变于市场营销环境。而销售的任务是执行营销计划，包括发现潜在客户、信息沟通、推销产品和服务、收集信息等，目标是签订销售订单，实现销售额。在客户购买了企业提供的产品和服务后，还需要对客户提供进一步的服务与支持，这主要是客户服务部门的工作。

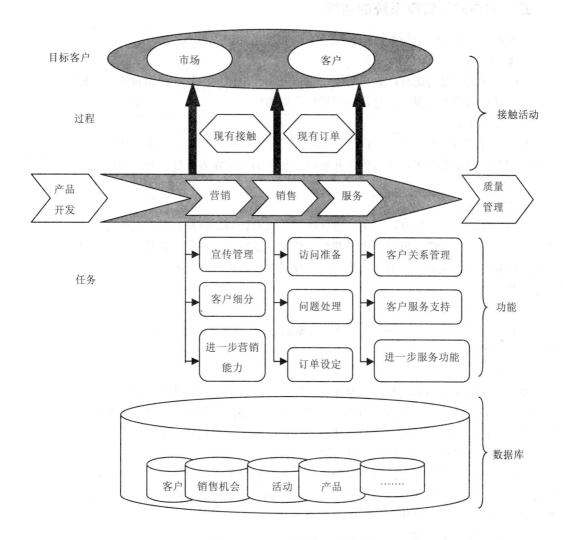

**图 8-1　CRM 系统的一般模型**

在 CRM 系统中，各种渠道的集成是非常重要的。CRM 的思想要求企业真正以客户为导向，满足客户多样化和个性化的需求。而要充分了解客户不断变化的需求，必然要求企业与客户之间要有双向的沟通，因此，拥有丰富多样的营销渠道是实现良好沟通的必要条件。

CRM 改变了企业前台业务运作方式，各部门间信息共享，密切合作。位于模型中央的共享数据库作为所有 CRM 过程的转换接口，可以全方位地提供客户和市场信息。过去，前台各部门从自身角度去掌握企业数据，业务割裂。而对于一个 CRM 系统来说，建立一个相互之间联系紧密的数据库是最基本的条件。这个共享的数据库也被称为重要信息的"闭环"（Closed-Loop）。CRM 系统不仅要使用相关流程实现优化和自动化，而且必须在各流程中建立统一的规则，以保证所有活动在完全的理解下进行。这一全方位的视角和"闭环"形成了一个关于客户以及企业组织本身的一体化蓝图，其透明性更有利于与客户之间的有效沟通。这一模型直接指出了面向客户的目的，可作为构建 CRM 系统核心功能的指导。

### 三、客户关系管理系统的功能

按照 CRM 系统的具体操作来分类，CRM 系统的功能大致有：

1. 客户管理

客户管理的主要功能有：客户基本信息；与此客户相关的基本活动和活动历史；联系人的选择；订单的输入和跟踪；建议书和销售合同的生成。

2. 联系人管理

联系人管理的主要作用包括：联系人概况的记录、存储和检索；跟踪同客户的联系，如时间、类型、简单的描述、任务等，并可以把相关的文件作为附件；客户的内部机构的设置概况。

3. 时间管理

时间管理的主要功能有：日历；设计约会、活动计划，有冲突时，系统会提示；进行事件安排，如约会、会议、电话、电子邮件、传真；备忘录；进行团队事件安排；查看团队中其他人的安排，以免发生冲突；把事件的安排通知相关的人；任务表；预告/提示；记事本；电子邮件；传真。

4. 潜在客户管理

潜在客户管理的主要功能包括：业务线索的记录、升级和分配；销售机会的升级和分配；潜在客户的追踪。

5. 销售管理

销售管理的主要功能包括：组织和浏览销售信息，如客户、业务描述、联系人、事件、销售阶段、业务额、可能结束时间等；产生各销售业务的阶段报告，并给出业务所处阶段、还需要的时间、成功可能性、历史销售状况评价等信息；对销售业务给出的战术、策略上的支持；对地域进行维护，把销售员归入某一地域并授权；地域的重新设置；根据利润、领域、优先级、时间、状态等标准，用户可制定关于将要进行的活动、业务、客户、联系人、约会等方面的报告；提供类似 BBS 的功能，用户可把销售秘诀贴在系统上，还可以进行某一方面销售技能的查询；销售费用管理；销售佣金管理。

6. 电话营销和电话销售

电话营销和电话销售的主要功能包括：电话本；电话列表，并把它们与客户、联系人和业务建立关联；把电话号码分配到销售员；记录电话细节，并安排回电；电话营销内容草稿；电话录音，同时给出书写器，用户可做记录；电话统计和报告；自动拨号。

7. 营销管理

营销管理的主要功能包括：产品和价格配置器；在进行营销活动时，能提供信息支持；将营销活动与业务、客户、联系人建立关联；显示任务完成进度；提供类似公告板的功能，可张贴、查找、更新营销资料，从而实现营销文件、分析报告等的共享；跟踪特定事件；安排新事件，如研讨会、会议等，并加入合同、客户和销售代表等信息；信函书写、批量邮件，并与合同、客户、联系人、业务等建立关联；邮件合并；生成标签和信封。

8. 客户服务

客户服务的主要功能包括：服务项目的快速录入；服务项目的安排、调度和重新分配；事件的升级；搜索和跟踪与业务相关的事件；生成事件报告；服务协议和合同；订单管理和跟踪；问题以及解决方法数据库。

9. 呼叫中心

呼叫中心的主要功能包括：呼入呼出电话处理；互联网回呼；呼叫中心运行管理；电话转移；路由选择；报表统计分析；管理分析工具；通过传真、电话、电子邮件、打印机等自动进行资料发送；呼入呼出调度管理。

10. 合作伙伴关系管理

合作伙伴关系管理的主要功能包括：对公司数据库信息设置存取权限，合作伙伴通过标准的 Web 浏览器以密码登录的方式对客户信息、公司数据库、与渠道活动相关的文档进行存取和更新；合作伙伴可以方便地存取与销售渠道有关的销售机会信息；合作伙伴通过浏览器使用销售管理工具和销售机会管理工具，并使用预定义的和自定义的报告，产品和价格配置器。

11. 知识管理

知识管理的主要功能包括：在站点上显示个性化信息；把一些文件作为附件贴到联系人、客户、事件概况等上；文档管理；对竞争对手的 Web 站点进行监测，如果发现变化的话，会向用户报告；根据用户定义的关键词对 Web 站点的变化进行监视。

12. 商业智能

商业智能的主要功能包括：预定义查询和报告；用户定制查询和报告；可看到查询和报告的 SQL 代码；以报告或突变形式查看潜在客户和业务可能带来的收入；通过预定义的图表工具进行潜在客户和业务的传递途径分析；将数据转移到第三方预测和计划工具；柱状图和饼状图工具；系统运行状态显示器；能力预警。

13. 电子商务

电子商务的主要功能包括：个性化界面、服务；网站内容管理；店面；订单和业务处理；销售空间拓展；客户自动服务；网站运行情况的分析和报告。

## 四、客户关系管理系统所采用的技术

### （一）客户关系管理系统的架构

目前比较常用的 CRM 系统网络架构有客户机/服务器架构和浏览器/服务器架构两种，下面就它们的特点进行比较。

1. 客户机/服务器架构

20 世纪 80 年代末，针对主机/终端架构的不足，人们提出了客户机/服务器（Client/Server，简称 CS）结构模式，其形式如图 8-2 所示。这种结构比较适合局域网运行，得到了广泛的应用。

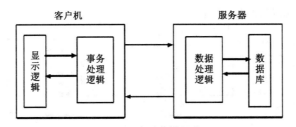

**图 8-2 客户机/服务器体系结构**

客户机/服务器应用系统基本运行关系体现为："请求/响应"的应答模式。每当用户需要访问服务器时就由客户机发出"请求"，服务器接受"请求"并"响应"，然后执行相应的服务，将执行结果送回给客户机，由它进一步处理后再提交给用户。由于客户机/服务器结构被设计成两层模式，显示逻辑和事务处理逻辑部分均被放在客户端，数据处理逻辑和数据库放在服务器端，从而使客户端变得很"胖"，成为胖客户机，而服务器端的任务则相对较轻，成为瘦服务器。客户机/服务器最典型的应用是数据库技术。在一个客户机/服务器数据库系统中，应用被分成两个部分，数据库应用程序运行在前端，负责用户界面和 I/O 处理；DBMS部分运行在服务器后端。

2. 浏览器/服务器架构

本质上，浏览器/服务器也是一种客户机/服务器结构，它是一种由传统的二层客户机/服务器结构发展而来的三层客户机/服务器结构在 Web 上应用的特例。在浏览器/服务器的系统中，用户可以通过浏览器向分布在网络上的许多服务器发出请求。浏览器/服务器结构极大地简化了客户机的工作，客户机上只需安装、配置少量的客户端软件即可，服务器将担负更多的工作，对数据库的访问和应用程序的执行将在服务器上完成。在浏览器/服务器二层体系结构下，表示层（Presentation）、功能层（Business Logic）、数据层（Data Service）被割成两个相对独立的单元。

（1）第一层：表示层

Web 浏览器在表示层中包含系统的显示逻辑，位于客户端。它的任务是由 Web 浏览器向网络上的某一 Web 服务器提出服务请求，Web 服务器对用户身份进行验证后用 Http 协议把所需的主页传送给客户端，客户机接受传来的主页文件，并把它显示在 Web 浏览器上。

（2）第二层：功能层

具有应用程序扩展功能的 Web 服务器在功能层中包含系统的事务处理逻辑，位于 Web服务器端。它的任务是接受用户的请求，首先需要执行相应的扩展应用程序与数据库进行连接，通过 SQL 等方式向数据库服务器提出数据处理申请，而后等数据库服务器将数据处理的结果提交给 Web 服务器，再由 Web 服务器传送回客户端。

（3）第三层：数据层

数据库服务器在数据层中包含系统的数据处理逻辑，位于数据库服务器端。它的任务是接受 Web 服务器对数据库操纵的请求，实现对数据库查询、修改、更新等功能，把运行结果提交给 Web 服务器。

二层的浏览器/服务器体系结构是把二层客户机/服务器结构的事务处理逻辑模块从客户机的任务中分离出来，由单独组成的一层来负担其事务，这样客户机的压力大大减轻了，把负荷均衡地分配给了 Web 服务器，于是由原来的客户机/服务器结构转变成二层的浏览器结构。这种二层体系结构如图 8-3 所示。

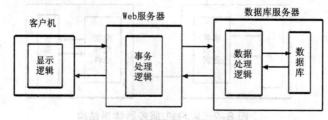

图 8-3　浏览器/服务器结构图

这种结构不仅把客户从沉重的负担和不断对其提高的性能的要求中解放出来，也把技术维护人员从繁重的维护升级工作中解脱出来。由于客户机把事务处理逻辑部分分给了功能服务器，使客户机一下子"苗条"了许多，不再负责处理复杂计算和数据访问等关键事务，只负责显示部分，所以维护人员不再为程序的维护工作奔波于每个客户机之间，而把主要精力放在功能服务器上程序的更新工作。这种二层结构层与层之间相互独立，任何一层的改变不影响其他层的功能。它从根本上改变传统的二层客户机/服务器体系结构的缺陷，它是应用体系结构中一次深刻的变革。

### （二）数据仓库技术

随着计算机技术的飞速发展和企业界不断提出新的需求，数据仓库技术应运而生。传统的数据库技术是以单一的数据资源，进行事务处理等各种类型的数据处理工作，不能满足复杂的分析型处理的需求。因此，人们认识到，要提高分析和决策的效率和有效性，分析型处理及其数据必须与操作型处理及其数据分离，必须把分析型数据从事务处理环境中提取出来；按照决策处理的需要进行重新组织，建立单独的分析处理环境，数据仓库正是为了构建这种新的分析处理环境而出现的一种数据存储和组织技术。

1. 数据仓库的定义及特征

数据仓库就是面向主题的、集成的、稳定的、不同时间的数据的集合，用以支持经营管理中的决策制定过程。从数据仓库的定义中可以看出数据仓库的四个基本特征。

（1）数据仓库中的数据是面向主题进行组织的

面向主题的数据组织方式，就是在较高层次上对分析对象的数据的一个完整、一致的描述，能完整统一地刻画各个分析对象所涉及的企业的各项数据，以及数据之间的联系。每个主题在数据仓库中都是由一组关系实现的（目前数据库仍是采用关系数据库技术来实现的，也就是说数据仓库的数据最终也表现为关系）。在具体实现中，一个主题可以划分成多个表。基于一个主题所有表都含有一个称为公共码键的属性作为主码的一部分。公共码键的属性作为其主码的一部分。公共码键将各个表统一联系起来，体现它们是一个主题的。

（2）数据仓库的数据是集成的

数据仓库的数据是从原有的分散的数据库中提取出来的。而操作型数据库与 DSS 分析型数据之间差别甚大。其一，数据仓库的每一个主题所对应的源数据在原有的各分散数据库中有许多重复和不一致的地方，且来源于不同的联机系统的数据都和不同的应用逻辑捆绑在一起；其二，数据仓库中的综合数据不能从原始的数据库系统直接得到。因此，在数据进入数据仓库之前，必然要经过统一和综合，这一步是数据仓库建设中最关键、最复杂的一步。

（3）数据仓库的数据是稳定的

数据仓库中的数据主要供企业决策分析之用，所涉及的数据操作主要是数据查询，一般情况下并不进行修改操作。数据仓库的数据反映的是一段相当长的时间内历史数据的内容，而不是联机处理的数据。因而，数据经集成进入数据仓库后，是极少甚至根本不更新的。

（4）数据仓库数据是随时间不断变化的

数据仓库随时间变化要不断增加新的数据内容，也要不断删去旧的数据内容。虽然数据仓库的数据时限要远远长于操作型环境中的数据时限，但超过了这一期限，过期数据也要被删除。因此，数据仓库数据的码键都包括时间项，以标明数据的历史时期。

2. 数据仓库在 CRM 中的作用

数据仓库将客户行为数据（反馈）和其他相关的客户数据集中起来，为市场分析提供依据；同时，数据仓库将对客户行为的分析以报表形式传递给市场专家，市场专家利用这些分析结果，制定准确、有效的市场策略。数据仓库在 CRM 中的作用有以下方面。

（1）客户行为分析

客户行为可以划分为两个方面：整体行为分析和群体行为分析。整体行为分析用来发现企业所有客户的行为规律，但仅有整体行为分析是不够的，企业的客户千差万别，俗话说"物以类聚，人以群分"，根据客户行为的不同可以将他们划分为不同的群体，各个群体有着明显的行为特征，这种划分方式叫作"行为分组"。

通过行为分组，CRM 用户可以更好地理解客户，发现群体客户的行为规律。基于这些理解和规律，市场专家可以制定相应的市场策略，同时还可以针对不同客户组进行交叉分析，帮助 CRM 用户发现客户群体间的变化规律。行为分组只是分析的开始。在行为分组完成后，还要进行客户理解、客户行为规律发现和客户组之间的交叉分析。

① 客户理解

客户理解又可以称为群体特征分析，其目标是将客户在行为上的共同特征与已知的资料结合在一起，对客户进行具体分析。特征分析至少应包括以下功能。

- 哪些人具有这样的行为？
- 哪里的人具有这样的行为？
- 具有这些行为的人能给企业带来多少利润？
- 具有这样行为的人是否对企业忠诚？

② 行为规律分析

行为规律分析的目标是发现群体客户的行为规律。一般来说，行为规律分析至少应该包括以下功能。

- 这些客户拥有企业的哪些产品？
- 这些客户的购买高峰期是什么时候？
- 这些客户通常的购买行为在哪里发生？

通过对这些客户的行为分析，能够为企业在确定市场活动的时间、地点、合作商等方面提供确凿的依据。

③ 组间交叉分析

通过对群体客户的特征分析和行为规律分析，企业在一定程度上了解了自己的客户，但客户的组间交叉分析对企业来说更为重要。例如，有些客户同时属于两个不同的行为分组，且这两个分组对企业的影响相差很大，但这些客户的基本资料非常相似。此时，我们就需要充分分析客户发生这种现象的原因，这就是组间交叉分析的重要内容。通过组间交叉分析，企业可以了解以下内容。

- 哪些客户能够从一个行为分组跃进到另一个行为分组中？行为分组之间的主要差别有哪些？
- 客户从一个对企业价值较小的组上升到对企业有较大价值的组的条件是什么？

这些分析帮助企业能够准确地制定市场策略，获得更多的利润。

（2）重点客户发现

重点客户发现的目标是找出对企业具有重要意义的客户，这些重点客户主要包括以下几类。

- 潜在客户——有价值的新客户。
- 交叉销售——同一客户有更多的消费需求。
- 增量销售——更多地使用同一种产品或服务。
- 客户保持——保持客户的忠诚度。

在"客户经济学"中，有很多关于重点客户的理论。例如，开发新客户的费用是保留老客户费用的 5 倍；成功地保留老客户能够使企业的利润翻番等。正是基于这样的思想，使重点客户的发现对企业至关重要。

（3）性能评估

根据客户行为分析，企业可以准确地制定市场策略和策划市场活动。然而，这些市场活动能否达到预定的目标是改进市场策略和评价客户行为分组性能的重要指标。因此，CRM 系统必须对行为分析和市场策略进行评估。同样，重点客户发现过程也需要对其性能进行分析，然后在此基础上修改重点客户发现过程。这些性能评估都是以客户所提供的市场反馈为基础。

通过数据仓库的数据清洁与集中过程，可以将客户对市场的反馈自动地输入数据仓库中，这个获得客户反馈的过程被称为客户行为跟踪。性能评估是改进的重要依据。针对行为分组和重点客户发现过程，性能分析至少具备以下功能：

- 针对每个市场目标设计一系列评估模板，从而使企业能够及时跟踪市场的变化。同时在这些报告中，给出一些统计指标来度量市场活动的效率，这些报告应该按月份更新，并根据市场活动而改变。
- 在一定的时间范围内（3～6 个月）给出行为分组的报告。

（4）数据仓库的实现

整个系统可以划分为数据源、数据仓库系统和 CRM 分析系统三个部分。

- 数据源。数据主要来自四个方面：客户信息、客户行为、生产系统和其他相关数据。
- 数据仓库系统。它主要分为数据仓库建设和数据仓库两部分。数据仓库建设利用数据仓库的数据 ETL 和设计工具，将与客户相关的数据集中到数据仓库中；然后在数据仓库的基础上，通过报表将客户的整体行为分析和企业运营分析结果传递给数据仓库用户。
- CRM 分析系统。它由数据准备、客户分析数据集市、客户分析系统和调度监控模块构成。在数据仓库的基础上，由分析数据准备模块将客户分析所需要的数据形成客户分析数据集市；然后在客户分析数据集市的基础上，客户分析模块进行客户行为分组、重点客户发现和性能评估模板的设计与实现；最后，CRM 分析系统的分析结果由报表传递给市场专家。总之，数据仓库是 CRM 的灵魂，通过数据仓库对客户行为的分析与预测，企业可以制定准确的市场策略、发现企业的重点客户和评价市场性能。另一方面，虽然数据仓库与 CRM 密不可分，但 CRM 除了市场分析的功能之外，还有销售、服务等功能。因此，不同的企业应该根据自己的实际情况进行选择。但无论如何，对于客户量巨大、市场策略对企业影响较大的企业来说，必须在 CRM 系统中包含数据仓库。根据国外的经验，银行、电信、保险等行业的 CRM 系统都是以数据仓库为核心的。

**（三）数据挖掘技术**

随着计算机和互联网技术的发展，数据资源日益丰富。但是数据资源中蕴含的知识却至今未能得到充分的挖掘和利用，"数据丰富而知识贫乏"的问题十分严重，近年来兴起的数据挖掘（Data Mining）技术为解决这个问题带来了一线曙光。

1. 数据挖掘的定义

数据挖掘（Data Mining），又称数据库中的知识发现（Knowledge Discovery in Database，KDD），是指从大型数据库或数据仓库中提取有潜在应用价值的信息或模式。在 CRM 中，数据挖掘是从大量的有关客户的数据中，收集顾客的信息，借助各种分析方法，透过无序的、表层的信息挖出内在的知识和规律，在挖出大量信息之后，企业就可以根据这些规律或用这些信息设计数学模型，对未发生行为做出结果预测，为企业的综合经营决策、市场策划提供依据，即挖掘出隐含的、先前未知的、对企业决策有潜在价值的知识和规则。

2. 数据挖掘的目标

（1）客户特征

数据挖掘的第一步就是挖出顾客的特征描述。企业在了解客户信息方面永不满足，他们不仅会想方设法了解顾客的地址、年龄、性别、收入、职业、教育程度等基本信息，对婚姻、配偶、家庭状况、疾病、爱好等的收集也是不遗余力。

（2）"黄金客户"

通过客户行为分析，归类出消费额最高、最为稳定的客户群，确定为"黄金客户"。针对不同的客户档次，确定相应的营销投入。对于"黄金客户"，往往还需要制定个性化营销策略，以求留住高利润客户。

（3）客户关注点

通过与客户接触，收集大量客户消费行为信息，通过分析，得出客户最关注的方面，从而有针对性地进行营销活动，把钱花在"点"上。同样的广告内容，根据客户不同的行为习惯，有的人会接到电话，有的人就可能收到信函；同一个企业，会给他们的客户发送不同的信息，而这些信息往往就是顾客感兴趣的方面。

（4）客户忠诚度

得出客户持久性、牢固性及稳定性分析。对于高忠诚度客户，要注意保持其良好印象，对于低忠诚度客户，要么不要浪费钱财，要么就下大功夫把他们培养成忠诚客户。

3. 数据挖掘的方法

在 CRM 中，必不可少的要素是将海量的、复杂的客户行为数据集中起来的，形成整合的、结构化的数据仓库（Data Wearhouse），这是数据挖掘的基础。在此基础上，就需要借助大量的知识和方法，把表面的、无序的信息整合，揭示出潜在的关联性和规律，从而用于指导决策。

（1）横向关联

横向关联是挖掘表面看似独立的事件间的相互关系，如"90%的顾客在一次购买活动中购买商品 A 的同时购买商品 B"之类的知识。比如经典的"尿布和啤酒"的故事，就是利用这种方法，发现二者之间有很高的相关系数，引起重视，然后深入分析后才找出内在原因的。

（2）次序关联

次序关联这种分析的侧重点在于分析事件的前后序列关系，发现诸如"在购买商品 A 后，一段时间里顾客会接着购买商品 B，而后购买商品 C"的知识，形成一个客户行为的"A→B→C"模式。可以想见的是，一个顾客在买了电脑之后，就很有可能购买打印机、扫描仪等配件。不过，要是通过数据挖掘找出"刮胡刀→抽水马桶→钻石戒指"这样的模式，估计企业客户服务部门就要花一些时间搞明白其中潜在的联系了。

（3）分类

分类分析就是通过分析样本客户数据库中的数据，为每个类别做出准确的描述或建立分析模型或挖掘出分类规则，然后用这个分类规则对其他客户的记录进行分类。比如，信用卡公司根据顾客的信用记录，把持卡人分成不同等级，并把等级标记赋于数据库中的每个记录。对于每一等级，找出它们共同点，比如，"年收入在 10 万元以上，年龄在 40～50 岁之间的外企白领"总体上信用记录最高。有了这样的挖掘结果，客户服务部门就知道一个新的客户的潜在价值，在客户服务投入上就心中有底。

（4）聚类

这是分类的逆向方法。聚类把没有分类的记录，在不知道应分成几类的情况下，按照数据内在的差异性大小，合理地划分成几类，并确定每个记录所属类别。它采用的分类规则是按统计学的聚类分析方法决定的。比如，面对数据库中"消费额""购买频率""收入水平"等多个评价指标，没有办法按照一个指标去分类，就可以通过聚类按照数据间的自然联系把分散的记录"聚"成几"堆"，然后再对每堆进行深入分析。聚类有时也称分段，是指将具有相同特征的人归结为一组，将特征平均，以形成一个"特征矢量"或"矢心"。聚类系统通常使网站确定一组数据有多少类，并设法找出最能表示大多数数据的一组聚类。聚类被一些提供商用来直接提供不同访问者特征的报告。

（5）知识管理

这些系统设法确定和支持自然语言文件中的模式。一个更加确切的词是"文本分析"。第一步是将单词和文本与高层的概念相关联，可以通过使用相关概念标记了的文件来训练一个系统，并直接完成它。于是，系统为每一个概念建立了一个模式匹配器，当遇到新的概念时，模式匹配器会确定文档和那个概念的相关程度。上述方法也可用于将未来的文档分类到已预先定义好的目录中。网站采用上述方法可为访问者建立自动的网址索引，新闻网站采用上述方法可以降低分类费用，此外，一些系统也采用上述方法自动总结关键问题，寻找相关的参考文档。知识管理系统可以帮助网站创建自动的查询系统。比如发给客户支持 E-mail 信箱的请求可以被自动分类，从 FAQ 库中可以自动发出应答信息等。

（6）估计和预测

估计用来猜测未知值，预测用来估计未来值。估计和预测可以使用同样的算法。估计通常用来填空。如果网站不知道某人的收入，可以通过与收入密切相关的量来估计，然后找到具有类似特征的其他人，利用他们来估计未知者的收入和信用值。预测用来估计一个人重要的未来事项。在个性化应用中，网站可以使用这些值。厂商常收集信息，以了解客户。即使从不同的方面来分析以往的事件，也可以提供许多有用的信息。这种简单的收集方法被称作在线分析处理（OLAP）系统。预测可以和 OLAP 技术一起总结访问某网站人群的特点，从而使得厂商对数据进行剖析，找出是哪个条款或网站特征引起了最有价值的客户的注意力。

（7）决策树

决策树本质上是导致做出某项决策的问题或数据点的流程图。比如购买汽车的决策树可以从是否需要 2017 年的新型汽车开始，接着询问所需车型，然后询问用户需要动力型车还是经济型车等，直到确定用户所需要的最好的车为止。决策树系统设法创建最优路径，将问题排序，这样，经过最少的步骤，便可以做出决定。许多产品供应商在自己的产品选择系统中都制作了决策树系统。这对带着特定问题来访问网站的人来说十分重要。一旦做出某项决定，问题的答案对以后的目标选择或人格化作用便不大了。

### 五、客户关系管理系统的分类

按照目前市场上流行的功能分类方法，客户关系管理系统可以分为运营型客户关系管理、分析型客户关系管理、协作型客户关系管理。

运营型客户关系管理（见图 8-4）通过基于角色的关系管理工作平台实现员工授权和个性化，使前台交互系统和后台的订单执行系统可以无缝实时集成连接，并与所有客户交互活动同步。通过以上手段可以使相关部门的业务人员能够在日常的工作中共享客户资源，减少信息流动的滞留点，从而使企业作为一个统一的信息平台面对客户，大大地减少了客户在与企业的接触过程中产生的种种不协调。

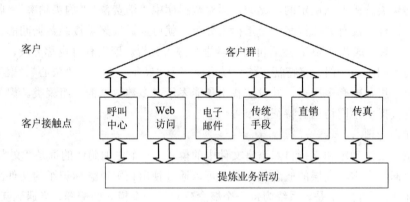

**图 8-4　运营型客户关系管理**

分析型客户关系管理（见图 8-5）主要是分析运营型客户关系管理中获得的各种数据，进而为企业的经营、决策提供可靠的量化的依据。这种分析需要用到许多的先进的数据管理和数据分析工具，如数据仓库、OLAP 分析和数据挖掘等。分析型客户关系管理把大容量的销售、服务、市场及业务数据进行整合，使用数据仓库、数据挖掘、OLAP 和决策支持技术，将完整的和可靠的数据转化为有用的信息，再将信息转化为知识，进一步为整个企业提供战略上和技术上的商业决策，为客户服务和新产品的研发提供准确的依据，提高企业的竞争力，使得公司能够把有限的资源集中服务到所选择的有效的客户全体，同这些客户保持长期和有效益的关系。

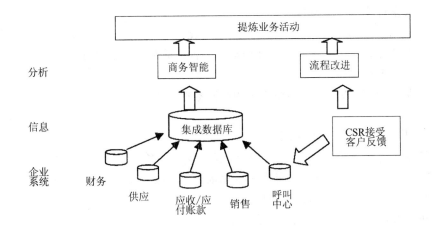

**图 8-5 分析型客户关系管理**

协作型客户关系管理系统更加注重各个部门之间的业务协作，能够让企业员工同客户一起完成某项活动。比如售后服务工程师通过电话来指导客户排除设备故障，因为这个活动有员工和客户共同参与，因此是协作的。协作型客户关系管理目前主要有呼叫中心、客户多渠道联络中心、帮助台以及自助服务帮助导航等。具有多媒体、多渠道整合能力的客户联络中心是协作型客户关系管理的发展趋势，其作用是交换技术，客户能够在任何时候、任何地点，通过方便的渠道了解相应的产品和服务。不仅如此，各机构还可以利用这种交互方式收集现有客户和潜在客户的信息。

本书重点介绍运营型客户关系管理系统和分析型客户关系管理系统。

**（一）运营型客户关系管理系统**

运营型客户关系管理系统是建立在这样一种概念上的，即客户管理在企业成功方面起着很重要的作用，它要求所有业务流程的流线化和自动化，包括经由多渠道的客户"接触点"的整合，前台和后台运营之间的平滑的相互链接和整合。

客户关系管理是基于 web 技术的全动态交互的客户关系应用系统。客户关系管理使企业在网络环境中以电子化方式完成从市场、销售到服务的全部商务过程。它主要有以下五个方面的应用。

1. 客户关系管理销售套件

它为企业管理销售业务的全程提供丰富强大的功能，包括销售信息管理、销售过程定制、销售过程监控、销售预测、销售信息分析等。客户关系管理销售套件将成为销售人员关注客户、把握机会、完成销售的有力工具，并支持其提高销售能力。客户关系管理销售套件对企业的典型作用在于帮助企业管理跟踪从销售机会产生到结束各个阶段的全程信息。

2. 客户关系管理营销套件

它使企业可以由始至终掌握市场营销活动的信息管理、计划预算、项目跟踪、成本明细、效果评估等，帮助企业管理者清楚地了解所有市场营销活动的成效与投资回报率。

3. 客户关系管理服务套件

它帮助企业以最低的成本为客户提供包括服务请求及投诉的创建、分配、解决、跟踪、反馈、回访等相关服务环节的闭环处理模式，从而帮助企业留住老客户、发展新客户。

4. 客户关系管理电子商务套件

它是使客户关系管理成为企业商务过程"E"化的 Front Office（前台部门），帮助企业将门户站点\各种商务渠道集成在一起，开拓新的销售渠道及商务处理方式。

5. 客户关系管理商务平台套件

它是产品的基础核心平台，实现产品的基础数据维护、安全控制、动态配置与工作流程定制等功能。

## （二）分析型客户关系管理系统

分析型客户关系管理系统主要是分析运营型客户关系管理和原有系统中获得的各种数据，进而为企业的经营和决策提供可靠的量化依据，一般需要用到一些数据管理和数据分析工具，如数据仓库、OLAP 和数据挖掘等。

1. 分析型客户关系管理系统的主要功能

分析型客户关系管理系统具备如下六大支柱性功能。

（1）客户分析

客户分析（Analysis）功能旨在让营销人员可以完整、方便地了解客户的概貌信息，通过分析与查询，掌握特定细分市场的客户行为、购买模式、属性以及人口统计资料等信息，为营销活动的展开提供方向性的指导。

此外，营销人员可以通过客户分析功能追踪营销活动的执行过程，从而了解这类活动的内容和随之传达的信息对客户所造成的实际影响。客户关系管理软件有能力让营销人员通过轻松的鼠标点击即可锁定特定客户群、建立新的细分市场。例如，对于银行来说，有的客户突然提取大笔现金，可能使银行处于高风险状态；有的客户虽然归还贷款比较迟缓，但基本上总能在一定的期限内归还，这就是银行最喜欢的客户，因为他总是在为银行带来利息收入。银行的客户关系管理系统对此都应该及时察觉。

（2）客户建模

客户建模（Modeling）功能主要依据客户的历史资料和交易模式等影响未来购买倾向的信息来构造预测模型。例如，根据客户的促销活动回应率、利润贡献度、流失可能性和风险值等信息，为每一位客户赋予适当的评分。从技术方面看，客户建模主要是通过信息分析或者数据挖掘等方法获得。另外，机器学习（Machine Learning）和神经网络（Neural Network）也是重要的客户建模方法。

客户建模的结果可以构成一个完备的规则库。例如，银行客户如果有大笔存款进入账户，则应考虑向其推荐股票或者基金等收益更高的投资项目。客户建模还可以帮助企业建立成熟、有效的统计模型，准确识别和预测有价值的客户沟通机会。一旦这种模型得以建立，企业就可以对每一个客户进行价值评估并在适当的时机以适当的方式与这个客户进行沟通，从而创造更多的盈利机会。

（3）客户沟通

客户分析的结果可以与客户建模所形成的一系列适用规则相联系。当这个客户的某个行为触发了某个规则，企业就会得到提示，启动相应的沟通活动。

客户沟通功能可以集成来自企业各个层次的各种信息，包括客户分析和客户建模的结果，针对不同部门的不同产品，帮助企业规划和实施高度整合的营销活动。

客户沟通的另一大特色是帮助企业进行基于事件的营销。根据客户与企业之间发生的貌似偶然的交互活动，企业可以迅速发现客户的潜在需求并做出适当的反应。客户沟通功能支持营销人员设计和实施潜在客户营销、单一步骤营销、多步骤营销和周期性营销四种不同类型的营销活动。

（4）个性化

个性化功能帮助企业根据不同客户的不同消费模型建立相应的沟通方式和促销内容，以非常低的成本实现真正的一对一营销。

例如，营销人员可以用鼠标点击的方式建立和编辑个性化的电子邮件模版，以纯文本、HTML 或其他适当的格式向客户发送促销信息。更重要的是，营销人员可以利用复杂的获利能力评估规则、条件与公式为不同的客户创建更具亲和力的沟通方式。

（5）优化

每个营销人员每天应当处理多少个目标客户？每隔多长时间应该对客户进行一次例行联络？各类营销方式对各类客户的有效程度如何？对于这些问题，分析型客户关系管理的优化功能都可以提供答案，帮助企业建立最优的处理模式。优化功能还可以基于消息的优先级别和采取行动所需资源的就绪状况来指导和帮助营销人员提高工作效率。

（6）接触管理

接触管理功能可以帮助企业有效地实现客户联络并记录客户对促销活动的反应，将客户所发生的交易与互动事件转化为有意义、高获利的营销商机。例如，当接触管理模块检测到重大事件时，即刻启动特别设计的营销活动计划，针对该事件所涉及的客户提供适用的产品或者服务，这种功能又被称作实时事件注入。

分析型客户关系管理把大容量的销售、服务、市场及业务数据进行整合，使用数据仓库、数据挖掘、OLAP 和决策支持技术，将完整的和可靠的数据转化为有用的、可靠的信息，在将信息转化为知识，进一步为整个企业提供战略上和技术上的商业决策，为客户服务和新产品的研发提供准确的依据，提高企业的竞争能力，使得公司能够把有限的资源集中到所选择的有效的客户群体，同这些客户群体保持长期且富有成效的关系。分析型的客户关系管理系统使这一切成为可能，它是一种处理大容量的客户数据的方法，可以使企业获得可靠的信息支持策略和商业决策。

2. 分析型客户关系管理的四个阶段

一个典型的分析型客户关系管理系统，包括四个阶段：①进行客户分析；②将市场分段信息运用于客户分析；③进行日常市场活动的分析；④预报客户行为的各种方法的模型。

（1）客户分析

客户分析需要很多可以定量化的信息，这些信息通常来自各种不同的数据源。对于这些信息必须加以整合，并以合理的方式放到客户数据仓库中，以便于对其做分段或挖掘处理。一个结构良好的客户数据仓库，应能回答以下问题。

① 新客户是否比现有的客户更有价值？

② 最重要的客户最为关注的是什么？

③ 年龄低于 35 岁的客户是否更有价值？

④ 互联网技术是否有助于业务增长？如果答案是肯定的，如何做到这一步？

⑤ 是否吸引了客户的消费？

客户分析所需要的信息，一般来自三个方面：企业与其客户的主要"接触点"（客户服务中心、web 和自动柜员机）、关键收益点（POS、电子商务、订单录入）和外部数据（客户的地域分布、生活方式等信息）。客户分析阶段所需要的关键信息包括客户服务历史信息、客户市场历史信息、销售信息、收益信息、客户的地域分布数据及生活方式数据等。

为了在客户数据仓库中形成一个完整的视图，必须对这些不同的信息源加以整合与清理。在进行分析之前，必须了解信息的可用性、信息的质量、信息的整合程度是否符合向客户数据仓库提交的要求。这里的侧重点是信息的质量，而不是它的"完备"。因为任何决策支持系统，总处在不断得到新的信息源、不断地补充新的信息、不断地对信息实施清洗的过程中。另外，这类系统还要求根据当前的业务与市场的需要，对原有的信息持续地做出评估。

一旦完成了这个过程，则反映产品采购、收益、服务、客户地域分布及生活方式的信息就已具备。这时，就可以对客户的行为及收益率进行统计处理，并借此建立能够预报客户未来行为的种种模型。

（2）市场区段

在客户数据仓库准备就绪之后，就可以对当前客户以及预期的客户群做出区段分析，判断不同区段的优势与弱势。市场区段分析时常见的问题如下。

① 哪些客户购买产品 A 而不购买产品 B？

② 对某个特定的市场活动而言，最感兴趣的是哪些客户？

③ 对商家最有价值的是哪些客户？

④ 客户的价值是否因其地域分布和人口学特征的不同而不同？

对客户群实施区段分析时，可以利用客户数据仓库所积累的大量的有用信息，对这些信息的分析与数据挖掘，有助于发现和评价各种可变因素的不同排列组合会导致什么样的后果。

（3）一对一的市场

在找到最具价值的市场区段后，就可以为不同区段设计并提交适应其特定需要的成套服务。有针对性的市场开拓工作，可以促使企业瞄准更有前景和更有商机的领域。如果能够使企业的产品和服务被本来可能并不需要它们的客户接受，就可能为本企业赢得最具价值的客户。

通过对很多业务细节的分析，我们可以对那些针对不同领域进行设计的做法进行全局性的考察，将相似的处置策略集中起来并加以提炼。在条件成熟的时候，推广这些做法到新的用户群。当将产品与服务也延伸到那些本来并不需要它们的用户群时，可以针对这个群体中那些最具可能和最有价值客户的特定需要，构建特定的市场策略。

（4）事件模型

事件模型是一种技术手段，旨在帮助企业选择正确的市场活动与处理策略，并最终取得成功。事件模型可以"刻画"客户的行为和客户的反应，还可以预见未来市场活动的后果。事件模型提供了一种可能，让企业能从客户生活中的某些事件（如过生日、买房、买车等）中找到新的商机。这些事件不仅形成不同的市场区段，而且也是对客户实施评估并预期未来收益的有利工具。事件模型有助于发现使企业利润最大化的方法，如减少促销活动的次数、提高客户对促销活动的回应和控制业务策划的费用等。与事件模型有关的一些典型问题如下。

① 哪些年龄段的客户对降价处理最感兴趣？

② 哪些客户更喜欢通过个人渠道购物？

③ 针对高收入客户的市场策略是否达到了预期的目的？

提出此类问题的目的在于发现影响客户反应的主要因素，然后，才能将客户按照他们的特征加以标识与分类。在很多情况下，我们可以运用有关购买特征的新发现的知识，对各种不同的处置策略加以检验。如果这方面的工作进一步细化，必然会因这些策略的正确运用而提高客户的满意程度。

**（三）各种客户关系管理系统之间的关系**

客户关系管理整体解决方案的基本流程如下：运营型客户关系管理系统从客户的各种"接触点"将客户的各种背景数据和运营数据收集并整合在一起，这些运营数据和外来的市场数据经过整合和变换，装载进数据仓库。之后，运用 OLAP 和数据挖掘等技术从数据中分析和提取相关规律、模式、趋势。最后，利用精美的动态报表系统和企业信息系统等，使有关的客户信息和知识在整个企业内得到有效的流转和共享。这些信息和知识将转化为企业的战略和战术行动，用于提高在所有渠道上同客户交互的有效性和针对性，把合适的产品和服务，通过合适的渠道，在适当的时候，提供给适当的客户。

客户与企业的互动，需要把分析型客户关系管理与接触点客户关系管理结合在一起。如网站的客户先通过运营型系统了解信息，运营型系统就把客户的要求传递给数据仓库，通过数据仓库提取这些信息，然后返回客户界面，再到客户。运营型客户关系管理系统管理接触点，适应于通过 web 与客户联系，而数据仓库不管理接触点，适应于分析和决策。一个强大的客户关系管理解决方案应该是把接触点的运营型客户关系管理和分析型的后台的数据仓库结合起来，这也就产生了所谓的协作型客户关系管理。而后端和前端走向融合的关键点在于系统是开放的，只有开放的系统才能把各自的优点结合起来。

目前运营型的客户关系管理系统占据了客户关系管理系统市场大部分的份额。运营型客户关系管理系统解决方案虽然能够基本保证企业业务流程的自动化处理、企业与客户间沟通以及相互协作等问题，但是随着客户信息的日趋复杂，已难以满足企业进一步的需要，在现有客户关系管理系统解决方案的基础上扩展强大的业务智能和分析能力就显得尤为重要。因此，分析协作型客户关系管理系统毫无疑问将成为今后市场需求的热门。

# 第二节　客户关系管理的实施过程

当今社会客户关系管理已经成为一个企业成败的关键，应该选择什么样的实施方法、如何有效地实施是值得我们思考的问题。

## 一、实施客户关系管理的方法

在目前市场竞争激烈，客户资源尤显重要的环境下，企业要想在较短时间内，靠自己的力量从头分析研究、自主开发并实施高效的客户关系管理系统，显然不是最佳选择。选择一个适合自身情况而且功能强大的系统，并挑选一个合适的系统供应商或咨询公司帮助实施会是一个不错的方案。客户关系管理系统本质上是面向企业前台应用的管理信息系统。其本身就蕴含了客户关系管理的思想和先进的信息技术。与 ERP 系统的实施类似，客户关系管理系统的实施过程遵循了项目管理的科学方法。在此，结合项目管理和管理信息系统实施的特点提出九阶段实施方法，如图 8-6 所示。

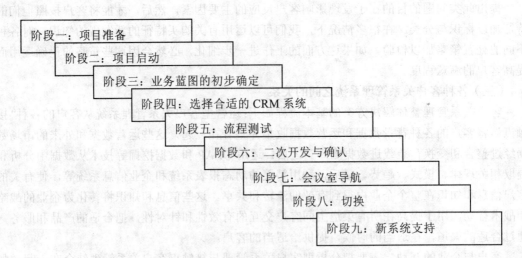

**图 8-6  客户关系管理系统九阶段实施方法**

1. 第一阶段：项目准备

这一阶段主要是为客户关系管理项目立项做准备，目标是取得高层领导的支持和勾画出整个项目的实施范围。这阶段的主要任务包括确定项目目标，界定项目范围，建立项目组织，制订阶段性的项目计划和培训计划（其中包括每个阶段的交付成果）。从某种意义上说，全面实施客户关系管理系统其实是一种战略决策，它意味着一场深刻的组织变革。虽然客户关系管理系统的应用面向的只是企业的前台，范围没有 ERP 这类主要侧重于企业后台业务集成的管理信息系统来得广，但就客户关系管理系统中蕴含的管理思想而言，却意味着企业从以产品为中心的管理模式向以客户为中心的管理模式的转变，意味着管理观念的转变、企业相关流程的转变、制度的转变和人的转变。客户关系管理系统实施所影响到的部门和领域的高层领导应成为项目的发起人或发起的参与者，客户关系管理系统的实现目标、业务范围等信息应当由他们传递给相关部门和人员。管理者对项目的理解与支持对推动项目的进程是十分必要的。

所以，只有拥有企业高层对客户关系管理的理解、指导和承诺，各级管理人员的有力支持，项目才有可能取得成功。

项目准备阶段通过以下措施实现准备阶段的任务。

（1）确立合理可行的项目实施目标

在确立目标的过程中，企业必须明确建立客户关系管理系统的初衷是什么？是由于市场上的竞争对手采用了有效的客户关系管理系统吗？还是因为要提高企业面向网络经济的挑战，所以考虑引入客户关系管理中的网上销售的形式？抑或是为了加强客户服务的力量，所以考虑客户关系管理中的呼叫中心服务？这些问题都将是企业在建立客户关系管理项目前必须明确给出答案的问题。

（2）确定项目范围

任何一个系统都有其自身活动的范围，通过定义系统的活动范围而确定系统的边界。建立系统时，必须确定系统的边界。我们可以通过初步了解现行系统的业务以及目前已经在使用的软件系统来确定。不同于 ERP 项目，客户关系管理项目的应用范围主要在企业的前台业务部门，即市场营销管理、销售管理以及客户服务与支持。

（3）培训中高层经理

我们知道企业的中高层管理人员对客户关系管理的实施的支持是客户关系管理实施成功的首要条件。但是如何让他们支持，首先必须让他们真正理解客户关系管理的概念和原理，要做到这一点就必须对他们进行必要的培训。

2. 第二阶段：项目启动

在取得了企业高层的支持和确定了项目实施范围之后，项目进入正式启动阶段。这个阶段的主要任务包括建立项目组织、制订阶段性的项目计划、制订培训计划和确定项目目标和评价方法。每个阶段的交付成果都要有相应的文档加以整理和记录。

（1）建立项目组织

客户关系管理系统的实施是需要大量的人力来完成的。只有保证人力资源的充足才能保证项目按期、按质、按量地完成。所以这一阶段首先必须建立项目实施队伍并明确人员权责。一般的，项目组成员会由企业内部成员和外部的实施伙伴共同组成。其中内部人员的来源主要是企业高层领导、相关实施部门熟悉企业流程的业务骨干和 IT 技术人员。

整个组织结构分三层，咨询公司可以在每一层都安排相应人员予以支持。

第一层（最高层）为项目指导委员会，具有高度决策权。一般由总经理主持，企业有关高层经理和项目总监作为成员。其主要任务为：确定项目目标；控制实施进程；组织培训；协调人力资源；解决关键难题；制定组织变革的措施；对项目的成败负责。咨询公司可以为项目指导委员会配备项目高级执行经理，帮助做出正确的决策。

第二层为项目总监和项目实施小组。项目总监是非常重要的职位，直接关系到项目的成败。必须由企业内具有丰富的管理经验、清晰的思路与大局观、良好的沟通能力、勇于创新的精神和一定威望的人来担任。鉴于客户关系管理系统集成的是企业的前台应用，所以由主管市场方面的高层经理来担任项目总监的职位会比较合适，而不应由 IT 部门的主管来担任。项目总监除了要领导项目实施小组以外，还要指导职能组，并直接向项目指导委员会汇报。项目小组的主要成员应该是企业前台各部门和 IT 部门的主管或骨干，但企业后台的有关部门的主管也应该是成员之一，以在合适的时候提供必要的支持。有些成员可以兼任有关职能组的组长。项目小组成员除了要兼顾原来的工作以外，必须在项目上投入 80% 以上的时间和精力。而项目总监必须全身心地投入，而他的几个关键助手也要 100% 地投入。项目实施小组的主要工作包括：制订项目实施计划；指导和组织职能组的工作；准备数据，并保证数据的质量；分析现行系统和绘制业务蓝图；负责原型测试和会议室导航测试；主持制定保证新系统运行的规则和规程；提交各阶段的交付成果报告。在整个组织结构中，项目总监和项目小组是枢纽，起到承上启下的作用。咨询公司的项目经理可以指导和协助项目小组的工作。

第三层称为职能组。它由客户关系管理系统所涉及的各职能部门来确定。客户关系管理系统主要涉及企业的市场、销售、客户服务与支持部门，一般就从这几个部门挑选一些关键用户，在部门经理的领导下，组成各个职能组。职能组的主要工作包括：研究本部门实施客户关系管理系统的方法和步骤；培训本部门使用人员；参与新规则的制定；做好新旧系统的切换和保证新系统的运行。企业的 IT 部门也可以作为一个特殊的职能部门，它主要从信息技术上来支持各业务部门的工作。咨询公司可安排应用顾问和技术顾问来辅助各职能组的工作。

这整个项目实施过程中保证项目组成员的稳定性非常重要。人员的流动会对项目实施带来负面影响。最常见的问题是，已离开的人员接受过系统的各类培训，对系统的实现功能十分了解，并且参与了新系统的流程定义过程，了解流程定义的原因和理由，了解新流程与现有流程的不同之处和新流程的改变原因。而新加入项目组的成员不但要花很长的一段时间熟悉系统，同时对新系统流程定义的前因后果也缺乏深入理解，由此可能会带来项目实施的延期和企业内其他人员对项目实现结果和目标的怀疑。

（2）制订阶段性的项目计划

客户关系管理项目是一个非常复杂的系统工程。它耗资大、涉及面广、历时长，不可能在一朝一夕建立。为了保证客户关系管理项目的顺利进行和成功完成，必须制订贯穿于各阶段的项目计划，其中包括交付成果。通过工作任务分解，把整个项目分为不同的阶段，每个阶段都有自己的目标、任务和交付成果。对于中小型企业，实施客户关系管理系统要抓关键问题与关键应用。关键应用在于两个方面：第一，客户资源的积累和共享。国内中小企业客户资源私有化的问题相当突出，集中与共享客户资源在现实当中受到相当大的抵制。企业将分散在各部门、分公司的资料进行整合需要一定的时间。解决这个问题，需要企业领导下大的决心，同时也要调整利益分配等相关部分。否则的话，客户关系管理的实施在这个阶段就会停滞不前。第二，销售自动化。传统的管理是以结果为主的管理，客户关系管理是以过程为主的管理。销售人员进行销售必须做出销售计划，与客户进行沟通必须要有跟踪计划。销售计划要与跟踪计划结合起来进行。另外一种方式是让业务驱动客户关系管理项目的实施。客户关系管理系统的项目实施是以业务和管理为核心的，是为了建立一套以客户为中心的销售服务体系，因此，客户关系管理系统的实施应当是以业务过程来驱动的，而不是 IT 技术。应当将客户关系管理系统的实施作为改善企业销售服务水平的一次机遇，在实施过程中主动思考现有的销售、市场和服务机制存在的问题与长处，对客户可能与企业发生关系的联结点做出全盘考虑，保留自己的优势与长处，去除业务环节中没有效率，对改善客户关系不能起到帮助作用的环节，而不要以简单替代的形式实施客户关系管理系统或者只将客户关系管理系统的实施看作是一个自动化的实现过程。我们可以来看一个程序，这个程序是根据业务驱动制订项目计划，其中包括各项目的内容和时间表，并且被证明是回报最快的步骤。

一般程序如下：

第一步，客户信息存储。大多数企业实施客户关系管理的第一个领域都涉及前端办公组件，也就是客户的接洽点。而企业与客户交互的各个渠道（如 web、电话以及直邮）无法孤立存在，它们需要共享数据，所以所有客户关系管理系统解决方案的核心在于掌握客户信息的数据库，它充当了类似于组织机构的汇总存储中心这一角色。促销活动此起彼伏，营销人员来来往往，但信息存储却持续不断地收集每个客户的信息。存储的种类包括数据仓库、数据集市和分散数据等。信息只要已经界定并且有用，它就会成为客户关系管理的适当的基础。对于数据存储至关重要的工具与技术包括：数据挖掘工具、净化工具、相关数据库、内部管理软件。

如果没有客户信息存储，其他一切都无从谈起。用来开发必要的数据库所需时间的多少将根据不同的技术与战略而定，但可能需要 18 个月甚至更长的时间。

第二步：活动管理。活动管理充当整个系统的指导，它让企业对客户进行分段，并让机构组织能够评估其自己的营销方案的成功与灵活性，它成为分析与执行之间的纽带。对于许多企业，很重要的一点就是要认识到，信息存储与活动管理都是客户关系管理解决方案的组成部分。企业通常可以做更多的事，但正确地实施这两点能够产生巨额投资回报，它能让企业开展更加有效的营销活动，改变与客户做生意及建立更多的财源关系的方式，这是最基本的也是很有效的解决方案。活动管理是真正的应用，它能用于分析客户，销售产品并产生回报。在这个阶段，它并不是全部的客户关系管理，但它牵引着企业向前发展，完成活动管理这一要素的时间通常需要 2～6 个月。

第三步：分析系统。由于企业收集的数据越来越多，它需要快速而自动地对这些信息进行精选。因此，就需要能协助这一进程的一系列工具，既包含了传统分析环境，也有复杂的技术（如神经建模），使企业可以开始在整个数据库范围内进行分析、测试，并在统计或数据采掘能力方面寻求平衡。分析系统能比活动管理提供深刻得多的分析，并且在建模方面更具有前瞻性。完成分析这一步所需的时间通常较短。

第四步：DSS 工具。对一些人而言，DSS 指报表，而对另一些人来说，它指的就是在线分析处理（OLAP）与关系型在线分析处理（ROLAP）等技术。DSS 的关键是给企业提供了一个观察数据的窗口，这一窗口对不同的机构作用不同，但企业日益希望客户关系管理解决方案能在 DSS 方面给予企业活动更广泛的支持。因此，不断创新的机构就选择了集合有大量 DSS 功能的客户关系管理解决方案。正如活动管理不能与真正的分析工具竞争一样，它们也无法与决策支持工具进行竞争。DSS 工具易于配置与支持。只要通过适当的培训，企业可以十分迅速地着手开展这一工作。

余下的步骤将基于各种专门组织而定。制造类企业或那些对后端自动化操作进行了大量投入的企业，倾向于把后端办公接口列为又一个要素，这些在安装起来可能会非常复杂，在某种情况下还有可能必须从头做起，实施起来要花 1～2 年的时间。

最后一个步骤是间接管理，这还是客户关系管理中的"熟睡者"。大多数企业尚未应用到它，因此也几乎没有什么基本信息，它将在 3～5 年内逐渐成为一个大问题。

综上所述，实施一项完整的客户关系管理总计所需的时间为 3～5 年，但是许多企业已有适当的办法来缩短这一时间，这些企业能在极短的时间内获得收益与回报，因此它们的投资收益并不依赖于整个设计。

（3）制订培训计划

培训在客户关系管理实施中是非常重要的因素，它贯穿于项目的各个阶段。培训可以针对不同的对象，安排在不同的时间和地点，培训的成本也会有所差别。客户关系管理系统将会对用户产生重大的影响，顺应这种趋势的最好。战略就是设计目标训练程序来明确地显示用户的利益所在。培训是成功的关键，培训应该从高级管理层开始。有些培训可能还要根据培训对象的不同，根据客户关系管理信息系统的特点，加一些实例练习，更快地实现知识转移。

（4）确定项目目标和评价方法

制定项目目标有几个原则。首先，必须产生效益。通过客户关系管理的实施，一方面，提高了企业的销售收入并且降低了销售成本，从而增加利润，这是显性效益；另一方面，提高了客户的满意度和忠诚度，同时也增加了内部员工的满意度和工作热情，加强了部门之间的团结合作等，这是隐性效益。而隐性效益从某种角度来说，也给企业带来了竞争优势。其次，目标必须可以衡量，应当以数字来表示，如提高 10% 的销售收入，降低 15% 的销售成本等。最后，目标必须可以完成。制定的目标必须切合实际，不切实际的目标只不过是空想而已。在评价客户关系管理实施时，可以拿实际效果与制定的目标做相应对比，寻找差距和不足，以便进一步改进。当然，客户关系管理的实施是一个长期的不断提高的过程，不能太注重短期利益，在竞争日益残酷的今天，获取战略利益更有利于企业的长期发展。

3. 第三阶段：业务蓝图的初步确定

这一阶段是客户关系管理系统实施中必不可少的关键环节。这一阶段的主要任务是通过现有政策和业务流程的分析及诊断，结合 BPR 的思想和方法设计符合客户关系管理的管理思想和目标的新的业务流程。

第一步：现有政策和业务流程分析和诊断。由于客户关系管理倡导的是以客户为中心的管理模式，原有的以产品为中心的政策和流程必然面临着改变。不仅与企业前台业务相关的流程需要改变，企业后台的流程也要做出相应的调整。通过确定流程的需求和实现客户价值的程度，分析现有流程和政策中存在的问题，确定要改进的关键环节。我们可以采用流程图形建模技术和鱼骨图分析技术等来帮助分析。

第二步：描绘业务蓝图。所谓业务蓝图，即改进后的企业流程模型。新流程应该符合客户关系管理的管理思想和目标，着眼于提高客户满意度和忠诚度。在新流程设计时应注意以下四点：

① 首先要挑选一些关键的流程进行再设计。挑选的原则可以根据流程的重要性、绩效的低下性和落实的可能性来衡量。如客户投诉服务流程，如果运行的绩效低下（响应速度慢、信息不共享、无规范的文档记录，也没有解决方案的数据库等），会直接影响到客户对售后服务的满意程度，导致客户流失，同时由于信息技术的支持，重新设计后的流程也有落实的可能性问题，所以对此流程的改进就是非常必要的。

② 在设计新的业务流程时，必须综合考虑企业本身的实际情况和行业的特点。流程再设计时可以运用业务流程重组（BPR）的一些优化流程的方法和技术，如创造性技术（头脑风暴法、黑箱思考法等）和数据建模技术。

③ 在改进企业流程结构的同时，也要对新流程运作相适应的人力资源和企业制度有所考虑。

④ 在流程设计时必须考虑信息技术的可支持程度。了解现有客户关系管理信息系统的技术特点和所蕴涵的管理思想以及业务流程，在客户关系管理信息技术的支持下，重新设计的流程是否有落实的可能性，所以这一点对流程的改进是非常必要的。但是同时又必须考虑到客户关系管理系统由活动、制度、人、信息技术和目标组成。信息技术只是客户关系管理系统的有机组成部分，它能够在一定程度上影响活动的一种实现方式，影响联系活动的规则（制度的一种表现形式），影响执行活动的人，从而影响客户关系管理系统的目标。但这种影响是局部的。要实现客户关系管理系统的目标，需要各个要素的协调一致，共同朝着同一个方向而努力。如果只是引入客户关系管理的信息技术，而企业的活动、制度、人不做改变，那么实现客户关系管理的目标只是空谈而已。业务蓝图的设计是客户关系管理系统实施成功的关键所在。

4. 第四阶段：选择合适的 CRM 系统

根据项目的范围、目标选择合适的客户关系管理软件系统，并进行系统的安装和技术培训和应用培训。客户关系管理的软件系统有不少，彼此存在着不同程度上的差异，很多企业在选型过程中经过一轮又一轮的产品演示与讲解仍难以做出最后的抉择。如何选择客户关系管理系统可参考相应内容。

5. 第五阶段：流程测试

这一阶段有三个主要任务：客户关系管理基础数据的准备、流程测试的准备和流程测试。

（1）客户关系管理基础数据的准备

数据准备是客户关系管理实施成功的关键环节。由于客户关系管理系统是面向企业前台应用的管理信息系统，所以其基础数据主要是一些市场、销售以及客户服务与支持的有关数据。

数据，一般是指客观事务的各种属性值。在市场营销活动中，它是指体现在客户身上的各种属性。如果是消费者客户（B2C），则指消费者的性别、年龄、职业和消费偏好。如果客户是企业（B2B），则指一个企业的员工人数、总产值和主营业务等。实施客户关系管理需要从不同来源获取大量的数据，如企业内部保存的客户数据和从企业外部取得的人口统计数据、态度数据、生活方式数据、财务数据和调查数据等。

根据数据获取方式的不同，数据可分为两大类：原始数据和间接数据。原始数据是通过发问卷、电话采访、面谈等方式直接从客户那里搜集到的有待进一步加工的数据。原始数据一般比较可靠和真实，但搜集成本较大。飞速发展的互联网技术为企业人员获取客户和市场信息提供了新的渠道，通过在互联网上与客户的互动沟通，既节省了成本，又能使有关数据及时更新。间接数据，它是经过别人搜集，并已被加工整理过的数据。根据来源不同，间接数据又分为内部数据和外部数据。内部数据存放在企业的信息系统中，主要指企业各时期的销售历史记录、促销活动记录、客户购买记录和售后服务记录等；外部数据主要来自市场调查机构、信息服务机构、有关行业协会组织以及竞争对手等。客户关系管理系统的主要目标是维系现有的客户，其最主要的内部数据是客户行动数据和客户服务数据，客户行动数据包括所有由于客户和企业之间的关系而发生的销售和促销活动的资料，如客户个人数据、重复购买数据、产品项目数据以及各种形式的促销数据等；而客户服务数据主要指售后服务的有关数据。这两类数据都是针对企业现有的客户而言的。当然，不同行业所需要的数据都会有不同的侧重点。

尽管企业的营销和客户服务人员从各种途径搜集了大量的原始数据，但管理人员并不能以它们为依据立即做出决策，数据还需要进一步地处理和加工变成信息。客户关系管理的软件系统中已经根据客户关系管理的管理思想设计了科学的数据库结构，基本上能满足企业的需求。因此，数据的准备应当在理解了客户关系管理思想和系统应用培训的基础上进行，只有经过培训，理解了客户关系管理的基本思想，了解了客户关系管理软件系统中对各项数据的定义、概念、作用和要求，才能有针对性地进行数据的收集、分析整理和录入工作，使数据转变为有用的信息。

（2）流程测试的准备

由于客户关系管理流程测试的复杂性，需要做一些准备工作，主要包括确定参与人员；定义将要测试的场景，即把新的业务蓝图置于客户关系管理的信息系统中进行测试，尤其是一些经过改进后的关键的业务流程。另外，客户关系管理的软件覆盖了市场、销售以及客户服务与支持这些职能领域，由于需要对客户关系管理软件的所有功能模块进行测试，所以还需要确定对各业务领域进行测试的不同人员，这可以在项目组内进行分工。

（3）流程测试

通过流程测试深入理解客户关系管理软件系统，分析与业务蓝图的差异；熟悉软件及其报表的用途；理清数据之间的关系。其最终目的在于：比较和分析企业的业务蓝图与客户关系管理软件系统功能的差异，根据企业的实际情况和信息技术的特点来寻找适宜的解决方案。

流程测试可以各功能模块同时进行，由项目实施组长或咨询公司的项目经理亲自主持，同业务相关的关键用户都应参加。按在流程测试准备活动中定义的场景进行交互式的测试。在测试过程中，找出业务蓝图的需求和软件功能的差异，研究解决方案。常有三种解决方案：

① 如果对业务蓝图中的某些新流程，其流程设计本身是合理的，虽然标准化的软件功能不能支持，但可以通过二次开发，来增加软件的功能加以满足。

② 由于信息技术条件的限制，无法通过加强软件功能的方式来支持合理的新业务流程，那只能重新定义流程，使之在现有条件下可以实现。

③ 由于对客户关系管理信息技术更加深入的认识和挖掘，进一步改进了业务蓝图或者开拓了完全崭新的业务流程。

6. 第六阶段：二次开发与确认

根据上一阶段流程测试的结果，分别视不同情况进行软件更改和其他更改（包括业务流程、制度和组织结构等的更改）。

第一种情况：软件更改。如果对业务蓝图中的某些新流程，其流程设计本身是合理的，虽然标准化的软件功能不能支持，但可以通过二次开发，来增加软件的功能加以满足。这一活动的目的在于通过修改软件程序和客户化报表的开发来满足企业业务蓝图的需求。其中软件程序的修改由软件供应商按照其特定软件质量标准进行，增强后的软件功能还要根据一定的标准进行测试，经审核后确认。对软件的更改要慎重，可以先尝试软件的现有功能，寻找非标准的方法来满足需求。

第二种情形：其他更改。其他更改包括对业务流程、制度和组织结构等的更改。这又分为两种情况：

① 由于信息技术条件的限制，无法通过加强软件功能的方式来支持合理的新业务流程，那只能重新定义流程，使之在现有条件下可以实现。但在这种情况下需注意：如果设计的流程从业务的角度确实能达到比较好的绩效，即使有些活动信息技术不能提供有力支持，这些活动的实现方式可由业务人员的知识和经验来取代。

② 由于对客户关系管理信息技术更加深入的认识和挖掘，进一步改进了业务蓝图或者开拓了完全崭新的业务流程。

由于客户关系管理信息系统的介入，对业务蓝图中的流程有了进一步的修订，由于流程是活动的有序集合，随之活动也会发生变化，活动之间的联系规则也要发生变化，执行活动的人的角色或技能也会发生变化，随之员工的报酬和激励制度也会发生变化，更进一步，流程的变化会导致组织结构的变化。

需要强调的是随着业务流程的变化，制度一定要做相应调整，因为制度是新的流程得以真正实现的保证。

7. 第七阶段：会议室导航

这一阶段的主要任务是进行会议室导航和最终用户培训。

第一步：进行会议室导航。会议室导航必须建立在流程测试与二次开发和确认的基础上，其主要目的是：验证或测试二次开发的可执行性；测试所有修订后的业务流程，以确认相关制度；调整和准备相关凭证和报表；保证客户关系管理系统真正运行起来。

会议室导航仍然是客户关系管理整个系统的测试，涉及各相关部门，所以除了项目小组的人参加外，各职能组和前台部门的实际应用人员（最终用户）都要参加，因为这是企业前台业务顺利向客户关系管理系统转变的必要条件，只有实际应用人员真正理解、接受并且主动去使用客户关系管理系统时，实施才有可能会有效果。

测试结果要经项目指导委员会审批，判断系统转入实际应用的条件是否具备。如果条件还不成熟，则还须进一步完善过去各阶段的工作，而不要匆忙转入切换。

第二步：最终用户培训。根据确认了的系统及修正的业务流程、制度，编写用户手册。我们可以从关键用户中选择培训教师，对最终用户进行培训。最终用户不但包括具体操作人员，还包括中高层管理人员，因为他们需要相关的信息来做决策。

8. 第八阶段：切换

在完成了会议室导航阶段充分、细致的测试以后，在这一阶段，要从原先的前台系统转换到客户关系管理系统。系统切换有许多方法，究竟采用什么方法主要考虑系统切换有可能带来的风险性、切换的时间、用户的接受程度等。常有一次性切换、分阶段切换、新旧系统并行切换等方法。此阶段包括切换方法的确定、切换的准备和正式切换。

9. 第九阶段：新系统支持

在新系统转入正式运行之后，需要不断调整并且监测和评估新系统的运行绩效，以确定它是否满足预定的目标。

（1）对系统进行调整并提供继续支持

它具体包括：不断根据实际需要调整新系统运行；确定更改控制流程并确认已取得的效益；审核与批准项目结束备忘录。

（2）监控新系统运行结果

一方面监测和评估系统运行状态，另一方面根据预先设定的项目目标来审核相应成果，并且审核和批准业绩评估备忘录。

总之，客户关系管理系统的实施方法根据行业的不同、系统规模的不同而各不相同。

## 二、如何有效实施客户关系管理系统

为了有效地实施客户关系管理系统，我们有必要先了解一下客户关系管理的规划。客户关系管理主要包括三个要素：人、企业内部流程和技术，这三者有机结合构成一个强大的系统。我们从以下四个方面来探讨客户关系管理的成败。

### （一）客户关系管理的规划

良好的客户关系管理规划才能将客户关系管理的三个要素有机地结合在一起。所以良好的规划是客户关系管理成败的首要因素。良好的规划包括以下几个方面。

1. 明确的、合理可行的实施目标

将企业内部一致认同的明确的远景规划和近期实现目标落实成文字。这一份文件将是整个项目实施过程中最有价值的文件之一，它既是项目启动前企业对客户关系管理项目共同认识的文字体现，也是实施进程中的目标和方向，同时也是在项目实施完成后评估项目成功的重要衡量标准。

2. 明确投资回报目标

客户关系管理系统是一种高风险、高回报的投资。

不管怎么节省，客户关系管理要实施成功，都有一个投资门槛。企业要么不做，要么就得好好做。花大钱的企业不一定能成功，可是抱着投资少量资源尝试一把的心态的企业，通常的下场是白白浪费钱。

为什么这些实施客户关系管理成功的企业如此敢于投资?道理很简单。因为他们知道他们要解决的市场营销、销售及服务的问题是什么，他们订立了具体可量化的改善目标，他们算过达到这样的目标对他们的收益有多大，他们很清楚什么样的解决方案符合他们的要求。只要回报大于投资，他们就能毫不犹豫地下决定。

根据明确可测量的投资回报目标来实施客户关系管理，通常能使企业规划出成功实施客户关系管理所需要的投入，从而提高客户关系管理实施成功的机会。而客户关系管理系统的回报通常是惊人的。如实施客户关系管理后，一家大型分销商的每位业务代表的平均销售额提高了41%，一家产品代理商使他们新进业务人员的上线作业的时间从9个月缩短成4个月，一家制造厂商把订单错误率从23%降到6%，一家专业行销活动公司降低了67%的印刷与邮寄费用，却提高了36%的客户获得率。

3. 设计实施策略，有效控制变革成本

这里有两种基本的策略:"走大而快道路"策略，旨在获得最大的潜在经济效益（常常得到企业客户关系管理计划供应商的拥护）。"走小而慢道路"策略，这方案比较安全，而在大多数情况下，是一条比较好的行动途径。

"走大而快道路"策略要求组织准备就绪、架构互相兼容、业务流程具有灵活性，而很少有公司具备这些要求，更不用说大中型组织了，但一些公司确实具备。一般来说，"走大而快道路"策略最适合小组织，或具有非常强大、集中的领导制结构的大型组织。在这种结构中，通常有一位CEO担任独一无二的权威领导，一切由他说了算。

在比较具有协作性或比较分散的领导制结构中，成功的可能性小得多，这就需要特殊措施，包括对组织、流程设计与技术架构进行评估与研究。

在帮助组织评估客户关系管理实施的影响时，这些分析有助于使组织做好准备，并且在组织内部的关键部分之间达成一致意见，这些部分包括销售、营销、客户服务、财务、技术、经营和法律等方面。

"走小而慢道路"的策略则从以前的企业技术实施教训当中汲取了经验。这种方案首先基于以下这种观念:你绝不可能料到业务经营出现任何重大变化时遇到的技术、组织、流程和文化上的所有问题。因此，最好先开始试验，一路学习，然后再进行试验，直到解决问题为止。

（二）人的因素

人的因素包括高层、中层、一线的管理及工作人员以及客户。在实施客户关系管理系统中，我们需要考虑以下几方面人的因素。

① 缺乏高层、中层领导的支持是客户关系管理系统失败的重要原因之一。

② 如果第一线前台工作人员不乐意使用客户关系管理系统，则这个客户关系管理系统必然成为价值昂贵的废物。

客户关系管理的基本精神是把企业的关切重心从内部的需求转移到外部客户的需求上。

企业工作流程的设计首先必须配合客户的需求，其次才考虑企业内部的需求。也因为如此，在第一线与客户打交道的前台工作人员（市场、销售与服务人员）必须成为企业内部资源第一优先服务的对象。他们的需求就是客户的需求。只有为他们提供良好的服务，他们才能向客户提供良好的服务。只有让他们的工作更方便，他们才能有时间把珍贵的第一手客户数据回馈到客户关系管理系统中，成为进一步服务客户、销售管理与内部决策支持的基础。然而有讽刺意味的是，很多客户关系管理项目却以管理者的需求为出发点，以监视控制为原则，很少照顾到第一线前台工作人员的需求。结果，设计出来的客户关系管理系统反而加重了前台工作人员的工作量，成为他们服务客户的障碍，以至于第一线前台工作人员不能也不愿及时和准确地输入客户信息。

③ 必须考虑客户的利益。客户关系管理的目的是在满足客户的需求，并非解决内部问题。所以应该让客户参与整个客户关系管理系统的建立过程，以确保项目的实施。

④ 足够好的培训计划是客户关系管理项目实施成功的保证。这个培训计划包括对各级人员的培训。

### （三）企业内部流程

企业的内部流程是企业实施客户关系管理的前提。根据客户关系管理的管理思想和方法重新设计业务流程，目的是如何更高效、有益地满足客户的需求，因此，切忌简单地将流程自动化。

### （四）技术

技术对客户关系管理的有效实施起到非常重要的作用。但要切忌视客户关系管理仅仅为技术问题。精确的数据是客户关系管理的关键，包括客户、产品、库存及交易等内容。大量的信息必须配合正确的地点、正确的格式以及正确的时间。所以必须建立数据质量策略，确保数据正确。

# 第三节　客户关系管理的实施现状与发展

## 一、我国的 CRM 应用现状

谈到 CRM，大企业往往希望 CRM 能迅速促进企业的销售业绩，但庞杂的业务和功能多维交叉的部门设置却使这样的一个过程显得艰难而漫长；小企业很想与 CRM 一亲芳泽，但媒体宣传天文数字般昂贵的投资和软件系统复杂程度，往往使其望而却步。深入审视和分析我国 CRM 市场现状，会发现以下一组很有意思的对比。

### （一）CRM 概念涵盖面很广，但与中国企业现状契合度很小

在静态层面，我们可以将 CRM 概括为一种管理思想在管理软件系统中加以体现。其目标是通过采用信息技术，使企业市场营销、销售管理、客户关怀、服务和支持等经营环节的信息有序地、充分地、及时地在企业内部和客户之间流动，实现客户资源的有效利用。其核心思想是将客户群体看作企业宝贵的外部资源，并第一次将客户的所有权提升到企业一级而不是单个部门。

从动态的方面考察，CRM 的生命周期又包括数据集成、客户分析、面向客户的战略决策

三个阶段，其中 CRM 实施成功与否的关键是第二步，即要用先进理念和精准模型对集成化数据进行模拟和分析，从而挖掘客户潜在价值，发展潜在客户。

但是，如果深入中国企业的管理实践，能够为理论中的 CRM 找到的现实支撑点却很少。长期以来，我们的企业生存在由计划经济向市场经济转轨的无序氛围中，卖方市场条件下形成的营销体系、不甚健全的市场反应机制、基础薄弱的企业信息化建设和中国特色明显的管理体制，是建设现代企业机制的四大"死穴"，也成为 CRM 在中国的最大阻力。

CRM 发轫于 1990 年，二十几年的发展经历了"销售力量自动化系统——客户服务系统S——呼叫中心"的三次跃迁，综合了现代市场营销和现场服务的理念，集成了 CTI（计算机电话集成技术）和 Internet 技术。

显然，CRM 的理论提炼与西方企业管理科学化的进程紧密相伴，而这恰恰是中国企业的差距，从业务规模到管理水平，注定了在中国照搬洋理论只能是水土不服。

目前，Oracle、Sieble、艾克、SAP 等公司的 CRM 相继出现。在中国企业中，普及 CRM 必然是一个双向渐进的过程：其一，利用客户关系管理的基本思想和模型构建伸缩性更强、更实用的中国版本；其二，借助 CRM，以营销环节的信息化、科学化拉动整个企业管理体制和水平的进步。本土 CRM 厂商在充分研究了国内企业信息化进程缓慢的现状后，终于挑起了面向中国企业的 CRM 这杆大旗。联成互动、Turbo、创智等 IT 企业在一番努力划分后，已担当了中小企业 CRM 的旗手。

### （二）CRM 全套解决方案中的功能模块很多，但真正能在企业内部达成应用共识的却很少

建设 CRM 要渐进而行，因为一整套的 CRM 功能模块非常多，几乎每个环节的实施都涉及对旧有模式的颠覆或重构，企业需要一个接受的过程。

来自 Harte-Hanks 的最新调研表明，CRM 目前仅有一个重要组成部分得到公认，也就是在一个营销组织内的多个部门之间共享客户资料，70%的公司把为内部销售人员访问顾客资料作为 CRM 解决方案的一个必不可少的部分。此外，企业对 CRM 系统其他功能的需求表现出了不同的态度，按照重要程度依次为：顾客服务/技术支持（67%）、外部销售（59%）、营销交流（51%）、会计/财务（41%）、产品营销（41%）、呼叫中心（40%）。

据保守估计，现在全球有超过 600 家知名企业涉足 CRM 产品领域，各家的概念、产品、标准、接口各不相同，带给客户的影响自然也是林林总总、各窥一斑。

国内市场也是如此，从企业级的综合软件开发商用友、金蝶到 CRM 专业软件开发商联成互动，甚至各种以系统集成为主业的小公司，都把 CRM 纳入了自己的产品链。但在这种表面繁荣的背后，却是中国企业内部 CRM 应用普遍集中于数据集成的初期阶段。这种现实在短期内并非坏事，因为中国企业迫切需要补上从感性到理性、从经验到数字的基础课，但如果长期困于这种低水平应用，则会从根本上削弱 CRM 在中国的成长基础。今天的中国市场迫切需要致力于 CRM 产品开发的专业厂商，企业迫切需要能够得到业务部门普遍认同的应用模块。

### （三）目前 CRM 的品牌很多，但真正能够为中国中小企业提供实惠且实用服务的却很少

根据应用规模，CRM 产品可分为三类：最大的是以全球企业或者大型企业为目标客户的企业级产品，第二是以 200 人以上、跨地区经营的企业为目标客户的中端产品，第三是以 200人以下企业为目标客户的中小企业产品。

国内外的知名品牌，如 Siebel、Oracle、用友、金蝶、Onyx、Pivotal 等，几乎都已在国内市场露面，目标直指大中型企业级市场。应该说，国际知名品牌的 CRM 产品在设计理念和稳定性、安全性方面都有独到之处。但中国市场的现实是，一方面，国内企业的绝对规模在国际企业的参照系中都要"降级处置"，大多数属于中小企业甚至"超小型企业"；另一方面，即使是在规模较大的中国企业内部，组织体系、业务交叉和流程管理的复杂程度也远逊于国外。于是，对于中国企业而言，国外产品的设计理念和研发思路很可能过于复杂和"超前"，而代价是价格不菲。此外，中国企业实施 CRM 是业务流程重构的开端，整个过程需要有 CRM 开发商有力的服务支持和技术参与，这样才能保证 CRM 模块的伸缩性和实用性。然而基于收益的因素考虑，国际厂商和国内综合型开发商很难对绝大多数中国企业客户保持这样的耐心，真正实用且实惠的专业服务，只能来自于本土的 CRM 专业厂商。

## 二、CRM 实施过程中面临的一些障碍

就我国商业企业目前的管理现状来说，CRM 在实施过程中面临的障碍主要体现在以下几个方面。

### （一）对客户关系管理理念缺乏系统性的认识

CRM 是一种全新的管理理念，随着互联网和电子商务进入中国市场，CRM 在中国的发展并不是随着经济、技术、管理的发展而发展起来的，在很大程度上还没有归纳、整理、提炼成一种思想被企业所接受，导致商业企业对客户关系管理的认识产生误区。

1. CRM 被认为仅是一套管理软件或管理技术

这种片面的理解导致在 CRM 的实施中，企业往往是通过购买一套 CRM 软件，培训几个专业的技术人员，把现有的业务系统和 CRM 整合起来即可。

2. CRM 被认为是一种营销策略

企业普遍认为 CRM 是维持和改善企业同现有客户之间的关系、应对顾客的一种策略。这种 CRM 概念的界定，割裂了 CRM 完整的体系结构。

### （二）客户关系管理理念与传统企业文化的冲突

针对商业企业的企业文化现状，企业实施 CRM 的企业文化障碍主要表现在：一是制度文化薄弱，商业企业的组织制度文化是非常弱的，关系往往重于制度，企业中人际网络效应强，如果没有良好的人际关系，纵然有规章制度也难行于事。二是营销文化落后，众多的销售人员简单地认为营销就是销售，所以只是采用各种低级营销策略把产品推向客户，而不是真正地为客户着想，把营销当作一门艺术来拉动客户的需求。三是价值观念过分强调功利，这种功利主义的思想观念渗透到企业的每个方面，如购、销、运、存等环节中，处处以获取利润为目标就会制约企业的各种经营行为，在企业的经营活动中难以有效实现"以客户为中心"的目标。

### （三）客户关系管理与传统管理制度的冲突

商业企业应用 CRM 存在的制度问题主要表现在政府对商业企业的管理制度、商业企业内部的管理制度问题这两个方面。

1. 政府管理制度的不完善

一方面，国家在宏观加强诚信、守信用的市场环境建设方面严重不足，缺乏良好的市场环境。另一方面，我国政府对商业企业的行政审批、制定城市发展规划等参与力度不够，导

致行业内部的恶性竞争。商业企业是一个独立的经济组织，它的本质特性是追求利润，只要有盈利机会大家就会蜂拥而上，从而导致竞争激烈、无序，这些都决定了商业企业没有站在整体市场上决策的能力，因此政府作为公众利益的代表，必须采取一系列的行政手段规范市场的发展，遏制商品流通业的恶性竞争。

2. 企业内部管理制度的不完善

一是企业的业务管理机制不健全，企业的客户，营销渠道，企业进、销、存货等数据由于管理体制的问题而集中在某些业务员的手中，成为业务员独有的资产，随着人力资源的流动，这些资产也随着流失。二是企业的业绩评估机制不合理，商业企业的效益和业务员的业绩评估都是以销售额为基础的，由此导致业务部门和业务员不惜耗费巨额的营销费用、促销活动来提高企业销售额的增长，而企业的投资回报率却不断下滑，产生了可怕的企业利润黑洞。三是约束激励机制不完善，由于缺乏有效的约束机制，个别业务员因回扣等私利而加大进货量，导致大量的库存积压，或者是无视客户的信用级别，加大客户的贷款数，导致许多账面欠款变成呆账、坏账、死账，销货款难以回笼。

**（四）商业企业的现状与 CRM 先进的技术要求的冲突**

1. 缺乏既精通信息技术又懂经营和管理的人才

商业企业实施 CRM，预示着企业管理走入了技术、人文、经济、管理相结合的新的管理阶段，也对企业员工提出了新的要求。对于企业高层管理者来说，不仅要具有良好的管理才能、灵活的商业头脑，还必须掌握一定的信息技术，精通信息管理，才能适应在技术因素、人文因素、经济因素三者综合之下的基于数据基础的管理要求。目前这种复合型管理人才对商业企业来说是非常缺乏的。同时，CRM 的建立是基于信息技术的支持基础上的，如数据挖掘技术、数据仓库、数据库等技术需要大量的数据。这些数据需要员工在不同的阶段进行实时业务跟踪，完成数据录入，这要求员工必须具备一定的计算机基础。

2. 缺乏有效的信息支持

CRM 实施的一个基础是信息支持，但是由于商业企业的销售、市场、客户服务、技术等各部门的信息比较集中，在一个网络平台上实现信息资源共享仍然存在很多问题。一是信息孤岛，商业企业的很多部门都使用了计算机，但却是一个个的信息孤岛系统，仅局限于本部门使用，缺少为上下游提供业务数据的手段。二是信息的挖掘度不高，企业在信息的收集方面缺乏强大的信息数据库存取信息，而在信息的分析和整理中，又缺乏科学的指标参数，无法对数据进行筛选和分类，使得企业的各个相关部门仍然无法剔除无用的信息，及时得到有用的信息。如何从这些多而乱的信息中提取对企业管理和决策有益的精华，是商业企业在信息化管理时面临的最大的挑战。三是信息的利用度不高，商业企业重视信息，但缺乏有效的途径充分挖掘和利用信息，把信息转变为知识，为企业所用，也就是说信息技术还只是商业企业管理的一种工具而不是一种战略资源，信息技术也没有发挥其潜在商业价值。

3. 缺乏可靠的信息安全技术

商业企业的内部都建立有一定规模的局域网，随着企业各项业务的展开，特别是连锁业的发展，企业的很多信息都通过互联网来交流。尤其是有些商业企业或连锁业租用大型的写字楼，企业通常和写字楼中的其他企业通过一个共同的出口访问 Internet，这种状况使企业内部的信息安全交换面临巨大的挑战，在很大程度上限制了 CRM 中的信息交流和安全。

## 三、CRM 系统未来的发展

### （一）CRM 系统技术发展趋势

1. 采用分布式技术、实现跨地域存取

由于目前企业都呈现跨地域的特点，CRM 系统除采用 B/S 架构外，另一技术潮流是采用分布式数据库应用，提供分布式数据库的数据复制和同步功能，来降低网络传输负荷。

另外也可采用远程访问技术，实现跨地域存取。如采用 Microsoft Windows 2008 Server 的"终端服务"功能。"终端服务"的结构为传统的两层或三层式客户端/服务器结构提供一项重大的改革。采用"终端服务"后，所有客户端应用程序的执行、数据处理及资料储存都会在服务器上执行，通过终端机仿真便可让同质的应用程序在异质的桌面硬件上执行。

2. 采用参数化的设定理念、增强系统的变化适应力

为了增加 CRM 系统的变化适应力，技术方面的另一个潮流是引入参数化的设定理念，使系统能满足不同企业的管理多样化的需求。现在的 CRM 系统对于企业管理的核心流程的控制，不能固定地写在程序内。为了 CRM 流程能适应企业的流程由于环境的改变或企业战略调整而变化，CRM 软件的设计上要加入参数化的设定理念，即在产品设计之初，将企业流程的可能改变预留在系统的功能中，然后再运用系统参数的设定来决定程序的流程，如此一来流程变更时便不需要改程序，只是更改参数的设置而已。

3. 提供方便的工作流管理与监控、提升系统的灵活性

CRM 系统的另一个潮流是系统提供方便的工作流管理与监控。企业的业务流程因业务的差异和业务参与部门的不同往往非常复杂，而业务部门组织机构的调整、人员权限的调整和业务管理流程等的调整，都会对 CRM 系统的流程产生影响。传统的系统应对这些变化的手段往往是对系统的源代码进行修改，如此不仅降低了响应的及时性，而且增加了用户对开发商的依赖性。将工作流（Workflow）管理的先进技术引入系统后，实现了工作流程的灵活定制和管理。

4. 融入现代 Call Center 和门户技术，实现与客户多种渠道互动

CRM 系统的另一个技术潮流是融入现代 Call Center 技术，提供 Telephone、E-mail、Fax、WAP、Web、PDA、Face to Face 等各种各样与客户互动的灵活接入方式，并能根据呼叫接入的不同提供多种的路由算法和基于经验的智能路由等功能。

通过 CRM 系统的实施，企业客户可以按自己的交流渠道偏好来与企业交流，企业也可依据客户渠道偏好来与客户互动，并使得企业市场、销售和服务部门建立起与客户互动的统一的沟通界面，从而强化客户的沟通效果。

5. 采用商业智能（BI）技术，实现分析与运营互动

目前流行的 CRM 整体解决方案不但完成客户的数据采集、业务处理的流程化等运营型 CRM 的管理功能，而且将数据仓库（DW）的相关技术引入，能够进行客户相关数据分析和营销、销售和服务的部门级辅助决策支持，并能为高层领导提供企业全局的辅助决策支持，实现了运营与分析的闭环互动。

### （二）客户关系管理与电子商务的结合问题

电子商务的发展将客户关系管理推到了一个新的高度。从某种意义上讲，在那些成功的电子商务企业的背后，客户关系管理的作用要大于电子商务模式自身的作用。因此，客户关

系管理应用在企业电子商务应用架构中承担着关键角色，即客户关系管理的成功与否直接导致企业电子商务实践的成败。Bryan Bergeron 认为，网络能够和企业的业务流程整合到其他接触点无法达到的程度。他认为客户关系管理与电子商务整合可以实现快捷性、廉价性、普及性、可塑性、自动记录、低边际成本、个性化等优势。R.H.Terdeman 和马克·斯韦格（Mark.Sweiger）等人认为在客户关系管理中电子商务与数据仓库是密不可分的，在电子商务模式下缺少数据仓库支持的客户关系管理难以取得成功，这也是未来发展的趋势。而 Gordon S.Linoff 和 Michael J.A.Berry 则更强调电子商务、数据挖掘与客户关系管理三者的结合。他们认为基于 Web 的数据挖掘能使电子商务企业将客户数据转化为客户价值。

### （三）客户关系管理与 ERP、SCM 的集成问题

随着 CRM 理论的逐渐成熟及在商业中的应用日渐广泛，关于 CRM 与 ERP（企业资源规划）、SCM（供应链管理）集成问题的相关研究也引起人们的关注。CRM 注重改进企业和客户关系，ERP 注重企业的内部作业流程，SCM 注重企业间协调和上下游的供应链关系，三者的结合将更有利于提高企业的核心竞争力。

1. CRM 与 ERP 的集成问题

在 CRM 诞生之前，很多北美大中型企业已实施了 ERP，而且，正是在独立依靠 ERP 已无法取得独特竞争优势的大背景下，CRM 才在这些国家盛行起来。亚力克斯·伯森（Alex Berson）等人认为，CRM 与 ERP 的相互渗透十分重要，任何资源分配最终都将成为重要的约束条件融入 CRM 系统，进而优化客户的利润。著名的管理咨询公司 Yankee Group 指出，尽管 CRM 与 ERP 通过不同途径去实现客户的价值，但能把企业前台管理与后台管理完全融合在一起的公司将最终取得成功。

2. CRM 与 SCM 的集成问题

CRM 与 SCM 的集成范围一般包括销售管理、采购管理、客户管理等多方面，能使企业更有效地管理供应链，从而实现成本的节约和服务的改善，进而使大规模定制成为可能，实现需求和供应链上的资源的最优化配置，获得长久的竞争优势。Dinitrid N.Chorafas 认为，CRM 与 SCM 的整合，能真正实现企业实时响应客户的需求，能为企业提供创造高附加值的方法和途径。

3. ERP、CRM、SCM 之后的问题

西方有学者提出，继 ERP、CRM、SCM 之后，EPM（企业绩效管理）将成为未来企业管理的主要发展方向。Gartmer Group 将 EPM 定义为用来监测和管理企业绩效的方法、过程和系统。John Hagerty 认为 EPM 为企业提供了动态的管理及更广泛的视野，必将为企业带来更多的收益。

## 本章案例

### 麦德龙 GMS 客户管理系统

德国麦德龙集团（METRO）是当今欧洲第三、世界第五的贸易和零售集团，拥有六大独立销售业态，其中，麦德龙现购自运国际公司最具竞争力和特色，在全球 30 个国家拥有超过 670 家门店。在 10 万名员工的共同努力下，公司 2010 年营业额达到了 310 亿欧元，凭借占麦德龙集团营业额超过 50%的贡献率，成为麦德龙集团最大的销售分支。

麦德龙面对的消费群体不是个人和家庭，而是通过会员制的形式，锁定具有批量购买能

力的终端零售商和机关事业单位。麦德龙现购自运公司独特的商业模式，包含产品组合和服务项目都是以餐饮企业、中小零售商、机关团体为目标顾客。公司为这些特定的客户提供食品、非食品产品组合，以及有吸引力的批发价格。

基于会员制的现购自运成功的关键因素之一在于其强大的客户关系管理系统，扎实到位的数据分析技术大大领先于本土竞争对手。GMS 客户管理和商品查询系统与客户开发部门，乃至整个商场的高度整合很大程度上促成了麦德龙的成功。

### GMS 客户管理和商品查询系统

全球所有的麦德龙现购自运商场均采用向 ORACALE 公司订制开发的"GMS 客户管理和商品查询系统"，由计算机对客户数据和商品销售情况及库存数据进行管理和控制，能根据历史资料自动预测销售、制订采购计划，产生订单，功能强大，在全球零售贸易集团中仅次于沃尔玛的决策支持系统，为开展全面的客户关系管理提供了强有力的信息支持。各个商场都设置了 EDP 电脑部门，负责对 GMS 系统进行日常维护。研究报表是各级管理阶层主要的日常工作内容之一。

由 GMS 系统生成的各种年度、季度、月度、周、日销售报表，包括库存报表、各时期销售总计报表、各时期分类销售统计报表、各年同期各类商品销售对比报表、各年同期分类客户数和账单数对比报表、各时区横向和纵向销售对比报表、修正报表、商品修改列表等，从多角度将数据整合成为有用的信息，是商场及总部预测需求、适应变化、为客户提供及时应变商品和服务的重要依据。

GMS 客户管理系统界面包括客户单位编号、名称、地址、电话号码、传真号码、持卡人姓名、开卡日期、所属客户种类、购买各类商品金额的各年度统计、详细购买记录等情况。

GMS 商品查询系统界面包括商品编号、商品描述、供应商编号、供应商描述、价格、到货日期、到货数量、总销售量、库存、增值税率、是否处在广告期、是否专卖商品、是否零售商品、是否限制商品、最小起订数量（重量、体积）、有效天数、所属销售部门、种类及订货建议等详细信息。

客户的每次购买行为由 POS 扫描商品条码为驱动都自动记录在系统当中，库存等动态商品数据，相关购买信息自动生成，进入商品管理系统，同时生成客户购买信息，将金额、种类记入该客户的购买统计数据中。

由于 GMS 系统在商场各部门、各商场、各区域总部、国家总部及德国总部之间实时相连，且一般有英语及所在国语言两个版本，因此查看数据非常方便，更便于集团高层掌握与控制全局。

### 人与系统充分协调

人工与自动系统充分协调配合，麦德龙现购自运商场的客户开发部门以 GMS 系统为支撑，不仅起到信息桥梁的作用，更注重以尽可能低的价格为专业客户提供高质量商品及系统商业方案的管理宗旨，充分体现与专业客户共同发展，创造双赢的先进客户关系管理思想，不同于其他商场的类似部门。

客户开发部门是麦德龙现购自运商场进行客户关系管理的重要门户，为充分保障 GMS 系统更有效地进行客户关系管理，麦德龙的客户开发人员每天都会在外出拜访客户之前调用客户资料表，查看该客户在商场的历史消费记录，包括消费时间统计、种类统计、金额统计、最大成交额等，并结合商场该时期内商品价格为客户事先制订一个推荐采购计划，往往主动、及时地满足了客户需要。对于大宗客户，GMS 系统有更为详细的销售统计和分析技术。除此之外，客户开发人员每天、每周、每月、每年都要依据 GMS 实时生成的各种销售报表制订详尽的客户开发计划，客户开发部门密切注视各种类和各时区、路段客户的销售增幅，随时调整计划。每天工作结束，客户开发人员要根据拜访情况填写各种表格来更新 GMS 系统中的客户资料数据和销售建议，并提供有针对性的服务和信息支持。

麦德龙还积极建立稳定的信息渠道，通过电话拜访、咨询员专访、邮寄麦德龙邮报、信件联络、客户交流会等形式促进信息反馈，了解市场，修正其经营策略和管理决策。

资料来源：作者整理。参考网址：http://www.100ec.cn. 2013-06-05。

**讨论：**

1. 麦德龙客户管理系统有何特点？

2. 数据库在企业客户关系管理过程中扮演什么角色？企业可以利用哪些技术收集客户信息？

**思考与练习：**

1. CRM 有哪些功能？

2. CRM 实施的步骤有哪些？

3. 为了有效实施 CRM，企业应该注意什么？

4. 我国实施 CRM 的现状与困难是什么？

**补充阅读材料：**

1. Wang, Xin，Riley Dugan，Jane Sojka. CRM Systems with Social Networking Capabilities: The Value of Incorporating a CRM 2.0 System in Sales/Marketing Education[J]. Marketing Education Review, 2013, 23(3), 241-250.

2. 张如栋. 浅谈中国企业客户关系管理系统运行 [J]. 商场现代化·商业技术，2005（3）：112-113.

3. 丁乃鹏，段敏. 客户关系管理发展综述 [J]. 经济经纬，2005（2）：127-129.

4. 黎文导. 客户关系管理系统的设计 [J]. 科技创新导报，2008（8）：240-241.

5. 陈建成. 数据挖掘技术在客户关系管理系统中的应用 [J]. 电脑与电信，2007（2）：42-43.

6. 黄红桃，吴健培. 银行客户关系管理系统实施方案 [J]. 浙江金融，2007（2）：29-30.

# 第九章  网上客户关系管理

## 引 例

Zoom 是 Arcadia 集团的互联网入口。Arcadia 集团是一家位于英国的主要的时尚零售连锁店，拥有 2000 多家实际的商店和一个目录家庭购物分部，总销售额超过 24 亿美元。然而，Zoom 并不想仅仅成为一个 Arcadia 的互联网入口。Zoom 的主席把它形容为一个"以 Arcadia 品牌为主要产品的网上购物中心"。他希望品牌商店的职员了解这么一个事实：点击 Zoom 的人越多（不管出于什么原因），客户和潜在客户与 Arcadia 品牌的联系就会越紧密。"我们正在努力地在服装界建立起我们各种不同品牌的信誉。例如，我们专门针对年轻人的 Top 商店。如果你来到 Top 商店的网站，它就会告诉你哪些是最流行的。只要你的想法像 18 岁的年轻人，你就可以进入，不管你实际年龄有多大。Top 商店会告诉你目前最热门的夜总会。因此 Top 商店的客户已经形成了他们自己的网上社团。他们会进入聊天室聊天等。通过支持社团，我们的品牌将继续起作用。"最终，他总结道："我们希望客户能与 Zoom 建立起长久的关系并经常性地访问我们的网站。Arcadia 的品牌无疑是那里的中坚力量。当然，竞争性的品牌同样存在，而且也非常出色。为了与其他零售商竞争，我们必须得提供最好的产品和最佳的服务，并且其他一切事情都要以这两个目标为中心。"

热身思考：线下企业是否也需要利用互联网技术进行网上客户关系管理？

## 第一节  互联网对企业经营管理的影响

英国苏克赛思大学科学政策研究所曾提出，经济模式的变革，由技术创新引起，由此展开新一轮经济长波，经济发展进而趋于新的平缓期。从社会经济形态的历史发展进程来看，每当科学出现重大突破并实现技术的广泛应用，同时，科技应用开始向各个领域广泛渗透时，就会促进经济的结构性进步，进而影响到整个社会的各个层面。从最近的这次信息革命中，我们不难看出信息技术的飞速发展给经济、社会发展带来的巨变，尤其是 20 世纪 60 年代诞生的互联网。

互联网的迅猛发展，带给我们的是一种划时代的变革。在网络时代，所有的商品生产者和经营者、消费者都可以在网络市场中销售和选购，有形的商品市场被无形的网络市场所代替。此外，网络不仅是一个潜在的大市场，还是一种新的、具有巨大潜力的商业载体，它能够在区域和全球实现资源和信息的共享，为商业广告、市场营销和商品及服务的直接分销提供有效快捷的渠道。同时互联网固有的开放性和平等性也使亚当·斯密笔下理想的完全竞争市场有可能成为现实。借助计算机或特定网站的搜索引擎，或借助像支付宝之类的软件，人们可以足不出户就找到理想的商品和最优价格。因此，互联网的出现给我们的社会经济、人类生活以及企业生产经营方式等方面带来的巨大变化，使得任何一个传统企业都不能无视网络的存在。

## 一、互联网环境下客户心理及行为的变化

互联网的不断发展，网上信息与产品的不断丰富与繁荣，促成了客户在心理及行为各方面的巨大转变。

1. 消费主动性增强

在社会分工日益细化和专业化的趋势下，即使在日常生活用品的购买中，大多数消费者也缺乏足够的专业知识来对产品进行鉴别和评估，但他们对于获取与商品有关的信息和知识的心理需求却并未因此消失，反而日益增强。这是因为消费者对购买的知觉风险，随着选择机会的增多而上升，而且对单向的营销沟通感到厌倦和不信任。尤其在一些大件耐用消费品（如电脑）的购买上，消费者会主动通过各种可能的途径获取与商品有关的信息并进行分析比较。这些分析也许不够充分和准确，但消费者却可从中获得心理上的平衡，减低风险感和购后产生后悔感的可能，增加对产品的信任和争取心理上的满足感。消费主动性的增强来源于现代社会不确定性的增加和人类追求心理稳定和平衡的欲望，而且人天生就有很强的求知欲。网络为消费者提供了全方位的商品信息展示和多功能的商品检索机制。只有当他们需要信息时才会主动去浏览、获取，在一般情况下他们都处于被动的信息获取模式。从这一意义上讲，在信息化社会中消费者的概念发生了相应的变化，他们会主动上网搜寻信息。企业应该向他们提供科学合理的商品分类框架，方便快捷的上网查询方式以及详细的商品特点、性能、价格等信息，而不应再是泛泛的、针对大众的宣传和一般性的商品信息。另外，大多数用户对上网体验非常注重，对互联网服务和产品体验的品质日益提高。以网络广告为例，绝大多数的用户表示对"不受影响型"的广告，即不干扰阅读、工作的广告，接受度较高，而覆盖网页、打开速度慢的广告多令人反感。网络用户的主动性还表现在他们积极搜索信息的同时，也成为信息的发表者和传播者，他们会评价商品、向引起其兴趣的企业咨询或反馈信息等，而对于消费过程中的权利侵害也会在网络中积极曝光，提醒其他消费者注意。

2. 消费心理的转变

在传统的营销中，客户的个性总是被标准化的生产方式以及标准统一化的营销与沟通方式所淹没和压抑。在今天这个网络时代，客户的个性化消费需求与消费行为开始冲击消费的主流。社会物质产品的多样化和生产技术水平的不断提高为个性化消费提供了坚实的产品基础，同时客户也渴望从个体心理愿望出发挑选和购买商品和服务，客户的需求开始变得越来越多样化和个性化，并开始以定制自己的准则向商家提出挑战。同时客户还追求购物乐趣体验以排解压力，消遣时间，寻找生活乐趣，满足心理需求。

3. 消费行为的转变

据相关资料显示，在我国，用户选择网上购物的主要原因：节省时间（47.2%）、操作方便（44.4%）、节约费用（42.7%）、寻找稀有商品（32.6%）、出于好奇（22.1%）。而客户类型主要有六大类：简单型、冲浪型、接入型、议价型、定期型、运动型，简单型的网络客户只需要方便直接的网上购物；冲浪型的网络客户的人数不多，但每天花在网络的时间却是最长

的，他们对常更新、具有创意的网站很感兴趣；接入型的客户则是刚触网的新手，在网上购物时更愿意选择他们所熟悉的品牌；议价型的客户有一种趋向购买便宜商品的本能；定期型和运动型的客户常常都是为网站的内容所吸引，企业应将注意力集中在某一两类人群中，做到有的放矢。

## 二、互联网环境下企业经营管理的变革

### 1. 从大规模标准化向个性化转变

传统的生产模式一直是倡导标准化、自动化和大批量，即便是在今天也仍有许多企业沿用以产品型号分成流水线组织加工，如辉瑞、通用、长虹、首钢等。大批量的生产使企业形成了规模效应，提高了生产效率，使得"现代社会"每个人都可以用很低的价格获得消费品，这样，人们也就有机会、有能力享受汽车、冰箱、洗衣机等给生活带来的方便。然而随着社会生活水平的提高和社会财富快速增长，顾客的需求正在发生日益深刻的变化，一方面顾客的需求越来越个性化和多样化，不仅需要产品有较高的性价比和一流的、完善的服务，而且对产品和服务越来越反映出个性化的要求，对单一企业产品或服务的依赖性和忠诚度却在不断降低；另一方面，顾客对提供产品和服务的时间要求越来越高，如果企业不能在短时间内迅速满足客户的需求，该企业将会迅速地被顾客所舍弃。加之在传统经济环境中，产品对于消费者来说是稀缺资源，消费者关于产品信息的取得是被迫的，受企业的广告媒体宣传制约，而且相对封闭，具有区域性，很难取得区域外其他同类产品或替代品的消费者为满足自身消费需求，不得不接受这种标准化的产品。而随着网络时代的到来，这种信息的"封锁"已经不复存在，消费者可以通过网络获取自己所需的产品信息。消费者信息的自由取得导致的最直接后果便是企业的竞争更趋激烈。一个企业不仅要应付本区域内的企业竞争，而且还要与区域外的其他同类企业竞争，此时消费者相对于企业来说变成了稀缺资源，原有的以产品为导向的供给方式已经不合时宜。为了争取更多的顾客，企业的生产在考虑自身利益的同时，也开始考虑消费者的需求。相对于传统经济环境中消费者事实上的与产品生产的脱离，网络经济环境下消费者通过个性化的定制，真正参与到企业的生产过程中去。消费者的角色发生了变化，由被迫接受转变为主动参与，消费者的参与迫使企业的生产不能再局限于大规模的标准化生产，开始要进行市场细分，为消费者提供个性化产品，实行差异化营销。企业的营销战略必须从产品经济向服务经济过渡，注重客户关系的管理，培育顾客忠诚度在网络经济环境下变得尤为重要。

而从另一个角度来看，这种个性化定制行为也可以促进产品的更新和技术的进步，传统经济中的产品设计仅仅是企业行为，消费者的消费行为很大程度上是在企业的引导下进行的。而网络环境下，消费者的直接参与、产品设计思维将不再局限于企业，产品的更新和技术的进步速度将会远远超过过去的任何时代。消费者作为直接的需求者，更加了解自己的需要，企业设计出来的产品会更加符合市场需求。相关研究也表明了，在所有成功的新产品设计，其中至少有 60%～80%来国内用户的建议。但是，企业需要注意的是消费者参与产品设计并不是无限制的，也就是说消费者需要的是产品的功能，个性化主要还是体现在产品的外观、颜色等非技术性因素上。而且消费者的偏好并不是固定不变的，而是会受到企业宣传和社会舆论等方面的影响。因而在某种程度上来说，企业有可能引导消费者的个性化需求，并且绝大部分消费者不具备产品的深层次设计能力，企业完全依赖消费者的个性化定制来设计产品，

无论从消费者的设计能力还是从企业自身成本及资源的最优配置来考虑，都没有可行性的依据。另外，如果企业完全依赖消费者的个性化需求来设计产品，那么传统经济环境下资源的优化配置，规模经济的优势将会丧失，企业经营成本必定增加，面临一个信息如此开放的市场，企业的竞争对手之多、竞争压力之大可想而知。如果企业面对如此大的竞争压力而没有期望利润回报，它就不可能去迎合消费者的唯一个性产品需求。那么消费者的个性化定制消费对企业产品的最大影响，就可能只在于产品设计趋于复杂化。对于目前的企业分工协作，产品的标准化生产在很长一段时间内都不可能改变。简单地说，一件由几个零部件组装成的产品，在网络经济环境下受到消费者个性化需求的影响，可能会被分解成几十个、几百个甚至几千个零部件。原先的单一产品组装方式可能会演变成几十种、几百种甚至是几千种不同产品的组装方式，以满足消费者的个性化需求。这些零部件的生产仍然可以是大规模的标准化生产，不会改变规模经济优势，但是这种产品的设计生产方式，其复杂程度及技术需求将大大提高，如图9-1所示。

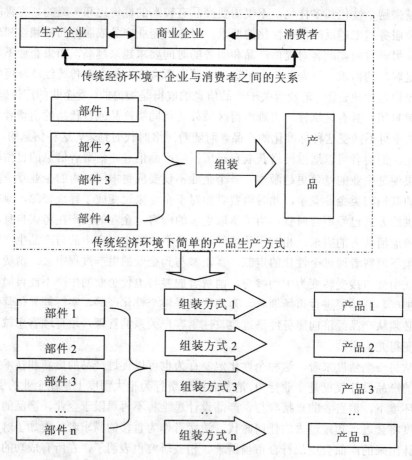

图9-1　网络环境下产品生产方式的转变

## 2. 企业经营模式的变革

由于消费者需求越来越多样化、个性化，为了让消费者满意，企业不得不把注意力集中在顾客身上，让产品真正地实现完全为顾客定制，而这就需要消费者和企业间有着迅速的"一对一"的信息交换，电子商务就是这样孕育而生的。电子商务是以信息技术、网络技术、通信技术为基础，高效率、低成本地从事以商品交换为中心的各种商务活动。电子商务过程就是利用各种电子工具和电子技术从事商务活动的过程。其中，电子工具是指计算机硬件和网络基础设施（包括 Internet、Intranet、各种局域网等）；电子技术是指处理、传递、交换和获得数据的多技术集合。在 20 世纪 90 年代以来，随着互联网的普及应用，电子商务以前所未有的速度向社会生活的各个领域渗透，极大地推动了社会经济领域的创新，可谓是新兴电子技术和传统商业的完美结合。在网络时代，通过发展电子商务，以取代或改造传统商务活动，重组业务流程，降低交易成本，进而全面提高其市场竞争力已成为企业试图谋取市场地位的必然选择。

### 3. 企业组织形式的变化

在网络时代，企业的组织形式在逐渐灵活化。在多样化、个性化要求越来越高的客户需求驱动下，当前的市场竞争日益激烈，市场快速多变且难以预测，市场机遇转瞬即逝。市场的快速变化使得产品生命周期越来越短，时间和反应速度业已取代成本、质量而成为第一竞争要素，企业已经进入了一个速度竞争的时代，在继续强调成本要素和质量要素的前提下，时间正日益成为企业竞争的第一要素。而在全球化和互联网发展的推进下，企业的竞争也不再局限于某个区域内的同行业竞争，而是面临着来自全球范围内优秀企业的挑战；不仅面临着传统大规模企业的竞争威胁，也面临着众多以先进信息技术武装起来的中小企业的挑战。因此，在市场变化迅速，竞争愈来愈激烈的网络经济时代，企业只有采用灵活的组织架构，从高度集中统一的组织形式逐渐演变成由若干自主经营的小单元组成的原子合成型的组织，把相互关联的管理职能加以整合，减少组织层次，增大管理幅度，建立起更加开放的扁平化组织结构，增加组织的柔性，强化组织学习才能适应动荡、多变和复杂的经济技术及社会政治环境。此外，企业的虚拟经营也能使其以更有效的方式配置资源，产生更为强大的综合优势。虚拟经营是指企业在组织上突破有形的界限，虽有生产、营销、设计、财务等功能，但企业内却没有完整的执行某些功能的组织，企业仅保留最关键的功能，而将其他的功能虚拟化——借助外力进行整合弥补，其目的是在竞争中最大效益地利用企业有限的资源，灵活应对外部环境的变化。现代信息技术的飞速发展使地域上分散的各种组织为满足特殊要求迅速联合起来成为可能，灵活机动的"虚拟组织""战略联盟"应运而生，并会逐步成为重要的组织形式之一。

此外，在完整、先进的信息技术解决方案基础上建立现代企业管理制度也是网络时代的突出特点。企业运用先进的信息技术来管理内部事务，如通过从 E-mail、Workflow、Internet、Intranet 等网络计算解决方案，实现企业在信息沟通、工作组合、制度执行、事务控制、时间管理等管理环节的电子化，可提高企业和企业内务部门的业务效率，进而提高企业的竞争力。

### 4. 企业客户关系管理的新机遇

（1）改进企业和客户之间的关系

互联网技术推进了许多服务的创新，使得企业能把力量集中到最有价值的客户身上来。比如随着银行的自动提款系统和网上银行的出现，客户可以在任何时间、任何地方完成通常的银行交易。由此，银行就不再需要那么多的一线员工为客户提供服务，从而使其能把精力集中在"为那些有价值的客户提供服务"方面。另外，互联网也实现了企业和客户的多种接触，从而使他们保持联系成为可能。企业通过"应用集成"（如数据整合），确保对业务流程的"无缝支持"，从而实现跨越企业边界面向每个个体的信息实时传递、授权或联系。因此，随着技术的不断发展和应用，企业可以在任何时候，通过任何方式取得任何接触点。

（2）可实现一致的客户体验

客户关系管理的一个重要特征就是创造一致的客户体验，即把企业与客户的关系看作在进行的、永远没有结束的"互动"，并使客户在互动的体验中获得优异的价值。而基于互联网的网上客户关系管理就可以使客户有更多的方式与企业进行互动。在网络时代，客户比以前拥有更多的信息和选择机会，这就增加了客户的知情权；企业与客户沟通也更为方便，从而在某种程度上提高了企业满足客户期望的能力。只要可以上网，通过浏览器，企业的任何一个员工都可以准确地识别客户的身份，了解客户的历史，并在此基础上为客户提供相应级别的服务。如某些企业规定要根据客户需要提供特殊服务，这无疑提高了相关的服务成本。所以，企业必须制定相应的客户价值指标，在实施时密切关注此类客户的相应服务级别，进而提供相应的服务。无数成功的案例告诉我们，优秀的客户关系管理系统要能促使企业把重点放在那些不满意的高价值客户上，而网上客户关系系统就可确保，无论客户以什么方式与企业接触，管理人员都能快速掌握客户信息，切实保证客户体验的一致性。

（3）可在更大范围上实现客户管理系统的集成

在早期，客户关系管理产品往往集中在自动化和成本节约方面，而且主要都集中在单个的、孤立的企业部门和企业职能上。"信息孤岛"使客户关系管理的效果十分有限，因为系统的功能并没有扩展到整个企业，更没有扩展到整条供应链。随着"套件"概念在客户关系管理系统中的引进，传统的客户互动角色——营销、销售及服务被集成到统一的系统之中。随着互联网的发展，客户关系管理技术可在更大范围内实现系统集成，而且技术和维护更加简单，成本更加低廉，这就是基于互联网的客户关系管理。与分别使用各个单独的、孤立的客户关系管理系统相比，网上客户关系管理系统集成的整体应用效果更好，企业的每位员工——甚至包括供应商与商业伙伴，都可以通过浏览器访问和使用企业的网上客户关系管理系统。

# 第二节　客户关系管理与互联网的关系

在网络经济时代，消费者的需求不再单一，传统批量生产的标准化产品已不能满足消费者追求个性化、多样化的愿望。当今市场上的产品品种规格繁多且更新换代快，投入市场的商品极其丰富，客户购买商品时具有很大的自主权和选择余地，整个市场已由传统的卖方市场转变为买方市场。在这种背景下市场竞争的焦点已经从产品的竞争转向品牌的竞争、服务的竞争和客户的竞争，特别重要的是谁能与客户建立和保持一种长期、良好的合作关系，掌握客户资源、赢得客户信任、分析客户需求，谁就能制定出科学的企业经营发展战略和市场营销策略，生产出适销对路的产品，提供给客户满意的服务，谁就能迅速占有市场，提高市场份额，获取最大利润。因此，此时的企业就必须实现两个转变：从"以产品为中心"转变为"以客户为中心"，从传统市场营销模式 4P（产品、价格、渠道、销售）转变为新型的经营策略 4C，即 Consumer（消费者）、Cost（消费者满足时需要的成本）、Convenience（消费者购物的便利性）、Communication（企业与消费者之间的沟通）。而伴随着信息技术的发展，这种改变也波及了企业和客户关系的改变，促使作为能管理客户资源、与消费者建立密切关系的客户关系管理系统（CRM）进入了新的发展阶段。

## 一、网络经济时代下企业与客户之间关系的改变

互联网的发展，使得当今顾客能收集到更多关于企业和产品的信息，他们比以往任何一个时期更处于一种主动的地位。在这个背景下，顾客要求商家提供更好的服务和更低的价格，而此时的企业与顾客的传统关系发生了改变。

1. 传统沟通方式不再适应现有的客户关系管理

企业与顾客传统的沟通方式主要包括电视、广播、报纸、杂志及电话等。由于产品的多样化和顾客要求的不断变化，这些沟通方式已无法让顾客即时获得他们感兴趣的信息，同时也无法让企业充分了解顾客不断变化的需求。沟通方式效率的低下，已阻碍了产品从企业向顾客的有效转移。此外，顾客每天被动地接受大量充斥着各种产品的信息，他们没有精力也不可能从中过滤出自己真正需要的信息，信息的可靠性也令他们怀疑。这些现状都导致企业传统营销手段效率的降低。

2. 企业和顾客之间信息对称性正在发生变化

在传统的工业社会，企业在与顾客的关系中长期处于优势地位。这种情况与信息相关，即"信息不对称"。在网络经济中，网络通信的普及改变了这种不对称信息的分布。顾客可以不受地域和时间的限制获取广泛的信息。传统的方式只能向顾客提供数量有限的选择范围，而网络经济则可以使消费市场信息化和全球化，使顾客有更大的自主权，以获取更多的利益。

因此，在网络时代，企业和客户之间应该建立起一种对话型的关系。一方面，强调顾客主导，顾客可以通过各商业网站，自由地浏览和选择商品信息，并有针对性地购买所需商品，同时通过网络和企业进行沟通、交流，提出其个性化的需求；另一方面，企业应从长远的角度来考虑，和客户建立起一种长期的关系，让顾客参与到企业的经营活动中来。

## 二、CRM 与电子商务

传统的客户关系管理是企业与客户之间建立的管理双方接触活动的信息系统，它告诉企业谁是对它最有利的客户，并激发其制定保留老客户的市场战略以及吸引新客户。但在网络时代，新的商业模式——电子商务给传统的企业和客户的关系管理带来诸多挑战。最突出的是企业处理客户关系的理念受到了革命性的冲击，它要求企业管理者以全新的思维来看待未来的客户、未来的竞争对手、未来的技术工具，仅仅把现有的商业流程实现数据处理自动化并不意味着可以在网络时代取得成功。电子商务要求的是与之相匹配的管理思维的更新和革命，这对已经建立起一定规模的传统企业来说并非易事。传统企业管理的着眼点往往在后台，ERP 系统帮助他们实现了这种内部商业流程的自动化，提高了生产效率。而对于前台，往往重视得不够，面对诸如：哪种产品最受欢迎、原因是什么、有多少回头客、哪些客户是最赚钱的客户、售后服务有哪些问题等，大部分企业还只能依靠经验来推测。现在网络上的竞争仅在鼠标的一点之间，如何才能在电子商务竞争中取胜？能够提供客户资源及相关数据分析、建立一个可将电子商务网站每天产生的大量信息资源数据化、合理化的客户关系管理平台——客户关系管理系统就成为焦点，在这个平台上可进行，如有效分析客户的来源、客户的行

为、客户的兴趣、每个电子邮件或 Web 站点上的每次点击、自助设备上的每次交易或查询等信息，进而用来服务客户或发现客户，指导电子商务网站的建设，增强网站的粘着度等。此外，在电子商务时代的背景下，现行的客户关系管理更强调与客户之间达成有效与实时的互动性，即以客户为中心的电子商务环境下，无论是维系旧客户还是发掘新客户，所有的企业都在绞尽脑汁，运用网络来经营与客户的关系，而在这种电子商务的影响下，传统的 CRM 逐渐演变成为一种在线的客户关系管理，以使得整个渠道关系同步化，e 时代客户关系管理（e-CRM）便应运而生。

### 三、CRM 与 e-CRM

网上客户关系管理（e-CRM）是一种借助于 Internet 平台和电子商务战略下的客户关系管理应用系统，它不仅可以适应企业与客户关系的变化，同时也是电子商务和传统的客户关系管理融合下的产物。e-CRM 重要的特点是实现了企业内部人员信息的共享性及与客户沟通的实时性、互动性和低成本性。

传统的 CRM 与 e-CRM 最大的区别是：第一，e-CRM 通过互联网为客户提供服务，同时客户也可通过在线获取自助式服务。这也导致了其与基于客户/服务器结构的 CRM 的一系列不同，如面临的问题、方法、技术及体系结构等。第二，他们之间的差异相当一部分来自于互联网，还有一部分与所创建的互联网应用程序相关，第三，与 e-CRM 本身及其为企业带来的核心价值有关。一般说来，传统的 CRM 更适用于大型成熟产业的商业模式，它强调以顾客价值来间隔顾客，而 e-CRM 则强调不论大中小型企业只要从事电子商务就必须将其视为一个简单的市场间隔，能持续性地及时更新顾客资料，再加上统计分析的利用，所以能进行一对一的营销服务，真正照顾到每一位顾客的需要。

但值得注意的是 e-CRM 并不意味着系统本身和处理流程产生了根本性的变化。应该认识到的是，e-CRM 其实就是 CRM 在线，它意味着与客户交互的程度和沟通的方式已有所变化，有所增加。e-CRM 和 CRM 仍存在着许多共同点，例如，支持 e-CRM 和 CRM 的技术基础都是需要以有关客户数据捕获、存储、清理和分配的知识支持，但不同的是，e-CRM 所实现的客户数据捕获，可能主要来源于网站，而不是一个商店。其实，e-CRM 和 CRM 在理念、方法、系统和流程方面的差异应该说是很小的，但由于通信媒介的不同，两者的体系结构与信息技术基础还是存在着一定的差异。

对于 e-CRM 而言，其价值主要来自于客户在互联网上的"完美体验"，客户可以直接访问相关界面。而在 CRM 中，客户一般无法直接访问相关界面或职能。另外，CRM 所提供的工具，更多的是针对客户有关的部门或独立员工而设计的，而不是针对客户并直接为实现客户职能、营销和服务职能而设计的。与此同时，e-CRM 的所有职能，则都是基于互联网重新设计的，是针对客户的。同时，e-CRM 是基于互联网的客户关系管理应运，它包括自助服务知识库、自动电子邮件应答、个性化的网站内容、在线产品捆绑和价格等。此外，e-CRM 使互联网用户可以利用自己所偏爱的沟通渠道同企业进行互动，从而使企业可以利用信息技术来取代昂贵的客户服务代理。这样，企业既可以极大地提高效率，也可以大大提高客户满意度，降低服务成本。

不过，从某种意义上讲，e-CRM 战略也是一把双刃剑，它可能导致客户满意度的降低。如果客户基于电子渠道的互动并没有被无缝整合到传统渠道之中，客户可能会产生很强的挫败感或失望感。同时，如果提供给客户的内容并没有经过整合，客户可能也不会满意。更为甚者，出于信任和情感等方面的考虑，中国的一些顾客可能更偏好同"有生机"的服务人员打交道，而不是"冷冰冰"的机器或网络。因此，e-CRM 必须与 CRM 紧密整合，否则它可能带来负面影响，至少其预期的效果可能会得不到充分的展现。

# 第三节　网上客户关系管理的特点

网上客户关系管理（e-CRM）从应用系统的角度来界定其内涵，应当是一种以网络为中心、全面沟通客户关系渠道和业务功能，实现客户同步化的方案。它将集中为企业解决创造和充实动态的客户交互环境、产生覆盖全面的自动客户回应能力、整合全线业务功能并实时协调运营、提供专为拓展和提高客户交互水平并将其转化为客户知识的客户关系技术等问题。

## 一、网上客户关系管理

电子商务环境下的客户关系管理是在传统商务环境下的客户关系管理的基础上，以信息技术和网络技术为平台的一种新兴的客户管理理念与模式，主要特点有以下几个方面。

1. 互动式的信息沟通方式

基于 Internet 平台的客户关系管理可实现实时的双向对话沟通模式。由于具有很好的互动性和引导性，顾客通过互联网在系统的引导下对产品或服务进行选择或提出具体要求，企业可以根据顾客的选择和要求及时进行生产并提供及时服务。所有这些都可以实现企业与顾客之间的实时双向对话。在这种沟通模式下，企业将为顾客提供更加满意的服务。此外，网上客户关系管理系统都会以每一个客户作为一个独特的区域，所以对客户行为的追踪或分析，都是以单一客户为单位发现他的行为方式与偏好，进而依每个客户的个性来提供策略或营销方案。

2. 实时、高效的信息处理方式

电子商务环境下消费者快速地接受大量信息，所以消费者的偏好也不断地改变。企业必须不断地观察调整消费者行动的改变，并立即产生对应策略，才能掌握先机赢得客户。与传统商务环境下的客户关系管理相比，网上客户关系管理可以充分利用先进的信息技术，实时掌控消费者偏好的变化。同时，在网络技术的支持下，企业可以真正地实现无纸化客户关系管理。在传统的客户关系管理中，我们经常要请顾客填列基础数据表格、商品质量反馈等问卷，所有这些纸质原始资料还需要很多人来进行整理、处理、分析，既影响效率又容易产生错误。而在电子商务环境下，可以实现所有的数据资料直接输入数据库，然后利用网络共享技术，实现数据交换，并且利用计算机的强大计算、处理能力，对这些数据的处理、分析也将不再是一件费时、费力的繁琐工作。

3. 集成的 CRM 解决方案

在电子商务模式下，为了使企业业务的运作保持协调一致，需要建立集成的 CRM 解决方案。该方案应使后台应用系统与电子商务的运作策略相互协调，使客户能够通过电话、传真、Web、E-mail 等渠道与公司联系并获得快速的响应。

此外，实施网上客户关系管理，使得任何组织或个人都能以低廉的费用从网上获取所需要的信息。在充分沟通的基础上，相互了解对方的价值追求和利益所在，以寻找双方最佳的合作方式，无论对企业或在线客户，都有着极大的吸引力，还能节省客户关系管理的成本。

## 二、网上客户关系管理系统的逻辑体系架构

**1. e-CRM 系统的层次结构**

实际上，e-CRM 具有两面性。从企业角度看，e-CRM 被期望能够为企业管理好客户历史资料，建立统一的客户视图，最终为企业带来收益；而从客户角度而言，客户重视 e-CRM 所提供的接触点，期望能够获得更好的客户体验。因此，系统结构要能满足两个方面的需求。e-CRM 系统应能实现对客户销售、市场、支持和服务的全面管理，能实现客户基本数据的记录、跟踪，客户订单的流程追踪，客户市场的划分和趋势研究，以及客户支持服务情况的分析，并能在一定程度上实现业务流程的自动化。此外，进行数据挖掘和在线联机分析以提供决策支持也是 e-CRM 的功能。一般来说，整个 e-CRM 系统可分为三个层次：界面层、功能层和支持层（如图 9-2 所示）。

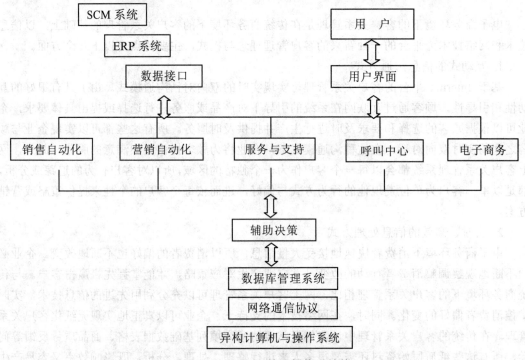

**图 9-2　e-CRM 的逻辑体系结构**

界面层是 e-CRM 系统同用户或客户进行交互、获取或输出信息的接口。通过提供直观的、简便易用的界面，用户或客户可以方便地提出要求、得到所需的信息。

功能层由执行 e-CRM 基本功能的各个分系统构成，各分系统又包含若干业务，这些业务可构成业务层，业务层之间既有顺序的，又有并列的。这些分系统包括客户销售管理分系统、客户市场管理分系统、客户支持与服务管理分系统。

支持层则是指 e-CRM 系统所用到的数据库管理系统、操作系统、网络通信协议等，是保证整个 e-CRM 系统正常运作的基础。

2. e-CRM 系统常用的信息处理工具

在构建 E-CRM 系统时，会运用到很多信息处理工具，一般说来主要有以下六大类。

① CRM 数据库。数据库是 CRM 的基础，没有这样一个基础，一切所谓的市场分析、数据挖掘、客户公关、个性化营销服务等都是不可能的。CRM 数据库不但要存有客户的基本信息，而且还需要保存客户动态、业务发展、兴趣爱好等多方面的资料。

② 商务智能和智能分类。商务智能（Business Intelligence，BI）和智能分类（Intelligence Classify）是指在 CRM 数据库基础上对客户的业务、兴趣、爱好进行智能分类。它是企业展开个性化、客户化营销和服务的基础。

③ 数据分析 /数据挖掘。数据分析（Data Analysis）或称数据挖掘（Data Mining）是指在 CRM 数据库基础上，利用各种分析方法进行挖掘，找出一些更有前景的客户需求和增值业务。在提供更满意的客户服务的同时，形成企业新的业务增长点。

④ 呼叫中心。呼叫中心（Call Center）即一个小型电话总机系统。它在 CRM 系统中可以将每一个客户的需求或问题转到某一个相应的专业人员手上。呼叫中心与 CRM 相结合，多用于一些专业性、业务性较强，服务对象众多的企业中。例如，保险、金融投资、电信增值服务、运输或外贸中介服务等。

⑤ E-mail 或手机短信群发。根据对 CRM 数据库中客户的业务和兴趣进行智能分类，然后针对同一类客户有针对性地自动发送电子邮件或手机短信。这是网络营销中个性化推销的常用方法。

⑥ Voice-Webpage 技术。Voice-Webpage 技术是一种将呼叫中心、移动通信和网站页面设计相结合的方式。客户在访问网页时，如果想进一步了解文字信息可点击超链接文本，如果希望人工语音服务则点击相应的电话服务。

3. 与传统 CRM 系统相比，e-CRM 系统的侧重点

e-CRM 系统的构建与传统的 CRM 系统相比侧重点稍有不同，e-CRM 的重点有以下几个方面：

（1）保持与客户交互的同步

为使各个面向客户的部门能自如协调、各系统能同步化运转，从而融合实现一个连贯的、掌握客户关系全程的 CRM 大系统，实现对客户完整的、实时的交互和信息的同步传递、共享极为关键。在 Internet 平台和电子商务背景下，如果以传统的客户观点或关系管理的思路来应对，将限制客户与企业的每一次互动。如果决策者只看到电话中心的记录，而对来自网络上的客户需求视而不见，就可能失去与目标市场建立密切关系的大好机会；如果企业管理信息系统无法实现顾客档案、工作进程与数据的传递和共享同步，只根据一小部分客户数据或者是有限范围内的分析，则无法形成在未来互动中整体关系的观念；同时，企业内部导向的、基于工作任务的、记录事件的能力并不有助于它在电子商务中与客户形成个性化的、全方位的关系。所以成功的 CRM 系统必须注重使客户信息、数据同步化，以基于网络的技术应用来保障每一次与客户的互动都能从对客户的全面了解开始，而当企业经营转向电子商务或客户转向网上渠道时，e-CRM 不会因为出现信息缺陷而导致其再次落伍。

事实上，为提高客户信息系统的同步性，要求客户关系管理应用系统在支持传统的客户沟通渠道或支持基于网络的客户方面，既有所侧重，又相互兼容。这也是在目前对网络经济和电子商务模式尚未完全认识清楚的阶段所能采取的最为稳妥、可能导致最小损失的具有前

瞻性的措施。

（2）强化 Internet 在 CRM 中的核心地位

从更广的意义上来讲，CRM 只是通过明确的规则和优化的工作流程帮助公司控制员工与客户的互动。但 Internet 将交流和达成交易的权力（或方便、自由）更多地移向客户一端。企业将不得不给予客户对于双方关系的更多控制权。例如，以客户需要的服务的类型、客户需要的信息等来架构交互的方式。尽管 CRM 应用系统的产生应归功于网络技术的发展。但在企业对 Internet 的应用及在 Internet 上运营的电子商务方面，在对 CRM 的关注、理解方面并不能认为 CRM 已经就基于 Internet 的销售和售后服务渠道，进行实时的、个性化的营销做好了充分的部署。Internet 观念和技术必须处于 CRM 系统的中心，只有真正基于 Internet 平台的 CRM 产品，在构建其客户/服务应用的根本的技术上，才能够支持未来企业全面电子化运营的需要。

（3）重视数据挖掘

数据挖掘，用一句话来讲，就是从一个数据库中自动地发现相关模式，利用统计学和机器学习技术创建预测客户行为的模型。通俗来讲就是从大量的数据中挖掘出有用的信息。而数据挖掘的目的是提高企业市场决策能力、检测异常模式、在过去的经验基础上预言未来趋势等。启动一个数据挖掘应用的步骤和内容主要有以下几点。

第一，鉴别商业问题（即定义问题、用户、数据），如开辟新产品的市场、为现存的产品和服务定价、了解客户流失的原因等。

第二，使用数据挖掘技术将数据转换成可以采取行动的信息（数据清洗、数据组织、组织数据字典等）。

第三，根据信息采取行动。在采取行动的过程中，不同的企业、不同的部门采取的行动应该是各不相同的，不要一下子把面铺得很广，建议采取一种循序渐进的方法。

第四，衡量结果，并发布和维护。

严格地说，客户关系管理应该是跨业务、跨部门的，理由很简单：同一个客户很有可能与多个部门的多项业务发生关系。而一个完整的客户关系管理系统应该能够掌握客户的所有动向。然而在实际工作中，根据实际情况和业务需求的轻重缓急。往往需要先建立起某些业务的客户关系管理的更高层次，使得不同业务的客户关系管理系统之间的信息能够共享，即应该使用一个统一的"客户关系管理数据仓库"。该数据仓库中的数据并不一定要求在物理上存放在同一地点，而是要求在存储格式和数据结构上必须有一个统一的规范，以便实现信息共享。

## 三、网上客户关系管理的优势

基于 Internet 架构的 CRM 系统在实际应用中产生了明显的效果。对其应用效果主要从以下三个方面进行分析。

1. 商业应用方面

（1）扩展了系统的应用范围

用户使用 IE（Internet Explorer）等浏览器来显示 CRM 系统界面，这样任何能够接触到 Internet 的人都有可能使用该系统。不仅企业的内部用户可以使用浏览器通过 Intranet（企业内部网络）使用 CRM 系统，企业的外部用户，如分销商、客户、远程员工都可以使用浏览器通过 Internet 这一广泛使用的通信方式接入系统，获取所需信息、进行相关业务处理。例如，在外地工作的销售人员可以打开连接在 Internet 上的任何一台电脑，使用浏览器进入自己公司的 CRM 系统，查看产品、销售信息，以便能够及时向客户提供最新信息。客户也可以使用浏览器登录企业的网站，使用各种基于 Web 的自助服务。随着 Web 应用范围日益扩大，用户要求能够以多种方式接入应用系统。而基于 Web 的 CRM 系统能够让用户使用移动设备以 WAP 方式无线接入系统，这样就能够与现场服务工程师保持信息联系。所以，基于 Internet 使得 CRM 系统的应用不仅仅局限于企业的内部，还大大扩展了系统的应用范围。

（2）满足了大型企业集团的要求

大型企业集团的客户销售具有其自身特色。其业务范围广、客户分布于各地，一般在全国都设立了大量的销售分公司、销售办事处。企业在进行信息化建设时，出于成本、应用功能及集中管理的考虑，无须在各地都上新系统，而应该把这些销售性质的销售分公司、销售办事处归入集团公司 CRM 系统的范围中。各地与集团公司在地域上的分离造成了客户信息同步的困难。而基于 Internet 的 CRM 系统能够较好地解决这一问题。各地的销售分公司、销售办事处使用浏览器通过 Internet 就可以进入集团公司的 CRM 系统，完成与集团公司相应客户部门的客户信息同步，而无须在各地的销售分公司、销售办事处都安装客户端并进行相应的配置和升级。同时，使用的通信线路也很简单，只要一般的公共网络，例如电话拨号或宽带网络。而 C/S 结构的系统在远程通信时一般使用费用较高的虚拟专用网（VPN）。因此，基于 Internet 的 CRM 系统能够适应大型企业集团客户销售的要求。

（3）通过门户设计有效实现员工关系管理（ERM）和合作伙伴关系管理（PRM）

ERM 的实施可以让员工及时获取企业各种信息和资源，从而提高工作效率，减少因为信息不通造成的各种障碍，使员工有更多的时间和精力去满足客户。企业也可以把经营目标贯彻到每个员工，实时地掌握员工的工作表现。ERM 系统主要包括人事管理、企业目标管理、信息资源库、培训管理以及工作业绩管理。PRM 则把企业的销售、营销和服务功能进一步虚拟地延伸到企业的合作伙伴。他们使用 PRM 可以实时地获得各种信息和资源，使工作更有计划性和可预测性。PRM 系统主要包括伙伴管理、业务协作电子商务、合作计划管理、业务目标协同管理以及伙伴业绩管理。

传统的 C/S 结构的系统需要为每个合作伙伴和各处的员工安装一个客户端，这显然是无法完全做到的。因此 ERM 和 PRM 的应用急需战术支持工具和互动通信工具。基于 Internet 的 CRM 允许员工和合作伙伴使用浏览器通过不同的门户进入 CRM 系统，进行事务处理和管理工作，协同地工作在同一平台之上。这样不仅实现了 ERM 和 PRM 的应用，还提高了企业的运营效率。

（4）能够提供本地化的版本

CRM 系统在应用内容上增加了跨国界的 Web 服务，就很容易产生国际化的需求，进而产生软件本地化的需求，如时间、货币和其他信息。因此许多基于 Web 的解决方案都提供了本地化的版本。例如，Oracle 在 2002 年初发布了电子商务套件的升级版 E-Business Sulten 5.6，该套件的人力资源模块增加了荷兰、德国、爱尔兰、南非和韩国等本地化版本。这种本地化不仅是对软件界面语言的本地化翻译，而且是根据该地区的市场、客户特点对业务流程、管理方式进行修改。因此，CRM 系统的本地化程度直接影响了客户关系管理的绩效，对客户驱动型的企业至关重要。

（5）可以更加方便地与其他应用软件系统集成

基于 Web 的 CRM 软件是在中央服务器上进行安装、维护、升级、配置，其他要与之集成的应用软件可以安装在同一台服务器上，这样就能够非常方便地使用中间件、进行数据的同步复制、进行二次开发等工作。基于 C/S 结构的软件的集成则要在大量的客户机上逐一进行修改和安装，这将耗费 IT 部门巨大的人力。因此，企业使用基于 Internet 的 CRM 软件可以更加方便地与其他应用软件系统集成，通过与 ERP、SCM 等系统的集成提升 CRM 系统的价值。

2．技术方面

（1）基于 Internet 的系统在系统结构上更加简单，企业不需要安装客户端

在 C/S 结构下，软件提供商的 IT 人员只负责安装服务器端，企业要自己摸索着安装客户端。而在 B/S 结构下用户什么也不需要安装，因为绝大多数电脑上都安装了 IE 浏览器。

（2）基于 Internet 的解决方案在时间上更加灵活

大多数的主机都是 24 小时（一周 7 天，每天 24 小时）运行的，因此要在主机上安装新程序或补丁，就要约定特定的时间，在这段时间内用户无法使用系统。而基于 Web 系统的升级对于用户来说是透明的，不会影响用户的使用。用户无论在何时、何地，只要可以使用浏览器，就可以使用系统。

（3）基于 Internet 的解决方案中的 Bug 比较少，较少出现死锁

一是因为基于 Web 的软件的事务处理都比较短。二是由于使用 Java 工具进行开发，程序员发生错误的机会比较少。

（4）系统更加容易使用

人们具备与 Web 交互的丰富经验。例如，使用免费的 Web 邮件系统，这使得使用基于 Web 的软件非常容易。实际的应用已经证明早期的 C/S 结构的系统不易于用户的操作。其用户界面由多重窗口组成，让用户难以记住如何调用这些窗口。同时操作过程缺乏方向感，往往让用户迷失在复杂的操作过程中。基于 Web 的系统使用了浏览器方式的界面，所有的操作在统一的窗口中进行，可以很方便地在各个操作之间前进和后退。用户很容易接受这种容易使用的软件，消除了企业上了新系统却难以熟练使用的问题。

3．效益方面

（1）降低了系统的硬件投资预算

基于 Web 的应用系统对客户端的硬件资源要求远低于 C/S 结构系统，在实际应用中由 Pentium II 以上的 CPU、256MB 内存、至少 20G 硬盘空间组成的客户端就可以满足要求。由于客户端只是操作界面，所有的存储、处理工作完全在服务器上进行，所以当系统运行一段时间出现超负荷要进行硬件升级时，只要升级服务器的硬件配置，而无须升级客户端的硬件配置。这大大降低了系统的硬件投资预算。

（2）降低了系统运行、维护和升级的成本

基于 Web 的 CRM 系统能为企业带来更低的管理成本和服务成本，从而降低整个管理信息系统的运营总成本。由于不需要安装、维护、升级客户端，在中央服务器上就可以完成对全系统的管理、维护，大大节约了维护、管理的成本；大多数的基于 Web 的应用软件都是简单的浏览器界面，这样就不需要从头开始对用户进行培训，可以节省大笔开支；基于 Web 的解决方案可以提供基于 Web 的自助服务，授权客户通过自助的方式解决自己常常遇到的一些

问题，即使用浏览器通过 Internet 进入企业的知识库解决自己的问题。此外，客户还能够在企业的网站上提出服务请求并查询请求的处理状态。而以往的 C/S 解决方案都是依靠呼叫中心进行客户交互，服务工程师的工作时间和通信费用都要高于大多数基于 Web 的 CRM 系统。

（3）产生了明显的经济效益

根据 Gartner 咨询公司的抽样调查，通过使用 CRM 采取主动客户服务的企业，其销售收入增加了 15%到 20%。由此可以分析企业采用基于 Internet 的 CRM 所产生的经济效益。

① 通过交叉销售带来 6%～10%的销售收入增长。

② 合作伙伴管理使生产和配送更及时，能够减少产品失效，降低配送成本，帮助经销商更好地销售企业的产品。由此作用产生的年销售收入增长可达 3%。

③ 客户关系的优化将减少客户流失，延长产品的生命周期，提高了销售额。销售收入每年因此有 3%～8%的增长。

④ 销售管理将提高销售的有效性，这对销售指标的制定和完成起到非常重要的促进作用。由于销售管理的实施，销售收入因此而增长 4%～6%，销售成本也将因此而节约 2%。

⑤ 目标客户分析将节约 3%～5%的广告投入。

综上所述，我们可以得出以下的结论：基于 Internet 的解决方案对于企业来说，是建立 CRM 系统的最佳选择。

# 第四节　网上客户关系管理对企业运营的影响

面对用互联网和移动通信科技武装起来的客户，企业原有的经营模式和传统的消费关系都发生了相应的改变，因此实施网上客户关系管理，势在必行。

## 一、企业实施网上客户关系管理的过程

网上客户关系管理的本身是一种管理策略，但现代信息技术的应用在其中发挥了不可替代的作用，其构建可划分为规划、实施、评估与改进三个阶段。

1. 规划阶段

企业网上客户关系管理正式实施之前，必须对客户关系管理进行规划并设定战略和阶段目标，在企业和部门内部形成变革的动力和共识。系统规划前期主要是对业务流程的诊断。业务流程诊断将完成两个方面的工作。一是，企业必须通过业务流程诊断寻找出目前在客户管理上存在的问题及其原因；二是，通过业务流程诊断定位出顾客（或客户）对企业所提供的产品及服务最为注重和关心的焦点是什么。企业必须依据流程诊断的结果，结合企业所面临的现实状况和自身资源状况，将客户关系管理系统的实施分解为若干阶段，相应地对各个阶段设定一些重要的定量目标，以便于实施效果的评估。比如对于顾客满意度，设定产品的质量权重为 30%，当产品合格率达到 99.9%，若响应时间不超过 5 分钟，则该项指标可得 10 分，依此类推。

2. 实施阶段

（1）建立客户群的分类与管理策略

在客户关系管理当中，客户分类管理是一个重要的思想。公司通过对现有客户数据的分

析和整理，识别不同的客户群体以及这些不同的客户群体对企业的经济价值和战略价值的重要程度，从而制定不同的营销策略和服务策略。

（2）技术系统的构建

技术系统的构建在很大程度上要依据企业的具体情况来决定，一般而言，在系统设计上，企业要考虑的 e-CRM 工作模块包括三个方面：对营销、销售、客户服务这三部分业务流程进行信息化和自动化；对各种客户服务工具（如电话、传真、网站、电子邮件等）进行集成和自动化处理；开发客户相关信息的智能化处理工具，对信息进行处理和分析，从而为企业业务规划与决策活动提供支持。

（3）客户关系管理支持体系的构建

① 组织结构分析与调整。

随着营销管理范式从"以产品为中心"向"以客户为中心"转移，企业组织结构就需要做出相应的调整。企业需要对组织结构进行分析，确定要增加、合并或重组的组织机构，然后再与客户共同分析或是在流程诊断基础上对每个组织单元的业务流程进行分析。以销售流程为例，企业需要分析从销售的机会到正式获得订单将经过怎样的一个流程以及需要哪些部门的参与。在销售机会分析中，既要分析企业的销售机会的来源，例如是来自企业 Web 网站、电话、销售代表还是通过分销渠道，同时也要分析各种来源在销售中所占的比例。

② 业务流程重组与整合。

围绕着客户关系管理，企业内部需要从客户关系角度出发对业务流程进行重组与整合。它包括：不同客户与部门之间作业的连贯，这主要是通过将不同的技术工具加以联结的整合来实现，例如网络客户有问题，电话中心也要能立即提供服务；来源于各种途径的信息共享，不同部门接触客户后的经验和信息必须能实时地与其他部门共享，而不至于产生客户由电话询问得到 A 方案，但客户上网时却又得到 B 方案。建议在整个业务流程上形成共同遵守的互动规则（Contact Rule），例如何种类型的客户在何种状况下可给予特殊折扣，不论客户通过何种途径与企业进行接触，各部门应能提供完全一致的解决方案。

③ 建立以客户为中心的组织文化和激励机制。

在客户关系管理的实施过程中，必须在企业内部形成真正的"以客户为中心"的文化和价值观念，也就是说，从公司管理层到普通员工都必须了解到客户是"企业最具有商业价值的资产"，与客户之间关系并不是"单纯的交易行为"。所以，每一次与客户的接触都是学习和了解客户（Learn Customer）的过程，也是客户体验企业（Experience Enterprise）的机会。与此相适应，企业在激励体系上也需要做出相应的调整，以引导和促进"以客户为中心"的员工行为。

3. 实施效果评估与改进

这一过程对于客户关系管理系统的实施而言，是一个相当重要的步骤，但同时也常常为企业所忽视。事实上，由于客户关系管理系统的构建和实施是一个渐进的变革过程，企业需要对 e-CRM 项目实施的各个阶段，按照规划阶段所设定的战略目标和阶段目标进行实施效果的评估。这一方面可以让企业内部人员尤其是管理层真实地感受到 e-CRM 的成效，从而获取他们对 e-CRM 的支持；同时也可以让公司管理层和项目执行人员对项目实施过程进行阶段性的评价控制，进而进行企业业务流程以及客户关系管理系统构架的改进。

总之，网上客户关系管理是一种旨在改善企业与客户之间关系的新型管理机制，如果一个企业可以很好地充分利用现代信息技术，吸收 CRM 的先进管理理念，就会实现在利润、客户忠诚度和客户满意度等多方面的提高，对未来的整体性的"电子商务时代"的来临也就更有准备。

## 二、网上客户关系管理对企业管理的影响

从某种程度上来看，e-CRM 实际上也改变了传统的管理模式，促进了现代意义的客户关系管理。例如，传统的市场营销都是相对静态的，企业经常要花好几个月的时间才能对上一阶段的市场营销的结果做出统计分析，对外界信息反馈过慢，导致了许多重要的商业机遇的丧失，而在电子商务时代，对商业机会的敏感和反馈已经成为企业能否生存和发展的根本。电子商务时代的 CRM 能够快速地对市场多个营销活动进行综合动态的分析，使企业能更好地抓住商业机遇。在 e-CRM 模型中，e-CRM 首先是一种管理理念，是提高企业竞争力的一种手段和商务模式，技术是支持其实施的基本要素。在技术层面之上是以实现客户价值增值为中心的 e-CRM 平台。客户数据存于数据仓库中，在发生客户交互时根据不同顾客的爱好和特点提供个性化的服务；在为顾客服务的同时，系统也会通过对顾客行为的追踪分析，更新顾客的数据记录。建立 e-CRM 系统的目的是实现顾客价值的增值，降低企业运营成本，提高效益，因此，这些活动的展开都是紧紧围绕"客户价值"这一中心来展开的。具体说来，网上客户关系管理对企业运营的影响主要有以下几个方面。

1. 企业理念的转变

对于企业来说，e-CRM 实际上是一种增加业务收入、优化盈利能力、提供客户满意度的商业战略，实施 e-CRM 的目的在于使企业从过去以产品为中心的运作模式顺利过渡到以客户为中心的运作模式，最终实现集约化的经营方式。这就要求将 e-CRM 放在企业整体战略的高度来看待，并运用这种思想来指导企业的人员、业务流程及技术层面的协调改革，以真正提高企业的核心竞争能力。而在这个过程中，企业的相关理念就会发生变化。

（1）以客户为中心的企业文化转变

e-CRM 战略的实施最基本的一点是以客户为中心的商业策略，这也是企业实施 e-CRM 的前提条件。而 e-CRM 战略的实施使得企业从过去的以"产品"为中心过渡到以"客户"为中心，这一转变也必然会引导企业文化朝着客户导向的方向转变。事实上，企业文化的变革也是实施 e-CRM 成败的关键因素。对中国的绝大多数企业来讲，提升企业的客户关系管理能力，绝不是仅仅买一套 e-CRM 软件就行了，文化的配套变革才是重中之重。

（2）寻求企业与客户双赢的机会

网络时代企业与客户之间的关系已经从原来的对立竞争转变为互助竞争，两者的关系也已经从原来的对立斗争发展成为现在的互相帮助对方实现需求与获得效益的最大满足，因此，找到可以和客户双赢的机会，将会大大有助于双方需求的满足，从而提升双方之间的关系。寻找和客户双赢的机会和实施"客户中心"的 e-CRM 战略需要企业在以下经营思想上有相应调整：第一，企业从以目标制订计划转变为围绕客户的需求制订计划；第二，企业从迫使客户倾听转变为主动倾听客户的心声；第三，企业从传统的强行向客户传达企业产品的营销方式转移到次要位置，采取对客户进行提醒、提供信息的柔性营销方式上来。

2. 企业内部流程的再造

e-CRM 实施的另一个前提是梳理企业内部流程使之适应新形势下企业各项管理和业务

活动的需要。它将改变以往仅销售部门和客户部门比较重视客户而企业其他部门都不太关注客户的状况，将企业客户的重要性从部门提升到企业一级。e-CRM 的实施，要求企业每一个与客户相连接的环节都实行自动操作，这必然要求企业的部门之间很好地衔接以满足 e-CRM 的需要。为达到部门工作间的协调，除了企业实现信息化运作与管理外，企业的组织结构也必须因网络经济时代企业业务流程的改变而做出相应调整。因此，e-CRM 的实施必将引起企业内部流程的再造。事实上，企业内部业务流程重组可能比技术更新更重要，也只有在内部流程与 e-CRM 系统衔接顺畅时，e-CRM 才能发挥最大功效。这是因为 e-CRM 首先是一种科学的经营理念，是一套先进的管理方法，而信息技术不过是推动与实现这种管理方法的重要手段而已，所以说业务流程重组比技术更加重要。重视业务流程，意味着企业将通过实施 CRM，从根本上提升自身的管理水平，提高满足客户需求的能力，最终提升自身的核心竞争力。

3. 企业某些运作方式的改变

随着网上客户关系管理的运行，企业某些运作方式也开始了变化，尤其是企业的营销，对网上客户关系管理系统的充分利用可使其准确地把握住消费者的动态，高效地完成相关的工作。

（1）广告

从目前来看，企业在广告上的投入有逐年增加的趋势，但企业对广告投放的频度与广告的效果间的评估还无法科学地进行，只能凭经验来猜测，造成要么效果不佳，要么产生浪费。细分市场的广告投放准确程度也很难掌握，造成某些产品该多投放广告却投放少了，有的产品该少投放广告却投放多了。企业通过实施 e-CRM 将帮助解决上述问题。通过 e-CRM，管理人员可完成效果调查和广告计划调整，在调查过程中，系统从生成样本到调查再到统计，一系列活动都遵循科学的原则进行，使调查活动在低成本、高效率情况下进行，并保证科学性和准确性。另外，广告计划及其重要参数的管理将使企业的广告活动更趋科学，摆脱人为因素的影响，将显著地改善广告效果、降低广告投入。

（2）新产品投入

按照企业的营销工作发展计划，要形成产品的系列化。在这个过程中，企业投入大量的财力用于新产品开发，按照预期，每一个新产品面市都是针对具体客户群体的，可预期与实际效果不一定完全相同，要是出现较大偏差的话将面临新产品开发失败的危险。客户关系管理的使用将把这方面的风险降到最低。它通过技术手段强制实现"采样→调查→分析→试生产→试销售→分析"一系列完整的营销过程，对企业规避经营风险提供了科学的手段和依据。

（3）销售

现有的客户群体对企业来说是一笔宝贵的财富，在他们身上，蕴藏着巨大的消费潜力，e-CRM 将帮助企业进一步提高对现有客户的营业额。在现代营销中，普遍采用交叉销售（在同一客户身上进行相关产品销售）提高销售额，交叉销售又是以准确的分析数据为基础的。e-CRM 的实施将帮助完成此分析过程，并在系统的销售管理中，对交叉销售进行全程监视和调整。e-CRM 的运用直接关系到一个企业的销售业绩，它可以重新整合企业的用户信息资源，使原本"各自为战"的销售人员、市场推广人员、电话服务人员、售后人员等开始真正地协调合作，成为围绕着"满足客户需求"这一中心要旨的强大团队。e-CRM 的实施成果经得起销售额、用户满意度、用户忠诚度、市场份额等"硬指标"的检测，它为企业新增的价值是看得见、摸得着的。它将确实地改变企业的销售文化，让企业中每一个成员都切身感受到信息时代带来的机遇和挑战。

4. 企业门户内涵的改变

门户（Portal）是基于互联网的通信和客户活动的入口。优秀的客户关系管理门户可以把所有的相关客户信息，以某种格式整合到统一的应用和数据库中，能够及时有效地提供经过定制化的个性化的信息。一般而言，理想的门户并不只是提供客户数据的访问服务，而其还可以针对不同客户提供经过加工的知识库，提供精选的互联网内容、第三方应用、相关材料及详细的客户信息。在面对客户时，企业可以利用这些信息来改善对客户（无论是消费者还是组织）及其需求的了解。

事实上，随着互联网的出现，企业门户的内涵也在不断发生变化。对于网上客户关系管理而言，企业门户是其基于 Web 的通信和客户活动的入口。门户是一系列服务的入口，说它是社区可能更好一些。门户位于 Web 服务器的中心，连接多种信息和交互资源，同时也可以根据进入的用户不同，提供不同的个性化内容或个性化服务。个性化可以通过口令和用户 ID 实现。不同用户对信息、偏好及服务的需求都不一样，这就在最大程度上加强了浏览者的控制权。每个人都能利用门户的个性化特点。货物、服务及信息的收集都是统一的，可以通过门户后面的多种服务器进行访问。这样，很多用户可以获得其所需，同时有相应的工作流和安全性。门户建设产品的最好例子是 Plum tree Software 于 2000 年底发布的 Corporate Portal 4.0 工具软件。Plum tree 的工具使得门户通过使用 Massively Parallel Processing Engine（MPPE），可以与分散在多个地方的门户插件相互连接，通过允许门户用户访问多个门户，增加对货物、服务、信息和社区的多种选择，大大增强了门户的功能。

而在实际开发门户的过程中，Onyx 公司的弗赖认为，要实现成功的 CRM 门户战略，要注意下面几点。

① 系统的体系结构应该围绕客户，而不是围绕着具体的工作职能。将客户放在应用的中心，无论是谁在观看、使用或分享信息，企业都应该努力实现客户交互无缝过程。

② 只在某个部门或业务单位开发 CRM 门户解决方案不能产生与企业范围解决方案相同的结果，每一位前端办公雇员都应该能够访问关键客户数据和知识库。

③ 通过极大地减少系统实施和管理时间来建立基于 Web 的门户系统，可以节省大量的成本，但这仍然需要相应的客户/服务器技术。

④ 不同的用户需要不同的观点和不同类型的信息，必须为每个人剪裁内容和结构。Onyx 已经将其分成三个主要部分：客户、雇员和合作伙伴。这三种主要的用户可以进一步被细分为部门、分公司、工作职能——分解到独立的个体，这样每个与 CRM 系统交互的客户都可以在合适的时间、合适的地方以合适的格式查询合适的信息。

## 三、网上客户关系管理未来发展的趋势

任何一家视客户关系为核心资源的企业，都不希望因为地域、时差、人员等客观条件而致使企业素来优良的服务能力出现下降，也无法忍受由于办公条件、通信传输与数据分析的局限而导致响应客户需求的周期"漫漫长远路"。移动商务初现端倪的今天，每一家企业对"随时、随地、随心意"的客户服务能力、对不受限制地实现移动条件下的响应客户需求的能力、对跨越时空的信息和决策支持等的追求，已经逐步清晰起来。

建立在 Internet、WAP 基础上的移动 CRM，在业务操作管理方面，将支持营销和销售人

员可以使用笔记本电脑、PDA、手机等移动信息终端调用企业 CRM 系统，传递和共享关键信息；在客户合作管理方面将体现对移动沟通渠道的重点支持。在数据管理方面，通过手机等移动联系渠道为客户服务时，将充分调用数据仓库，同时，为客户服务的过程产生的来自手机、PDA 或网络的信息又要能被数据仓库所记录。在信息技术方面，CRM 技术管理子系统将提供与手机、PDA 等工具的通信接口，支持网络应用、无线传输和无线 LAN 应用等。

## 四、我国实施网上客户关系管理存在的问题

电子商务与客户关系管理已经在国外特别是在信息产业发达的美国取得了举世公认的成功。客户关系管理理论已经成功地应用于企业的实践中，并取得了显著的效果。一大批电子商务客户关系管理的解决方案供应商，如 Siebel、Oracle、SAP、People Soft 等，为用户提供了全方位的选择。通过电子商务客户关系管理软件的使用，企业与客户之间的关系更加密切，实现企业的营销自动化（Marketing Automatic）、销售过程自动化（Sale Automatic）和客户服务（Customer Service）。可以说，国外的 e-CRM 已经取得了一定的进展，并应用到了企业的实践中，对于企业管理客户、联系客户、营销自己都起到了显著的效果。在我国企业施行 CRM，既会受到国外相关管理理念的影响，同时也会受到社会环境和企业观念的推动。相关人员曾做过一次问卷调查，在被调查企业中，有 64% 的企业对 CRM 只是听说过，但并不了解；21% 的企业从来没听说过 CRM；有 50% 以上的企业对 CRM 表示关注并打算进一步了解，有 14% 的企业正在着手实施或部分实施 CRM，有 29% 的企业表示不太关心，还有部分企业表示目前没有时间与精力关注 CRM，但是若市场发生进一步变化不排除今后实施 CRM 的可能。就阻碍企业实施 CRM 最主要的因素是什么这一问题，问卷调查显示：37% 的企业认为所需费用过高；26% 的企业认为对此缺乏了解，担心 CRM 的实施过程复杂，担心与当前业务不能很好衔接；24% 的企业认为目前缺乏专业咨询机构的支持协助；8% 的企业认为内部人员素质偏低，缺乏 CRM 的管理意识；5% 的企业认为 CRM 的实施周期太长，难以在短时间内见效。

由此我们可以看出，虽然 CRM 对任何企业而言，都是一套极为有价值和领先的理念、方法和策略，但在应用实施过程中，需要的条件和涉及的内容都相当复杂，其中任何一种因素都可能成为 CRM 实施的障碍。我国企业由于历史原因和整体素质所限，情况更是如此：由于信息产业与技术在企业的应用程度较为低级，加之企业经营制度、理念的落后，专业人才的匮乏，同国际环境的脱节，电子商务只是传统商务的一定的补充，尚未形成普及之势，客户关系管理的作用发挥严重受限。另外，尽管 CRM 应用系统的产生归功于网络技术的发展，但在企业对互联网的应用，及在互联网上运营的电子商务方面，以及在对 CRM 的关注、理解方面，并不能认为 CRM 已经就基于互联网的销售和售后服务渠道，进行实时的、个性化的营销做好了充分的部署。互联网观念和技术必须处于 CRM 系统的中心，只有真正基于互联网平台的 CRM 产品——e-CRM，在构建其客户/服务应用的根本的技术上，才能够支持未来企业全面电子化运营的需要。

## 本章案例

### 携程网客户关系管理

随着电子商务时代的到来，企业的管理方式、个人和家庭的工作生活方式也发生了极大的变化。此时，传统的客户关系管理逐渐暴露出它的局限性，如何建立长期稳定的客户关系管理对增强旅游电子商务的核心竞争力有着重要意义。

携程旅行网创立于 1999 年，总部设在中国上海，员工 30000 余人，目前公司已在北京、广州、深圳等 17 个城市设立分支机构，在南通设立服务联络中心。作为中国领先的综合性旅行服务公司，携程成功整合了高科技产业与传统旅行业，向超过 2.5 亿会员提供集无线应用、酒店预订、机票预订、旅游度假、商旅管理及旅游资讯在内的全方位旅行服务，被誉为互联网和传统旅游无缝结合的典范。

携程网自 2000 年就开始引入 CRM 管理模式等精细化管理理念，它有个口号：像制造业那样把服务当作产品来生产。在携程网，客户关系管理系统的功能主要可以归纳为三个方面：对销售和客户服务两部分业务流程的信息化；与客户进行沟通所需要的手段（如电话、网络等）的集成和自动化处理；对以上两部分功能所积累下的信息进行的加工处理，产生客户智能，为企业的战略战术的决策做支持。为了实现上述功能，公司的客户关系管理系统也做了相应的布置。

一是呼叫中心。携程网 70% 的业务是由呼叫中心来完成的。呼叫中心实现了以下功能：信息咨询、总机查号、投诉处理、电话录音、传真应用、外拨应用。坐席代表分类受理，并将信息派发到相应的责任部门，保证了订单处理的准确性和高质量的服务。外拨应用功能通过电话和短信形式及时对参团客户进行满意度回访，实现了呼叫中心的 CRM 的闭环流程处理，提高了客户满意度，减少了运营成本同时还便于管理。

二是携程网站（www.ctrip.com）。在网站中，为客户提供了大量实用信息，特别是景点、酒店、旅游路线方面的信息，同时还有各种优惠和折扣。携程通过在门户网站上刊登广告提高各大搜索引擎上的排名。在网站深度上，网站建立了大型的数据库、预订中心的技术设施和旅游景点的介绍。携程为注册用户提供个性化服务，提供网上网下的消费优惠。

三是后台数据处理系统。携程通过强大的呼叫中心系统与网站和后台数据处理相结合，将自己的业务提供和顾客价值很好地结合了起来，做到细分客户群体，了解客户的需求。

#### 面临形势

在旅游电子商务（OTA）市场，携程网登上行业头把交椅一坐近十年，但是现在相应的网站越来越多，如艺龙、芒果、同程、去哪儿网等，同时淘宝、京东的进入更是引得携程网的发展形势越来越严峻。对于以呼叫中心为主要竞争的携程网而言，其人工成本费用过高，运营率较高。携程网在酒店业务方面的失利，若是不再加以重视，依旧以呼叫中心为主要业务收入，那么其人工成本将会局限发展。而如何更有效地利用资源，提高客户的忠诚度和满意度，是携程网所需要做到的首要事项。

所以，携程网寻求客户价值最大化的管理理念和更加完善的 CRM 系统，是必不可少的。而这 CRM 系统需要"从客户出发"，以客户为管理对象，基于客户生命周期的发生、发展建立完整的管理业务过程；根据客户的需求来匹配企业的业务职能及业务流程，动态管理客户业务信息和客户价值状况，全面提升企业的竞争及盈利能力。

## 加强管理

### 1. 整合沟通交流渠道

携程网主要通过呼叫中心的业务和在线预订的业务来获得收益。而随着业务的发展，呼叫中心不仅无法适应客户规模的要求，在其性能方面也制约了业务的拓展。对原有的呼叫中心进行升级，增加其 CRM 的功能刻不容缓。携程网的客户关系管理系统整合了几乎所有媒体沟通交流的渠道，如将呼叫中心和互联网邮寄结合在一起，都进入一个数据库，实现信息的统一化。携程网对用户信息整理分类，依靠自动语音分派将不同类型的需求信息和客户信息添加至用户和产品数据库中。数据库中包括该名客户的基本信息、以往行为记录和咨询记录。这是协作型 CRM 在 OTA 中的应用。

### 2. 整合内部业务部门

客户关系管理系统包括销售功能和企业计划市场功能。企业应建立多种业务项目，多种客户群组的统一客户数据库，并通过分析结果制订不同的销售计划和营销手段。例如，根据对预订折扣机票的敏感度，推荐相关的机票打折信息和相应的优惠制度。通过 CRM 系统的管理，使销售、管理系统更加规范。携程网重视企业内部管理的效率，提高处理业务的能力，而通过 CRM 系统，可让主管直接浏览下级对客服专员所代交事项，及时监控客户服务后续工作的效果。这是运营型客户关系管理，提高了管理和服务的效率。

### 3. 数据挖掘和个性化服务

携程网一方面利用数据库中的信息对客户群体，进行细分。把目标客户分为新客户、老客户和 VIP 客户，或者按客户类型分为商旅客户、散客等。另一方面利用数据挖掘技术，对用户数据做统计、整理，进一步做出相应的数据分析，并做出关联性，让企业尽可能地了解客户的偏好和要求，从而在最合适的时机，通过最便捷的渠道为用户提供更个性化、更适宜的服务。例如，根据订机票和预订酒店的关联度，从而可以针对不同的客户在预订机票后推荐相应的酒店服务。同时还可以发现即将流失的客户，及时给予这部分客户适当的关怀，避免客户流失，增加客户的忠诚度。这是分析型的客户关系管理，有效指导企业的经营活动和客户关怀。

在做到上述几点的同时，携程网还注重信息质量的提升。在酒店预订方面，由于只能网页浏览，对酒店的地理位置往往不能准确掌握。关于这方面，携程网特别推出了携程网的客户端，有利于其对酒店具体地理位置的定位，极大地满足了客户的需求。同时还应增强安全保障，提供服务承诺，最大限度地减少服务承诺的感知和期望的差距。

携程网首席运营官范敏说："电子商务网站的一个特点是虚拟经营，务实运作，携程网无论是在线预订还是离线的 24 小时全国 800 咨询电话，都是现代科技手段与传统服务理念的结合。"携程有一个专门的部门来做客户意见的收集并分析，它们能敏锐地看出有哪些是客户所需，然后按照需求改进，它们的目的就是做到客人可以忍受的最佳状态。携程网还在南京机场开了一家"携程度假体验中心"，其目的并不是为了销售而是为了更好地让客人了解携程的业务流程，这样不以销售为目的的体验中心，不会让客人感到烦躁，在用户体验方面可以取得更好的效果。

**讨论：**

1. 评价携程网的客户关系管理系统。你认为可以如何完善？
2. 网上客户关系管理策略和传统客户关系管理策略有哪些不同？
3. 在社会化媒体崛起的时代，如何制定携程的客户关系管理战略？

**思考与练习：**

1. 互联网环境下企业经营管理出现了哪些变革？
2. 网上客户关系管理是在什么背景下产生的？它和传统的客户关系管理有哪些不同？
3. 网上客户关系管理的主要特点是什么？它能给企业带来哪些利益？
4. 网上客户关系管理给企业经营管理会带来哪些影响？
5. 未来网上客户关系管理的发展趋势是什么？我国企业在实施时应注意哪些问题？

**补充阅读材料：**

1. Ahuja, Vandana，Yajulu Medury. Corporate blogs as e-CRM tools – Building consumer engagement through content management [J]. Journal of Database Marketing & Customer Strategy Management. 2010, 17(2), 91-105.

2. Harrigan, Paul, Elaine Ramsey, Patrick Ibbotson. Exploring and explaining SME marketing: investigating e-CRM using a mixed methods approach [J]. Journal of Strategic Marketing. 2012, 20 (2), 127-163.

3. 冯勤，武震.e-CRM 的发展与研究[J]. 天津成人高等学校联合学报，2005（5）：23-25.

4. 金怀玉，韩兆洲.网络环境下企业的经营管理变革[J]. 商业时代，2006（2）：71-76.

5. 黎娜.电子商务与客户关系管理[J]. 经济师，2007（7）：281-282.

6. 李志刚，黄艳.基于 Internet 的客户关系管理系统 e-CRM 分析与设计[J]. 中国管理信息化，2007（10）：5-7.

7. 於志东.网络时代的客户关系管理是企业未来竞争的关键[J]. 特区经济，2006（1）：225-226.

# 第十章 社会媒体时代的客户关系管理

## 引 例

卡骆驰（Crocs）是一家美国鞋履设计、生产及零售知名企业，面对中国海量用户，一直都没有很好地将客户关系进行有效的管理和维护。同时由于其零售业务的特点，用户和用户之间的关系没有很好地链接起来，无法为企业产生更多价值。基于以上背景，时趣 Social Touch 为 Crocs 设计了一整套基于微信的 Social CRM 系统，将会员关系管理、会员服务、微社区、在线销售、门店导航等一系列功能，通过一套系统交付。目前已积累微信用户 100 万，实现日成交金额 11 万的骄人业绩。

山东是联通全国业务大省，很多客户反映在遇到问题时，电话打不进、等待时间过长、企业社交账号形同虚设，客服部门遇到了巨大的压力和挑战。时趣 Social Touch 也为济南联通构建了一套全新的微信 Social CRM，借助微信来实现大规模客户的沟通问题。产品上线之后短短 3 个月时间，客户数超过 30 万，通过微信办理业务和在线咨询的客户人数，达到日均 1000 人次以上。这不仅降低了传统电话客服的压力，还极大地提高了客户满意度。

**热身思考**：在社会化媒体时代，企业的客户关系管理理念出现了哪些变化？

## 第一节 社会化媒体与企业营销变革

### 一、社会化媒体对企业营销的影响

社会化媒体是一种让用户积极、广泛参与的网络媒体，如博客、微博、微信、论坛社区、社交网站等。人们对于社会化媒体的应用速度是惊人的。2012 年 5 月，Facebook 有超过 9 亿个活跃用户，平均每个用户有 130 个朋友。其全球参与性很强，现在有超过 70%的用户都不是美国居民。到 2014 年 4 月，LinkedIn 全球注册会员突破 3 亿，并以每秒超过 2 人的速度增长。

每一次传播媒体的变革均是一个新的营销模式的开启，都将带来全新的营销、服务理念，以及全新的营销、服务机会。社会化媒体以其全球性、开放性、透明性、无等级性、互动性、实时性等特点，正在改变着消费者的行为方式和企业与客户沟通的方式。于是，许多企业纷纷着手制定全面的社交媒体战略，以帮助实现企业的既定营销与服务目标，比如从传统的官方 BBS 营销到博客营销再到社交网络服务（Social Network Service，简称 SNS）营销，现在又迎来了"微营销时代"。

作为客户关系管理的最新产物，社会化客户关系管理（Social CRM）蓄势待发。传统的客户关系管理战略关注各种渠道的管理解决方案，如公司网站、客服中心等；而随着社会化客户关系管理的出现与发展，控制权转移到了消费者手中，他们能在自己的社会网络中影响他人，成为媒体的主人。在这样的环境中，但凡客户受控的情况下，客户关系管理战略就会以一种管理对话的方式出现，而不是管理客户。这是一次历史性的转变，为企业的营销方式产生了深远的影响。正如 CRM 专家保罗·格林伯格（Paul Greenberg）所说："社会化客户关系管理战略的基本原则与之前大不相同，传统客户关系管理是基于内部管理的操作方法，用于有效管理客户关系；而社会化客户关系管理是基于公司既满足客户个人议程，又满足自己商业计划目标的能力。它针对的是客户互动，而不是客户管理。"

## 二、社会化媒体的特点

1. 社会化媒体的信息传播方式

社会化媒体是人们用来分享意见、观点及经验的工具和平台。它最重要的信息产生方式是用户创造内容（User Generated Content，简称 UGC）。通过 UGC 用户可以实现原创内容的展示。UGC 使用户从消费变成消费、创造、分享于一体，也带来了相关微内容的聚合、大量用户的聚集。社会化媒体的本质便是以具有较高信任关系的"熟人"圈子为中心，以"弱关系"连接起来的能够以实时速度传播信息的媒体簇为辐射进行信息传播。传播的模式已经不再是传统媒体时代的单向传播，而是遵循网状化传播，在个人习惯爱好、社会环境、人员结构等条件影响下的自由传播，用户具有绝对的自主权。

可见，社会化媒体改变传统媒体（广播、报纸等）一对多的传播方式为多对多的"沟通"，这种 N 级式的传播令传统媒体的一级或两级传播相形见绌，极大地增强了对用户的黏着度。社会化媒体使用户可以非常容易地借助互联网找到对方、建立和维护人际关系。

2. 社会化媒体下用户行为的变化

在社会化媒体时代，用户使用互联网的方式也有了极大改变。移动互联网和社交网站的迅速发展，使得网民在媒体环境里真正变成了主人。他们有更多的自由来选择、制造、分享所偏好的信息。他们的消费行为也发生了很大的变化，趋势呈现不断多元化。据日本电通广告集团的研究，社会化媒体下用户消费模式正在由传统的 AIDMA（Attention 注意、Interest 兴趣、Desire 渴望、Memory 记忆、Action 行动）向具有网络物质的 AISAS（Attention 注意、Interest 兴趣、Search 搜索、Action 行动、Share 分享）模式转变。

购买"渴望"和"记忆"两种行为在新的 AISAS 模式中被"搜索"和"分享"所取代。在互联网社会化媒体中，用户可以随心所欲地搜索自己感兴趣的商品或服务，购买完成后，再通过网络媒体将自己的消费体验分享给其他人。在原有搜索型以及浏览型用户之上，越来越多的用户也开始使用询问等新的方式来获得信息。与搜索不同，询问除了可以通过搜索引擎进行外，还可以通过微博、微信、社区论坛、在线聊天室等社会化媒体，基于人的关系这条纽带进行询问或是查看其他消费者的评论来获取信息。实践证明从朋友或者家人得到的购买建议，更容易让用户从不熟悉的网站购买产品。大多数经常购买产品的老用户反馈，如果它是一个朋友推荐的消息，被购买的可能性将大大提高。

3. 社会化媒体的特征

社会化媒体相对于新闻报纸、广播、电视、电影等传统大众媒体有明显的不同。其重要特征如下。

（1）社区化

人们可以通过社会化媒体很快地聚集在一起，形成一个社区，并可以就购物、文化娱乐、医疗服务或者流行时尚等共同感兴趣的内容为话题，进行充分的交流、分享和评论。

（2）沟通交流

与传统媒体通过"广播"式传播，单向地将内容传递给不同用户，社会化媒体中任何人都可以发送和接收信息，与其他人建立双向的交流对话。

（3）连通性

社会化媒体为用户提供更多交流的机会，大多媒体之间可以通过应用接口、链接等方式进行相互连通，实现数据的共享，达成不同媒体上的用户可以互通有无，连接在一起。

（4）参与性

社会化媒体中聚焦了不同的人群自由地发表、分享各种信息，成为巨大的信息源。用户在分享和浏览各种有用的信息的同时，都会对感兴趣的话题进行主动地反馈或发表言论，用户的参与行为跨越了媒体和受众之间的界限。

（5）公开性

用户可以免费参与到大部分的社会化媒体中，对感兴趣的事物进行交流、发表评论、分享相关信息。在社会化媒体中的信息可以被社区内的所有人无障碍地查看，社区内所有用户共享信息资源。

## 三、企业对社会化媒体的应用

对于企业来说，社会化媒体成长为优先业务的速度非常快。根据 IBM 的调查，近乎 70%的企业高管认为如果公司不使用社会化媒体的话，就会被消费者视为"零接触"的品牌。三分之二的高管称他们需要社会化媒体上的曝光来吸引优秀的雇员，超过一半的高管相信通过社会网站，他们能够在竞争中成功地接触到客户。很明显，社会互动已经从根本上改变了交流和参与的预期目标。企业的这一做法反映出了消费者对于社会化媒体网站的狂热，如Facebook、LinkedIn、Orkut 和 QQ。79%的企业都在这些网站上开设有账户，超过一半的企业使用媒体分享网站（如 YouTube、Flickr 和 SlideShare），以及微博网站（如 Twitter、Jaiku和 Tumblr）。一小部分企业高管并不确定自己的企业是否在某一特定的网站上露面，这表明社会化媒体的使用并不是一种自上而下的指令。

最初，B2B 企业采用社会化媒体的积极性要低于 B2C，但现在这一差距正在逐渐缩小。调查显示，76%的 B2B 企业在社会网络网站上有自己的账户。对于一些注重合作和促进行业重要项目发展的社会网站，如维基百科，B2B 企业的活动与 B2C 相同或数量更多。2010 年10 月，74%的企业利用社会化媒体来与消费者进行交流。65%的企业利用社会化媒体来回复消费的问题，60%的企业利用社会化媒体来推出活动。这些数据有力地证明了企业正将社会化媒体作为与消费者交流的主要渠道。[①]

社会化媒体是一种文化现象，也是一种商业现象。越来越多的客户和潜在客户使用社会化媒体沟通交流他们购买的或者打算购买的产品与服务。许多龙头企业已经意识到这种交流

---

① 李蕾. 社会化媒体与社会化客户关系管理初探 [J] 新闻世界，2014（7）：225.

的重要性，他们通过许多渠道来学习、参与、支持这种客户交流，并最终找到了通过这种社会对话来为公司牟利的方法。例如，IMB 利用集体的智慧（众包 Crowdsourcing）把员工、客户、合作伙伴和朋友聚集在一起，分享点子；在这个充满活力的论坛里，员工们交流思想、促进对话、推广他们的一些项目。通过这种方式，IBM 确定了 10 个最佳的商业孵化项目，凭借这些项目获得了 1 亿美元的投资。弗若斯特沙利文公司的一项调查研究显示，社会化媒体只与部分行业高度相关，对于社会化媒体客户互动参与感兴趣的企业横跨多个行业。

## 四、企业利用社会化媒体管理客户关系的优势

1. 社会化媒体的营销优势

对企业来讲，利用社会化媒体进行营销主要有以下五点优势。

（1）信息发布便捷，影响面广

它能更加快速灵活地反映企业当下的一些状况，能快速地进行信息发布，通过用户关注的形式进行传播，影响面广。

（2）互动性强，能与客户进行即时沟通

社会化媒体是一种社交平台，用一种比较亲密的形式拉近了品牌和追随者之间的距离，可与用户建立超越买卖关系的情感。

对于企业来说，从社会化媒体客户中获取消费者信息的能力是一种很强的竞争优势。目前企业通过社会化媒体与客户互动的渠道大致有两种，一是通过企业自己网站上的客户社区或论坛；二是通过像 Facebook、Twitter 以及 YouTube 这样的外部社会化媒体网站，以及外部社会化媒体网站上的客户社区或论坛。大多数企业的社会化媒体客户参与都是从后者开始的，但与此同时，企业很快发现了通过自己的网站支持客户交流的众多好处。如今，通过社会化媒体与客户接触的大多数企业都会同时使用这两种途径，更为重要的是，利用各种检测工具从社会化媒体客户互动中获取消费者信息。

（3）亲和力强

社会化媒体是一个良好的公关营销平台，能把企业的形象拟人化，能够直面消费者并解答相关问题。

（4）体现品牌价值

企业的品牌资产可通过微博、微信、顾客社区等社交平台折射出来，如粉丝数量。有多少粉丝关注，就表示有多少人对它感兴趣，这多少是对品牌价值的一个体现。未来，这样的一个互动指数也许将是品牌价值评估的一部分。

（5）成本低，威力大

按照微博上的说法，一个微博，若有 100 位粉丝以下是一份单位内刊，50 万以下是一份都市报，1 亿以上就相当于 CCTV。因此，企业投入的成本非常小，却可取得"四两拨千斤"的营销与服务效果。

2. 社会化 CRM 下的客户忠诚

企业越来越多地使用博客、Twitter、Facebook 等社会化媒体来协助自己传播信息，通过各种方式覆盖不同人群。许多企业甚至把这些平台整合进了企业内部，通过个性化自己想要传播的信息，从而直达消费者或是雇员的内心，让他们更加信赖自己、忠诚于自己。在媒体中倾听顾客意见并在与顾客互动的过程中进行回应，这样做的企业往往会得到更多机会，能

够让消费者更加信任并忠诚于自己的品牌和产品。经验表明，不管一家公司在披露信息方面有多透明，使用过社会化媒体的消费者总是更信任其他消费者在网上发布的产品评论、解决方法和想法等。因此，企业可以运用多种不同的社会化媒体平台，包括 YouTube、博客和论坛等，让消费者更有可能从自己信任的信息来源找到自己需要的不同信息。这样，社会化 CRM 充分利用媒体来表达自己的品牌形象和真实信息，对消费者进行个性化的沟通，并提供友好的用户信息分享界面，使得消费者的言论可以共享到更多的媒体平台，提高已有客户的忠诚度。

# 第二节  社会化客户关系管理运行过程

## 一、传统 CRM 向 SCRM 的演进

### 1. 传统客户关系管理（CRM）

客户关系管理是一个不断加强与顾客交流，了解顾客需求，对产品及服务进行改进以满足顾客的需求的连续的过程。如图 10-1 所示，传统 CRM 和顾客之间是一种单向沟通的方式，CRM 的最终目标是促使目标顾客能够持续不断地购买自己的产品，成为企业的忠实用户。它更多建立于顾客个人信息和资料数据之上，企业搜集顾客资料，然后将资料输入 CRM 管理系统中，并通过这些数据更好地了解顾客，细分顾客需求，以及更精准地去定位它的受众。

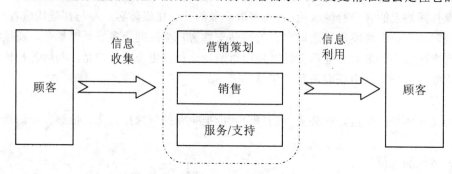

**图 10-1  传统 CRM 的单向传输**

### 2. 社会化客户关系管理（SCRM）

社会化客户关系管理是以社会化媒体为基础的 CRM，涵盖了企业参与互动、客户之间相互交流、客户服务等方面。企业通过与消费者更多的互动，从中获取消费者的反馈信息、褒贬意见、新想法或新创意。之后再通过营销策划、销售及产品服务等措施来吸引更多目标消费群，并用公关活动来进一步推广。在社会化 CRM 中企业不再像过去那样向消费者传递被动的信息，而是开始注重与消费者积极互动，使消费者成为公司本身的拥护者，如图 10-2 所示。企业与消费者需要共同合作以解决商业或服务问题。

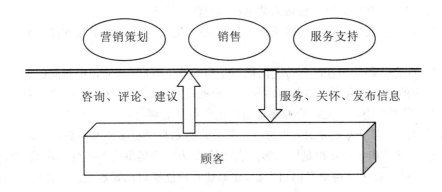

**图 10-2　SCRM 的互动过程**

　　传统的 CRM 是企业主导的，属于内向型的管理模式。企业从公司角度出发，通过各种传统渠道管理消费者。除了定期加入一些新会员外，传统 CRM 系统可以看作是静止的，消费者之间的互动较少。甚至很多消费者在接到企业的电话、短信、E-mail 之前都不知道自己在这个系统里面。这样的 CRM 策略在传统的以产品为主导的经济时代是可以的，这时企业的声音在一定程度上是大多数消费者所能接触到的唯一的声音，自然对消费者也是有效的。但在社会化媒体时代形势就有所不同，消费者可以很方便地获得同伴或其他消费者的声音，当企业的信息和同伴（或消费者）的观点不一致时，消费者大多相信后者。这种情况下，传统 CRM 作为一种内部优化工作流程的工具尚可，但要发挥其以前定位的客服、营销、销售乃至公关等功能就远远不够了。传统 CRM 和 SCRM 的特征区别如表 10-1 所示。

**表 10-1　传统 CRM 与 SCRM 特征的区别**

| 类型<br>项目 | 传统 CRM | SCRM |
|---|---|---|
| 特征区别 | 相对静止 | 动态 |
| | 吸引新客户/会员难 | 自动吸引新会员加入 |
| | 会员之间互动较少 | 会员间有较多相互沟通 |
| | 管理客户参与 | 激发客户参与 |

资料来源：王拥军. 物业管理企业社会化 CRM 实施策略研究［D］. 北京交通大学硕士论文，2014：16-17。

### 3. 传统 CRM 到 SCRM 管理理念的转变

　　在以产品为导向的年代，消费者是在被动的、消息不对称的环境中进行交易活动的，因而企业是可以管理消费者的。而在社会化媒体时代，消费者已经成了网络、信息、消费的主角，消费者掌握了从信息沟通到产品购买、到售后服务几乎所有方面的主动权。市场由卖方转向买方，消费者需要更为个性化的服务和个体权利的尊重。在很大程度上可以认为 SCRM 强调的不是管理用户，而是管理参与和对话，即邀请消费者参与到企业的经营活动中来，与消费者进行对话，将消费者作为对等的合作伙伴来对待。因此 SCRM 倡导：

　　① 鼓励客户、潜在客户、销售合作伙伴和内部员工之间的多对多的参与；

② 试图去捕捉并传播用户创造的数据和用户创造的内容；

③ 并不试图控制与客户取得联系的这个社交虚拟社区，而是为参与者提供不同程度的参与和自治；

④ 尽量在企业利益和社区利益之间取得平衡。量化用户在 CRM 中得到的好处，用户只有在获得一定的利益之后才会自发地参与到与企业交互的虚拟社区中去，也只有这样，社交型 CRM 才能发挥作用。因此，企业需要量化用户得到的利益。

SCRM 通过以客户为主导的管理理念，让客户感到自己更多地参与到自己的消费过程中（如信息收集、评估和售后获得足够的客户支持等），为客户提供更多更好的产品和服务信息；让客户在购买的过程中获得更多的自主权，比如让客户能够自己管理他们的在线人数和声誉，让客户能够自己决定使用哪些个人信息来提高客户自我价值感、被尊重感和归属感等；始终强调以内容引发对话，而不是以管理和强势来要求客户接受，建立有价值的关系。即一切经营活动围绕企业与消费者（B2C）、消费者与消费者（C2C）的协作来展开，为双方创造价值。

SCRM 要注意价值评判的社会化。CRM 的核心是价值管理，体现为企业与用户间的价值评判。在传统 CRM 中，用户对企业的评判数据不足或空白。而在 SCRM 中价值评判是多元化和多维度的。越来越多的人通过社会化媒体获得朋友、权威机构和以往消费者对产品的评价。如果用户获得足够多的好的评价时，其购买动机会提高。而企业通过用户发表的信息获得商品的评价，有利于培养潜在的客户。

SCRM 强调价值管理下的客户平等化。传统 CRM 侧重于价值用户的开发、挽留和发展，旨在对其进行营销获得回报，而大多数零散的用户被边缘化，企业很少对其进行追踪和关怀。而在利用社会化媒体进行客户关系管理的时代，零散的用户成为长尾效应的价值用户。庞大的会员数据基数，是企业不可或缺的竞争优势。

SCRM 注重决策的社会化。SCRM 的客户管理是面向每个客户的精准式管理，是对大数据的管理。社会化媒体增强了企业管理的不确定性和不可预测性。通过社会化媒体发现客户的真正需求，对大数据进行挖掘以推测客户的需求，是提高企业决策的重要模式。应用 SCRM 意味着企业从"以产品为中心"转变为"以客户为中心"。用户生成、分享的内容，社会媒体下网状联结的关系，蕴藏在关系的商业价值，用户与企业的紧密沟通都是 SCRM 辅助企业决策的主要因素。基于 SCRM 体系的决策能真正获取用户的需求。传统 CRM 与 SCRM 管理理念的差异见表 10-2 所示。

**表 10-2　传统 CRM 与 SCRM 管理理念**

| 管理关注点 | 传统 CRM | SCRM |
| --- | --- | --- |
| 客户的角色 | 企业为主导<br>更关注价值客户 | 以客户为主导<br>客户平等 |
| 互动方式 | 企业与客户之间 | 企业与客户、客户与客户 |
| 数据应用 | 静态数据的经验式分析 | 大数据分析挖掘 |
| 管理决策 | 企业经验数据 | 大数据挖掘 |
| 价值评判 | 评判数据不足 | 企业与用户评判的多元化 |
| 管理对象聚焦点 | 管理客户 | 管理对话 |

资料来源：王拥军. 物业管理企业社会化 CRM 实施策略研究 [D]. 北京交通大学硕士论文，2014：18-19。

## 二、社会化媒体环境下的 SCRM 运行过程

许多企业误将社会化媒体战略等同于社会化客户关系管理（SCRM）战略。但事实上，两者并不是同一个概念。对于具有独立社会化媒体方案的企业来说，可能已经开设了一个 Facebook 账户，通过它发布公司信息或推出活动来促进客户交流。企业可能也会安排客服代表在社交论坛上回答客户的问题。同时，全公司的员工也可能在推特或博客上发布一些消费者可能感兴趣的话题。总体来说，这些就是企业利用社会化媒体进行客户交流的方式。但是，他们缺乏一个社会化客户关系管理战略，因为他们没有一个针对价值链上所有客户的综合包罗万象的战略方法。而一旦建立了社会化客户关系管理战略，企业就能更好地了解自己在传统和非传统渠道活动中的影响力。

可见对于企业来说，SCRM 不是简单地在社交平台上注册一个账号，然后定期发布微话题就可以的。成功的 SCRM 战略实施必须建立在完善的系统之上。首先，需要建立 SCRM 的运作流程；其次，有 SCRM 的组织结构；再次，需要有 SCRM 的相关绩效考核指标；最后，要对 SCRM 系统进行持续不断的更新和维护，如图 10-3 所示。

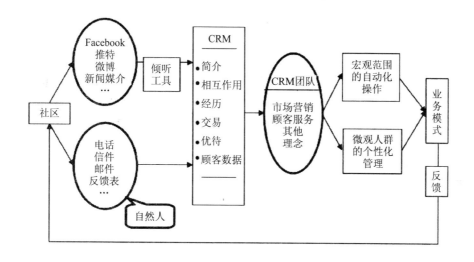

**图 10-3　社会化媒体环境下的 SCRM 运行过程**

资料来源：朱卫兰. 社交网络环境下的社会化 CRM 运行机理研究 [J]. 市场周刊（理论研究），2013（3）：71。

（1）企业利用社会化媒体工具以及传统媒体工具吸引一群和企业具有共同话题的人群，构建顾客社区。

（2）企业通过搭建客户关系管理系统，一方面从社会化媒体获取对顾客的洞察力，另一方面也可以从传统的媒介上直接获取以下几个方面的内容。

①交易数据。它是指企业与客户之间交易过程中产生的购买历史记录、退货、对电子商务网站的访问以及不同页面上停留的时间等信息。

②个人档案。它是指顾客在社区或社交网络中对某事件的非结构化文字评论以及一些性格、爱好标识等。

③客户体验图。研究客户在多种环境中的多个接触点进行的每一次交互，以及客户对各个结果的实际重视程度。

④社会化网络分析。分析谁是决策者、谁是影响者及他们之间如何交互。这是达成交易的关键，在 B2B 的环境中特别受用。

⑤用户创造的内容（UGC）。它是指客户被深藏的评论、评级、排名以及其他媒体内容，有助于企业更多地了解客户的个性化需求。

（3）构建全新的 CRM 团队。SCRM 不再是特定部门的单一任务，而是企业的全民运动，因此全新的 SCRM 团队应当是包括市场营销人员、顾客服务人员以及其他相关人员在内的全新团队。

（4）SCRM 团队利用 SCRM 工具要达成的目标有两个，一个是宏观范围的自动化操作，另一个是微观层面的个性化服务。

（5）在 SCRM 运作流程的最后，结合企业业务操作模式及策略将结果反馈到前端社区平台，加以改进，形成一个良性循环的系统。

# 第三节　社会化客户关系管理策略

## 一、SCRM 策略的核心基础和应用模型

SCRM 可以智能化管理从鉴别和评估消费者的价值和需求，到选择合适的社会化媒体进行适合的交互，再到通过满足个体的个性化需求而实现社会关系的转变和忠诚的整个过程。社交网络的服务核心是人与人之间的沟通以及用户在社交平台上发布的各种话题，同样 SCRM 的核心主体也是人和话题，它以个体导向的微资产为中心，其本质包括了 3 个核心模型和 4 个应用模型（如图 10-4 所示）。

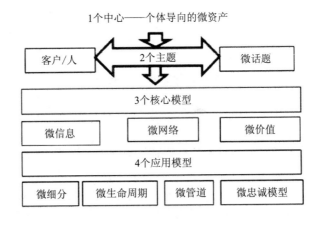

图 10-4　SCRM 策略核心组成部分

资料来源：朱卫兰. 社交网络环境下的社会化 CRM 运行机理研究 [J]. 市场周刊（理论研究），2013（3）：71。

1. SCRM 的核心基础

社交网络环境下 SCRM 的核心基础是微信息、微网络和微价值。

（1）微信息

微信息是核心主体人和话题的信息数据模型。它处理的是主体的信息维度，并能够与业务系统的数据模型进行映射。

（2）微网络

微网络是人或话题的社会化网络结构模型。它强调跟随者和关注者的两个方向的网络分布结构，包括度分布层级、人的数量和话题数量、节点强弱等。

（3）微价值

微价值是社会化网络中人或话题的资产价值评估模型。评估人或话题的社会化媒体影响力的标准体系和模型。基于社会化网络的特点，主要从度分布、度强度和集聚系数等进行评估。

2. SCRM 的应用模型

在核心基础上，企业会根据自身的需求继续研发，从而衍生出 SCRM 的诸多应用模型，组成 SCRM 运行体系的基础。

（1）微生命周期模型

其可分为人的生命周期模型和话题的生命周期模型。社会化网络中的人与话题都有其生命周期阶段，分析并认清生命周期曲线并有效地进行延展和激活，可以更好地提升其整体的生命周期价值。

（2）微管道模型

关注企业在社会化网络中的营销—销售—服务的管道路径，从分享、消费者感知、转化兴趣到内部的线索等不同阶段，并设计不同业务场景进行话题响应，从而形成一个社会化网络与内部 CRM 相融合的微管道。

（3）微忠诚模型

将企业的客户和会员逐步引导到社会化俱乐部中，提供积分、激励、礼品、促销等，通过客户和会员的社会化网络进行分享和服务，并能够吸引和推荐更多的社会化网络中的消费者进入到企业的微管道。

（4）微细分模型

企业可以基于人和话题的信息进行分类，主要有四个分类方法：价值分类——基于客户的贡献值进行不同级别分类、行为特征分类——根据人在社会化网络中的行为特征信息来分类（例如可分为创造者、会话者、评论者、收集者、参与者、围观者和休眠者七类）、生命周期分类及关系网络分类。

综上所述，社交网络环境下的 SCRM 的本质是以个体导向的微资产为中心，以人和话题为主体，以微信息、微价值和微网络为核心基础，并在核心基础上衍生出符合企业实际需要的多个模型，作为其运行机制的基础模型。

## 二、如何应对社会化媒体时代的挑战

尽管社会化媒体给企业提供了一个低成本平台，企业可以在这个平台上打造自己的客服与产品品牌，向企业内部和外部展示企业形象，传递企业声音，能让企业迅速与员工、客户及更广泛的公众群体进行同步交往，尤其是与年轻一代的交往。但社会化媒体又犹如一把双刃剑，如何平衡、掌控、引导也是一项非常重要的工作。

企业需要做好以下几种风险的防范管理工作。

一是管理好企业的人脉资源。企业在对社交媒体进行管理时，要广纳群体，并结合自己的产品定位及企业定位，做好与专属对象的沟通，并建立日常沟通对话联络机制。尤其对投诉类客户，要做好线下的沟通与对接，避免事态的扩大与负面影响。

二是管理好企业的发言内容。企业公关部门和客服部门平时最头疼那些在网络上很活跃的员工，一是担心公司的信息可能会被他们歪曲泄露；二是担心他们的言论可能会违反行业规定或国家法规。企业担心员工擅离职守或故意搞破坏，但是控制员工每天对于社会化媒体的使用是不可能的。解决方法之一就是建立一个企业指导方针，引导员工的言行与企业价值相一致，激励员工代表企业发声。

三是对知识产权的担忧。企业应该制定自己的社交媒体信息发布原则，哪些信息能披露，哪些则不能，都要有明确的规定。无论在哪个圈子（各种媒体和各类社区）都要保持真实与一致性。并且企业要切记不是企业的任何信息都适合在社交媒体上发布的。

# 本章案例

## 东风南方的微信营销

东风日产东风南方中大专营店隶属于东风汽车公司东风南方实业集团，成立于2001年5月1日，作为东风日产乘用车公司广州地区唯一一家直属经销商，东风南方是东风日产华南区最大的4S专营店。为了继续保持领先地位，进入移动互联智能化服务领域，在使用车商通SCRM才2个月后车主绑定数量爆涨至2600多。

车主绑定的概念就是2600多有车牌、有车型及其他车辆信息的真实的活跃使用微信的车主成为东风南方的粉丝。东风南方通过车商通SCRM后台可以智能处理车主们的养修和续保等切身需求，可以实时有效、有针对性地管理和维护。

其实在2013年12月广州东风南方中大店就接入车商通SCRM，但初期缺乏全员意识，又临近年底，车商通SCRM提供的运营体系被搁置。直到2014年2月中旬，由店总牵头，运营经理负责落实全员。真正运营车商通SCRM才用了2个月时间。

### 2个月绑定这么多车主的店内实际效果

1. 20天内养修预约超100单

2014年4月1日至21日，车主养修预约达到103单。从店内数据表来看，整月不分周六、周日和节假日，每日均有车主成功真实预约，车商通SCRM帮助4S店做到了真正的移动智能自动化真实预约服务，无须人工值守。

2. 20天内续保询价32单

以前"续保询价"是由工作人员人工寻找查阅用户数据，从一堆数据中去挑选用户打电话发短信通知，效果不仅差还经常受到投诉。用了车商通SCRM就不同了，车主打开微信是没有任何骚扰的，只有真正临近需要续保的客户，才会收到系统的自动续保消息提醒，无须车商去人工操作。车商还可以针对近期续保有无优惠或相关信息精准推送。

广州东风南方中大店几千粉丝，每天只一次精准推送大约200人的系统消息，平均每天产生 1 至 2 条主动续保询价业务，2014 年 4 月 1 日至 21 日即产生 32 个续保询价，如下表所示。

**32 个续保单的明细**

| 日期 | 续保询价 | 售后消息群发 |
|---|---|---|
| 2014-4-21 | 2 | 223 |
| 2014-4-20 | 1 | 218 |
| 2014-4-19 | 1 | 233 |
| 2014-4-18 | 2 | 219 |
| 2014-4-17 | 2 | 229 |
| 2014-4-16 | 3 | 206 |
| 2014-4-15 | 1 | 232 |
| 2014-4-14 | 1 | 241 |
| 2014-4-13 | 1 | 213 |
| 2014-4-12 | 2 | 225 |
| 2014-4-11 | 1 | 211 |
| 2014-4-10 | 1 | 231 |
| 2014-4-9 | 1 | 227 |
| 2014-4-8 | 1 | 229 |
| 2014-4-7 | 1 | 244 |
| 2014-4-6 | 1 | 221 |
| 2014-4-5 | 1 | 190 |
| 2014-4-4 | 2 | 197 |
| 2014-4-3 | 1 | 215 |
| 2014-4-2 | 4 | 192 |
| 2014-4-1 | 2 | 199 |
| 总单数 | 32 | |

**微信运营方案**

1．微信活动

（1）首先在店内开展了"关注有奖"活动。作为起步阶段，先聚集老客户进入微信公众号，口碑也易于传播。使用车商通 SCRM 可以直接识别用户身份，车主的归车主、潜在客户的归潜在客户。初步营造运营用户池。

（2）借助马年，推出"码上有礼""码上有钱"活动，在展厅和其他渠道曝光二维码。同时利用车商通 SCRM 钱包，精准针对车主和潜在客户推出不同促销优惠活动。开始进入增粉和引导微信粉丝自助服务。

（3）推出"粤 A 计划，快人一步"营销活动。潜在客户的车商通 SCRM 微信钱包均可直接"捡"购车现金。同时继续针对车主无骚扰精准推送引导关怀及优惠活动。

2．线下全员参与

店总牵头，全员参与。将之前的服务模式升级至：用户微信响应——直接销售或售后顾问线上处理——用户线上解决或到店服务——微信反馈记录服务——用户反馈真实点评——4S 店获得满意度真实数据。除了目前无法替代的用户到店服务，其余均可通过车商通 SCRM 智能化移动化解决。员工无须花费大量时间进行人工记录和整理，全部电子化、图表化。店内员工全部参与，引导客户通过人人都用的微信享受服务。广州东风南方中大店黄经理表示，要像美发店推广会员卡一样推广微信，但显然微信比会员卡亲和多了。它不是个只用来积分和打折的工具，而是用来连接用户和 4S 店各项服务和工作人员的最佳通道。

3. 因势利导培养客户使用微信服务

广州南方中大店售后部员工全部参与到引导用户使用微信获得服务的行列，让用户发现自己每天用来嘻哈聊天语音的微信，还可以无骚扰地实现切身需要自助服务。和整个 4S 店在微信里邂逅，平时从不打搅，你需要它时，只需要从上一个会话场景无须切换和退出进入这一个微信窗口，也可以打开微信直奔这个微信窗口，来一场指尖上的链接。

这不同于一般的 4S 店。现在几乎所有 4S 店都在推广微信，二维码到处都是。但真正用对了的没几家，许多店还处在起步阶段。用一套不能区分车主和潜在客户的群发来运营，车主微信是受不了公司每天推送优惠车型的，潜在客户也是受不了公司推送保养、推送调和油的。

**讨论：**

1. 结合案例，说明社会化客户关系管理的特点和运行过程。

2. 东风南方在社会化客户关系管理策略方面要做哪些改进？

**思考与练习：**

1. 企业利用社会化媒体进行客户关系管理有何优势？

2. 传统客户关系管理和社会化客户关系管理的特征各有哪些？两者管理理念和管理策略有何不同？

3. 社会媒体环境下的客户关系管理运行过程是怎样的？

4. 企业可以通过哪些策略进行社会化客户关系管理？

**补充阅读材料：**

1. Harrigan, Paul; Morgan Miles. From e-CRM to s-CRM. Critical factors underpinning the social CRM activities of SMEs. Small Enterprise Research, 2014, 21(1), 99-116.

2. Paul Harrigan, Geoff Soutar, Musfiq M. Choudhury, Michelle Lowe. Modelling CRM in a social media age. Australasian Marketing Journal (AMJ), In Press, Corrected Proof, Available online 5 December 2014. doi:10.1016/j.ausmj.2014.11.001.

3. 李蕾. 社会化媒体与社会化客户关系管理初探 [J]. 新闻世界，2014（7）：225-227.

4. 王拥军. 物业管理企业社会化 CRM 实施策略研究[O].北京交通大学硕士论文，2014.

5. 朱卫兰. 社交网络环境下的社会化 CRM 运行机理研究 [J]. 市场周刊（理论研究），2013（3）：69-72.

# 第十一章　客户忠诚与员工忠诚

## 引　例

丽兹—卡尔顿（Ritz-Carlton）是全球最顶级的酒店品牌之一，其发展的过程是一部现代豪华酒店发展的历史，定义了何为豪华与享受，何为顶尖的服务。一项傲人的数据表明：超过90%的丽兹—卡尔顿酒店的顾客仍回该酒店住宿。尽管该酒店的平均房租高达150美元，但全球丽兹—卡尔顿酒店的入住率高达70%。丽兹—卡尔顿酒店的成功在于坚守了"要照顾好顾客，首先必须照顾好那些照顾顾客的人"这一原则。例如酒店授予员工很大的自主权来解决相关问题，甚至可以在必要时对公司规则灵活变通。每个部门之间都会相互发一些感谢卡，来感谢互相协作的员工，这些卡片都记录了谁帮助了谁。这样可以鼓励员工之间互相帮助，以及自己作为酒店员工的自豪感。丽兹—卡尔顿酒店承认和奖励表现杰出的职员，制定"五星奖"方案，向杰出的职员颁发各类奖章、"黄金标准券"等作为奖励。丽兹—卡尔顿酒店的职员流动率低于30%，而其他豪华酒店的职员流动率达到45%。

热身思考：员工忠诚和客户忠诚有何关系？

自20世纪90年代以来，客户忠诚感培育问题备受关注。在培育客户忠诚感的过程中，离不开对服务传递中的员工忠诚感培育。无论是一线员工，还是支持他们的幕后人员，对服务组织的成功都至关重要。在许多情况下，员工就是服务，就是组织，就是营销者。员工所做的每件事、所说的每句话、所表现的情绪都会影响客户对企业的感知，影响客户的满意感，进而影响其对企业的忠诚感。企业对员工进行投资，培育员工对组织的归属感和忠诚感，对客户忠诚感的培育具有关键性的作用。在本章，我们会从服务利润链和关系三角形的视角出发，了解服务传递中员工扮演的角色，理解员工忠诚感培育的重要性。

## 第一节　服务利润链

服务利润链揭示了员工满意和顾客满意是息息相关的。满意的员工有助于产生满意的顾客，反之，满意的顾客也会增强员工的工作满意感，而如果员工对工作不满，顾客满意度也很难实现。服务利润链揭示了顾客忠诚感、企业的利润与员工满意度和忠诚感之间的逻辑关系。企业的收益增长主要受顾客忠诚感的刺激和影响，而顾客忠诚感是顾客满意感的结果。顾客的满意感很大程度上受顾客感知的消费价值的影响。而消费价值是由满意的、忠诚的和高生产率的员工创造的。员工的满意度又源于企业内部高质量的服务支持体系。内部服务质量、员工满意度/生产力、顾客感知的服务价值、顾客的满意度、保留率和利润之间的联系在服务利润链中得以体现（见图 11-1）。

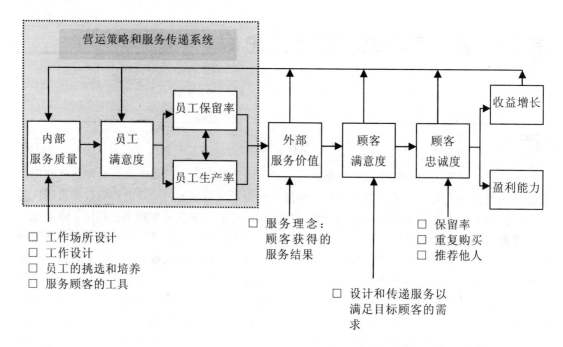

**图 11-1　服务利润链**

资料来源：James L. Heskett，Thomas O. Jones，Gary W. Loveman，W. Earl Sasser，Jr.，Leonard A. Schlesinger，"Putting the Service-Profit Chain to Work" Harvard Business Review，1994 by the President and Fellows of Harvard College.

服务利润链的主要理论要点如下：

1. 企业收益受顾客忠诚度驱动

追求利益最大化是企业的主要经营目标，而越来越多的企业意识到，顾客忠诚度对企业的收益增长起着关键作用。Reichheld 等人的研究结果表明，顾客忠诚度增长 5%，企业利润的增长幅度在 25%～85%。忠诚顾客的购买行为与其他一般的顾客不同，他们会重复购买企业的产品和服务，会向其他顾客进行正面宣传和推荐，甚至在某些情况下，会比其他一般的客户更容易原谅企业的过失。同时，忠诚的客户不容易跳槽到竞争对手去。长期来看，企业能从忠诚的客户获得顾客的终身价值。

2. 顾客满意感受顾客忠诚度驱动

顾客的忠诚度是建立在长期的、不断累积的顾客满意度基础上的。服务业如此，制造业也是如此。因此，许多领先的企业投入了很多时间、精力和资源在顾客满意感的培养上，尤其是进入 20 世纪 90 年代以来，领先企业十分重视对顾客满意度的量化。例如 Xerox 公司曾使用 5 分制的问卷，平均每年对 48 万用户进行调查。问卷中的 5 分制是了解顾客对其产品和服务的满意程度，5 分是最高，1 分是最低。1991 年 Xerox 公司对满意度超过 4 分的顾客分析发现：顾客满意度与顾客忠诚度是非线性关系的，尤其是满意度为 5 分的顾客，其忠诚度远远超过满意度为 4 分的顾客；对其产品和服务满意度为 5 分的顾客比满意度为 4 分的顾客重复购买 Xerox 公司的产品和服务的次数多达 6 倍以上。于是，Xerox 把 1996 年底的经营目标定为：通过更新升级服务水平，100%地赢得满意度为 5 分的顾客。

这个小小的例子说明了顾客满意度和顾客忠诚度密切相关，而且满意度高的客户可能带来更高的顾客忠诚度。因此，企业在量化顾客满意度时，必须选取客观准确的尺度来衡量顾客的满意度。

3. 顾客满意感来自服务消费价值

现代顾客的一个特点是价值导向。价值不是一个绝对的数字，而是相对的概念，它是建立在服务质量的基础上的，而服务质量的好坏是顾客对一项服务期望水平和实际获得的服务水平进行比较的结果，是顾客对所获得的和付出的成本进行比较衡量出来的结果。大部分企业会用顾客表述他们对产品和服务高度或低度满意的原因来测量服务价值的高低，此外，有些因素，如服务的可靠性、速度、能力、移情性、礼貌、安全性、可信度等，也是顾客感知服务质量的一些决定因素。企业应该识别出顾客认为重要的影响服务价值判断的因素，找出顾客最看重的是哪些服务价值。

4. 员工生产力推动服务价值的增加

服务价值主要是在服务人员和顾客的交往过程中提供的，这是由服务的生产和消费同时性的特点决定的。因此，员工的生产力对服务价值有着至关重要的作用，员工生产力的提高会使员工产生真诚地帮助顾客获得外部服务价值的愿望。现代的许多服务性企业，员工的生产力已不仅仅以其服务产出数量来衡量，还要把员工提供的服务质量包括在内。事实上，员工本身就是服务质量的保证者。

5. 员工的忠诚度提高生产力

内部员工的忠诚度主要以员工是否愿意长期留在企业工作表现出来。因此，员工的流失率是衡量员工忠诚度的一个重要指标。传统的计算员工流失带来的损失，只是从重新招聘和培训的成本来考虑。但事实上，员工流失带来的真正损失是生产力和顾客满意度的降低。顾客的满意度与员工的流失率密切相关，有研究显示：在顾客满意度高的商店，员工离职率是54%，而在满意度低的商店，员工离职率是83%。在 20 世纪 90 年代初，人们也曾做过一项与此相关的研究。研究发现：一家汽车交易行用一个有一年以下经验的销售代表去替换一个有 5～8 年经验的销售代表，每个月销售额的损失高达 36000 美元，而债券和股票公司失去一个有经验有能力的经纪人所造成的损失更为严重。因为一个经纪人至少需要 5 年的时间才能建立起与顾客的关系，更换一个经纪人在初始的几年内每年可造成上百万美元的损失。

6. 员工满意感是员工忠诚的基础

与顾客忠诚度理论相类似，员工的忠诚度是来自不断累积的员工满意度。员工对企业的态度和信任常常反映在他们的行为上，满意的员工自然会更热爱自己的工作岗位，更愿意留在企业努力工作，员工的忠诚度也能得到提高。因而，企业非常有必要像了解顾客的满意度那样正式对内部员工的满意度进行测量。对员工满意度进行定期的测量，并把员工满意度、忠诚度和顾客满意度、忠诚度等调查结果结合起来，进行相关分析，能够取得更加良好的管理效果。

7. 员工满意感来自优质的内部服务质量

内部服务质量主要根据员工对他们的工作、同事以及企业的感觉来进行测量。员工评价他们的工作，一方面是从自身提供顾客期望的服务的能力和自主权来评价，另一方面，组织内部的人际交往的态度以及员工被对待的方式，也是员工感知内部服务质量的重要内容。美国 MCI 公司曾对其七个电话客服中心做过相关的研究，研究发现，影响内部员工工作满意度的内部条件按照影响程度高低排列依次为：工作本身、培训、报酬、提升的公平性、在尊重和个人尊严方面所受到的待遇、团队工作、公司对员工生活福利的关心程度。

此外，实践还表明，企业领导人对内部服务质量起着决定性的作用。领导者对内部企业文化的建立扮演非常重要的角色。深知服务利润链重要性的领导者会把大量的时间、精力和资源用在对内部员工和外部顾客的服务上。他们往往会懂得聆听员工的意见，投身于服务工作、场地、流程的设计和改进，会对内部员工的选拔、培训、认同和关心上花费更多的精力。其实，员工本身就是内部服务质量改善和顾客积极反应的感受者，企业强化不断改进服务质量，员工的满意就会进一步强化，服务利润链也就能保持完整。

# 第二节　关系三角形

在服务实践中，服务人员执行着双重职能，一是对与顾客的交往质量和顾客对服务质量的感知肩负责任，二是保持与组织内部的沟通交流。服务人员既要从外部环境搜集信息并反馈给组织内部，又要把组织的信息传输给顾客。我们把服务人员在服务过程中所扮演的这类连接组织和外部环境的角色称为跨边界角色。这类角色主要有两个作用：信息的传输者和组织的代表。处在组织和顾客的连接地带的服务人员经常面临着许多冲突和压力。而起着跨边界角色的员工又是解决组织与顾客冲突、矛盾的关键人物。虽然顾客、组织和服务人员存在相互依赖的关系，但三者由于各自对控制的需要的差异又存在潜在的冲突和矛盾（见图 11-2）。

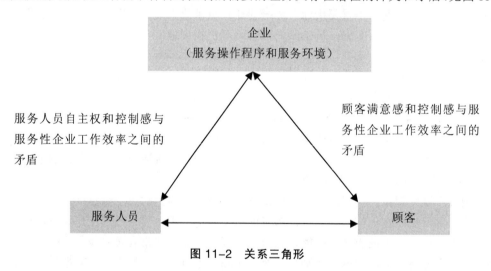

图 11-2　关系三角形

资料来源：汪纯孝，蔡浩然. 服务营销与服务质量管理［M］. 广州：中山大学出版社，1996。

## 一、服务人员与组织间的冲突

企业为了便于对服务人员和顾客的行为进行控制，往往会制定服务操作程序，对服务流程和服务人员的工作内容都做相应的说明和规定。对企业而言，通过制定明确的服务操作程序将服务进行标准化，提高服务人员的工作效率，从而有助于企业提高经营效率和经济效益。但是，对服务人员而言，这种标准化的服务体系与员工对服务过程的控制需要是冲突的。员工没有工作自主权，无法满足顾客的特殊需要，不能根据顾客的不同需求灵活地提供服务。因此，在顾客的需求与企业的规则有差异时，员工仍严格按照企业的规章制度为顾客服务，有可能引起顾客的抱怨，甚至不满。员工虽然察觉到顾客的不满，但却无法通过改变相关的服务规定来降低顾客的不满意感，这时候，企业的规章制度就成为员工提供良好服务的阻碍了。

## 二、顾客与组织间的冲突

类似的，顾客和组织之间也会存在冲突。尤其在顾客占支配地位的面对面服务中，顾客对服务过程有高度的控制权，服务程序不再是高度标准化，而是具有很大的灵活性，能随时根据顾客的需求提供相应的服务。这种个性化的服务有助于增强顾客的控制感，有可能提高顾客的满意度，但是却降低了企业的工作效率。

顾客期望与服务系统能力的差距也有可能造成两者间的冲突。企业的对外宣传对顾客期望的形成具有一定的影响，当企业宣传夸大了其自身的服务提供能力，而顾客在服务实践中却没有得到相应的服务能力时，或者顾客受广告影响，对企业有过高的期望，要求得到服务系统不能提供的服务时，这也有可能导致顾客和企业间的矛盾。

## 三、服务人员和顾客间的冲突

根据戈夫曼的角色理论，在服务过程中，顾客和服务人员都必须遵守各自的服务剧本或扮演一定的角色。服务人员和顾客间的冲突，一方面，体现在员工扮演的工作角色可能与自我的感受不一致，例如，在某些服务实践中，顾客具有对于服务人员的个人优越感，服务人员要求扮演的角色会使其产生受轻视的感觉，这种不平等的情境使服务人员产生角色压力。同时，在服务过程中，服务人员往往要隐藏自己的真实感觉，以向顾客表现恰当的情感，但服务人员长期抑制自己的真实感觉，也易导致角色压力。角色压力会引起一系列问题，可能导致员工的身心健康受到损害，也有可能加剧服务人员和顾客的矛盾。另一方面，顾客对服务人员扮演的角色有预期的期望，而服务人员对其角色的扮演也具有自己的理解，当两者对角色的工作职责的看法有差异时，也就容易产生矛盾。

对于解决企业、服务人员和顾客三者间的冲突，比特纳（Bitner）基于服务营销的视角，提出了一个服务营销三角形的战略框架。该框架的基本观点是：企业向顾客做出承诺并信守承诺，以此成功建立长期的顾客关系。在企业、提供者、顾客两两之间，服务要获得成功必须成功地执行三种类型的营销活动。

（1）外部营销，企业在传递服务的过程中管理顾客的期望，通过各类市场沟通组合，如人员销售、媒体广告、宣传、促销活动和公共关系等，增加现有的和潜在的顾客与企业接触的机会，增进服务传递前企业与顾客的沟通，使顾客了解企业提供的服务和产品。同时企业进行外部营销也是为了对顾客做出恰当的服务承诺。企业做出承诺后，就必须履行对顾客的承诺。交互营销和内部营销是服务承诺兑现的关键。

（2）交互营销，又称为实时营销，是对服务传递过程的管理和控制。如果企业在服务传递的过程中违背了承诺，顾客就会不满，企业的顾客保留率就会降低。在这一环节，提供者不仅仅包括企业的员工，还包括与服务传递系统有关的分包商、资源外部提供者、代理人等。交互营销过程，是企业信守承诺的实践，并且，人员在这一环节中扮演了非常重要的角色，尤其是企业的员工。员工是服务的主要生产者，企业必须雇用正确的人员为顾客提供服务。正确的人员不仅仅指服务能力强或具有竞争力的员工，更指具有服务意愿的员工。

（3）内部营销，管理者提供必要的支持系统，帮助提供者提高服务传递的能力，使提供者能够实现企业对顾客的承诺。员工是企业的内部顾客，忠诚的员工有助于培养外部顾客的忠诚感。因此，企业不仅仅提供支持性技术和设备，还需要对员工进行技术和互动能力的培训，评估并奖励优秀的员工，激励员工，把员工视作顾客对待，帮助员工扮演好其服务传递的角色。

三种类型的营销活动是密切相关的（见图 11-3），外部营销使企业对顾客做出承诺，管理顾客的期望，交互营销使企业所做的承诺与实际传递的服务一致，内部营销则使员工的角色扮演与顾客对企业的期望一致。三类营销活动是企业整体营销活动的有机组成部分，任何一部分的营销活动有问题，都会影响到企业的整体服务质量。

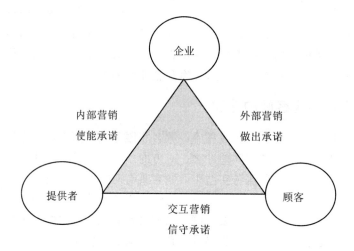

**图 11-3　服务营销三角形**

资料来源：瓦拉瑞尔·A.泽丝曼尔，玛丽·乔·比特纳. 服务营销［M］. 张金成，白长虹，译. 北京：机械工业出版社，2005：218。

对于顾客忠诚的形成机制，也有学者从市场导向的理念出发，提出另外的有别于上文的服务三角形（见图 11-4）。该服务三角形强调了企业的服务策略、服务系统和服务人员都要以顾客为中心，并描述了六种主要的关系。

第一种关系是企业的服务策略必须与顾客有良好的沟通。换言之，服务策略是基于顾客需求和需要的，是企业能力所及的范围。

第二种关系是服务策略也需要与服务人员沟通。服务人员能理解企业的服务策略，管理者培养服务人员对服务策略的认同感。只有使服务人员理解了这些策略，企业才能兑现对顾客的承诺，为顾客提供满意的服务。

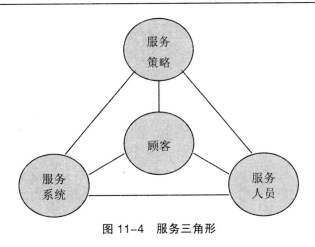

图 11-4　服务三角形

资料来源：K. 道格拉斯·霍夫曼，约翰·E. G. 彼得森. 服务营销精要——概念、策略和案例［M］. 胡介埙，译. 大连：东北财经大学出版社，2004：17。

　　第三种关系是服务策略必须与企业的服务系统一致。服务系统包括两个部分：顾客可见的部分和不可见的部分。可见部分又包括周围环境、服务提供者以及其他顾客。周围环境中的一切有形证据都应符合服务策略的要求。服务提供者是服务策略的实践者，对顾客的服务感受有重要的影响作用。服务经历通常是在有其他顾客在场的情况下发生的，因此，其他顾客的行为会影响到正在消费的顾客的服务经历感知。不可见的部分是由不可见的组织和系统组成的，它反映了企业的规则和服务所依据的程序。这类不可见的组织和系统往往就是一线服务人员工作的后台支持，虽然它们对顾客而言是不可见的，但对一线的服务传递质量有深远的影响，一旦后台支持出现问题，一线的服务生产系统也会受到阻碍。

　　第四种关系则反映了服务系统对顾客的影响。服务系统的设计应该是方便顾客的消费。

　　第五种关系则描述了服务系统和服务人员的关系。基于实现企业的服务承诺的基础，服务系统应该能为致力于实现优质服务的服务人员提供支持，而不是障碍。

　　第六种关系是顾客和服务人员之间的关系，这是服务三角形中最重要的关系。顾客和服务人员之间的交往质量是顾客满意度评价的基石。服务人员不仅需要具备专业的服务能力，还需要培养人际交往能力。此外，在促进顾客忠诚的服务过程中，服务人员把企业的服务理念形象地传递给顾客，为顾客提供服务，服务承诺得以实现，同时服务人员还可获得顾客反馈的最佳信息。因此，顾客和服务人员之间的相互作用关系往往带了服务经历的"关键事件"。

　　服务三角形形象地描绘了顾客、服务人员、企业三者间的关系，是基于市场的导向的管理模式。这类模式的企业管理者是关心员工的利益、为员工提供良好的培训，并通过各种激励方式留住优秀的员工，从而培育员工的满意感和忠诚感。而忠诚的员工能提供更好的服务，顾客也会更满意，重复购买的频率也会更高。

# 第三节　合适的员工

　　留住合适的员工对企业培育顾客忠诚感至关重要。不忠诚的员工无法为企业招徕忠诚的顾客。这是因为：首先，企业需要较长的时间与顾客建立牢固的人际关系；其次，对企业忠诚的员工有更多的机会学习提高效率；再次，忠诚的员工长期在企业工作，节省了企业的招聘和培训费用；最后，重视培育忠诚的员工的经营政策有助于企业吸引更多合适的顾客。

## 一、员工忠诚的价值

许多企业管理人员不了解员工忠诚的价值，在面临经营危机时常常会采取裁员措施，通过裁员降低企业的人工成本。裁员虽然可在短期内节省企业的人工成本，但是，给企业带来的长期后果却被忽略了。经常裁员的企业员工的忠诚度降低，而员工忠诚度降低，往往会降低企业的经营业绩。美国一家汽车公司的管理人员发现，如果本公司汽车驾驶员的忠诚度降低一半，则客户的利润率可以增长 50%。一家证券公司发现，若经纪人的保持率提高 10%（从80%增加到 90%），那么该公司的价值将会增加 155%。可见，企业应充分重视员工忠诚的价值。

员工忠诚的价值主要表现在以下几个方面。

1. 减少企业招聘的成本

企业招聘员工往往需要花费大量的费用，包括招聘费用、面谈费用、搬迁费用等。员工忠诚，则企业不需要经常招聘新员工，招聘成本降低。此外，一位绩效好的老员工跳槽，往往可能需要几个新员工顶替其职位，因此，留住老员工对企业来说，可以减少招聘成本。

2. 节省企业的培训费用

招进新员工后，为了让新员工尽快上岗，企业往往要对新员工进行培训。培训期间工资照付，这段时间公司几乎没有收益。不少好公司舍得投资对员工进行培训，即使老员工也经常接受培训。许多企业让经验丰富的老员工对新员工进行培训，所以企业不需要支付额外的培训费用。换句话说，就培训而言，忠诚的员工不仅不需要企业投资，反而能让企业净赚。

3. 忠诚员工的工作效率高

员工积累的经验越多，他们的工作效率越高。效率提高意味着需要企业的监督减少，进一步增加了企业的工作效率。员工工作效率可以看作是员工工作积极性与工作能力的乘积。如果员工留在公司是因为他们为顾客创造了价值而感到自豪，是因为他们为自己创造的价值而心满意足，那么他们就会更积极主动工作。

4. 有效选择顾客

经验丰富的销售人员和营销人员，更懂得如何找到并招徕最有价值的客户。例如，在保险行业，有经验的保险代理人无论在吸引新客户还是留住老顾客方面都比新员工强得多。新员工客户的续保率往往很低，许多情况下给公司带来的是净亏损。

5. 能更有效地留住顾客

许多企业的实践表明，忠诚的员工更能留住忠诚的顾客。即使是在与顾客没有直接接触的制造业，忠诚的员工往往能够生产更好的产品，为顾客创造更大的价值，从而为公司争取到更高的顾客保持率。

6. 向顾客推荐企业的产品或服务

忠诚的员工会向顾客推荐企业的产品和服务。顾客在购买产品或服务前会通过各种渠道收集产品或服务信息，员工对自己企业提供的产品和服务非常熟悉，很多时候成为顾客的信息源。

7. 向企业推荐新员工

忠诚的员工还可能向他人推荐本公司，为公司招徕高素质的员工。这不仅降低了企业招聘成本，而且提高了新员工的平均素质。拥有最高员工保持率的公司，其主要的招聘方式就是老员工的推荐。

## 二、培育员工的忠诚

既然忠诚的员工能够从方方面面为企业带来利益，企业就应该采取措施，培育员工的忠诚感。

1. 选择合适的员工

与培育顾客的忠诚感类似，企业要培育忠诚的员工首先要选择合适的员工，即选择那些认同本企业文化和价值观的员工。就像不可能所有的顾客都对企业有价值一样，并非所有的员工都能为企业创造价值。企业应该选择那些认同企业文化、有能力为顾客提供优质产品或服务、为企业创造价值的员工。

2. 不要轻易调动员工

职位的晋升是许多企业奖励优秀员工的一种方式。然而，对一线服务员采取类似的奖励方式有时反而可能会降低该员工的工作效率。一名优秀的一线服务员（如宾馆客房服务员）并不一定能够做好管理工作（领班、主管的工作）。还有一些企业实施部门轮换制，把在这个部门工作出色的管理人员换到另外一个部门，这种做法也可能降低企业的运营效率。美国Edwards 公司从不轻易轮换门市经理。如果哪位经理擅长创建新的办事处，公司给他提供支持。大多数的门市经理人员长期不进行变动，但其报酬多少则取决于自己门市的赢利情况。90%至95%的职务提拔是从公司内部职工中择优录取，这么做又进一步强化了公司的忠诚文化。公司的执行委员会由九位委员组成，人均任期在25 年以上，而且都在公司里拥有一份可观的股份。

3. 公平对待员工

组织公平性是近年来组织行为学者探讨的一个焦点问题。许多学者的研究结果表明，企业公平地对待员工能够有效地提高员工工作效率，增强员工工作满意感和忠诚感。因此，企业管理人员应贯彻公平待人原则，即"你想人家怎样待你，你就要怎样待人"。 公平性既体现在人际交往方面，也体现在员工的报酬、职位的晋升和工作程序方面。

4. 把员工个人利益与企业利益相协调

要留住优秀的员工，企业必须把员工的利益与企业利益相结合，帮助员工提高员工个人收入。许多企业管理人员把员工个人收入与企业收益对立起来，认为员工个人收入高意味着企业收益的减少。这种观念是错误的。只有员工个人收入增长了，员工才可能更好地为企业工作，增加企业的收益。Chick-fil-A 公司是美国的一家快餐连锁公司。该公司建立了一套体系，协调了各分店经营者和公司之间的利益。具体做法是：新加盟的经理人员向公司支付5000美元的定金即可加盟，经理人员的基础工资是年薪 2.4 万美元，不管该分店赢利与否，公司都会保证经理人员的基础工资；但若分店赢利，经理人员先用营业收入的15%支付公司提供过的服务，然后与公司对半分享剩余的利润。结果在快餐这个员工流失率高达30%至40%的行业，Chick-fil-A 公司每年只有 4%至 6%的分店经营者会跳槽，而且这部分跳槽者也是业绩处于公司所有分店业绩最差的三分之一的分店经营者。由于员工忠诚度高，Chick-fil-A 公司在 49 年里开设了 600 多个分店却没有吸收任何外部资金。而该公司各分店经理的平均年收入达 4.5 万美元，高于该行业平均的 3 万～3.5 万美元，其中最高的 10% 的经理人员的年薪甚至超过 10 万美元，这个水平的年薪在该行业几乎是闻所未闻。

## 本章案例

### 沃尔玛的三项基本信仰

沃尔玛公司由美国零售业的传奇人物山姆·沃尔顿先生于 1962 年在阿肯色州成立。经过五十多年的发展，沃尔玛公司已经成为美国最大的私人雇主和世界上最大的连锁零售企业。沃尔玛在全球 27 个国家开设了超过一万家商场，下设 69 个品牌，全球员工总数为 220 多万人，每周光临沃尔玛的顾客为 2 亿人次。

沃尔玛的成功固然涉及包括市场定位和低价策略、先进的供应链和管理信息系统等许多因素，但最根本的成功因素是沃尔玛"尊重个人，服务顾客，追求卓越"的三项基本信仰。这些原则已体现在沃尔玛员工每天的辛勤工作及待客服务中，成为沃尔玛独特的企业文化，使沃尔玛更具竞争力。

一、尊重个人

尊重每位员工提出的意见。沃尔玛的员工不是被称为"雇员（Employee）"，而是被称为"合作者（Partner）"或"同事（Associate）"。沃尔顿认为："所有同事都是在为购买我们商品的顾客工作。事实上，顾客能够解雇我们公司的每一个人。他们只须到其他地方去花钱，就可做到这一点。衡量我们成功与否的重要的标准就是看我们让顾客——'我们的老板'满意的程度。让我们都来支持盛情服务的方式，每天都让我们的顾客百分之百地满意而归。"因此，沃尔顿提出"关心自己的同事，他们就会关心你"，培养员工"爱公司如爱家"的精神。

每周六早 7:30 公司工作会议开始前，沃尔顿会亲自带领参会的几百位高级主管、商店经理们一起欢呼口号和做阿肯色大学的啦啦队操。布什夫妇亲临本特维拉为沃尔顿颁奖时，沃尔玛的员工们也以这种欢呼口号的形式欢迎了他们。另外，在每年的股东大会、新店开幕式或某些活动中，沃尔玛员工也常常集体欢呼口号。沃尔玛的欢呼口号成了沃尔玛公司中最具号召力的一大特色。沃尔玛这一"欢呼政策"是有来源的：沃尔顿在参观韩国的一家网球工厂时，发现工厂里的工人每天早上聚集在一起欢呼和做体操。他很喜欢这种做法并且急不可待地回去与同事分享。他对自己的同事说："因为我们工作如此辛苦，我们在工作过程中，都希望有轻松愉快的时候，使我们不用总是愁眉苦脸。这是'工作中吹口哨'的哲学，我们不仅仅会拥有轻松的心情，而且会因此将工作做得更好。"

这是沃尔玛购物广场和山姆会员店的欢呼词：

| 沃尔玛购物广场欢呼 | 山姆会员店欢呼 |
| --- | --- |
| 来一个 W ----------------- W | 来一个 S ----------------- S |
| 来一个 A ----------------- A | 来一个 A ----------------- A |
| 来一个 L ----------------- L | 来一个 M ----------------- M |
| 我们一起扭一扭！ | 来一个呼 ----------------- 呼 |
| M ----------------- M | 来一个 S ----------------- S |
| A ----------------- A | 我们一起喊 ----------------- 山姆会员店 |

```
R ----------------------- R        谁是第一 -------------------- 会员第一
T ----------------------- T        我听不见 -------------------- 会员第一
我们就是 ---------------- 沃尔玛    山姆,
天天平价 ---------------- 沃尔玛    山姆,
顾客第一 ---------------- 沃尔玛    向前进!
沃尔玛,
沃尔玛,
向前进!
```

当然,沃尔玛公司对员工利益的关心并不只是停留在口头上的欢呼或是几条标语式的企业文化理论,而是一套详细而具体的实施方案。

1. 利润分享计划

在利润分享计划中,公司保证每一个在公司工作了一年以上,以及每年至少工作 1000 小时以上的员工都有资格分享利润。运用一个与利润增长相关的公式,沃尔玛把每个够格的员工工资按百分比归入这个计划,员工们离开公司时可以现金或股票方式取走这个份额。

2. 雇员购股计划

公司最大的股东是主管员工分红的信托基金组。为了让员工感受到公司的业绩与他们的努力相关,沃尔玛的每个商店都会展示公司股票的当天价格。沃尔玛鼓励员工持有公司的股份并与员工进行利润分享。员工可以用扣薪的方式以比市价低 15% 的折扣购买公司的股票,并根据公司每年的赢利情况,获得相应的红利。在沃尔玛,有大约 50% 的员工参与了购股计划,他们在公司的成长过程中获得了丰厚的回报。

3. 损耗奖励计划

在损耗奖励计划中,因为损耗是零售业的大敌,沃尔玛控制这一纰漏的方法是与员工们共享公司因减少损耗而获得的赢利。如果某家商店将损耗控制在公司的目标之内,该店每个员工都可获得奖金,最多可达两百美元。这项计划使沃尔玛的商品损耗率控制在 1.1% 以内,而同行的一般水平为 2%。

此外,沃尔玛公司对员工的培训也是非常的到位和详实。沃尔玛高度重视对一线员工的选拔,寻找那些本性热情的(Passionate),充满智慧的(Intelligent),富有同情心的(Compassionate)及认真努力的(Intense)人员,即遵循所谓的"PICI"原则。沃尔玛要求员工必须要有友善的态度及服务的精神,以便更好地为顾客服务。沃尔顿认为:"我们(沃尔玛)比竞争对手的服务之所以高出一筹,是因为我们的员工更出色。"

沃尔玛对员工进行充足的岗位培训,让他们尽量多地参与商店的各种事务,以增强他们的专业知识和实践能力,提高服务于顾客的能力。培训项目包括任职培训、升职培训、转职培训、全球最佳实践交流培训和各项专题培训等。在每一个培训项目中又包括 30 天、60 天、90 天的回顾培训,以巩固培训成果。培训分为不同的层次,有在岗技术培训、专业知识培训、企业文化培训等。为了对员工的进步和成绩给予及时的认可和奖励,公司还设立了销售竞赛奖、地区明星奖等多个奖项,获奖人的照片和名字会在商店的橱窗里进行展示。

沃尔玛经常开展一些既能使员工尽快融入公司大家庭又能提高销售力这种具有双重目标的活动。例如,公司要求总部的高级行政人员选择一些商品进行促销活动设计,与业务经理一同开展销售竞赛。通过这些竞赛活动，沃尔玛的高层管理者对商品的销售和商店的运作保持着一种超常的敏感性，员工也被这些竞赛活动深深吸引，获得更多的参与感和归属感。

事实上，在沃尔玛，经理们是被看作"公仆领导"的，经理是处于公司的最低层，员工为顾客服务，经理为员工服务，因此，经理们是员工的"公仆"。在沃尔玛，每一位员工都会佩戴"我们的同事创造非凡"的工牌，这种工牌只注明名字，没有标明职务。对沃尔玛内部员工而言，公司里没有上下级之分，不叫职务级别而直呼其名。

"开放式"的管理哲学在沃尔玛里也得到了有效的应用。沃尔玛公司鼓励员工多提问题、多关心公司，无论任何时间、地点，只要有想法或意见，都可以口头或者书面形式与上级管理人员乃至总裁进行沟通。

沃尔顿认为，对商店的不断巡视制度是他对沃尔玛的最大贡献之一。沃尔玛总部的一个管理职位意味着一周要出差四天，并花费一定时间在顾客和一线员工身上。他要求公司总部的管理人员要对顾客的购买偏好有较好的了解，在去商店巡视时，至少要为一个顾客做点什么。

在零售业中，员工的离职率非常高，特别是小时工。此外，沃尔玛的工资水准在同行业中只属一般，它的劳动力成本比有工会组织的超市要低20%。尽管如此，沃尔玛的员工都非常努力地工作，且沃尔玛的员工离职率在同类大型连锁零售商中是最低的。

二、服务顾客

"顾客就是老板"。沃尔顿这样说过："我们的老板只有一个，那就是我们的顾客。是他付给我们每月的薪水，只有他有权解雇上至董事长的每一个人。道理很简单，只要他改变一下购物习惯，换到别家商店买东西就是了。"沃尔玛的营业场所总是醒目地写着其经营信条："第一条顾客永远是对的；第二条：如有疑问，请参照第一条。"因此，沃尔玛公司尽其所能使顾客感到在沃尔玛连锁店和山姆会员商店购物是一种亲切、愉快的经历。沃尔玛服务顾客的秘诀之一就是"三米微笑原则"。它是沃尔顿先生传下来的。每当他巡店时，都会鼓励员工与他一起向顾客做出保证："我希望你们能够保证，每当你在三米以内遇到一位顾客时，你会看着他的眼睛与他打招呼，同时询问你能为他做些什么。

"保证满意"的退换政策也使得顾客能在沃尔玛连锁店和山姆会员商店放心购物。在美国，只要是从沃尔玛购买的商品，无须任何理由，有时甚至没有收据，沃尔玛都受理无条件退款。

沃尔玛的"顾客满意承诺"还体现在一些更为实质的地方。管理人员根据电脑资讯系统收集到的信息及每周对顾客期望和反映的调查，即时组织采购、更新商品组合、改进商品陈列，借以营造舒适的购物环境，更好地满足顾客的需要。在沃尔玛的店铺里，通道、灯光设计都为了令顾客更加舒适；店门口的欢迎者较其他同行更主动热情；收银员一律站立工作以示对顾客的尊敬；当任何一位顾客距营业员三米的时候，营业员都必须面向顾客，面露微笑，主动打招呼，并问："有什么需要我效劳的吗？"沃尔玛力图让顾客在每一家连锁店都感到"这是他们的商店"，都会得到"殷勤、诚恳的接待"，以确保"不打折扣地满足顾客需要"。

三、追求卓越

一个星期天的早上，阿肯色州哈里逊沃尔玛商店的药剂师杰夫接到店里打来的电话，一名店面的同事通知他，有一个顾客是糖尿病患者，不小心将她的胰岛素扔进垃圾箱处理掉了。杰夫知道，一个糖尿病患者如果没有胰岛素就会有生命危险，所以他立即赶到店里，打开药房，为这位顾客开了胰岛素。

这个小小的例子正是沃尔玛商店所遵循的日落原则的众多事例和方法之一。在沃尔玛，员工们都严格遵守"日落原则"。"在这个忙碌的地方，大家的工作相互关联，当天的事当天完成，即日落以前完成，是我们的做事标准。无论是楼下打来的电话，还是其他地方的申请需求，我们都应该当天答复每一个请求，这是我们的工作原则。"

事实上，"日落原则"是沃尔顿对那句古老的格言"今天的事情今天做"的演绎。"日落原则"要求员工有一种急切意识，对当天提出的问题必须在当天予以答复。沃尔玛的员工都明白："顾客生活在一个忙碌的世界里，'日落原则'是一种向顾客证明我们想他们所想，急他们所急的一种做事方法。"

沃尔玛这种"追求卓越"的理念和实践，使它的员工敬业、努力，创造出零售行业最高的生产率。在过去的几十年里，沃尔玛的业绩一直在高速增长。连续三年在美国《财富》杂志世界500强企业中居首位。

**讨论：**

1. 沃尔玛公司的员工离职率为什么能在同类大型连锁零售商中保持最低水平？
2. 沃尔玛公司的三项基本信仰反映了客户关系管理中的什么理论？
3. 服务利润链的核心价值如何在沃尔玛公司中得以实现？

**思考与练习：**

1. 如何理解服务利润链？
2. 简述"关系三角形"的内容。
3. 你认为企业应如何培育员工的忠诚感？

**补充阅读材料：**

1. Hurley,Robert F., Hooman Estelami. An Exploratory Study of Employee Turnover Indicators as Predicators of Customer Satisfaction［J］. The Journal of Services Marketing, 2007, 21(3), 186-199.

2. Mazidi, A. R. Karimi, Alireza Amini, Meisam Latifi. The impact of information technology capability on firm performance; a focus on employee-customer profit chain［J］. Iranian Journal of Management Sciences: a Quarterly. 2014, 7(1), 95-120.

3. Tsai, Wei-Chi Yin-Mei Huang. Mechanisms Linking Employee Affective Delivery and Customer Behavioral Intentions［J］. Journal of Applied Psychology, 2002, 87 (5), 1001.

4. Rucci, Anthony J., Steven P. Kim, Richard T. Quinn. The Employee- Customer-Profit Chain at Sears［J］. Harvard Business Review, Jan/Feb 1998, 82-98.

# 参考文献

1. Allen Natalie J., John P. Meyer. The Measurement and Antecedents of Affective, Continuance and Normative Commitment to the Organization[J]. Journal of Occupational Psychology, 1990, 63(1): 1-18.

2. Amine Abdelmajid. Consumers'True Brand Loyalty: The Central Role of Commitment[J]. Journal of Strategic Marketing, 1998, 6(4): 304-319.

3. Andreassen Tor Wallin, Bodil Lindestad. Customer Loyalty and Complex Services: the Impact of Corporate Image on Quality, Customer Satisfaction and Loyalty for Customers with Varying Degrees of Service Expertise[J]. International Journal of Service Industry Management, 1998, 9(1): 6-23.

4. Andreassen Tor Wallin. Satisfaction, Loyalty and Reputation as Indications of Customer Orientation in the Public Sector[J]. International Journal of Public Sector Management, 1994, 7(2): 16-34.

5. Baloglu Seyhmus. Dimensions of Customer Loyalty: Separating Friends from Well Wishers[J]. Cornell Hotel and Restaurant Administration Quarterly, 2002, 63(1): 47-59.

6. Barnes James G. Closeness, Strength, and Satisfaction: Examining the Nature of Relationships between Providers of Financial Services and Their Retail Customer[J]. Psychology and Marketing, 1997, 14(8): 764-790.

7. Barnes, James G. Secrets of Customer Relationship Management –It's all about How You Make Them Feel[J]. New York: McGraw-Hill, 2001.

8. Bendapudi Neeli, Leonard L. Berry. Customers'Motivations for Maintaining Relationships with Service Providers[J]. Journal of Retailing, 1998, 73(1): 14-37.

9. Bettencourt Lauce A. Customer Voluntary Performance: Customers as Partners in Service Delivery[J]. Journal of Retailing, 1997, 72(3): 383-406.

10. Bhatty Mukarram, Rod Skinkle, Thomas Spalding. Redefining Customer Loyalty: The Customer's Way[J]. Ivey Business Journal, 2001, 65(3): 13-17.

11. Blackwell Steven A., Sheryl L. Szeinbach, James H. Barnes, Dewey W. Garner, Victoria Bush. The Antecedents of Customer Loyalty: An Empirical Investigation of the Role of Personal and Situational Aspects on Repurchase Decisions[J]. Journal of Service Research, 1999, 1(2): 362-375.

12. Bitner Mary Jo, Bernard M. Booms, Mary Stanfield Tetreault. The Service Encounter: Diagnosing Favorable and Unfavorable Incidents[J]. Journal of Marketing, 1990, 54(1): 71-85.

13. Bloemer Josee, Gaby Odikerkon-Shinder. Store Satisfaction and Store Loyalty Explained by Customer-and-Store-Related Factors[J]. Journal of Customer Satisfaction, Dissatisfaction and

Complaining Behavior, 2002, 15(1): 68-80.

14. Bolton Ruth N. A Dynamic Model of the Duration of the Customer's Relationship with a Continuous Service Provider: The Role of Satisfaction[J]. Marketing Science, 1998, 17(1): 44-65.

15. Bove Liliana L., Lester W. Johnson. Customer Relationships with Service Personnel: Do We Measure Closeness, Quality or Strength?[J]. Journal of Business Research, 2001, 56(1): 189-197.

16. Bowen John T., Stowe Shoemaker. Loyalty: A Strategic Commitment[J]. Cornell Hotel and Restaurant Administration Quarterly, 1998, 59(1): 12-25.

17. Butcher Ken, Beverley Sparks, Frances O'Callaghan. Evaluative and Relational Influences on Service Loyalty[J]. International Journal of Service Industry Management, 2001, 12(4): 310-327.

18. Chiu Chun-Chang. A Study on the Cognitive and Affective Components of Service Quality[J]. Total Quality Management, 2002, 13(2): 264-274.

19. Colgate Mark R., Peter J. Danaher. Implementing a Customer Relationship Strategy: The Asymmetric Impact of Poor Versus Excellent Execution[J]. Journal of the Academy of Marketing Science, 2000, 28(3): 374-387.

20. Cronin J. Joseph, Michael A. Brady, G. Tomas M. Hult. Assessing the Effects of Quality, Value, and Customer Satisfaction on Consumer Behavioral Intentions in Service Environments[J]. Journal of Retailing, 2000, 76(2): 193-218.

21. Crosby Lawrence A., Kenneth R. Evans, Deborah Cowles. Relationship Quality in Services Selling: An Interpersonal Influence Perspective[J]. Journal of Marketing, 1990, 54(3): 68-81.

22. Czepiel, John A., Michael R. Solomon, Caral F. Surprenant edt. The Service Encounter: Managing Employee/ Customer Interaction in Service Business[M]. Lexington Books, 1985.

23. De Ruyter Ko, Martin Wetzels, Josee Bloemer. On the Relationship between Perceived Service Quality, Service Loyalty and Switching Costs[J]. International Journal of Service Industry Management, 1998, 9(5): 436-453.

24. De Ruyter Ko, Josee Bloemer. Customer Loyalty in Extended Service Settings: The Interaction between Satisfaction, Value Attainment and Positive Mood[J]. International Journal of Service Industry Management, 1999, 10(3): 320-336.

25. Dick Alan S., Kunal Basu. Customer Loyalty: Toward an Integrated Conceptual Framework[J]. Journal of the Academy of Marketing Science, 1994, 22(2): 99-114.

26. Doney Patrica M., Joseph P. Cannon. An Examination of the Nature of Trust in Buyer-Seller Relationships[J]. Journal of Marketing, 1997, 61(2): 34-51.

27. Dube Laurette, Manfred F. Maute. Defensive Strategies for Managing Satisfaction and Loyalty in the Service Industry[J]. Psychology and Marketing, 1998, 15(8): 774-791.

28. East Robert, Kathy Hammond, Patricia Harris, Wendy Lomax. First-Store Loyalty and Retention[J]. Journal of Marketing Management, 2000, 16(6): 307-325.

29. Ennew Christine T., Martin R. Binks. Impact of Participative Service Relationships on

Quality, Satisfaction and Retention: An Exploratory Study[J]. Journal of Business Research, 1999, 46(2): 121-132.

30. Fornell Claes. A National Customer Satisfaction Barometer: The Swedish Experience[J]. Journal of Marketing, 1992, 56(1): 6-21.

31. Ganesan Shankar. Determinants of Long-Term Orientation in Buyer-Seller Relationships[J]. Journal of Marketing, 1994, 58(2): 1-19.

32. Ganesh Jaishankar, Mark J. Arnold, Kristy E. Reynolds. Understanding the Customer Base of Service Providers: An Examination of the Differences between Switchers and Stayers[J]. Journal of Marketing, 2000, 64(3): 64-87.

33. Garbarino Ellen, Mark S. Johnson. The Different Roles of Satisfaction, Trust, and Commitment in Customer Relationships[J]. Journal of Marketing, 1999, 63(2): 70-87.

34. Gilliland David L., Daniel C. Bello. Two Sides to Attitudinal Commitment: The Effect of Calculative and Loyalty Commitment on Enforcement Mechanisms in Distribution Channels[J]. Journal of the Academy of Marketing Science, 2002, 30(1): 24-43.

35. Ginner Kevin P., Dwayne D. Gremler, Mary Jo Bitner. Relational Benefits in Services Industries: The Customer's Perspective[J]. Journal of the Academy of Marketing Science, 1998, 26(2): 101-114.

36. Gremler Dwayne D, Stephen W. Brown, Mary Jo Bitner, A. Parasuraman. Customer Loyalty and Satisfaction: What Resonates in Service Contexts?[J]. Journal of Marketing. 2001.

37. Gremler Dwayne D., Stephen W. Brown. The Loyalty Ripple Effect[J]. International Journal of Service Industry Management, 1999, 10(3): 271-291.

38. Grönroos Christian. Service Management and Marketing: Managing the Moments of Truth in Service Competition[M]. Lexington: Lexington Books, 1990.

39. Gruen Thomas W., John O. Summers, Frank Acito. Relationship Marketing Activities, Commitment and Membership Behaviors in Professional Associations[J]. Journal of Marketing, 2000, 64(3): 34-49.

40. Gruen Thomas W., James W. Gentry. The Outcome Set of Relationship Marketing in Consumer Markets[J]. International Business Review, 1995, 47(6): 447-469.

41. Gutek Barbara A., Markus Groth, Bennett Cherry. Achieving Service Success through Relationships and Enhanced Encounters[J]. Academy of Management Executive, 2002, 16(4): 132-144.

42. Hallowell Roger. The Relationship of Customer Satisfaction, Customer Loyalty, and Profitability: An Empirical Study[J]. International Journal of Service Industry Management, 1996, 7(4): 27-42.

43. Harrison McKnight D., Larry L. Cummings, Norman L. Chewary. Initial Trust Formation in Organization[J]. Academy of Management Journal, 1998, 41(4): 473-490.

44. Hartmann Linley C., Mary Bambacas. Organizational Commitment: A Multi-Method Scale Analysis and Test of Effects[J]. International Journal of Organizational Analysis, 2000, 8(1): 89-108.

45. Hennig-Thurau Thorsten, Alexander Klee. The Impact of Customer Satisfaction and Relationship Quality on Customer Retention: A Critical Reassessment and Model Development[J]. Psychology and Marketing, 1997, 14(8): 737-765.

46. Hennig-Thurau Thorsten, Kevin P. Gwimmer, Dwayne D. Gremler. Understanding Relationship Marketing Outcomes: An Integration of Relational Benefits and Relationship Quality[J]. Journal of Service Research, 2002, 4(3): 230-247.

47. Heskett James L., W. Earl Sasser, Jr. Leonard A. Schlesinger. The Service Profit Chain: How Leading Companies Link Profit and Growth to Loyalty, Satisfaction, and Value[M]. New York, NY: The Free Press, 1997.

48. Heskett, James L. Thomas O. Jones, Gary W. Loveman, W. Earl Sasser, Jr., Leonard A. Schlesinger. Putting the Service-Profit Chain to Work[J]. Harvard Business Review, 1994.

49. Holmland Maria. The D and D Model—Dimensions and Domains of Relationship Quality Perceptions[J]. The Service Industry Journal, 2001, 21(3): 13-36.

50. Iacobucci Dawn, Amy Ostrom. Commercial and Interpersonal Relationships: Using the Structure of Interpersonal Relationships to Understand Individual-to-Individual, Individual-to-Firm, and Firm-to-Firm Relationships in Commerce[J]. International Journal of Research in Marketing, 1996, 13(1): 53-72.

51. Iverson Roderick D., Donna M. Buttigieg. Affective, Normative and Continuance Commitment: Can the'Right Kind'of Commitment be Management?[J]. Journal of Management Studies, 1999, 36(3): 307-333.

52. Jain Arun K., Christian Pinson, Naresh K. Malhotra. Customer Loyalty as a Construct in the Marketing of Banking Services[J]. International Journal of Bank Marketing, 1987, 25(3): 164-179.

53. Javalgi Rajshekhar(Raj)G., Christopher R. Moberg. Service Loyalty: Implications for Service Providers[J]. The Journal of Services Marketing, 1997, 11(2/3): 164-179.

54. Jayanti Rama K., A. Jackson. Service Satisfaction: An Exploratory Investigation of Three Models[J]. Advances in Consumer Research, 1991, 18(1): 603-610.

55. Johnson Michael D. Customer Satisfaction, Loyalty, and the Trust Environment[J]. Advances in Consumer Research, 1998, 25(1): 14-20.

56. Johnson Michael D., Anders Gustafsson, Tor Wallin Andresassen, Line Lervik, Jaesung Cha. The Evaluation and Future of National Customer Satisfaction Index Models[J]. Journal of Economic Psychology, 2001, 22(2): 217-245.

57. Jones Michael A., David L. Mothersbaugh, and Sharon E. Beatty. Switching Barriers and Repurchase Intentions in Services[J]. Journal of Retailing, 2000, 76(2): 259-274.

58. Jones Michael A., David L. Mothersbaugh, Sharon E. Beatty. Why Customer Stay: Measuring the Underlying Dimensions of Services Switching Costs and Managing Their Differential Strategic Outcomes[J]. Journal of Business Research, 2002, 55(6): 441-450.

59. Kahn Barbara E. Consumer Variety-Seeking among Goods and Services, An Integrative Review[J]. Journal of Retailing and Consumer Services, 1995, 2(3): 139-148.

60. Kennedy Mary Susan, Linda K. Ferrell, Debbie Thorne Leclair. Consumers'Trust of Salesperson and Manufacturer: An Empirical Study[J]. Journal of Business Research, 2001, 51(1): 73-86.

61. Kumar, V., Werner J. Reinartz. Customer Relationship Management: A Databased Approach[M]. John Wiley & Sons, Inc, 2006.

62. LaBarden Priscilla A., David Mazursky. A Longitudinal Assessment of Consumer Satisfaction/Dissatisfaction: The Dynamic Aspect of the Cognative Process[J]. Journal of Marketing Research, 1983, 20(4): 393-404.

63. Lau Geok Theng, Sook Han Lee. Consumers'Trust in a Brand and the Link to Brand Loyalty[J]. Journal of Market Focused Management, 1999, 4(4): 341-370.

64. Lee Jonathan, Janghyuk Lee, Lawrence Feick. The Impact of Switching Costs on the Customer Satisfaction-Loyalty Link: Mobile Phone Service in France[J]. Journal of Services Marketing, 2001, 15(1): 34-48.

65. Lee Moonkyu, Lawrence F. Cunningham. A Cost/Benefit Approach to Understanding Service Loyalty[J]. Journal of Services Marketing, 2001, 15(2): 113-130.

66. Lemmink Jos, Jan Mattsson. Warmth During Non-Productive Retail Encounters: The Hidden Side of Productivity[J]. International Journal of Research in Marketing, 1998, 15(5): 504-517.

67. Lemon Katherine N., Tiffany Barnett White, Russell S. Winer. Dynamic Customer Relationship Management: Incorporating Future Considerations into the Service Retention Decision[J]. Journal of Marketing, 2002, 66(1): 1-14.

68. Liljander Veronica, Tore Strandvik. Emotions in Service Satisfaction[J]. International Journal of Service Industry Management, 1997, 8(2): 148-169.

69. Lovelock Christopher. Services Marketing: People, Technology, Strategy. Fourth Edition[M]. Beijing: Tsinghua University Press, Prentice Hall, 2001.

70. Macintosh Gerrard, Lawrence S. Lochshin. Retail Relationships and Store Loyalty: A Multi-Level Perspective[J]. International Journal of Research in Marketing, 1997, 14(5): 487-497.

71. Martin Charles L., Phillips W. Goodell. Historical, Descriptive and Strategic Perspectives on the Construct of Product Commitment[J]. European Journal of Marketing, 1991, 25(1): 53-60.

72. McCollough Michael A., Leonard L. Berry, Manjit S. Yadav. An Empirical Investigation of Customer Satisfaction after Service Failure and Recovery[J]. Journal of Service Research, 2000, 3(2): 121-137.

73. Meyer John P., Natalie J. Allen. A Three-Component Conceptualization of Organizational Commitment[J]. Human Resource Management Review, 1991, 9(1): 61-89.

74. Mittal Banwari, Walfried M. Lassar. Why do Customer Switch? The Dynamics of Satisfaction Versus Loyalty[J]. Journal of Services Marketing, 1998, 12(3): 177-194.

75. Mittal Vikas, Pankaj Kumar, Michael Tsiros. Attribute-Level Performance, Satisfaction, and Behavioral Intentions over Time: A Consumption-System Approach[J]. Journal of Marketing, 1999, 63(2): 88-101.

76. Moorman Christine, Gerald Zaltman, Rohit Deshpande. Relationships between Providers and Users of Marketing Research: The Dynamics of Trust within and between Organizations[J]. Journal of Marketing Research, 1992, 29(3): 314-329.

77. Morgan Robert M., Shelby D. Hunt. The Commitment-Trust Theory of Relationship Marketing[J]. Journal of Marketing, 1994, 58(3): 20-38.

78. Murray Keith B. A Test of Services Marketing Theory: Consumer Information Acquisition Activities[J]. Journal of Marketing, 1991, 55(1): 10-25.

79. Neal William D. When Measuring Loyalty Satisfactorily, Don't Measure Consumer Satisfaction[N]. Marketing News. June 5, 2000.

80. Newman Joseph W., Richard A. Werbel. Multivariate Analysis of Brand Loyalty for Major Household Appliances[J]. Journal of Marketing Research, 1973, 10(4): 404-409.

81. Newstrom John W., Keith Davis. Organizational Behavior: Human Behavior at Work. Tenth edition[M]. Beijing: China Machine Press, 1998.

82. Odin Yorick, Nathalie Odin, Pierre Valette-Florence. Conceptual and Operational Aspects of Brand Loyalty: An Empirical Investigation[J]. Journal of Business Research, 2001, 53(2): 75-84.

83. Oliva Terence A., Richard L. Oliver, Lan C. Macmillan. A Catastrophe Model for Developing Service Satisfaction Strategies[J]. Journal of Marketing, 1992, 56(3): 83-95.

84. Oliver Richard L. Cognitive, Affective, and Attribute Bases of the Satisfaction Response[J]. Journal of Consumer Research, 1993, 20(3): 418-430.

85. Oliver Richard L. Whence Consumer Loyalty?[J]. Journal of Marketing , Special Issue, 1999, 63(4): 33-44.

86. Oliver Richard L. Satisfaction: A Behavioral Perspective on the Consumer[M]. New York, NY: Irwin-McGraw-Hill. 1997.

87. Oliver Richard L. Customer Satisfaction with Service. In: Teresa A. Swartz, and Dawn Iacobucci. Eds, Handbook of Service Marketing and Management. Thousand Oaks, CA: Sage Publications, 2000.

88. Oliver Richard L. A Cognitive Model of the Antecedents and Consequences of Satisfaction Decisions[J]. Journal of Marketing Research, 1980, 17(4): 460-469.

89. Olsen Sein Ottar. Comparative Evaluation and the Relationship between Quality, Satisfaction, and Repurchase Loyalty[J]. Journal of the Academy of Marketing Science, 2002, 30(3): 239-153.

90. Ostrowski Peter L., Terrence V. O'Brien, Geoffrey L. Gordon. Service Quality and Customer Loyalty in the Commercial Airline Industry[J]. Journal of Travel Research, 1993, 32(2): 16-24.

91. Parsons Amy L. What Determine Buyer-Seller Relationship Quality: An Investigation from the Buyer's Perspective[J]. The Journal of Supply Chain Management: A Global Review of Purchasing and Supply, 2002, 38(2): 4-12.

92. Pickering J F., B. C. Isherwood. Purchase Probabilities and Consumer Durable Buying

Behavior[J]. Journal of the Market Research Society, 1974, 16(3): 203-226.

93. Price Linda L., Eric J. Arnould. Commercial Friendships: Service Provider-Client Relationships in Context[J]. Journal of Marketing, 1999, 63(4): 38-56.

94. Pritchard Mark P., Mark E. Havitz, Dennis R. Howard. Analyzing the Commitment-Loyalty Link in Service Context[J]. Journal of the Academy of Marketing Sciences, 1999, 27(2): 333-348.

95. Randall Brandt D. Linking Measures of Customer Satisfaction, Value, and Loyalty to Market and Financial Performance: Basic Methods and Key Considerations. ASQ's 54th Annual Quality Congress Proceedings: 113-122.

96. Reichheld Frederick F. Lead for Loyalty[J]. Harvard Business Review, 2001, 79(7): 76-84.

97. Reichheld Frederick F. The Loyalty Effect: The Hidden Force behind Growth, Profits, and Lasting Value[M]. Boston, Mass: Harvard Business School Press. 1996.

98. Reichheld Frederick F. Learning from Customer Defection[J]. Harvard Business Review, 1996, 74(2): 56-69.

99. Reichheld Frederick F. Loyalty-based Management[J]. Harvard Business Review, 1993, 71(2): 64-73.

100. Reichheld Frederick F., W. Earl Jr. Sasser. Zero Defections: Quality Comes to Service[J]. Harvard Business Review, 1990, 68(5): 104-111.

101. Reinartz Werner, V. Kumar. The Mismanagement of Customer Loyalty[J]. Harvard Business Review, 2002, 80(7): 4-12.

102. Reynolds Kristy E., and Sharon E. Beatty. Customer Benefits and Company Consequences of Customer-Salesperson Relationships in Retailing[J]. Journal of Retailing, 1999, 75(1): 11-32.

103. Robert Dwyer F., Paul H. Schurr, Sejo Oh. Developing Buyer- Seller Relationships[J]. Journal of Marketing, 1987, 51(2): 1-27.

104. Rust Roland T., Anthony J. Zahorik. Customer Satisfaction, Customer Retention, and Market Share[J]. Journal of Retailing, 1993, 69(2): 193-215.

105. Ryan Michael J, Robert Rayner Andy. Diagnosing Customer Loyalty Drivers[J]. Marketing Research, 1999, 11(2): 18-26.

106. Schiffman Leon G., Leslie Lazar Kanuk. Consumer Behavior. Fifth Edition[M]. Beijing: Tsinghua University Press, Prentice-Hall International, Inc. 1998.

107. Schultz Don E., Scott Bailey. Customer/Brand Loyalty in an Interactive Marketplace[J]. Journal of Advertising Research, 2000, 40(3): 41-52.

108. Selnes Fred. An Examination of the Effect of Product Performance on Brand Reputation, Satisfaction and Loyalty[J]. European Journal of Marketing, 1993, 27(9): 19-35.

109. Sharp Byron, Anne Sharp. Loyalty Programs and Their Impact on Repeat-Purchase Loyalty Patterns[J]. Journal of Research in Marketing, 1997, 14(5): 473-486.

110. Shemwell Donald J., Ugur Yavas, Zeynep Bilgin. Customer- Service Provider

Relationships: An Empirical Test of a Model of Service Quality, Satisfaction and Relationship-Oriented Outcomes[J]. International Journal of Service Industry Management, 1998, 9(2): 154-168.

111. Shemwell Donald J. Jr, J. Joseph Cronin. Jr, William R. Bullard. Relational Exchange in Services: An Empirical Investigation of Ongoing Customer Service-provider Relationships[J]. International Journal of Service Industry Management, 1994, 5(3): 57-68.

112. Shoemaker Stowe, Robert C. Lewis. Customer Loyalty: The Future of Hospitality Marketing[J]. International Journal of Hospitality Management, 1999, 18(4): 344-370.

113. Sirohi Niren, Edward W. McLaughlin, Dick R. Wittink. A Model of Consumer Perceptions and Store Loyalty Intentions for a Supermarket Retailer[J]. Journal of Retailing, 1998, 74(2): 223-245.

114. Soderlund Magnus. Customer Satisfaction and its Consequences on Customer Behavior Revisited[J]. Journal of Service Industry Management, 1998, 9(2): 169-188.

115. Soderlund Magnus, Mats Vilgon. Customer Satisfaction and Links to Customer Profitability: An Empirical Examination of the Association between Attitudes and Behavior. SSE/EFI Working Paper Series in Business Administration, January 1999.

116. Stauss Bernd, Patrieia Neuhaus. The Qualitative Satisfaction Model[J]. International Journal of Service Industry Management, 1997, 8(3): 236-249.

117. Spreng Richard A., Scott B. Mackenzie, Richard W. Olshavsky. A Reexamination of the Determinants of Consumer Satisfaction[J]. Journal of Marketing, 1996, 60 (3): 14-32.

118. Swan John E., Cathy Goodwin, Michael A. Mayo, Lynne D. Richardson. Customer Identities: Customers as Commercial Friends, Customer Coworkers or Business Acquaintances[J]. Journal of Personal Selling and Sales Management, 2001, 21(1): 29-37.

119. Szymanski David M., David H. Henard. Customer Satisfaction: A Meta-Analysis of the Empirical Evidence[J]. Journal of the Academy of Marketing Science, 2001, 29(1): 16-35.

120. Tax Stephen S., Stephen W. Brown, Murali Chandrashekaran. Customer Evaluation of Service Complaint Experiences Implication for Relationship Marketing[J]. Journal of Marketing, 1998, 62 (2): 60-76.

121. Too Leanne H.Y., Anne L. Souchon, Peter C. Thirkell. Relationship Marketing and Customer Loyalty in a Retail Setting: A Dyadic Exploration[J]. Journal of Marketing Management, 2001, 17(3/4): 287-319.

122. Tse David K., Peter C. Wilton. Models of Customer Satisfaction Formation: An Extension[J]. Journal of Marketing Research, 1988, 25(2): 204-212.

123. Vandermerwe Sandra. Achieving Deep Customer Focus[J]. MIT Sloan Management Review, 2004, 1: 26-34.

124. Venetis Karin A., Pervez N. Ghauri. The Importance of Service Quality on Customer Retention: An Empirical Study of Business Service Relationships. Marketing in a Global Economy Proceedings, 2000.

125. Wetzels Martin, Ko de Ruyter, Marcel van Birgelen. Marketing Service Relationships:

The Role of Commitment[J]. Journal of Business and Industrial Marketing, 1998, 13(4/5): 406-423.

126. White Richard. Friendship and Commitment[J]. Journal of Value Inquiry, 1999, 33(1): 79-88.

127. Woodside Arch G., Lisa L. Frey, Robert Timothy Daly. Linking Service Quality, Customer Satisfaction, Behavioral Intention[J]. Journal of Health Care Marketing, 1989, 9 (4): 4-17.

128. Xiaoyun, Han, Robert J. Kwortnik, Wang Chunxiao. Service Loyalty and its Determinants: An Integrative Model across Service Contexts[J]. Journal of service Research, Aug, 2008: 22-42.

129. Xiaoyun, Han, Li Dongmei. Customer empowerment in service: an example of travel service, China Tourism Research, 2006, (3): 298-321.

130. Zeithaml Valarie A., Leonard L. Berry, A. Parasuraman. The Behavioral Consequences of Service Quality[J]. Journal of Marketing, 1996, 60(2): 31-46.

131. Zeithaml Valarie A., Mary Jo Bitner. Services Marketing. 北京：机械工业出版社, 1998.1.

132. Zeithaml Valarie A., Roland T. Rust, Katherine N. Lemon. The Customer Pyramid: Creating and Serving Profitable Customers[J]. California Management Review. 2001, 43(4): 115-142.

133. ABC 远擎管理顾问公司. 客户关系管理企业典范：向 11 家典范企业学习执行客户关系管理的成功经验[M]. 北京：清华大学出版社，2002.

134. 贝恩特·施密特. 顾客体验管理：实施体验经济的工具[M]. 冯玲，邱礼新，译. 北京：机械工业出版社，2004.

135. 宝利嘉. 客户关系管理解决方案：CRM 的理念、方法与软件资源[M]. 北京：中国经济出版社，2002.

136. 车云帆，魏铭. 吸引、开发、留住人才——沃尔玛人力资源管理[J]. 中国职业技术教育，2007（9）：265.

137. 邓·皮泊斯，马沙·容格斯. 客户关系管理[M]. 郑先炳，邓运盛，译. 北京：中国金融出版社，2006.

138. 丁望. 国外客户关系管理理论研究综述[J]. 经济纵横，2005（8）：77-79.

139. 董西明. 客户关系管理及其应用[J]. 学术交流，2004（8）：77-79.

140. 董金祥，陈刚，尹建伟. 客户关系管理 CRM[M]. 杭州：浙江大学出版社，2006.

141. 菲利普·科特勒. 营销管理——分析、计划、执行和控制（第 9 版）[M]. 梅汝和等，译. 上海：上海人民出版社，1999.

142. 韩小芸，汪纯孝. 3R 营销[J]. 商业经济文荟，1999（5）：55-57.

143. 韩小芸. 了解和满足顾客需要[J]. 质量春秋，2001（4）：30-33.

144. 韩小芸. 实施零顾客跳槽率管理，提高顾客忠诚[J]. 上海质量，2001（6）：24-26.

145. 韩小芸. 浅析顾客满意度[J]. 上海质量，2001（10）：24-26.

146. 韩小芸. 实施从顾客满意到忠诚的管理[J]. 上海质量，2002（2）：18-20.

147. 韩小芸. 以顾客为中心进行营销[J]. 企业经济，2002（8）：93-94.

148. 韩小芸，汪纯孝. 服务性企业顾客满意感与忠诚感关系[M]. 北京：清华大学出版社，2003.

149. 韩小芸，温碧燕，伍晓奕. 顾客消费情感对顾客满意感的影响[J]. 南开管理评论，2004（4）：39-43.

150. 韩玉萍，韩康，安小风. 企业实施 CRM 的现状及认识误区分析[J]. 科技咨询导报，2007（5）：170-171.

151. 胡在新，汪纯孝. 关系质量的实证研究[J]. 商业研究，1998（11）：87-89.

152. 胡春香，企业客户关系管理的实施建议[J]. 生产力研究，2005（3）：198-199.

153. 姜旭平. 网络营销[M]. 北京：清华大学出版社，2003.

154. [加]杰姆·G. 巴诺斯. 客户关系管理成功奥秘——感知客户[M]. 刘祥亚，郭奔宇，王耿，译. 北京：机械工业出版社，2001.

155. 瓦拉瑞尔·A. 泽丝曼尔，玛丽·乔·比特纳. 服务营销[M]. 张金成，白长虹，译. 北京：机械工业出版社，2005.

156. 肯·伯内特. 核心客户关系管理[M]. 北京：电子工业出版社，2002.

157. 李国华，姜跃. 客户关系管理系统在我国工商业中的应用[J]. 价值工程，2005（3）：39-42.

158. 李蕾. 社会化媒体与社会化客户关系管理初探[J]. 新闻世界. 2014（7）：225-227.

159. 李志刚，黄艳. 基于 Internet 的客户关系管理系统 e-CRM 分析与设计[J]. 中国管理信息化，2007（10）：5-7.

160. 刘学庆，夏龙河. 网络时代客户关系管理[J]. 经济论坛，2003（7）：26-27.

161. 刘建香，客户关系管理的系统特征分析[J]. 价值工程，2004（6）：68-70.

162. 罗春香. 面向 e 时代的客户关系管理[J]. 江苏商论，2005（9）：69-71.

163. 马连福，张慧敏. 顾客价值营销——企业成长的驱动力[M]. 北京：首都经济贸易大学出版社，2006.

164. 孟凡强，王玉荣. CRM 行动手册：策略、技术和实现[M]. 北京：机械工业出版社，2002.

165. 潘翔. 客户关系管理系统[J]. 商场现代化，2007（8）：157-158.

166. 秦世波. 电子商务环境下客户关系管理应用分析[J]. 山东纺织经济，2007（2）：55-56.

167. 沙莲香. 社会心理学[M]. 北京：中国人民大学出版社，2002.

168. 汤兵勇，王素芬. 客户关系管理[M]. 北京：高等教育出版社，2006.

169. 田同生. 客户关系管理的中国之路[M]. 北京：机械工业出版社，2001.

170. 田金梅，汪纯孝. 顾客的消费价值模型述评[J]. 现代管理科学，2007（7）：8-10.

171. Thorsten Hennig-Thurau, Ursula Hansen. 关系营销：建立顾客满意和顾客忠诚赢得竞争优势[M]. 罗磊，译. 广州：广东经济出版社，2003.

172. 汪纯孝，蔡浩然. 服务营销与服务质量管理[M]. 广州：中山大学出版社，1996.

173. 汪纯孝，岑成德，朱沆. 服务性企业整体质量管理[M]. 广州：中山大学出版社，1999.

174. 汪纯孝，谢礼珊，岑成德. 智力型企业经营管理[M]. 广州：中山大学出版社，2001.

175. 汪纯孝，田金梅，张秀娟. 论顾客的消费价值[J]. 现代管理科学，2007，（8）：15-17.

176．王晓雪．CRM 的理论分析[J]．苏州职业大学学报，2004（2）：36-38．

177．王炳雪．客户关系管理在我国发展的问题与对策[J]．经济师，2005（2）：170-171．

178．格林伯格．实时的客户关系管理[M]．王敏，刘祥亚，译．北京：机械工业出版社，2002．

179．王广宇．客户关系管理——网络经济中的企业管理理论和应用解决方案[M]．北京：经济管理出版社，2002．

180．王拥军．物业管理企业社会化 CRM 实施策略研究[D]．北京交通大学硕士论文，2014．

181．[美]伍德拉夫，[美]加蒂尔．洞察你的客户[M]．董大海，权小妍，译．北京：机械工业出版社，2004．

182．徐彪，张殉．客户关系管理实施决策分析[J]．经济与管理，2005（3）：53-56．

183．杨路明，巫宁．客户关系管理理论与实务[M]．北京：电子工业出版社，2004．

184．杨永恒，客户关系管理——价值导向及使用技能[M]．大连：东北大学财经出版社，2002．

185．杨顺勇，蓝先德，唐元虎．基于因特网的客户关系管理（eCRM）系统设计[J]．工业工程与管理，2001（4）：33-36．

186．赵宏波．电信企业客户关系管理[M]．北京：人民邮电出版社，2003．

187．郑艳群．CRM 提升客户关系价值[J]．科技与管理，2004（1）：60-62．

188．张松．网络时代的客户关系管理[J]．商业研究，2002（2）：24-26．

189．张丽娟．电子商务对客户关系管理的影响[J]．商场现代化，2007（1），145-146．

190．张金成．服务利润链及其管理[J]．南开管理评论，1999（1）：18-23．

191．周洁如．客户关系管理经典案例及精解[M]．上海：上海交通大学出版社，2011．

192．朱卫兰．社交网络环境下的社会化 CRM 运行机理研究[J]．市场周刊（理论研究），2013（3）：69-72．

193．祖巧红，陈定方，胡吉全．分析型客户关系管理系统的研究[J]．湖北工业大学学报，2005（3）：58-60．